BJÖRN WERNER
mit Nils Weber

MY AMERICAN FOOTBALL DREAM

INHALT

Kickoff   **7**
    What the f…?! – *Mein „Welcome to the NFL"-Moment*   9

1st Down   **13**
    City Boy – *Kindheit zwischen Kiez und Bolzplatz*   15
    Untouchables – *Wie der Football mich auffing*   29
    Boom! Bang! – *Tackles, Thunder und das Trikot mit dem Adler*   37
    Holy Shit – *Sommermärchen und Schädelbrummen*   49
    Huddle – *Vom Traum zum Plan zur Tat*   59
    Middle of Nowhere – *Mein beinahe erstes Jahr an der High School*   75
    Reload – *Ein schrecklich-schönes Comeback*   97

2nd Down   **109**
    Canton – *Hall of Fame und siebter Himmel*   111
    Star Wars – *Trophäen, Arenen, Sex: das Buhlen der Colleges*   121
    Signing Day – *Eine Minute Fame, lebenslang Liebe*   135
    Freshman – *Der College-Football-Wahnsinn beginnt*   143
    Kings of Campus – *Rivalry Week und die Bowl Season*   155
    Struggle – *Der Kampf um jeden Dollar*   165
    Coming Out – *Einmal mehr aufstehen als hinfallen*   175
    Sacks Machine – *Mein Durchbruch und der Ruf der NFL*   189
    The Circus – *Hinter den Kulissen des NFL-Combine*   205
    Red Flags – *Das Pokerspiel vor dem NFL-Draft*   223

3rd Down   **229**
    Green Room – *Der Himmel und die Hölle auf Erden*   231
    Good Luck – *Der Start in ein neues Leben*   253
    Lightboy – *Training Camp und Hierarchien*   271

Wild Card – *Meine erste Saison in der NFL*	285
Offseason – *Genuss und Gefahr der langen Pause*	301
Game Ball – *Die zweite Saison und der Weg nach oben*	311
Painkillers – *Die zweite Saison und der Weg der Schmerzen*	329
Three and Out – *Die zwei Welten in meiner dritten Saison*	351
Overtime – *Letzter Versuch im Sunshine State*	365
Homecoming – *Mein Football-Leben im Hier und Jetzt*	373

Hall of Fame   379

Danksagungen und persönliche Worte   381

KICK OFF

What the f...?!
Mein „Welcome to the NFL"-Moment

Mein Puls hatte es ziemlich eilig. Ich spürte ein Kribbeln von den Fußspitzen bis zur Kopfhaut unter meinem Helm. Mit einem Griff ins Gesichtsgitter ruckelte ich ihn noch einmal zurecht. Ich bewegte meine Finger. Alle noch dran. Ich war nervös. Das war ich immer vor einem Footballspiel, aber diesmal stellte ich einen neuen Rekord auf. Tief durchatmen. In die Anspannung mischte sich Euphorie, die ich jedes Mal verspürte, wenn ich mit Helm und Pads einen Rasen mit weißen Linien betrat. Jetzt kannte sie keine Grenzen. Ich fieberte diesem unvergleichlichen Moment entgegen, in dem der braune Ball in Bewegung gesetzt wird, das Adrenalin in die Blutbahn schießt, der Körper zu einem einzigen Muskel wird, bereit zu explodieren und zu kollidieren, und ich endlich mittendrin sein würde – in meinem ersten Play in der NFL.

Das handgenähte Ei aus Leder, um das sich mein Leben drehte, thronte an der gegnerischen 35-Yard Line auf dem Kicking Tee und wartete auf einen gewaltigen Arschtritt. Die Special Teams auf beiden Seiten des Balles hatten bereits Aufstellung genommen, und ich war Teil eines dieser Einsatzkommandos. Bevor ich in meinem Kopf noch ein letztes Mal durchspielen konnte, was gleich auf dem Rasen passieren würde und was ich dabei zu tun hatte, lief der Kicker der New York Giants auch schon an.

Es war das zweite Spiel der Preseason, die für die 32 Teams das Vorspiel zur Saison bildet. Eigentlich keine große Sache, aber für mich als Rookie war es das Allergrößte, denn ich gab meinen Einstand im Trikot der Indianapolis Colts und damit auch mein Debüt in der größten und umsatzstärksten Liga der Welt, in der die besten Footballer dieses Planeten spielten.

Im ersten Vorbereitungsspiel hatte ich aufgrund einer Fußverletzung passen müssen, und das war vielleicht auch ganz gut so, denn wir waren im eigenen Stadion von den Buffalo Bills böse verdroschen worden. Anschließend hatte der Besitzer der Colts, der exzentrische Milliardär Jim Irsay, die Spieler und Coaches heftig angezählt – auf eine für mich als Neuling sehr überraschende Weise: via Twitter. Mein neuer Oberboss mochte zwar doppelt so alt sein wie ich, aber in Sachen Social Media war er mir weit voraus. Ich hatte gehört, die Preseason sei nicht so entscheidend, aber Irsay sah das offensichtlich anders. Er nahm sein Team in die Pflicht, und ich als First-Round Pick stand ohnehin unter besonderer Beobachtung.

Für meine Premiere hätte ich mir keinen besseren Schauplatz wünschen können als das MetLife Stadium, Heimat der Giants und der Jets. Meine Begeisterung hatte nichts mit der Arena oder diesen beiden Teams zu tun, sondern mit der Stadt, in der sie zu Hause sind. New York City. Big Apple. Gotham. City of Dreams. Mit diesem meinem ersten NFL-Spiel wurde die Stadt endgültig zum Knotenpunkt meines eigenen Traumes. Es passte einfach perfekt und rangierte auf der Kitsch-Skala für filmreife Zufälle definitiv im Grenzbereich.

Nicht einmal zwanzig Autominuten entfernt von diesem gigantischen Stadion, am Newark Airport, hatte ich Jahre zuvor erstmals amerikanischen Boden betreten. Ganz allein, fast noch ein Kind, in der schweißnassen Hand einen Koffer und im Kopf einen Traum. Ungefähr zehn Kilometer Luftlinie nach Osten, im Herzen von Manhattan, in der Radio City Music Hall, war dieser Traum dann in Erfüllung gegangen, am schlimmsten schönen Tag meines Lebens. Noch gar nicht lange her, nur wenige Monate, und doch schon wieder weit weg. Vergangenheit. Es ging alles so verdammt schnell.

Im Hier und Jetzt drosch der Kicker der Giants, die kurz zuvor mit einem Field Goal die ersten Punkte des Spiels erzielt hatten, den Ball in hohem Bogen in Richtung unserer Endzone. Ich war on fire. Ich hatte einen Job zu erledigen und wollte alles richtig machen. Meine Aufgabe bestand darin, als Teil des Kickoff Return Teams unseren Returner zu beschützen, der den Ball fangen und bei guter Position so weit wie möglich zurücktragen sollte. Dafür musste ich einen der Gegenspieler blocken, die in unsere Spielhälfte stürmen würden, um unseren Returner zu stoppen. Ich war in der sogenannten Wedge postiert, der hintersten Verteidigungsreihe, was bedeutete, dass mein Gegenspieler im Moment der geplanten Kollision den Speed eines rund 50 Meter langen Anlaufes draufhatte.

Ehe ich mich versah, raste ein muskelbepackter Linebacker direkt auf mich zu, schneller, als ich erwartet hatte. Ich machte mich bereit für den Block, nahm die Hände nach vorne, lehnte den Oberkörper vor, stemmte mich im letzten Moment mit aller Kraft voran – und blockte ins Nichts. Im allerletzten Moment hatte sich der Typ in Höchstgeschwindigkeit mit einem Spin Move um die eigene Achse und um mich herumgedreht und war weitergerannt, während ich auf allen vieren auf dem Rasen hockte wie ein Hund, der seinen Knochen sucht. Ich schaute über die Schulter und sah, wie mein Gegenspieler unseren Returner voll erwischte und dieser den Ball verlor.

Fumble! Mir stockte der Atem, und ich musste mitansehen, wie der Ball scheinbar in Zeitlupe herrenlos über das Grün eierte. Dann warf sich einer unserer Spieler auf den Ball und sicherte ihn.

Ach. Du. Scheiße.

Ich wusste, dass ich es verkackt hatte. Immerhin waren wir noch in Ballbesitz, aber mein Gegenspieler hatte mich, den Rookie, so richtig alt aussehen lassen – mit gravierenden Folgen. Als ich ziemlich bedröppelt an unsere Sideline trottete, machte mich unser Special Teams Coordinator Tom McMahon sicherheitshalber noch einmal höflich darauf aufmerksam.

„Björn, what the fuck?!"

Das war nicht gerade etwas, das man nach seiner ersten Aktion in seinem ersten NFL-Spiel hören möchte. Ich fluchte innerlich, denn ich wusste, dass ich mir diese Szene noch ein paarmal würde anschauen müssen – und zwar im Kreise meiner Mitspieler bei der Analyse des Spiels, bei der selten die guten, aber immer die schlechten Plays noch einmal gezeigt wurden, gern auch in mehrfacher Wiederholung. Das kannte ich schon aus dem College. Na toll, dachte ich, Leinwand-Held im Meeting Room, das fängt ja gut an …

Als der erste Ärger verraucht war, fragte ich mich, ob das gerade vielleicht dieser spezielle Moment gewesen war, von dem mir einige der erfahreneren Spieler im Team erzählt hatten. Ein Aha-Erlebnis, bei dem ein Rookie realisiert, dass NFL-Football noch einmal auf einem anderen Level ist als das Spiel, das man bis dato gespielt hat. Schneller, härter, höher, weiter, besser. Ein Spiel, bei dem jede Aktion sitzen muss und jeder Fehler bestraft wird. Einer der Veteranen nannte es den „Welcome to the NFL"-Moment, den jeder Neuling in den ersten Wochen der Saison erlebe. Ein Reality Check, der hart, schmerzhaft und mitunter auch peinlich ausfallen könne, aber sehr lehrreich sei. Schmerzhaft war es in meinem Fall zwar nicht gewesen, denn ich hatte meinen Gegenspieler ja so richtig schön verfehlt, aber alles andere traf durchaus zu.

Als ich später in einer der hinteren Reihen unserer abflugbereiten Chartermaschine saß, die uns zurück nach Indianapolis bringen würde, ließ ich mein Highlight des Spiels noch mal Revue passieren: Mit einem Phantom-Block hatte ich einen Fumble eingeleitet. Ich wollte mich gerade schon wieder aufregen, da ging mir ein Licht auf – und es war nicht die kleine Lampe über meinem Kopf.

Sollte dies tatsächlich mein „Welcome to the NFL"-Moment gewesen sein, dann bedeutete das ja, dass ich es hinter mir hatte. Je länger ich darüber nachdachte, desto besser gefiel mir meine Theorie. Lieber in der Preseason ein Play verkacken, als in der Regular Season, wenn es um Punkte geht! Was war denn schon passiert? Nichts. Wir hatten das Spiel am Ende gewonnen, Jim Irsay twitterte Morgenluft, die Coaches hatten mich wieder lieb, und ich hatte meine Lektion gelernt – bei der erstbesten Gelegenheit. Und überhaupt, sagte ich mir, es kann doch nur besser werden!

Ich begann mich zu entspannen, schaute aus dem Fenster auf das Lichtermeer von New York City und dachte daran, wie das alles angefangen hatte mit meinem American Football Dream.

1ST DOWN

City Boy
Kindheit zwischen Kiez und Bolzplatz

Meine Football-Karriere begann auf einem Kinderspielplatz. Das klingt romantisch, so wie man es aus vielen Geschichten von den Anfängen bemerkenswerter Sportlerkarrieren kennt. In meinem Fall war allerdings gar kein Football im Spiel. Es gab überhaupt keinen Ball, sondern eine Rutsche, und oben auf dem Turm saß ein für sein Alter sehr großer, sehr kräftig gebauter und auch etwas moppeliger zehnjähriger Junge auf der Suche nach der nächsten kleinen Dosis Adrenalin.

Von American Football hatte ich noch nie etwas gehört, und wenn mich damals jemand gefragt hätte, was NFL bedeutet, dann hätte ich vermutlich auf einen Fernsehsender getippt. ARD, ZDF, RTL, NFL. Ich war jedoch schon in einem Alter, in dem Rutschen nur noch Spaß macht, wenn man die Rinne besonders schnell oder waghalsig runtersaust. Volle Pulle oder gar nicht. Werner-Style. Vermutlich musste mal wieder eine neue persönliche Kinderspielplatz-Olympia-Bestmarke her, denn ich war schon immer ein absoluter Wettkampftyp. Also holte ich ordentlich Schwung, schnellte mit dem Oberkörper nach vorne, stieß mich mit den Armen ab und jagte hinab. Als ich nach rekordverdächtiger Fahrt unten aufkam, gab es ein merkwürdiges Geräusch, das nicht so klang, wie es normalerweise klingt, wenn ein durchgelatschter Turnschuh auf sandigem Untergrund bremst. Vermutlich hatte der Turnschuh seine beste Zeit längst hinter sich und inzwischen weniger Profil und mehr Öffnungen als vom Hersteller vorgesehen. Ich spürte einen stechenden Schmerz im Knöchel meines linken Fußes, der bei den Gegnern meines Fußballvereins Berliner Athletik-Klub 07, kurz BAK, gefürchtet war, weil dieser Fuß Tore wie am Fließband schoss. Mein erster Gedanke: Shit. Die anschließende Vor-Ort-Diagnose war auch ohne medizinische Kenntnisse meinerseits absolut präzise, wenn auch anatomisch etwas unscharf: Fuß im Arsch.

Ich schluckte das in mir aufkeimende erbärmliche Gejammer und Gewinsel tapfer runter, biss auf die Zähne, blinzelte die Flüssigkeit weg, die mir in die Augen trat, und humpelte nach Hause. Tränen konnten das ja wohl nicht sein. Ein Indianer kennt keinen Schmerz! Ich kann mich nicht mehr daran erinnern, was mir unterwegs durch den Kopf ging, mal abgesehen von „Aua". Ich bin mir aber zu hundert Prozent sicher, dass mir nicht ein einziges Mal in den Sinn kam, dass der BAK07 möglicherweise in Zukunft auf meine Tore würde verzichten müssen. Oder dass sich der unter einem chronischen Energieüberschuss und mangelhafter Risikoanalyse leidende Riesenknabe einen neuen Allerlieblingssport aussuchen würde, in dem er es über die Grenzen seines Kiezes hinaus vielleicht zu etwas bringen könnte.

Mein Kiez war der Sprengelkiez, im Wedding, Berlin. Der Wedding war damals das, was man als Problem-Bezirk bezeichnete, zumindest Teile davon. Manche Gegenden hatten ein Schmuddel-Image oder waren regelrechte kriminelle Hotspots und Treffpunkte der Trinker, Junkies und Dealer. Touristen verirrten sich nur in den Wedding, wenn sie zu blöd waren, ihren faltbaren Stadtplan richtig herum zu halten. Heute gilt der Stadtteil mit seinem rauen Charme als hippes Szeneviertel und wird sogar international abgefeiert. Für jemanden, der wie ich in den Neunzigern dort aufgewachsen ist, als es die Bezeichnung Szene-Bezirk noch gar nicht gab, ist das irgendwie komisch.

In diese ungekünstelte, hier und da abgefuckte, für mich aber schmutzig-schöne Welt wurde ich hineingeboren, im August 1990, einen Monat vor der Deutschen Einheit, und ich verbrachte dort die ersten Jahre meines Lebens. Mit meiner Mutter Martina, meinem Vater Andreas und meinen Brüdern Marcel und Pascal wohnte ich in einer kleinen Wohnung in der Fehmarner Straße, unweit der U-Bahn-Station Amrumer Straße, mittendrin im multikulturellen Wedding. Die Fehmarner Straße ist eine ruhige Seitenstraße, in der damals eigentlich jeder jeden kannte. Im Norden grenzte unsere

Straße an den riesigen Komplex des Rudolf-Virchow-Krankenhauses, das zur Charité gehört. Auf dem Gelände befindet sich übrigens auch der Hauptsitz des Robert-Koch-Instituts, kurz RKI. Diese Abkürzung kennt heute jeder, mir sagte das damals ungefähr so viel wie NFL. An ihrem südlichen Ende stößt die Fehmarner Straße auf das Nordufer des Berlin-Spandauer Schifffahrtskanals. Von dort hat man einen schönen Blick über das Wasser nach Westen und nach Osten und einen nicht ganz so schönen direkten Blick nach Süden auf das gegenüberliegende Ufer mit dem Kraftwerk Moabit. Wenn ich also mal Bock auf Panorama hatte – so sah es aus.

Wir wohnten in der Nummer 23, erster Stock, drei Zimmer, kleiner Balkon. Die Wohnung an sich war nichts Besonderes, aber sie hatte für unsere Familie eine große emotionale Bedeutung. Sie war ein Werner-Nest. Schon meine Oma hatte dort gewohnt und meinen Vater und seine zwei Schwestern, also meine Tanten, großgezogen. Meine Mutter ist auch im Wedding aufgewachsen, nur ein paar Straßen weiter. Meine Eltern haben irgendwann die Bude meiner Oma übernommen. Meine Brüder und ich waren also schon die dritte Generation innerhalb dieser Wände.

Das Kinderzimmer musste ich mir mit meinem älteren Bruder teilen. Mein Vater hatte eine Art Zwischenetage in den Raum gebaut, wie ein übergroßes Hochbett mit einer Treppe, sodass jeder von uns dann doch einen eigenen Bereich hatte, was ganz cool war. Weniger cool fand ich, dass dieses zweite Level das Reich von Marcel war, der sich als größerer Bruder natürlich den Platz an der Glühbirnen-Sonne gesichert hatte. Zeit für ein peinliches Geständnis: Meinen unteren Bereich verschönerte ich, als ich alt genug war, an so etwas Gefallen zu finden, aber noch nicht alt genug für guten Geschmack, mit Postern der Boygroups Backstreet Boys und NSYNC. Ich lege aber Wert auf die Feststellung, dass bei NSYNC Justin Timberlake mit am Start war, der ja nun wirklich eine große Nummer geworden ist, womit wir einen eleganten Schlenker zum Football machen können: Timberlake ist schon zweimal in der Halftime-Show des Super Bowls aufgetreten, dem Mount-Everest-Moment für Musikstars, und sorgte 2004 beim Duett mit Janet Jackson bekanntlich für den größten Skandal:

„Nipplegate". Auch mein absolutes Lieblingsposter in späteren Jahren hatte Football-Bezug, zumindest aus heutiger Sicht. J.Lo! Das fiel mir wieder ein, als ich Jennifer Lopez bei ihrem Auftritt mit Shakira in der Halbzeit von Super Bowl LIV im Jahr 2020 in Miami live im Hard Rock Stadium miterlebte. Sie sah erstaunlicherweise auch ein Vierteljahrhundert später fast genauso aus wie auf dem Poster an meiner Wand, das ich als Heranwachsender so oft angestarrt hatte. Ewige Jugend mit über 50. Respekt. Sie könnte meine Mutter sein.

J.Lo war mein erster Teenage Crush.

Ich war Björn from the Block. Nicht aus einer richtig üblen Gegend, wie so viele Spieler in der NFL, aber aus einfachen Verhältnissen. Meine Mutter arbeitete als Putzfrau in einer Kita, was sie bis heute mit Überzeugung macht und wofür ich sie sehr bewundere, und mein Papa schuftete damals auf dem Bau. Wir sind eine „Blue-Collar-Family", wie man in Amerika sagt. „Blue Collar" heißt „blauer Kragen", was für die traditionellen blauen Arbeitsoveralls steht, die man in Deutschland als Blaumänner kennt. Blue-Collar-Jobs sind mit körperlicher Arbeit und meistens niedrigem Lohn verbunden, während White-Collar-Jobs die Bezeichnung für Berufe ist, bei denen man ein weißes Hemd trägt, also Büro- oder Dienstleistungsjobs.

Im US-Sport ist immer wieder von Blue-Collar-Mentalität die Rede, wenn es um harte körperliche Arbeit von Athleten, ihre Einstellung zu Training und Wettkampf und eine gewisse Bodenständigkeit geht. Troy Polamalu, der legendäre Safety der Pittsburgh Steelers, der zweimal den Super Bowl gewann und Defensive Player of the Year war (nicht zu vergessen: All-Time Defensive Player of the Hair!), hat American Football mal als „real blue-collar sport" bezeichnet. Ich erwähne das hier nicht nur, weil der frischgebackene Hall-of-Famer eine absolute Granate auf dem Gridiron war und zu den Spielern gehörte, denen ich nacheiferte. Was mich und meine Karriere betrifft, kann ich die Worte Polamalus absolut unterschreiben. Ich bin ein Arbeiterkind, und alles, was ich im Football erreicht habe, basiert auf harter Arbeit.

Wir Werners sind traditionelles Arbeitermilieu. Mein Vater war lange Zeit der Meinung, dass ein ordentlicher Beruf mit den Händen ausgeführt wird und so etwas wie Abitur eine Extrawurst und ein Studium eigentlich Zeitverschwendung ist – es sei denn, man hatte das Ziel, im späteren Leben seinen Fahrgästen im Taxi etwas über Goethe oder den Dreißigjährigen Krieg zu erzählen. Wegen dieser Sichtweise sollte ich mit meinem Alten Herrn an einem ganz entscheidenden Punkt meines Lebens noch heftig aneinandergeraten, und wenn wir Werner-Männer streiten, dann gleicht das einem Footballspiel mit Worten. Wir vier sind totale Dickschädel, echte Rammböcke, und sosehr wir uns lieben, so sehr lieben wir es auch, uns zu dissen und richtig zu fetzen, und dann will keiner klein beigeben, ganz egal, ob er recht hat oder nicht. Darum geht es auch gar nicht. Ich denke, es geht in erster Linie darum, sich zu behaupten. Das mag jetzt machomäßig klingen, aber es ist vielleicht einfach auch ein bisschen Wedding-Mentalität, sich nicht die hart verdiente Butter vom Brot nehmen zu lassen.

Jeder Euro wurde bei uns zu Hause zweimal umgedreht, bevor er ausgegeben wurde, denn er war eben hart erarbeitet. Es ist nicht so, dass wir arm waren, aber das Leben meiner Eltern drehte sich schon in erster Linie darum, zu arbeiten, Geld zu verdienen, ein Dach über dem Kopf zu haben und jeden Abend eine Mahlzeit auf den Tisch zu bringen, damit alle satt werden und die Kinder groß und dabei möglichst glücklich. Old School. Wenn meinen Eltern damals jemand was von Work-Life-Balance oder Quality Time erzählt hätte, dann wären die vor Lachen vom Stuhl gefallen. Oder sie hätten die betreffende Person den kurzen Fußweg aus der Fehmarner Straße zurückbegleitet, in die Psychiatrie der Charité.

Als Kind hatte ich nie das Gefühl, dass es mir an etwas fehlte, schon gar nicht an Liebe und Unterstützung, auch wenn ich natürlich merkte, dass wir weniger hatten als manche anderen. Es gab nicht massenweise Spielsachen. Was wir besaßen, war kostbar und wurde gehütet wie ein Schatz. Mein größtes und schönstes Geburtstagsgeschenk als Kind war ein BMX-Rad, und mir war damals klar, dass meine Eltern dafür ordentlich gespart haben mussten. Wir besaßen auch kein Auto, nur einmal für eine kurze Zeit, aber dann haben wir es wieder verkaufen müssen, weil es einfach zu teuer war. In den Urlaub sind wir immer mit der Bahn gefahren, und so ging es meistens an die Ostsee, Warnemünde, Usedom oder auf irgendeinen Bauernhof. Fehmarn war für uns schon eine Fernreise. Aus der Fehmarner Straße nach Fehmarn – das war für mich als Kind nur logisch. An Flugreisen war gar nicht zu denken, aber das hat mich nie gestört, denn im Gegensatz zu vielen anderen Familien aus unserer Gegend konnten wir ja immerhin verreisen. Für mich war das alles großartig, aber im Vergleich zu anderen Kindern, vor allem heutzutage, war meine Welt lange Zeit ziemlich klein. Die Ferne – das war für mich der Blick vom Strand über das offene Meer bis zum Horizont oder über die Felder und Wiesen. Das war mir genug. Es war wunderbar.

Ärgerlich nur, dass der Urlaub im Nachhinein immer teurer als geplant und kalkuliert war. Wenn wir nach zwei Wochen braungebrannt und glücklich wieder in Richtung Berlin abreisten, waren wir zwar gut erholt, aber es war auch immer irgendetwas kaputt. Ein Fahrrad, ein Kettcar, die Schaukel, eine Schaufel oder auch mal die Kutsche des Bauernhofs. Das lag an der Art und Weise, wie meine Brüder und ich „spielten". Wir waren eben sehr groß und stämmig und hatten die Angewohnheit, auf der Suche nach Action mit maximaler Kraft zu Werke zu gehen, welcher das Material häufig einfach nicht gewachsen war. Ich muss an dieser Stelle aber ehrlicherweise das Material in Schutz nehmen und zugeben, dass wir es auch nicht immer sachgemäß benutzt haben. Die unvermeidliche Frage „Wer war das?" wurde in meiner Erinnerung nie gestellt, denn die Antwort lag auf der Hand: Die Werners waren es. Und so ging die Verabschiedung von unseren Gastgebern nach zwei Wochen Urlaub oft einher mit einer Nachzahlung für entstandene Schäden, und es würde mich nicht wundern, wenn so mancher Vermieter unser euphorisches Versprechen, nächsten Sommer auf jeden Fall wiederzukommen, als Drohung aufgefasst hat.

Meine Mutter wusste bei der Abreise immer schon, dass dieses Geld zu Hause an anderer Stelle fehlen würde. Sie war die Finanzministerin der Familie. Ich möchte behaupten, dass ich sehr gut mit Geld umgehen kann, was mir während meiner Football-Karriere und auch danach immens geholfen hat, und das verdanke ich ihr. Credit, Mama! Schon in jungen Jahren hat sie mich oder einen meiner Brüder zum Einkaufen geschickt, weil sie oft kaputt war, wenn sie von der Arbeit kam. Das war jetzt nicht gerade unsere Lieblingsbeschäftigung, und ich weiß noch genau, wie sie dann immer gesagt hat: „Wofür habe ich denn drei Söhne?" Ich wusste damals noch nicht, was eine rhetorische Frage ist, aber mir war klar, dass das bedeutete: Einer von uns dreien muss jetzt zum Laden mit den vier großen Buchstaben und den gestreiften Plastiktüten gehen und Beute machen. Wenn ich also mal wieder an der Reihe war und meine Mutter mir den Einkaufszettel und das Geld in die Hand drückte, dann wusste sie bereits, dass ich mit 10,33 Euro oder 27,74 Euro zurückkommen würde, und das sagte sie mir manchmal sogar beim Verlassen der Wohnung. Nicht etwa, weil sie mir misstraute und befürchtete, dass ich mir heimlich Wechselgeld abzwacken und auf dem Rückweg ein Eis kaufen würde, sondern einfach, weil sie alle Preise auswendig kannte und im Kopf ausgerechnet hatte, wie viel der Einkauf kosten würde, auf den Cent genau. Ich kann mich nicht erinnern, dass sie sich dabei auch nur ein einziges Mal verrechnet hätte. Das war echt verblüffend und beeindruckt mich noch heute. So hatte meine Mutter immer einen genauen Überblick über unsere Finanzen. Sie hielt das Geld zusammen und damit auch den Laden. Jeder Cent zählte.

Das machte sich auch beim Einkauf bemerkbar. Ich musste mich oft bücken, denn die preiswerten Produkte stehen bekanntlich immer ganz unten im Regal. Ich erinnere mich, dass es bei uns nie die Markenprodukte gab, sondern immer die Billigvariante vom Discounter. Meine Nutella hieß Nusskati, auf der Packung mit den Frühstücks-Flakes war auch keine grinsende Raubkatze drauf, die den Tiger in mir wecken wollte, und wenn es bei uns zur Feier des Tages mal Fanta gab, dann stand auf der Flasche „River Orange". Süßigkeiten gab es bei uns im Alltag nicht. Die gab es bei meinem Kumpel Kevin, der wohnte an meinem Schulweg. Ich ging auf die Gebrüder-Grimm-Grundschule und nach dem Unterricht oft mit zu ihm nach Hause. Bei Kevin hießen die Schokoriegel Twix, Snickers, Bounty oder Lion, und sie wohnten mit ihren Kumpels von Haribo und Katjes in einem großen Schrank, dicht gedrängt. Fanta hieß bei Kevin Fanta. Neidisch war ich nie. Aber immer hungrig.

Was bei uns zu Hause auf den Tisch kam, musste nicht nur günstig, sondern auch schnell zuzubereiten sein, nahrhaft und viel. Sehr viel. Es gab selten etwas Besonderes, aber immer riesige Portionen. „Ich muss ja meine vier großen Jungs irgendwie satt kriegen", diesen Satz habe ich von meiner Mutter oft gehört – und sie schloss meinen Vater damit ein. Große Jungs waren wir im Grunde genommen schon, als wir noch klein waren, denn wir waren immer eine Nummer größer als gleichaltrige Kinder. Das haben wir von unserem Vater geerbt, der 1,94 Meter misst. Mein jüngerer Bruder Pascal, fünf Jahre nach mir geboren und immer das Nesthäkchen, ist mit 1,96 Metern mittlerweile der Größte in der Familie und Marcel, der älteste Bruder, mit 1,87 Metern der Kleinste, was schon kurios ist. „Der Kleinste" hört er übrigens gar nicht gerne. Ich bin mit meinen 1,92 Metern also das Mittelmaß.

Gemeinsame Mahlzeiten waren bei uns eine Mischung aus Raubtierfütterung im Zoo und sportlichem Wettbewerb. Am Tisch herrschte immer ein Kampf um die üppigsten Portionen und die größten und besten Stücke. Mit einer Ausnahme. Ich bekomme dieses Wort kaum über die Lippen, denn schon beim Gedanken daran schüttelt es mich, und meine Zehennägel stellen sich auf: R…o…sen…kohl. Ich HASSE Rosenkohl! Das Problem war, dass meine Eltern Rosenkohl liebten. Der Deal war immer: Kam das Zeug mal wieder auf den Tisch, mussten ich und meine Brüder wenigstens eines der grünen Bällchen essen. Ist ja sooo gesund. Diskussionen waren zwecklos, große Dramen garantiert. Schon beim Geruch wurde mir kotzübel. In dieser misslichen Lage gab es nur einen Ausweg: die Flucht nach vorn. Meine Erfolgstaktik, die ich jedem nur empfehlen kann: Augen zu, Mund auf, Nase mit Daumen und Zeigefinger zuhalten, die giftgrüne Kugel rein, wie verrückt kauen, runterschlucken, mit Wasser nachspülen, nach Luft schnappen. Überlebt. Jede Kugel, die dich nicht tötet, macht dich nur härter.

Das Tempo am Tisch war immer hoch, nicht nur unter akuter Lebensgefahr. Sosehr sich meine Mutter bei der Zubereitung der

Mahlzeiten auch beeilte, die Teller waren noch schneller leer. Selbst wenn sie die Fünf-Minuten-Terrine auf den Tisch gestellt hätte, wäre die nach zwei Minuten in unseren Mägen verschwunden. Ganz egal, was serviert wurde: Wir machten es zu Fast Food. Das ist übrigens auch heute noch so, bei Familientreffen zu Hause oder im Restaurant. Da wird der Tisch zur Red Zone, das Testosteronlevel ist hoch, und jede Speise, die neu hingestellt wird, ist wie ein auf dem Grün liegender Football nach einem Fumble. Alle stürzen sich drauf. Manchmal auch mit Gebrüll. Wir Werners sind immer sehr laut am Tisch. Lustig. Finden wir Brüder. Peinlich. Findet meine Frau Denise. Manchmal jedenfalls. Es grenzt fast an ein Wunder, dass wir diese Art der großfamiliären Nahrungsaufnahme bislang ohne schlimmere Verletzungen überstanden haben, obwohl wir alle mit Messer und Gabel ausgerüstet sind. In diesem Zusammenhang von Besteck zu reden, ist eigentlich eine Verharmlosung von Waffen.

Ich weiß nicht, was zuerst da war in meinem Leben: der große Hunger oder mein unbändiger Bewegungsdrang, für den ich täglich große Mengen Treibstoff in Form von Kalorien benötigte. Beides ist jedenfalls miteinander verbunden, und aus dem großen Björn wäre wahrscheinlich auch schnell ein sehr runder Björn geworden, wenn ich nicht schon früh begonnen hätte, Sport zu machen. Wie eigentlich jeder Junge spielte ich zunächst Fußball. Auch das lag in der Familie. Ich konnte gar nicht anders. Wir Werners sind fußballverrückt. Meine Brüder und mein Vater sind blau-weiß, Fans von Hertha BSC. Mein Vater hat früher selbst Fußball und Handball gespielt, als Torwart, und auch Marcel stand schon früh zwischen den Pfosten, beim Berliner Athletik-Klub 07, womit dann auch besiegelt war, dass mein Verein nur BAK heißen konnte, schließlich wird man als kleiner Bruder immer mitgeschleppt. Mit dem ersten Fußballverein ist es wie mit der Familie: kann man sich nicht aussuchen. In beiden Fällen hatte ich Glück.

Anders als mein Papa und mein großer Bruder hatte ich keinen Ehrgeiz, mir im Tor die Beine in den Bauch zu stehen und zu warten, dass etwas passiert (nichts für ungut, liebe Torhüter. Dissen ist bei uns Familiensport). Ich wollte im Feld spielen, wollte rennen, dribbeln, Zweikämpfe bestreiten und Tore schießen. Wie schon erwähnt, war ich Linksfuß und hatte schon als Siebenjähriger einen amtlichen Schuss, was natürlich auch an meiner Größe und Masse lag. Wenn wir mit der F-Jugend oder später in der E-Jugend gegen andere Mannschaften spielten, dann kam es nicht selten vor, dass ich doppelt so groß war wie einige meiner Gegenspieler – und auch doppelt so breit. Man könnte meinen, dass mich das für die Rolle eines gefürchteten Abwehrspielers prädestinierte, aber ich war kein tumbes Riesenbaby, sondern athletisch, konnte mich trotz meiner Größe und Masse gut bewegen und war erstaunlich schnell. Und ich konnte auch mit der Pille umgehen. Ich schoss viele Tore, war immer Torschützenkönig meiner Mannschaften. Für den Gegner war allein das natürlich schon eine ungute Kombination. Zu allem Überfluss war ich nicht der klassische Schönspieler, der sich auf Tricks und Tore beschränkte. Ich liebte Zweikämpfe.

Tackling lag mir irgendwie im Blut. Die Duelle wurden aus genannten Gründen selten auf Augenhöhe geführt. Ich war im Eins-gegen-Eins auch nicht gerade zimperlich und fand es geil, den ganzen Körper einzusetzen – und davon hatte ich ja reichlich. Dann gab es immer gleich Geschrei an der Seitenlinie, vom gegnerischen Trainer oder von besorgten Eltern. Schnell wich die Sorge um die Unversehrtheit des eigenen Nachwuchses der Wut auf den angeblichen Übeltäter. Wenn ich also mal wieder fünf bis zehn Tore schoss oder ein feingliedriger Abwehrspieler, den ich für meinen Geschmack nur leicht touchiert hatte, an mir abprallte wie in einem Videogame – so habe ich das alles jedenfalls in meinem Gehirn abgespeichert –, dann wurde lautstark behauptet, ich sei ein D-Jugendspieler und mein Spielerpass gefälscht. BAK-Betrüger, Wettbewerbsverzerrung und so weiter, das ganze Programm. Einmal hat einer reingebrüllt: „Was ist denn das für ein Anabolika-Kind!?" Mein Vater, der mich damals zu jedem Spiel begleitete, war nicht geschockt oder erzürnt, wie man jetzt denken könnte. Der hat sich einfach schlappgelacht und sich einen Kullerkeks gefreut. Er erzählt die Geschichte noch heute gerne. Sein Junge, das Anabolika-Kind! Ihm war klar, dass sein Sohn beleidigt wurde, weil der so gut war. Das machte ihn stolz. Man soll sich ja nicht selbst loben, aber in Zeiten von Fake News ist es wichtig, bei der Wahrheit zu bleiben: Ich war wirklich gut. Ich hatte Talent. Aber das behauptet ja jeder, der in der Jugend mal gekickt hat und als Erwachsener damit prahlt, dass er das Zeug zum Nationalspieler gehabt hätte, wenn ... ja, wenn.

Sport wurde schnell mein Lebensmittelpunkt. Ich liebte es, mich auszutoben, auszupowern, mit anderen zu messen. Ich bin ein absoluter Wettkampftyp. Das hat natürlich auch mit der Konkurrenzsituation im eigenen Haus zu tun. Marcel war als größerer Bruder immer auch ein Konkurrent, dem ich zunächst nacheiferte, den ich aber dann natürlich auch überflügeln wollte. Beim Fußball, beim Wettlauf, beim Weitsprung in irgendeine Sandkiste, beim Wer-trifft-mit-der-Papierkugel-den-Mülleimer oder bei unseren legendären Wrestling-Matches, wenn wir als The Rock, Undertaker, Triple H und wie sie alle hießen unsere Kräfte maßen. Dieser brüderliche Wettbewerb hat mich definitiv geprägt.

Competition, Baby! Egal, ob auf dem Fußballplatz, beim Federball in irgendeinem Weddinger Innenhof oder beim Brennball in der Schule – ich wollte immer und überall der Beste sein. Weil mein Ehrgeiz grenzenlos war und Übung bekanntlich den Meister macht, gelang mir das auch ganz gut. Wenn auf dem Bolzplatz oder im Sportunterricht Mannschaften zusammengestellt wurden – jeder kennt das Prozedere –, dann wurde ich immer als einer der Ersten gewählt. Es machte mich stolz, dass meine Fähigkeiten von meinen Freunden, den Kindern in der Nachbarschaft und den Klassenkameraden geschätzt wurden. Ich war aber nie ein Angeber. Es war Bestätigung. Es fühlte sich einfach gut an. Und es tat mir auch gut.

Beim Sport habe ich mir das Selbstvertrauen geholt, das mir in frühen Kindertagen gefehlt hatte. Ich war eigentlich ein ruhiger, ein stiller Junge, zumindest außerhalb unserer Wohnung. Das glaubt mir heute kein Mensch! Denn wenn ich eines genauso gut kann wie schnell und viel essen, dann ist es schnell und viel quatschen. War nicht immer so. Tatsache. Womöglich lag es daran, dass ich als kleiner Junge an Allergien und eine Zeitlang auch an Neurodermitis litt. Meine Mutter war mit mir oft beim Arzt. Auch wenn man in dem

Alter noch nicht richtig versteht, was los ist, so spürt man doch, dass irgendetwas mit einem nicht stimmt, und wenn andere Kinder einen dann auch noch komisch angucken, dann ist es eine natürliche Reaktion, sich zurückzuziehen und alles dafür zu tun, nicht im Mittelpunkt zu stehen. So erkläre ich mir jedenfalls im Rückblick, dass ich anfangs so extrovertiert und redselig war wie eine der Laternen in unserer Straße. Ein Stubenhocker war ich dennoch nie, sondern ein Draußenkind, aber erst der Sport hat dafür gesorgt, dass der kleine große Björn so richtig aus sich herauskam.

Wenn ich nicht gerade auf dem Fußballplatz oder in einem Kicker-Käfig bolzte, trieb ich mich irgendwo in meinem Kiez herum. Für Großstadt-Kids sind die Feldwege, Wiesen, Hügel und Bäume eben aus Teer, Pflastersteinen, Beton und Stahl. Im Schlepptau meines Bruders und seiner Kumpels zog ich nach Schulschluss durch die Straßen. Meine Eltern waren meistens noch bei der Arbeit. Wir hingen viel an der U-Bahn-Station Amrumer Straße ab, am Leopoldplatz und der dortigen U-Bahn-Station. Ich erwähnte ja schon, dass es nicht gerade die beste Gegend war. Dort tummelten sich komische Gestalten, und in der Luft hing der Hauch von Rauch, Alkohol, Urin und Gefahr, was natürlich auch einen gewissen Reiz auf einen Heranwachsenden ausübte. Wir sind Treppengeländer heruntergerutscht oder Rolltreppen in entgegengesetzter Fahrtrichtung hochgesprintet, was man halt so macht. Jede Menge Quatsch. Manchmal gingen wir in ein nahegelegenes Kaufhaus. In der Sportabteilung wurden Bälle ausprobiert oder in der Etage für Elektronik die neueste Playstation. So ein gewissenhafter Konsolen-Test konnte schon mal zwei Stunden dauern – ein Kauf folgte natürlich nie, auch wenn das Produkt bei „Stiftung Wernertest" immer Bestnoten bekam. Fiel uns mal nichts Besseres ein, stiegen wir in die U-Bahn und fuhren ein paar Stationen, einfach so, ohne Ziel. Die Lage checken. In unserem Revier, unserem Kiez. Ich war ein richtiger Berliner City Boy.

Irgendwann kippte es. Aus Quatsch wurde Blödsinn und aus dem Blödsinn Kacke. Ich weiß nicht mehr, wann genau das war, aber ich muss zehn gewesen sein und mein großer Bruder dreizehn, also im ersten Quarter der Pubertät, was die ganze Sache nicht besser machte.

Marcel hing mit ein paar falschen Freunden ab und traf falsche Entscheidungen, und auch mein Vater hatte irgendeinen Stress mit Leuten, die er schon ewig kannte. Hinzu kam, dass zu dieser Zeit mein jüngerer Bruder Pascal mit seinen fünf Jahren und den dazugehörigen Wernermaßen dem elterlichen Bett und Schlafzimmer entwuchs, und so beschlossen Mama und Papa, zum Wohl der Familie den Wedding zu verlassen, ihren Kiez, das Werner-Nest, meine Wiege. Dass das im Sinne der Familie war, dass meine Eltern etwas Besseres für uns wollten, ein besseres Umfeld, eine bessere Schule, das wollte damals natürlich überhaupt nicht in meinen Dickschädel.

Die Nachricht warf mich ganz schön aus der Bahn, und es passte irgendwie, dass in dieser Gemengelage, in der ich den Boden unter den Füßen verlor, die Sache mit der Rutsche passierte.

Mein Fuß war kaputt. Wie schon erwähnt, der linke. Ich weiß nicht mehr genau, ob nun etwas gebrochen war oder es ein paar Bänder zerfetzt hatte, aber das ist auch nicht wichtig, denn entscheidend war für mich, dass die Sache etwas dauern würde, und die Konsequenz daraus tat doppelt weh: Fußballpause. Bitter für mich, schlecht für den BAK07, aber vermutlich eine frohe Botschaft für alle anderen Mannschaften in unserer Staffel: Das Anabolika-Kind war außer Gefecht. Bis auf weiteres. Als Fußballer für immer.

Mein Comeback auf dem Platz sollte ich nämlich nicht, wie von meiner Familie und auch mir selbst erwartet, mit der Pille am Fuß geben, sondern mit dem Ball in der Hand. Einem Ball, wie ich ihn noch nie zuvor gesehen hatte.

Untouchables

Wie der Football mich auffing

Aus dem Wedding wurde Reinickendorf und aus der Fehmarner Straße die Ollenhauerstraße. Für Berliner Verhältnisse ist das nicht weit weg. Für uns war es jedoch weit genug, um Abstand zu gewinnen und die Probleme und Sorgen hinter uns zu lassen. Dachten jedenfalls meine Eltern. Die Gegend war besser, aber für mich fühlte es sich anfangs wie eine Verschlechterung an. Mir fehlten meine Freunde, mein Kiez, meine Straße, mein Nest.

Das Allerschlimmste war für mich der Schulwechsel. Man kann sich sicherlich vorstellen, dass es kein großes Vergnügen für einen Zehnjährigen ist, in eine neue Klasse zu kommen, in meinem Fall die fünfte Klasse an der Hermann-Schulz-Grundschule. Dazu muss man wissen, dass in Berlin die Grundschule anders als in anderen Bundesländern bis zur sechsten Klasse geht. Alle meine neuen Mitschüler kannten sich also schon vier Jahre lang. Ich war: der Neue. Der große Typ, der kaum ein Wort sagt. Ich fühlte mich unwohl, und manchmal hätte ich mich am liebsten unsichtbar gemacht.

Meine Noten gingen erst mal in den Keller. Das hatte nichts damit zu tun, dass ich mich hängenließ, sondern lag einfach daran, dass das Niveau der neuen Schule und damit auch die Anforderungen höher waren als an meiner alten Schule. Man könnte auch sagen: Das Niveau war normal. Im Wedding hatte ich immer Einsen und Zweien nach Hause gebracht, ohne mich dafür groß anstrengen zu müssen. In Sport hatte ich im Zeugnis immer eine Eins, und der schönste Tag im ganzen Schuljahr war der, an dem die Bundesjugendspiele stattfanden. Ehrenurkunden, die weißen Dinger mit dem gelben Kreis und dem Adler in der Mitte, waren meine ersten Sporttrophäen.

Nur die Eins in Sport blieb mir in Reinickendorf treu – und die Ehrenurkunden. Ansonsten war die Vier die neue Drei. Und die Fünf feierte Premiere. Ich hing einfach im Stoff hinterher und war nicht auf dem Level eines Fünftklässlers, wie meinen Eltern auf dem ersten Elternsprechtag verklickert wurde. Hört man natürlich gern als erstes Feedback …

Meinem Fuß ging es nach ein paar Monaten wieder besser – wenigstens eine Sache, bei der man von einer Verbesserung sprechen konnte –, sodass ich wieder mit meinen Brüdern in den Seitenstraßen, Hinterhöfen oder auf den öffentlichen Fußballplätzen in meinem neuen Kiez bolzen konnte. Aber immer, wenn ich zu lange kickte, meldete sich irgendwann wieder mein Sprunggelenk. Meine Größe und mein Gewicht waren da sicherlich nicht förderlich. Mit dem Umzug war auch mein Verein, der BAK07, ein wenig außer Reichweite geraten, und vielleicht hatte ich mich zu dieser Zeit auch emotional entfernt und wollte das Kapitel Wedding endgültig abschließen. Eine Art Selbstschutz. Ich vermisste zwar das regelmäßige Fußballtraining und die Spiele, aber mir war überhaupt nicht danach, mir ausgerechnet jetzt einen neuen Klub zu suchen und mich an eine neue Mannschaft zu gewöhnen, denn ich hatte schon genug damit zu tun, an meiner neuen Schule zurechtzukommen und mich in die Klassengemeinschaft einzugliedern. Es war einfach zu viel Neues auf einmal.

Ausgerechnet in dieser Phase, in der ich Orientierung und Halt brauchte, ging Marcel zunehmend eigene Wege und verspürte immer weniger Lust, mich im Schlepptau mitzuziehen. Auch wenn es damals schmerzte, kann ich es ihm heute nicht verdenken. Wer die ersten Pickel auf der Wange bekommt, will nicht auch noch andauernd seinen kleinen Bruder an der Backe haben. Ist halt irgendwann uncool. Das ging mir mit meinem jüngeren Bruder Pascal dann ja genauso.

Ich musste mir also neue Freunde suchen und fand sie nicht in der neuen Schule, sondern auf der Straße. Freunde ist allerdings zu viel gesagt. Ich hing mit einer Clique ab, die in der Gegend ihr Unwesen trieb. Nicht gerade die beste Gesellschaft. Die Jungs waren ziemlich krass drauf, machten alles Mögliche kaputt, jagten Mülltonnen in die Luft und klauten wie die Raben. Um mich zu beweisen, machte ich fast jeden Scheiß mit. Man kann wirklich sagen, dass ich in dieser Zeit ein bisschen abgedriftet bin. Es passierte also genau das, was meine Eltern mit dem Umzug unbedingt hatten verhindern wollen.

Kriminell war ich nicht. Geklaut habe ich nur ein einziges Mal, und die Beute war vergleichsweise mickrig. Jetzt kann ich es zugeben, es ist ja längst verjährt: Ich habe in einem Geschäft einen Edding mitgehen lassen, bin dabei ertappt worden und weggerannt. Auch wenn die Flucht erfolgreich war: Ich bin alles andere als stolz darauf. Es war eine dämliche Aktion.

In meiner Kindheit und Jugend habe ich eigentlich nur dreimal so richtig Scheiße gebaut. „Nur" ist gut. Für meine Eltern war es zweimal zu viel. Das mit dem Edding haben sie gar nicht mitbekommen. Die krasseste Aktion war die Sache mit dem Sofa. Das war noch zu Weddinger Zeiten, ich muss da sieben oder acht gewesen sein. Ich hatte irgendwoher eine Packung Streichhölzer und wollte unbedingt diesen coolen Trick ausprobieren, bei dem man ein Streichholz senkrecht mit dem Köpfchen auf die Reibefläche stellt, mit dem Zeigefinger festhält und dann mit der anderen Hand wegschnipst, sodass es sich entzündet und brennend durch die Luft fliegt. Ich war gerade mit meinem Kumpel Kofi, der in meiner Straße wohnte, in einem dieser Hinterhöfe unterwegs, und in der Durchfahrt stand eine alte Stoffcouch, die jemand zum Sperrmüll rausgestellt hatte. Das perfekte Ziel, dachte ich mir. Die Freude, dass ich gleich beim ersten Versuch einen Volltreffer landete, wich dem Entsetzen darüber, dass das Sofa in Flammen aufging. Es brannte nicht einfach ein bisschen. Es war ein verdammtes Inferno! Wir bekamen Panik und schrien herum. Ein respekteinflößender Typ aus dem Tätowierstudio nebenan eilte mit einem Feuerlöscher herbei und machte sich ans Löschen. Sogar die Feuerwehr, die ein Anwohner wegen der heftigen Rauchentwicklung gerufen hatte, rückte an. Auch wenn die Sache letztlich glimpflich ausging: Meine Eltern mussten für den Schaden, den Feuerlöscher und den Feuerwehreinsatz aufkommen. Zu Hause bekam ich einen ordentlichen Einlauf – und einen Spitznamen, der in der Familie bis heute gebräuchlich ist: Feuerteufel. In der Nachbarschaft hieß es damals natürlich mal wieder: „Einer von den Werners war's."

Der peinlichste Vorfall ereignete sich dann ein paar Jahre später, womit ich den Bogen zurück nach Reinickendorf schlage und wir bei Vorfall Nummer drei wären und mittendrin in meiner Scheiße-bau-Phase. Ich hatte mich mit den Anführern der Clique in die Haare gekriegt, es waren Brüder. Die hatten mich wegen irgendeiner Sache angepisst, und ich wollte Revanche. Also schrieb ich in großen Buchstaben eine kurze und prägnante Botschaft an den älteren der Brüder auf einen Altkleider-Container, der gut sichtbar vor dem Mietshaus stand, in dem sie wohnten. Ich möchte den Wortlaut an dieser Stelle nicht wiederholen. Nur so viel: Es ging um einen männlichen Nachkommen und einen Beruf, in dem das Geld meistens im Liegen verdient wird.

Leider wurde ich bei der Aktion nicht nur beobachtet, sondern auch erkannt („Einer von den Werners war's"), sodass nicht lange danach die Polizei bei uns auf der Matte stand. Es blieb glücklicherweise bei einer Ermahnung durch die Staatsmacht, aber ich musste die Grußbotschaft selbst entfernen, im Beisein eines Erziehungsberechtigten. Ich rückte tags darauf vor dem Haus meiner Erzfeinde an, mit irgendeiner fiesen Chemikalie im Gepäck – und in Begleitung meiner Mama. Auf einer Coolness-Skala für City Boys von null bis zehn lag mein Walk-in am Tatort bei minus fünf. Es kam noch schlimmer. Meine Erzfeinde waren zu Hause. Während ich also unter strenger Aufsicht von Mamotschka, wie ich meine Mutter liebevoll nenne, wie ein Blöder den Container schrubbte, standen die Brüder oben am Fenster und lachten sich kaputt. Kann sich ja jeder vorstellen, wie cool das war. Ich wäre am liebsten im Boden versunken. Noch lieber hätte ich die Buchstaben, die ich gerade im Schweiße meines Angesichts wegscheuerte, gleich noch mal auf den Container geschrieben. Nur doppelt so groß.

Das alles musste aufhören. Dieser ganze Mist auf den Straßen. Da waren sich meine Eltern mit mir absolut einig. Nach einem halben Jahr war der Spuk vorbei – und der Zauber begann.

Es muss genau in dieser Zeit gewesen sein, vielleicht ein paar Wochen vor oder nach „Container-Gate", als mein damaliger Sportlehrer Herr Brinkmann eines Morgens zu Beginn der Sportstunde einen merkwürdig geformten Ball auspackte und fröhlich verkündete: „Heute spielen wir Flag Football!" Ich dachte: What?! Wovon redet der? Der Ball war eigentlich ein Ei. Und blau. Ich hatte so ein Ding noch nie zuvor gesehen und war fasziniert. Ich hatte allerdings keinen blassen Schimmer, was wir damit jetzt anfangen sollten.

Wer Flag Football nicht kennt: Es ist eine Variante des American Football, die ohne tackeln und blocken, also ohne Zweikämpfe, gespielt wird. Als Herr Brinkmann uns das erklärte, war ich zunächst etwas enttäuscht, aber viele meiner Klassenkameraden wahrscheinlich erleichtert. Um einen Gegner zu stoppen, muss man ihm stattdessen einen der beiden Stoffstreifen wegziehen, die auf jeder Seite in Hüfthöhe befestigt sind. In der Schulvariante werden oft Tücher oder Bänder in den Hosenbund gesteckt. Flag Football wird von manchen Leuten belächelt, aber zu Unrecht. Es ist ein verdammt guter Einstieg, bei dem es nicht auf rohe Kräfte ankommt, sondern auf Speed, Beweglichkeit, Geschicklichkeit, Timing. Eine gute Schule, um die ersten Moves und Skills zu lernen und ein Gespür für den Puls des Spiels zu bekommen. Und wer weiß, ob ich ohne Flag Football je ein richtiger Footballer geworden wäre.

Die folgende Sportstunde war jedenfalls ein echtes Erweckungserlebnis. Da ich ja sowohl groß und kräftig als auch schnell und wendig war und zudem gut fangen und werfen konnte, machte ich eine ganz passable Figur. Vor allem aber machte es mir unfassbar viel Spaß. Nach der Stunde kam Herr Brinkmann zu mir und fragte mich, ob ich nicht Lust hätte, mal bei der von ihm geleiteten Flag-Football-AG vorbeizuschauen. Die könnte jemanden wie mich gebrauchen.

Das war mein erstes Mal. Ich war geflasht. Und ich war angefixt. Ich weiß noch genau, wie ich nach der Stunde in der Umkleide meine durchgeschwitzten Klamotten in den Rucksack stopfte und dachte: Wie geil ist das denn?! Football. American Football. Diese zwei Worte wollten mir nicht mehr aus dem Kopf gehen.

Es dürfte niemanden überraschen, dass ich bei der nächstbesten Gelegenheit ein Training der AG besuchte, gleich voll mitmischte und am Ball blieb, besser gesagt: am Ei. Das Schulteam hatte sogar einen

Namen: die „Hermann Schulz Untouchables". Das passt in Kombination nicht gerade perfekt, aber für meine Kinderohren klang unser Name einfach nur magisch: *Untouchables*. Die Unberührbaren, Unantastbaren oder auch Unerreichbaren. Ich war jetzt einer von ihnen und verdammt stolz darauf, ein Untouchable zu sein.

Das Internet vergisst nie, heißt es, was leider stimmt. Das Internet weiß aber auch nicht alles. Zum Glück. Das erste Footballteam meines Lebens waren jedenfalls nicht, wie überall nachzulesen ist, die Berlin Adler, sondern die Hermann Schulz Untouchables. Ein unantastbarer Fakt. Die Adler waren mein zweites Team.

In der Schul-AG lernte ich Mirko kennen, der in die Nachbarklasse ging. Wir verstanden uns auf Anhieb. Mirko war ein richtig guter Typ und kannte sich mit Football schon aus, denn er spielte als Einziger von uns im Verein, bei den Flag-Footballern der Adler. Nach irgendeiner unserer nachmittäglichen Trainingseinheiten mit den blauen Eiern in der Schule fragte Mirko mich, ob ich nicht mal mit zu einem Training seines Vereins kommen wolle. Es war im Grunde eine Aufforderung: Komm mit, Alter, du wirst es lieben!

Mirko sollte recht behalten. Es war genau das, wonach ich gesucht und was ich gebraucht hatte: ein Zeitvertreib, der nicht immer wieder für Frust und Ärger sorgte. Ein Ventil, um meine überschüssige Energie loszuwerden, Dampf abzulassen. Eine Aufgabe, die mich forderte. Ein Sport, der mich faszinierte und begeisterte. Das regelmäßige Training gab meinem Alltag wieder Struktur, und Mirko und seine Teamkollegen – alles gute Jungs – wurden meine neuen Freunde. Ich war glücklich. Shoutout an Mirko, Ehrenmann!

Das mit mir und Reinickendorf konnte also doch noch was werden. Auch meine Eltern freuten sich, dass der Junge wieder etwas vorhatte, auch wenn sie herzlich wenig mit diesem „etwas" anfangen konnten. Als ich nach einer der ersten Trainingseinheiten euphorisiert nach Hause kam und stolz verkündete: „Ich spiele jetzt American Football!", da lautete die Reaktion, wenn ich mich recht entsinne: „Aha." Gefolgt von: „Das freut uns, mach mal." Fußballfamilie halt. Meinen Eltern war es relativ egal, was genau ich da jetzt machte. Hauptsache, ich machte keinen Scheiß.

Die Heimat der Adler war damals wie heute das altehrwürdige Stade Napoleon, in dem früher französische Soldaten der Alliierten, die nach dem Krieg in einem Quartier unweit des Flughafens Tegel stationiert waren, Sport trieben. So wie sich mein neues Team wie eine zweite Familie anfühlte, so wurde das Stade Napoleon für mich ein zweites Zuhause und American Football mein neuer Kosmos.

Für mich gab es nur noch Football, Football, Football. Der Sport war genau mein Ding, er schien regelrecht für jemanden wie mich gemacht, der die rare Kombination aus Größe, Masse, Schnelligkeit und Beweglichkeit mitbrachte. Mit meinen nunmehr zwölf Jahren war ich schon deutlich über 1,80 Meter groß und hatte zwei Hände, die genau im richtigen Moment und verlässlich zupackten, wenn das Ei wie ein überdimensionales rotierendes Geschoss angeflogen kam. Jeder, der schon mal einen richtig gut geworfenen Football gefangen hat, kennt dieses Gefühl. Man kann gar nicht genug davon bekommen.

Ich lernte schnell. Schneller als in der Schule, wo ich mittlerweile zwar ganz gut klarkam, aber nicht mehr tat als unbedingt nötig. Mein neues Lieblingsfach wurde außerhalb des Schulgeländes gelehrt, im Stade Napoleon. Mich faszinierte, dass es beim Football nicht nur auf pure Kraft ankam, was viele Leute denken, die den Sport zum ersten Mal sehen, sondern auch auf Köpfchen. Ich wollte alles wissen über Spielzüge, Systeme, Strategien, und ich genoss es, dass ich gleich auf mehreren Positionen spielen durfte. In der Offense war ich Wide Receiver, in der Defense spielte ich Safety. Darüber hinaus war ich auch noch Kicker und Punter, denn ich hatte nicht vergessen, was in meinem linken Huf steckte, und das war, wie mir die Trainer nach einigen Probeschüssen bescheinigten, recht amtlich. Auf diese Weise konnte ich mir sogar ein kleines bisschen Fußball-Feeling zurückholen, wenn ich den Ball zwischen den Stangen hindurchdrosch – mit dem Unterschied, dass die Lederpille eine andere Form hatte und meine Tore jetzt Field Goals hießen.

Wir trainierten dreimal die Woche, und am Wochenende hatten wir dann oft Spiele. So verlässlich mein Vater früher bei den Spielen seines Anabolika-Kindes für den BAK07 am Spielfeldrand gestanden hatte, so beharrlich blieb er nun der Sideline fern. Er konnte einfach nichts mit meinem Sport anfangen. Ganz zu Beginn meiner Flag-Football-Zeit hatte ich mal versucht, meinem Papa zu erklären, wie das Spiel funktioniert, aber sein Gesichtsausdruck machte mir schnell deutlich, dass es zwecklos war. Er ist dann lieber zu den Spielen von Pascal gegangen, der mittlerweile im Verein Fußball spielte; ein für sein Alter ziemlich großer Junge mit einem strammen Schuss. Es hat mich nicht wirklich verletzt, und ich habe es meinem Vater auch später nicht übelgenommen, dass er sich bei meinen Spielen nie hat blicken lassen, denn ich begriff schnell, dass seine Abwesenheit nicht der Ausdruck mangelnden Interesses an mir war, sondern nur an meinem Sport. Es war okay, und ich machte einfach weiter mein Ding.

Es wäre sehr amerikanisch, wenn ich behaupten würde: Der Football hat mich gerettet. Aber er hat mich zumindest aufgehalten, denn ich war schon ein bisschen auf die schiefe Bahn geraten. Mit einem Fuß nur, aber ich war ausgerutscht und drohte den Halt zu verlieren. Football hat mich wieder in die richtige Spur gebracht, meinem Leben eine neue Richtung gegeben und einen neuen Sinn.

Bis heute kann ich nicht mit letzter Sicherheit sagen, ob ich den Football entdeckt habe oder ob er mich gefunden hat. Jedenfalls kam er genau zur richtigen Zeit.

Boom! Bang!
Tackles, Thunder und das Trikot mit dem Adler

Football war die erste große Liebe meines Lebens. Alles andere waren Poster an der Wand und Fantasien in meinem Kopf. Football war real, zum Anfassen. Ich war wirklich total verliebt in diese Sportart, wollte alles über sie wissen, wollte jede freie Minute mit ihr verbringen. Football ließ mein Herz höherschlagen. Bedingungslos stürzte ich mich in diese neue Welt. Es mag merkwürdig klingen, aber so war es. Die Tatsache, dass zur damaligen Zeit nur sehr wenige Leute American Football kannten, noch viel weniger etwas davon verstanden und kaum jemand aktiv Football spielte, erhöhte den Reiz nur noch. Ich war dieser Sportart verfallen, mit Haut und Haaren. Ich schwor ihr ewige Treue.

Eat. Sleep. Football. Repeat. So sah mein Leben in etwa aus. Wenn ich nicht gerade im Stade Napoleon trainierte, stählte ich meinen Körper im Park, der gegenüber von meinem neuen Zuhause an der Ollenhauerstraße lag. Ins Fitnessstudio durfte man damals erst mit 16 Jahren, also musste ich mir eine andere Muckibude suchen und fand sie unter freiem Himmel auf dem Spielplatz des Parks, wo ich die Geräte für Klimmzüge, Liegestütze und allerlei andere Übungen nutzte, die mir für einen echten Footballer wichtig erschienen. Um die Rutsche machte ich einen Bogen.

Mit 13 Jahren spielte ich erstmals in der NFL, die, wie ich mittlerweile wusste, kein TV-Sender ist, sondern die National Football League in den USA. Natürlich hatte ich ein paar Anlaufschwierigkeiten, die vor allem technischer Natur waren, aber ich lernte auch in dieser Liga schnell und konnte in epischen Schlachten zahlreiche denkwürdige Siege auf dem Footballfeld feiern – mit der Playstation. Das Zauberwort, welches meine Verwandlung zum NFL-Spieler möglich machte, lautete: Madden. Die Football-Simulation, die nach der NFL-Coaching-Legende John Madden benannt ist.

Mein NFL-Stadion war das Zimmer meines neuen besten Freundes Cedric, den ich bei den Adlern kennengelernt hatte. Eine schicksalhafte Begegnung, denn er wurde zu einer der Schlüsselfiguren in meiner Karriere und meinem Leben, was ich damals natürlich nicht ahnen konnte. Cedric und ich wurden schnell Best Buddies. Wir spielten damals stundenlang. Nach der Schule, vor dem Training. Am Wochenende übernachtete ich oft bei ihm, und wir zockten die ganze Nacht. Durch Madden lernte ich alle 32 Teams der NFL kennen, und es dauerte nicht lange, und ich kannte jeden einzelnen Spieler. Ich war ein totaler NFL-Experte, obwohl ich noch nie ein Spiel im Fernsehen gesehen hatte, denn damals gab es keine Fernsehübertragung der Regular Season im deutschen Free-TV, wie wir es heute kennen.

Ich hatte zu dieser Zeit kein echtes Lieblingsteam, aber besonders gerne spielte ich die Baltimore Ravens, denn die waren für ihre starke Defense berühmt und auch berüchtigt, und außerdem hatten sie Ray Lewis und Ed Reed in ihren Reihen, zwei der besten Defense-Spieler der NFL-Geschichte, beides Hall-of-Famer. Lewis hat in seiner Karriere zwei Super Bowls gewonnen und war sogar einmal Super Bowl MVP, der wertvollste Spieler. Es kommt nur äußerst selten vor, dass einem Spieler der Defense diese Ehre zuteilwird. Auch – und das ist die absolute Wahrheit, wenngleich es fast zu schön klingt, um wahr zu sein – mit Indianapolis zockte ich gerne, denn die Colts hatten mit Robert Mathis und Dwight Freeney eines der besten Pass-Rush-Duos der NFL-Geschichte am Start, ein zweiköpfiger Albtraum jeder Offensive Line und aller Quarterbacks. Lewis, Reed, Mathis oder Freeney waren nicht einfach nur herausragend auf ihren jeweiligen Positionen. Sie haben Spielen ihren Stempel aufgedrückt. Sie haben Spiele entschieden. Sie haben auf dem Feld dominiert, und dafür bewunderte ich sie. Ich wollte so spielen wie sie: Ich wollte dominieren.

Auch im echten Leben schnupperte ich erstmals NFL-Luft. Mit meiner Flag-Football-Mannschaft ging ich regelmäßig zu den Spielen von Berlin Thunder, die in der NFL Europe spielten, einem Ableger der amerikanischen Mutter-Liga, der 2007 wieder aufgelöst wurde. Zu Beginn des neuen Jahrtausends war Thunder das dominierende

Team der europaweiten Liga und konnte 2001, 2002 und 2004 das Endspiel, den sogenannten World Bowl, gewinnen. Kicker war damals übrigens der frühere Fußballprofi Axel Kruse, der zuvor für Hertha BSC gekickt hatte, den Lieblingsverein meines Vaters und meiner Brüder. Das reichte allerdings nicht, um sie für meine neue Liebe zu begeistern.

Es war natürlich eine geniale Fügung, dass das in dieser Zeit beste Footballteam Europas in meiner Stadt spielte, gefühlt vor meiner Haustür. Wir bekamen immer Freikarten für die Spiele im Olympiastadion. Platz war mehr als genug. Fast alle Spieler der Adler, von der Flag-Football-Jugend bis zum Herren-Team, das in der GFL spielte, der German Football League, waren bei den Thunder-Heimspielen im Stadion. Einige der Jugendspieler arbeiteten dort als Volunteers und durften am Spielfeldrand stehen.

Ich kann mich noch erinnern, wie ich mit Cedric und den anderen Jungs auf der Tribüne saß und wir mit leuchtenden Augen mehr oder weniger laut davon träumten, eines Tages selbst auf dem Rasen des Olympiastadions Touchdownpässe zu fangen, mit dem Ball in die Endzone zu rennen oder Quarterbacks in den Dreck zu rammen. Ich wusste, dass die NFLE ein Sprungbrett in die NFL war, auch wenn nur wenigen Spielern tatsächlich der Sprung gelang und es sich bei den meisten der Auserwählten um Amerikaner handelte, die bereits von einem NFL-Team gedraftet worden waren und sich nun in der Tochter-Liga beweisen und weiterentwickeln sollten. Einer dieser Spieler wurde zu einer echten NFL-Legende – ja, Kurt Warner auch, aber den meine ich nicht –, und ich hatte sogar die Ehre, mit ihm bei den Colts in einem Team zu spielen: Adam Vinatieri, der mit vier Super-Bowl-Siegen erfolgreichste Kicker der NFL-Geschichte. Vinatieri spielte nach dem College ein Jahr für die Amsterdam Admirals und wurde 1996 von den New England Patriots verpflichtet, was sich für beide Seiten nicht als schlechteste Idee erweisen sollte. Da war ich gerade mal sechs Jahre alt. Später wurde Vinny übrigens mein Nachbar.

Für Spieler dieser Güte war die NFLE ein Umweg, für andere eine Chance, für manche schon das höchste der Gefühle. Und für mich war es einfach ein Fest, ihnen allen von der Tribüne dabei zuzuschauen, wie sie unten auf dem Rasen in höchstem Tempo und mit vollem Körpereinsatz zur Sache gingen, dass es nur so krachte und schepperte.

Boom! Das wollte ich auch. Genau das.

„Coach, ich will tackeln! Ich habe keinen Bock mehr auf Flag Football."

Ein Satz aus meinem Mund, der mir noch heute in den Ohren klingt. Ich sagte ihn eines Abends nach einer Trainingseinheit zu Jörg Hofmann, dem Trainer der U19 der Adler, und ich sagte ihn, wie man eben redet in Berlin, sehr direkt. Dazu muss man wissen, dass es zur damaligen Zeit andere Altersstufen im American Football in Deutschland gab. Bis zum Alter von 15 Jahren durfte man nur Flag Football spielen. Im Alter zwischen 15 und 19 Jahren spielte man dann Tackle Football – also das, was jeder als Football kennt – in der sogenannten U19, und wer älter als 19 war, der spielte im Herrenbereich. Heutzutage gibt es bereits eine U13 und eine U16 im Tackle Football, was zeigt, wie sehr sich der Sport hierzulande in den letzten Jahren weiterentwickelt hat.

Im Flag Football war es für mich schnell bergauf gegangen. Ich gehörte zu den Leistungsträgern in meinem Team, liebte es, wenn wir am Wochenende gegen andere Vereine spielten und meistens auch gewannen, und freute mich über regelmäßige Berufungen in die Landesauswahl Berlin-Brandenburg. Die Wettkämpfe waren Highlights, aber ich ging auch jede Trainingseinheit so an, als ginge es um Sieg oder Niederlage. Ich wollte besser werden. Ich wollte der Beste sein. Und ich wollte es endlich mal richtig krachen lassen, wie bei Madden – aber leibhaftig. Um dieses Ziel überhaupt in Angriff nehmen zu können, das war mir klar, musste ich allerdings langsam mal einen Helm aufsetzen und Shoulder Pads überstülpen.

Das Problem: Weder hatte ich Helm und Pads noch das richtige Alter. Ich war erst 14. Zu jung. Aber schon groß und auch gut genug. Das war auch Jörg Hofmann, dem Coach der Adler-Jugend, nicht verborgen geblieben, und er merkte, dass ich es absolut ernst meinte mit meinem Wunsch, endlich richtigen Football zu spielen. Wunsch ist untertrieben. Ich flehte ihn regelrecht an, mich schon ein Jahr früher in seine U19 wechseln zu lassen. Er zögerte und gab zu bedenken, dass ein Jahr eine verdammt lange Zeit sei. Ich würde ja erst mit 15 Jahren einen Spielerpass bekommen und am Spielbetrieb teilnehmen dürfen und bis dahin immer nur am Rand sitzen müssen, wenn das eigene Team spiele, was auf Dauer sehr frustrierend sein könne.

Die Stimme der Vernunft in Person von Coach Hofmann redete Klartext, denn er meinte es gut mit mir, doch ich ließ mich nicht beirren und entgegnete, dass ich lieber ein Jahr lang nur trainieren wolle, dafür mit vollem Körperkontakt, um zu lernen und besser zu werden, als weiter Flaggen zu ziehen. Die Tatsache, dass Cedric ein Jahr älter und bereits in die U19 aufgestiegen war, bestärkte mich noch in meinem Wunsch, wollte ich doch unbedingt weiterhin mit ihm in einer Mannschaft spielen und die liebgewonnene Routine des gemeinsamen Trainingswegs und der Einstimmung unter der Schirmherrschaft von Mister Madden an der Playstation nicht kampflos aufgeben. Ich hatte es ja schon erwähnt: Wir Werners sind Sturköpfe, und wenn wir uns erst einmal etwas in unseren Dickschädel gesetzt haben, dann lassen wir uns davon auch nicht mehr abbringen. Notfalls gehen wir mit dem Kopf durch die Wand. Es ist keine Taktik, die ich uneingeschränkt empfehlen würde, insbesondere dann, wenn irgendwo in der Nähe eine Tür ist, aber in diesem speziellen Fall wäre die Tür zum Tackle Football für mich ja noch ein Jahr verschlossen geblieben. Ich hatte die Wahl: Wand oder gar nicht. Ich wählte Wand.

„Okay", sagte Jörg Hofmann schließlich. Ich kann mich nicht erinnern, was er noch sagte, oder ob er überhaupt noch irgendetwas sagte, aber das spielte eigentlich auch keine Rolle, denn sein Okay war für mich schon mehr als genug.

Mit dem Beginn des Wintertrainings wurde ich Teil der U19 der Berlin Adler. Meine erste Position war die des Linebackers, der hinter der Defensive Line agiert. Das fand ich mehr als cool, denn auch Ray Lewis und Brian Urlacher von den Chicago Bears, ebenfalls ein echter Game Changer, waren Linebacker. Ich lernte die Regeln und die Kunst des Tackelns – und ich liebte es! Endlich konnte ich ohne

Einschränkungen meinen Körper einsetzen, und davon hatte ich ja reichlich. Dass ich mich mit meinen 14 Jahren mit den großen Jungs im Team messen durfte, von denen die meisten bereits 18 oder 19 Jahre alt waren, war einfach geil. Es fühlte sich an, als seien Fesseln gelöst worden. Es war eine Offenbarung.

Die nötige Ausrüstung hatte ich mir von meinen mühsam angehäuften Ersparnissen gekauft und mir zu diesem Zweck zu meinem 14. Geburtstag auch nur Geld gewünscht. Ein nagelneues Set konnte ich mir dafür dennoch nicht leisten, das Geld reichte gerade für einen gebrauchten Helm und Shoulder Pads der amerikanischen Traditionsmarke Schutt, denen man ihr Vorleben ansah – und auch anroch. Nach meiner Erinnerung waren es ungefähr 150 Euro – für unsere Verhältnisse verdammt viel Kohle –, die ich mit Herzklopfen und zitternden Fingern auf den Tisch des Ladens blätterte, der übrigens heute noch existiert und den ich damals mit leuchtenden Augen verließ. Ich bin zwar kein religiöser Mensch, aber die Dinger waren mir von diesem Moment an heilig. Es war die erste große Investition meines Lebens und definitiv eine meiner besten.

Mein Helm, meine Pads. Jetzt fühlte ich mich als richtiger Footballspieler. Mit einer Einschränkung.

Mein Coach hatte recht behalten. Einerseits ging ich total darin auf, mich in jedem Training auszupowern und zu tackeln, lernte mit einer Begeisterung, die mir in der Schule fehlte, wurde von Woche zu Woche besser und schloss trotz des deutlichen Altersunterschieds zu den anderen auf. Andererseits pisste es mich aber regelrecht an, dass ich mir, als im Frühjahr darauf die neue Saison begann, am Wochenende an der Sideline die Beine in den Bauch stand, während Cedric und meine anderen Teamkollegen gegen gegnerische Mannschaften ernst machten. Nur ich durfte nicht zeigen, was ich im Training alles gelernt hatte, obwohl ich wusste, dass das mehr als genug war, um mitzumischen.

An diesem Zustand gab es nichts zu rütteln, an meiner Position dagegen schon. Mein Trainer, der ein sehr gutes Auge für die Stärken, Schwächen und Potenziale seiner Spieler hatte, machte mich vom Linebacker zum Defensive End. Er fragte gar nicht. Es war auch kein

Vorschlag. Er sagte einfach irgendwann: „Björn, du bist ein Defensive End", und ich sagte: „Okay, Coach, cool, dann bin ich jetzt ein Defensive End." Denn was Jörg Hofmann sagte, hatte Hand und Fuß. Also würde ich künftig mit vorgebeugtem Oberkörper und einer Hand im Gras abgestützt auf den Snap des gegnerischen Centers warten – in etwa so, wie es ein einarmiger 100-Meter-Sprinter machen würde –, um dann zu explodieren. Die neue Position am äußeren Ende der Defensive Line, an vorderster Front, an der Line of Scrimmage, gefiel mir. Ich hatte die Gegenspieler der Offensive Line vor der Nase und den Quarterback dahinter im Visier. Meine Beute. Ich wollte Quarterbacks jagen.

Der Frust darüber, dass meine Position bei den Spielen der Adler unverändert blieb (ich war sozusagen Sidelinebacker und reichte Sportgetränke), nahm mir jedoch nicht etwa die Motivation und meine Lust auf Football. Ganz im Gegenteil. Er stachelte mich nur noch mehr an. Ich schwor mir: Wenn es so weit ist, dann würde ich absolut ready sein, mehr als bereit.

In diesem Frühling des Jahres 2005 nahm ich an einem der Footballcamps teil, welche die NFL Europe regelmäßig an den Standorten ihrer Teams organisierte, um junge Talente zu sichten und zu fördern. Das Camp in Berlin fand in einer Halle auf dem Trainingsgelände von Hertha BSC statt, und es kamen Flag-Football-Talente aus ganz Berlin und dem Umland. An diesem Tag traf ich übrigens erstmals auf Patrick Esume, der zum damaligen Zeitpunkt dem Coaching Staff der gerade erst gegründeten Hamburg Sea Devils angehörte. Er war einer der zahlreichen Trainer vor Ort, die die Übungen leiteten, genau wie Shuan Fatah. Shuan, wie ich ein gebürtiger Berliner, war zu dieser Zeit für Berlin Thunder tätig und zuvor lange Jahre aktiver Spieler und Coach bei den Adlern gewesen. Heute sind Patrick und Shuan zwei der erfolgreichsten und anerkanntesten deutschen Trainer. Patrick und ich haben über die letzten Jahre sogar eine innige Football Bromance entwickelt, die cockstrong ist, und geben unsere Liebe für den Sport an die stetig wachsende Zahl der Footballfans weiter. Die Tatsache, dass ich damals 14 war und er schon ein paar Jahre Coach, beweist, dass er mittlerweile ein ziemlich alter Sack ist. Er könnte mein Vater sein. (Ich bin mir sicher, er wird diese Passage lieben.)

Natürlich setzte ich alles daran, die versammelten Coaches und Talentscouts zu beeindrucken, aber um ehrlich zu sein, ließen mich die Herren Esume und Fatah eher kalt. Ich hatte nur Augen für Christian Mohr. Der Name ist längst nicht jedem deutschen Footballfan ein Begriff. Zu Unrecht, wie ich finde. Mohr, eine 1,98 Meter große Maschine mit hellblondem Haar und dem Spitznamen „Thor", hatte zunächst als erst 19-Jähriger in der GFL für die Düsseldorf Panther gespielt, sich dann als Defensive End bei Thunder einen Namen gemacht und auf diesem Weg den Sprung über den Großen Teich zu den Seattle Seahawks geschafft, bei denen er im Rahmen eines Förderprogramms von NFL und NFL Europe ein paar Monate zuvor einen Platz im Practice Squad erhalten hatte, dem Trainingskader. Das klingt in der heutigen Zeit vielleicht nicht spektakulär, war zur damaligen Zeit aber ein Riesenerfolg – gerade für Nicht-Amerikaner und insbesondere für einen deutschen Spieler. Wer das belächelt, der hat keinen blassen Schimmer, wie viel harte Arbeit dahintersteckt und welch großer Erfolg es allein schon ist, als Deutscher in einem NFL-Team mittrainieren zu dürfen.

Auch wenn „Thor" Mohr für Seattle und auf seinen weiteren Stationen bei den Philadelphia Eagles und den Cleveland Browns letztendlich nie ein NFL-Spiel bestritt, war er für mich dennoch ein enormer Ansporn. Zum ersten Mal sah ich den Weg eines deutschen Footballspielers bis in die NFL ziemlich klar vorgezeichnet, und jetzt stand dieser Muskelberg auch noch leibhaftig vor mir und den anderen Jungs, die an diesem Tag ihr Können zeigten. Ein Spieler zum Anfassen, der es in die NFL geschafft hatte. Es war greifbar.

Als ich mich nach diesem schweißtreibenden und aufregenden Camp auf den Nachhauseweg machte, hatte ich nur einen Gedanken: Ich will der Nächste sein.

Morgens in der Schule träumte ich regelmäßig meinen Football-Traum, abends schwitzte ich für ihn im Stade Napoleon. Und an trainingsfreien Tagen, die zu den weniger guten Tagen der Woche zählten, stählte ich meine Muckis auf dem Spielplatz bei meinem

Werner-Spezial-Workout – grimmiger Blick, rote Birne, Schweißperlen auf der Stirn und zwischen den Zähnen hervorgepresste Grunzlaute inklusive. Es würde mich nicht wundern, wenn ich dabei so manches Kleinkind plus dazugehörende Mutter verschreckt hätte.

Ich sehnte meinen nächsten Geburtstag so sehr herbei, wie ich es nur als Kleinkind getan hatte, als Aussicht bestand, den auf meinem übersichtlichen Wunschzettel an Position eins stehenden Fußball oder das heißbegehrte BMX-Rad zu bekommen. Diesmal wollte ich einfach nur eine Zahl. Die 15. Diese zwei Ziffern würden das größte Geschenk sein. Die 1 und die 5. Mehr wollte ich nicht. Es war wie ein Countdown, bei dem ich die Monate, Wochen und Tage zählte, doch lange bevor es endlich so weit war, geschah etwas ziemlich Verrücktes.

Mein Trainer war neben seinem Job bei den Adler-Junioren auch noch Defensive Backs Coach in der U19-Nationalmannschaft, und im Spätsommer 2005 stand ein Länderspiel in Frankreich gegen Frankreich an. Zu einem Trainingscamp und Tryout in Hannover im Juli sollten die besten deutschen Nachwuchsspieler eingeladen werden, um nach dem Sichtungstraining einen 75-Mann-Kader zusammenzustellen. Man muss dazu wissen, dass Jörg Hofmann nicht nur total footballverrückt ist, sondern auch ein ziemlich selbstloser Idealist, der alles dafür tat und auch riskierte, seine Spieler zu fördern – und er war auch verrückt genug, dem Coaching Staff der Nationalmannschaft vorzuschlagen, einen 14-jährigen Jungen aus Berlin einzuladen, der im Bereich Tackle Football bislang nur trainiert, noch kein Spiel bestritten hatte und auf einer Position spielte, bei der es auf Körperlichkeit ankam.

Ich kann nur vermuten, wie der Headcoach und die anderen Coaches auf seinen Vorschlag reagierten, aber es würde mich nicht wundern, wenn sie Jörg zunächst belächelten, vielleicht sogar auslachten oder für verrückt erklärten. Wie ich später erfuhr, erzählte mein Vereinstrainer ihnen, dass ich für mein Alter schon sehr weit sei und sie sich diesen riesigen Jungen unbedingt einfach anschauen sollten, es sei ja nur ein Tryout, gucken kostet nichts. Er kämpfte für mich und ließ nicht locker. Was das angeht, sind wir uns wohl sehr ähnlich.

Er muss sehr überzeugend gewesen sein oder sehr hartnäckig oder beides, jedenfalls saß ich wenig später mit meinem Coach und einer Handvoll unserer besten Adler-Junioren in einem Kleinbus auf dem Weg nach Hannover.

Man kann nicht behaupten, dass ich mit offenen Armen empfangen wurde, und ich hatte nicht das Gefühl, dass jemand außer Jörg meine Begeisterung über die Teilnahme am Tryout uneingeschränkt teilte. Die anderen Jungs kannten sich untereinander schon länger, weil sie seit Jahren in der GFL Juniors, der Jugend-Bundesliga, miteinander oder gegeneinander spielten und auch in den Auswahlteams der Bundesländer oder der Nationalmannschaft das gleiche Trikot getragen hatten. Football in Deutschland war zur damaligen Zeit eine kleine eigene Welt, in der so gut wie jeder jeden kannte. Die meisten der Anwesenden zeigten mir die kalte Schulter oder bedachten mich mit spöttischen Blicken. Nach dem Motto: Was will das Kind denn hier? Viele der eingeladenen Spieler waren längst schon 18, und in diesem Alter ist man ja nicht nur offiziell volljährig, man fühlt sich auch verdammt erwachsen. An ihrer Stelle hätte ich vermutlich dasselbe über ein blasses und schweigsames Riesenbaby wie mich gedacht, schließlich hatte sich nicht nur mein Alter schnell herumgesprochen, sondern auch die Tatsache, dass ich überhaupt noch kein einziges Footballspiel bestritten hatte. Die Reaktion auf meine Anwesenheit schwankte zwischen Unverständnis und Belustigung. Bei aller Konkurrenz im Kampf um die Kaderplätze schienen sich in meinem Fall schon alle einig, bevor das Tryout überhaupt begonnen hatte: Der hat hier nichts zu suchen.

Nicht lange danach war ich wieder mit meinem Coach Jörg Hofmann auf der Autobahn unterwegs. Ich und noch 74 andere junge Footballspieler – auf dem Weg nach Frankreich. Die erste Auslandsreise meines Lebens.

Aus meiner Sicht kann ich nur schwer einordnen, was an dem Wochenende in Hannover passiert war. Jedenfalls hatte ich einfach mein Ding gemacht, dabei die anfängliche allgemeine Ablehnung als zusätzliche Motivationsspritze genutzt und alle Drills und Spielformen mit durchgedrücktem Gaspedal durchgezogen. Meine

Performance muss gut genug gewesen sein, um nicht nur Jörg, sondern auch die anderen Coaches davon zu überzeugen, mir einen der begehrten Plätze im Kader der U19-Nationalmannschaft zu geben. Fast alle der nominierten Spieler waren 18 oder 19 Jahre alt, und manche von ihnen hatten schon einen amtlichen Bartwuchs. Der zweitjüngste Spieler im Kader war gerade noch 16. Dann kam lange nichts, und dann kam ich.

Meine Nominierung sorgte in Footballkreisen natürlich für Aufsehen. Zur damaligen Zeit gab es noch kein Social Media, und die hierzulande überschaubare Szene aus Spielern, Coaches, Funktionären und Fans tobte sich in Internet-Foren aus, in denen nun erstmals mein Name auftauchte. Nachdem der Kader für das Länderspiel in Frankreich bekanntgegeben worden war, gingen natürlich die Diskussionen los, und Einträge wie „Wer ist dieser Björn Werner?" oder „Was wollen die denn mit dem?" gehörten noch zu den netteren. Man darf ja nicht vergessen: Meine Nominierung bedeutete, dass weitaus erfahrenere Jungs, die schon länger in der GFL Juniors spielten, keinen Platz bekommen hatten, was nun von ihnen selbst, ihren Mitspielern, Coaches, Freunden oder Mama und Papa in den Foren beklagt und kritisiert wurde. Ich nahm es zur Kenntnis. Absolut berechtigt war die vielgestellte Frage, welchen Sinn es überhaupt mache, einen Jungen zu nominieren, der noch gar nicht das Alter erreicht hatte, um überhaupt Tackle Football spielen zu dürfen.

Die Antwort war so simpel wie kurios: In Deutschland lag die Altersgrenze bei 15 Jahren, für internationale Spiele aber bei 14 Jahren. In meinem Fall bedeutete das: Für meine Adler durfte ich noch nicht spielen, mit dem Adler auf der Brust und für Deutschland dagegen schon. Ein Schlupfloch, das Jörg Hofmann, der alte Fuchs, vermutlich schon vor dem Tryout im Auge gehabt hatte. Anders als im Verein, war ich für die Nationalmannschaft also nicht nur gut genug, sondern auch alt genug. Das Spiel fand in Thonon-les-Bains statt, wunderschön gelegen auf der französischen Seite des malerischen Genfer Sees. Weniger idyllisch waren die vier Quarter für die Gastgeber, denn wir gewannen unerwartet deutlich mit 42:21. Das war ein echtes Ausrufezeichen, denn die Franzosen waren der amtierende

Europameister. Sechs der 42 Punkte gingen übrigens auf meine Kappe. Mein linker Fuß hatte die Coaches in der Vorbereitung auf das Spiel derart überzeugt, dass ich kurzerhand auch noch zum Kicker bestimmt wurde und nach unseren sechs Touchdowns die Extrapunkte beisteuern konnte.

Für mich war jedoch viel entscheidender, dass ich endlich von der Kette gelassen worden war und in den Einsatzminuten als Defensive End, die man mir gönnte, ein paar schöne Tackles machen konnte. Bang! Das war unbeschreiblich geil. Es fühlte sich ganz anders an als im Training, da war eine andere Intensität im Spiel, ein anderer Spirit, mehr Adrenalin. Ich haute nun nicht mehr meine Teamkollegen und Kumpels um, sondern Fremde, die in mir einzig und allein das sahen, was ich in ihnen sah: einen Gegner.

Es ist echt verrückt, und ich kann es selbst nach all den Jahren kaum fassen: Das erste Footballspiel meines Lebens, meine ersten Tackles und Punkte in einem Wettkampf, machte ich im Trikot der deutschen Nationalmannschaft. So etwas hat es weder davor noch danach jemals wieder gegeben.

Holy Shit

Sommermärchen und Schädelbrummen

Endlich war ich ein richtiger Footballspieler. Nationalspieler sogar. Das Spiel gegen Frankreich Anfang August war für mich wie ein vorgezogenes Geburtstagsgeschenk gewesen, und am vorletzten Tag jenes Monats, an dem ich schließlich 15 Jahre alt wurde und den Spielerpass bekam, war ich mir sicher, dass 2006, das Jahr, das als deutsches Fußball-Sommermärchen mit Epizentrum Berlin in die Geschichte eingegangen ist, für mich ein Football-Sommermärchen werden würde. Der City Boy wollte einfach nur spielen.

Meine Zeit als echter Adler begann mit einem großen Knall – wortwörtlich. Die Saison 2005 in der GFL Juniors, der Jugend-Bundesliga, hatte ich zwar altersbedingt verpasst, aber die Spielzeit war glücklicherweise noch nicht vorbei, denn sie endet in Deutschland traditionell im Oktober mit dem großen Jugend-Länder-Turnier, kurz JLT, bei dem die Auswahlteams der Bundesländer gegeneinander antreten. Und in diesen Auswahlen spielen dann die Kids, die auch in den Vereinen der Jugend-Bundesliga aktiv sind. Das Turnier ist immer auch eine Art Football-Familientreffen und zugleich eine große Talentschau, denn es sind jede Menge Coaches aus ganz Deutschland vor Ort, von denen viele selbst in der GFL, der German Football League, also der Männer-Bundesliga, spielen. Und natürlich sind auch die Trainer der Nationalteams da, weshalb es auf dem Spielfeld ordentlich zur Sache geht, weil jeder zeigen will, was er draufhat. Auch wenn ich zu diesem Zeitpunkt noch gar keine richtige Saison für die Adler gespielt hatte, war ich dennoch für die Landesauswahl Berlin-Brandenburg nominiert worden, die sich Big East nannte, ein cooler Name, wie ich fand.

Die Anreise zum Turnier gestaltete sich für mich und die meisten meiner Mitspieler, die auch aus Berlin kamen, recht einfach, denn in diesem Jahr fand das JLT in der Hauptstadt statt. Wir schafften es immerhin ins Spiel um Platz drei, wo wir auf die Auswahl aus Baden-Württemberg (kurz BaWü) trafen, die sich Tigerducks nannte, was eher im unteren Bereich der Coolness-Skala rangierte und wohl auch der Grund war, warum die Süddeutschen sich später in Lions umbenannten – ein Name, der zwar nicht gerade Kreativpreis-verdächtig ist, aber auf jeden Fall besser als Tigerenten.

Ich war bis in die Haarspitzen motiviert, da ich wusste, dass bei den Platzierungsspielen besonders viele Coaches und auch Spieler der anderen Auswahlteams zuschauten. In diesem Spiel um Platz drei, das wir letztlich auch gewannen, hatten wir einen Kickoff, und das war ja mein Job als Defensive-End-Kicker-Punter-Hybrid. Ich ballerte das Ei in Richtung der gegnerischen Endzone. Der Returner der Tigerducks fing das Ding, rannte los, tanzte einige unserer Spieler aus und hatte an der Sideline plötzlich freie Bahn. Zwischen ihm und unserer Endzone gab es nur noch ein Hindernis. Mich.

Im Football kann einem Returner eigentlich nichts Besseres passieren, als auf dem Weg zum Touchdown nur noch den Kicker überwinden zu müssen, denn die sind in der Regel eher schmächtig und nicht als sonderlich gute oder mutige Tackler bekannt. Eigentlich gibt es an jedem NFL-Spieltag mindestens einmal eine Szene zu sehen, in der sich ein Kicker (damit der Coach nicht schimpft) einem Returner mit einem halbherzigen Tackle-Versuch vor die Füße wirft, in der Hoffnung, dieser möge über ihn stolpern.

Damit wir uns nicht falsch verstehen: Ich habe ein Herz für Kicker, denn ich war ja selber einer, und für diesen Job braucht es eben nicht nur einen guten Fuß und zwei gesunde Augen, sondern vor allem Nerven wie Drahtseile.

In meinem Fall war es nun aber so, dass ich nicht der klassische Kicker war, sondern auch ein Defensive End mit entsprechenden Maßen, ausgestattet mit der Schnelligkeit und Beweglichkeit eines Safetys. Der Returner der Tigerducks kam also im Vollsprint an der Sideline auf mich zu, und ich war unsere „Last Line of Defense". Ich lief ihm entgegen, brachte mich in Position, neigte den Oberkörper nach vorne, nahm im letzten Moment auch noch den Kopf runter und schnellte mit zwei explosiven Schritten und voller Kraft nach vorne. Kamikaze-Style. Helm gegen Helm. Es hat unfassbar geschappert. Ich sah noch, wie mein Gegenspieler in hohem Bogen mehrere Meter über die Sideline und in die Auswechselbank von BaWü flog. Das Letzte, was ich hörte, war, wie irgendjemand „Holy Shit!" brüllte, dann wurde mir schwarz vor Augen. Nach einem kurzen Moment wurde es wieder taghell. Dennoch leuchteten die Sterne. Ich rappelte mich reflexartig auf und trottete zu unserer Bank. Ich war nicht in der Lage, geradeaus zu schauen. Es fühlte sich an, als seien meine Augen überall, nur nicht dort, wo sie sein sollten, und meine Beine aus Gummi. Mein Kopf war erfüllt von einem lauten Rauschen, und das Stimmengewirr und Gejohle meiner Teamkollegen an der Sideline, die mich ordentlich für diesen Monster-Hit abfeierten, schien von ganz weit weg zu kommen.

Das war mit ziemlicher Sicherheit die erste Gehirnerschütterung meiner Footballkarriere. Zum damaligen Zeitpunkt wusste ich nicht, was eine Gehirnerschütterung überhaupt ist, und im Football war man längst noch nicht so sensibilisiert wie heute, was die Risiken für das Gehirn und mögliche Spätfolgen angeht. Da wurde einfach gefragt, ob alles okay sei, und wenn man nickte, dann war die Untersuchung abgeschlossen, und es ging weiter. Ohnehin galt damals: Je mehr Kratzer du am Helm hattest, desto cooler warst du. Die Zeiten ändern sich, und das ist auch gut so, denn die Kids sollen ihr Gehirn beim Football anstrengen und es nicht ruinieren. Ich bin froh, dass diese Szene, auf die ich selbst heute noch von Leuten angesprochen werde, die damals dabei waren, bei mir nur bleibende Erinnerungen hinterlassen hat und keine bleibenden Schäden.

In der folgenden Off-Season legte ich mich noch mehr ins Zeug als im Jahr zuvor, denn die Aussicht, endlich meine erste Saison mit den Adlern in der GFL Juniors zu spielen und dabei auch eine wichtige Rolle in meiner Mannschaft einzunehmen, war eine ebenso große Motivation für mich wie der Fakt, dass wir eine richtig gute Truppe beisammen hatten, der einiges zuzutrauen war – und wir lieferten ab.

Mit einer starken Regular Season, in der wir von Sieg zu Sieg eilten, qualifizierten wir uns für das Halbfinale, das wir im heimischen

Stade Napoleon austrugen. Unsere Gegner kannten wir nur allzu gut, denn wir hatten im Saisonverlauf bereits zweimal gegeneinander gespielt, und sie kamen sogar aus derselben Stadt: die Berlin Kobras. Ich erinnere mich noch, dass es an diesem Tag im Juni verdammt heiß war und beide Teams nicht nur mit den Temperaturen, sondern auch mit ihren Nerven zu kämpfen hatten, schließlich war es ein Derby, und es ging ums Finale. Im Stadion waren so 200 bis 300 Leute. Wir waren eigentlich der Favorit, lagen aber lange mit 0:6 zurück und kamen Sekunden vor der Halbzeit in Fieldgoal-Position. Eine Aufgabe für mich, denn ich war bei uns Defensive End, Kicker und Punter in einer Person. Ich drosch das Ei zwischen den Stangen durch und brachte endlich die ersten Punkte für uns aufs Board, was meiner Mannschaft Auftrieb für die zweite Halbzeit gab, in der wir am Ende souverän mit 31:6 triumphierten und die Adler erstmals nach zehn Jahren wieder in den Junior Bowl um die Deutsche Meisterschaft einzogen.

Unser Gegner im Endspiel waren die Düsseldorf Panther, zum damaligen Zeitpunkt das Maß aller Dinge im deutschen Jugendfootball, amtierender Titelverteidiger und viermal hintereinander Champion. Die Panther hatten sich im Halbfinale gegen die Berlin Rebels durchgesetzt, den dritten Halbfinalisten aus meiner Stadt, was eindrucksvoll zeigt, wie stark die Hauptstadt damals im Nachwuchs-Football war. Anders als in Berlin, wo sich die besten Spieler auf mehrere Vereine verteilten, war Düsseldorf eine Art All-Star-Team, bei dem die besten Nachwuchs-Footballer aus ganz Nordrhein-Westfalen spielten, dem bekanntlich bevölkerungsreichsten Bundesland, und auch in der Nationalmannschaft bestand fast die halbe Mannschaft aus Panther-Spielern. Düsseldorf war wie Bayern München – nahezu unschlagbar und ebenso beliebt bei der Konkurrenz und ihren Fans. Dass der German Bowl XXV in Düsseldorf ausgetragen wurde, auf der kleinen Kampfbahn neben dem großen Fußballstadion der Fortuna, verbesserte unsere Ausgangslage nicht gerade.

Spoiler: Die Panther blieben auch in dieser Saison das Maß aller Dinge. Drei Viertel lang lieferten wir dem Favoriten vor 1500 Zuschauern einen heißen Fight und machten ihm vor allem mit unserer

Defense das Leben schwer. Mehrfach waren wir ganz nah dran, das Spiel zu kippen, aber im letzten Quarter zogen die Panther mit einem 12:0-Lauf davon. Der Endstand von 7:26 spiegelt den Spielverlauf und auch die Kräfteverhältnisse nicht wider, aber Niederlage ist Niederlage. Ich habe an diesem Tag einiges über mich und meinen Umgang damit gelernt.

Auf einem Foto, das unmittelbar nach dem Finale aufgenommen wurde, stehe ich, die Nummer 4, auf der Laufbahn des Stadions und blicke mit versteinerter Miene in die Kamera, während sich im Hintergrund die Panther drängeln, die endlich feiern wollen. Dabei hätte ich bei aller Enttäuschung durchaus auch Grund zur Freude gehabt, denn mein erster German Bowl war für mich persönlich ziemlich gut gelaufen. Ich hatte gegen Spieler, von denen manche drei oder sogar vier Jahre älter waren als ich, nicht nur mitgehalten, sondern richtig abgeliefert. Ich hatte die einzigen Punkte meiner Mannschaft erzielt, als Defense-Spieler. Mir war ein Pick Six gelungen, ein Touchdown nach einer Interception, bei dem der große schwere Junge den Ball über 40 Yards in die Endzone trug, anschließend höchstselbst auch noch den Extrapunkt zum Zwischenstand von 7:14 verwandelte, natürlich auch noch den darauffolgenden Kickoff trat und danach gleich auf dem Feld blieb, um als Defensive End an der Line of Scrimmage in Position zu gehen. Langweilig war mir jedenfalls nicht an diesem Nachmittag. Nach Spielschluss wurde ich von einer Jury zum Defense-MVP, dem wertvollsten Verteidiger, gekürt. Es war die erste individuelle Auszeichnung in meiner Footballkarriere, aber auf dem Foto sehe ich mit meinem finsteren Blick so aus, als hätte mich jemand mit gezückter Knarre zu der Aufnahme gezwungen.

Einige meiner Mitspieler weinten nach dem verlorenen Endspiel, aber ich reagierte zu meiner eigenen Überraschung ganz anders auf diese erste große sportliche Niederlage in meinem Leben. Ich war enttäuscht, aber ich war nicht traurig. Ich war wütend. Richtig wütend. Es brodelte in mir, und die Spieler in Rot, die mit dem Selbstverständnis von Seriensiegern direkt vor unserer Nase feierten, machten es nur noch schlimmer. Ich fluchte nicht, zeigte keine Emotionen, zog mich komplett in mich zurück, sagte keinen Ton mehr, schluckte die immer wieder aufwallenden Wellen der Wut herunter und schwor Rache, sportliche, versteht sich.

Das war also meine Art, mit Niederlagen umzugehen. Darüber hinaus spürte ich auch, dass mir individuelle Auszeichnungen nichts bedeuteten, solange nicht auch meine Mannschaft gewonnen hatte, weil sie den bitteren Geschmack der Niederlage in meinem Mund nicht versüßen konnten. Der Zweite ist der erste Verlierer – so sah ich die Sache damals.

Wie es das Schicksal wollte, waren die Jungs in Rot, die meinen Adlern und mir den Traum vom Gewinn des Junior Bowls versaut hatten, schon einen Monat später meine Teamkollegen. Die European Junior Championships in Stockholm machten es möglich. Oder nötig, wenn man so will. Schon bei der Veröffentlichung des Kaders hatte ich gesehen, dass 13 Spieler des 45er-Kaders für die Europameisterschaft Panther waren. Meine Vorfreude auf das Wiedersehen hielt sich ehrlich gesagt in Grenzen. Ich hatte ja nichts gegen die Jungs persönlich, aber schon allein das Lesen ihrer Namen weckte dunkle Erinnerungen, und ich ahnte, dass es der eine oder andere von ihnen raushängen lassen würde, dass er ein frischgebackener Champion war. Wieder einmal. Wie gesagt: das Bayern München des Junioren-Footballs.

Die Vorfreude auf die Europameisterschaft, mein erstes großes Turnier mit dem Nationalteam, war dagegen grenzenlos. Diesmal gab es keine Diskussionen um meine Nominierung, und niemand stellte mehr meine Eignung in Frage, auch wenn ich nach wie vor der mit Abstand jüngste Spieler war. Ich hatte mittlerweile nicht nur die 1,90-Meter-Marke erreicht, sondern auch die 100-Kilo-Marke überschritten.

Es war meine bislang weiteste Reise und das erste Mal, dass ich in einem Flugzeug flog, was sich meine Familie ja nie hatte leisten können. Ein echtes Abenteuer. Unsere Mannschaft war in einer Kaserne untergebracht, in spartanischen 14-Mann-Zimmern, die wir mit reichlich Leben füllten. Es hatte etwas von einer Klassenfahrt – nur ohne Mädchen. Im ersten Spiel der EM wurden wir unserer Favoritenrolle gerecht und fertigten Tschechien vor sage und schreibe

139 Zuschauern mit 56:0 ab. Im Spiel danach besiegten wir Dänemark mit 47:12, wobei ich neben einem Field Goal und vier Extrapunkten auch zwei Quarterback-Sacks verbuchen konnte, was mich besonders freute.

Lebendigere Erinnerungen habe ich aber an eine schicksalhafte Begegnung bei einer abendlichen Tischtennis-Battle in unserer Kaserne mit meinen Berliner Jungs. Wir waren eine große Gruppe, denn neben mir und vier weiteren Adlern gehörten auch Spieler von den Rebels und Kobras zum EM-Kader, die sich untereinander kannten. Natürlich gab es Grüppchenbildung im Nationalteam. So wie die Panther oftmals unter sich waren, hingen auch die Berliner Jungs miteinander ab. Tischtennis ist bis heute eine heimliche Liebe von mir. Ich hatte kurzzeitig sogar mal im Verein gespielt – als mein Sprunggelenk noch nicht ausreichend belastbar war, um wieder Fußball zu spielen, und bevor ich dann den Football entdeckte. Ich möchte behaupten, dass ich ganz gut im Tischtennis bin, was viele Jahre später auch ein gewisser Pat McAfee zu spüren bekommen sollte, aber das ist eine andere Geschichte. Es ging jedenfalls hoch her an der Platte der Hauptstadt-Kids, als ein einzelner Typ hereinschlenderte, der ganz offensichtlich Anschluss suchte und mit einem breiten Grinsen fragte, ob er mitspielen könne. Der Junge war Tight End und spielte bei den Hamburg Young Huskies. Wir waren in der zurückliegenden GFL-Juniors-Saison Gegner gewesen, bis zu diesem Abend hatte ich jedoch noch kein vernünftiges Wort mit ihm gewechselt und kannte lediglich seinen Namen: Kasim Edebali. Der Typ war die gute Laune auf zwei Beinen und auch nicht auf den Mund gefallen, womit er wunderbar in unsere Gang von Berliner Schnauzen passte. Von da an hing er immer mit uns herum, und wir beide waren für den Rest der EM fast unzertrennlich. Zwischen Kasim, der ein Jahr älter war als ich, und mir hat es auf Anhieb geklickt.

Nach einer denkwürdigen Football-Schlacht gegen Österreich, bei der wir nach einem zwischenzeitlichen 10:21-Rückstand erst eine Minute vor Schluss mit dem vierten Versuch den siegbringenden Touchdown zum 25:21 erzielten, zogen wird ins Finale ein, wo wir auf Titelverteidiger Frankreich trafen, den wir ja im Jahr zuvor in meinem ersten Footballspiel überhaupt recht deutlich geschlagen hatten. Deshalb gingen wir auch optimistisch in die Partie.

Die Erinnerungen an dieses Finale waren lange Zeit ganz weit hinten in meinem Kopf, und als ich sie erst jetzt mühsam wieder hervorgekramt hatte, da wusste ich auch warum. In der ersten Halbzeit lief alles wie am Schnürchen, und wir gingen mit 21:7 in die Kabine, aber in der zweiten Halbzeit kackten wir total ab, unser Quarterback musste verletzt raus, und wir kassierten 21 unerwiderte Punkte. Bei uns ging gar nichts mehr, bei Frankreich auf einmal alles, wie so oft im Football, wenn in der Halbzeit die sogenannten Adjustments gemacht werden, die Anpassungen oder Veränderungen des Gameplans durch die Coaches. Vielleicht hatte der französische Trainer seinen Jungs aber auch einfach nur Feuer unterm Hintern gemacht. Jedenfalls brüllten sie auf dem Weg aus der Halbzeit zurück aufs Spielfeld „Allez les Bleus!" und sahen dabei aus, als würden sie in den Krieg ziehen. Diese Art von Momentum Shift, wenn plötzlich das ganze Spiel kippt, manchmal nur durch eine einzige Aktion, macht unseren Sport bei aller Statistik und Mathematik, die dahintersteckt, so unberechenbar und aufregend.

Schon wieder hatte ich ein Finale verloren, was den schönen Schweden-Trip erst einmal trübte, aber ich hatte einen Freund gewonnen. Damals konnten weder Kasim noch ich ahnen, auf welch spektakuläre Weise sich unsere Wege noch kreuzen würden.

Die gemeinsame Woche mit den Spielern aus Düsseldorf änderte nichts daran, dass der Stachel der Niederlage im Junior Bowl nach wie vor tief saß. Die Gelegenheit zur Revanche bot sich schon im Oktober, beim Jugend-Länder-Turnier, das erneut in Berlin stattfand. Diesmal schafften wir es bis ins Finale, wo wir auf die Auswahl von NRW trafen, in der es vor Panthern nur so wimmelte. Wir gewannen mit 25:16, und ich wurde zum MVP des Turniers gekürt.

In diesen letzten Wochen meines ersten echten Football-Jahres nahm mich eines Abends nach einem Training mein Trainer beiseite und sagte: „Björn, wir müssen mal reden." Und dann eröffnete Jörg Hofmann mir, dass er mich für ein Ausnahmetalent hielt, und ob ich mir nicht vorstellen könne, über eines dieser Austauschprogramme nach Amerika zu gehen, weil mein Talent im Mutterland des Footballs besser gefördert werden könne und er mir wirklich zutraue, es im Football weit zu bringen. Ich hatte einen riesengroßen Respekt vor meinem Coach und wusste, dass Jörg es absolut ernst meinte, weil er kein Schnacker war. Und ich hatte auch nicht das Gefühl, dass er mir irgendetwas aufschwatzen oder mich zu etwas drängen wollte, was nicht in meinem Sinne war. Er erklärte mir in kurzer und knapper Form, wie so etwas ablaufen könne, und ich weiß noch, dass ich die meiste Zeit einfach nur genickt habe. „Überleg es dir", gab er mir mit auf den Nachhauseweg.

Überlegen? Die Vorstellung, nach Amerika zu gehen, um dort Football zu spielen, elektrisierte mich; sie passte perfekt zu dem Traum, den ich seit Monaten träumte. Ich war aufgeregt, aber völlig klar im Kopf.

Als ich nach Hause kam, stellte ich meine Sporttasche im Flur ab, ging direkt ins Wohnzimmer und sagte aus dem Nichts: „Mama, Papa, ich will nach Amerika gehen und Football spielen."

Huddle

Vom Traum zum Plan zur Tat

Schweigen. Nur die Stimmen aus dem Fernseher, auf den meine Eltern starrten, waren zu hören, während ich im Raum stand und die Worte noch in meinem Kopf nachhallten. Vielleicht hatte ich mal wieder zu leise gesprochen. „Ich will nach Amerika gehen und Football spielen", wiederholte ich nun etwas lauter und fügte mit trotzigem Nachdruck an: „Ich meine das ernst." Und dann endlich, nach einer gefühlten Ewigkeit, reagierten meine Mutter und mein Vater auf meine Worte. Sie brachen in schallendes Gelächter aus.

Für einen Teenager gibt es kaum etwas Schlimmeres – neben einem fetten Pickel am Morgen des ersten Dates oder der Auflösung der Lieblings-Boygroup – als das Gefühl, nicht ernst genommen zu werden. Meine Eltern dachten zunächst, ich mache Witze. Da ich überhaupt nicht mitlachte, dachten sie als Nächstes: Der Junge spinnt. Die Hormone, zu wenig Schlaf, zu viel Playstation, schlechter Einfluss – das Übliche, was Eltern so denken, wenn sie ihre pubertierenden Kinder nicht verstehen. Als ich ihnen versicherte, dass es mein voller Ernst sei, und ich ihnen wie ein Wasserfall von den Gesprächen mit meinem Coach erzählte, kamen die Fragen wie eine Lawine zurück: Amerika? Wie stellst du dir das überhaupt vor? Wie soll das gehen? Wer soll das bezahlen? Was soll das Ganze überhaupt?

Es war nicht einfach, mich dagegen zu behaupten und meinen Eltern klarzumachen, dass es keine Teenie-Spinnerei war, sondern mein Traum, mein Wunsch und auch mein Ziel, denn ich wusste aus den Gesprächen mit meinem Coach, dass es tatsächlich einen Weg gab. Aus heutiger Sicht verstehe ich natürlich ihre Reaktion. In ihrer damaligen Lebenssituation, mit dem täglichen Kampf um unseren Lebensunterhalt und einem Reisehorizont, der an der deutschen Nord- und Ostseeküste endete, muss es in ihren Ohren wie der Schwachsinn des Jahrhunderts geklungen haben, dass ihr gerade erst 16 Jahre alt gewordener Junge nach Amerika gehen wollte, um diesen komischen Sport zu machen, bei dem der Ball nicht einmal rund ist, wie es sich für einen ordentlichen Ball gehört. Spätestens als die Sprache auf das Geld kam, war der Ofen aus, denn die Information, dass ein Austauschprogramm für eine staatliche High School so um die 10 000 Euro kosten würde, wie Jörg mir erklärt hatte, lässt sich einfach nicht schonend beibringen. Meine Eltern hätten zu dieser Zeit nicht einmal ein paar hundert Euro übriggehabt. Die Botschaft von Mama und Papa war unmissverständlich:

Junge, schlag dir das aus dem Kopf!

Einen Teufel tat ich. „Ihr braucht euch nicht zu kümmern, ich schaffe das allein", entgegnete ich. Und obwohl ich es genau so meinte, wie ich es sagte, war ich mir darüber im Klaren, dass meine Eltern es für leeres Gerede hielten. Sie begriffen damals nicht, wie absolut ernst es mir war. Sie waren nicht Teil meiner Football-Welt, hatten keinen blassen Schimmer davon, wie gut ich in meinem Sport war, und auch nicht davon, was in meinem Kopf vorging, in dem sich Stück für Stück ein Traum zu einem Plan zusammensetzte wie ein Puzzle. Den Ernst der Lage realisierten sie erst später, als Jörg Hofmann bei uns zu Hause am Wohnzimmertisch saß, um meinen Eltern das ganze komplizierte Prozedere zu erklären, und wir die Köpfe zusammensteckten wie in einem Huddle auf dem Footballfeld, wenn der Quarterback den nächsten Spielzug ansagt.

Die Operation USA war ein komplizierter Prozess, der sich über mehrere Monate erstreckte, und während meine Eltern zunächst nichts dazu beitrugen, weil sie immer noch glaubten, ihr verwirrter Junge würde sich schon wieder einkriegen, steckte ich all meine Energie hinein und tat wirklich alles dafür, meinen Traum zu realisieren.

Ich hatte nie einen Plan B. Seit meinem 15. Lebensjahr gab es für mich immer nur das Ziel, Footballer in der NFL zu werden. Alles, was ich dachte und tat, baute darauf auf. Was muss ich tun, um in die NFL zu kommen? Ich muss der beste Spieler meiner Mannschaft werden. Ich muss der beste Spieler meines Jahrgangs in Deutschland werden. Ich muss an eine amerikanische High School gehen.

Ich muss dort der beste Spieler werden, um ein Stipendium für ein großes College zu bekommen. Ich muss am College einer der besten Spieler meines Teams werden. Ich muss auf meiner Position einer der besten Spieler in ganz Amerika werden, um es in die NFL zu schaffen. So simpel und doch so unendlich schwer. Ich weiß nicht, was aus mir geworden wäre, wenn ich es nicht geschafft hätte, aber möglicherweise wäre ich nie so weit gekommen, wenn ich auf diesem Weg auch nur einmal an mir selbst gezweifelt hätte.

Ich wusste, dass ich es schaffen würde. Ich war felsenfest davon überzeugt. Ich wusste nur noch nicht genau wie.

Ein Austauschprogramm war schnell vom Tisch, denn die finanzielle Hürde war einfach zu hoch, und auch mein Coach hatte keine Idee, wie wir die Kohle zusammenkriegen sollten ohne Lottogewinn oder reiche Tante in Amerika, die ich leider nicht hatte.

Mir war bewusst, dass es nicht reichen würde, nur meinen Körper in die bestmögliche Verfassung zu bringen und an meinen Football-Skills zu arbeiten. Auch der Kopf musste mitspielen. Wer nicht halbwegs gute Noten in der Schule hatte, der hatte kaum eine Chance, ein Stipendium zu ergattern, und ohne gute Englischkenntnisse konnte ich die ganze Sache gleich vergessen. Mein Problem: In Englisch war ich eine Gurke. Ich hatte zwar alle Fachbegriffe im Football drauf und konnte diese auch einigermaßen cool aussprechen, darüber hinaus war mein Wortschatz jedoch arg begrenzt, vom flüssigen Formulieren grammatisch korrekter Sätze ganz zu schweigen. Das lag zum einen daran, dass ich nicht als Sprachtalent geboren bin, zum anderen war ein geregelter Englischunterricht an meiner neuen Schule kaum möglich. Wenn ich ehrlich bin, dann war eigentlich überhaupt kein geregelter Unterricht möglich.

Der ganze Schlamassel hatte mit meinem Wechsel auf die Max-Eyth-Oberschule in Reinickendorf begonnen. Nach der Beendigung der Grundschule hatte man die Möglichkeit, drei Wunsch-Schulen anzugeben, von denen es dann auf jeden Fall eine werden würde. Ich bekam aber einfach eine vierte zugeteilt – die Arschkarte. Weder konnte ich mit meinem besten Freund Cedric zusammen zur Schule gehen noch mit irgendeinem anderen meiner Mitspieler. Kein anderer Adler weit und breit. Weitaus schlimmer war aber, dass man mich in die größte Problemklasse steckte. Unser Klassenraum war ganz hinten auf dem Schulgelände untergebracht, in einem von mehreren Bungalows, abseits des Hauptgebäudes, und ich begriff schnell, warum. Vorne waren die schöneren Klassen mit den schlaueren und artigen Kids untergebracht und hinten die mit den nicht ganz so schlauen und pflegeleichten. Es gab vier siebte Klassen, und ich war in der vierten davon, in der D, wenn ich mich recht erinnere. Wenn man in der Pause einen Snack in der Cafeteria kaufen wollte, die im Hauptgebäude untergebracht war, musste man gefühlt erst mal zehn Minuten latschen. Es fühlte sich an wie eine Zwei-Klassen-Gesellschaft: die da vorne, wir da hinten.

Nach ein paar Monaten verstand ich dann auch das heimliche Ranking der vier siebten Klassen. Wenn jemand in den anderen drei Schulklassen Mist gebaut hatte und aus der Klasse flog, dann darf man dreimal raten, in welche er gesteckt wurde: in meine. Und wer es dann fertigbrachte, auch noch aus meiner Klasse zu fliegen, der flog von der Schule.

Es war wie in einem schlechten Film, und im Unterricht ging es oft zu wie bei *Fack ju Göhte*, was wiederum ein großartiger Film ist. Es war laut, chaotisch, Mitschüler liefen herum, machten Quatsch, verhöhnten die Lehrer, bewarfen sie mit Papierkugeln oder bespuckten sie sogar. In meiner damaligen Klasse von montags bis freitags Lehrer zu sein, muss mindestens genauso hart und aufreibend gewesen sein, wie an jedem verdammten Sonntag in der NFL Football zu spielen – allerdings mit weitaus geringeren Erfolgsaussichten und ohne jede Form von Applaus. Es war wirklich krass.

In der Klasse saß ich meistens weiter hinten, und was vorne am Pult oder der Tafel gesagt wurde, kam bei mir oftmals nur als Wortfetzen an. Ich beteiligte mich nicht an dem ganzen Mist meiner Mitschüler, denn die Lehrer taten mir leid. Ich beschloss, einfach meine Klappe zu halten und die Ohren weit aufzusperren, um so viel wie möglich mitzubekommen, und hoffte, dass das ausreichen würde, um mich irgendwie durchs Schuljahr zu manövrieren und versetzt zu werden. Diese Strategie funktionierte eine Weile ganz gut, aber spätestens in der zehnten Klasse war klar: Ich brauchte Hilfe. Nachhilfe. Meine Englischkenntnisse reichten längst nicht aus, um im Ausland zur Schule gehen zu können. Ich musste sie unbedingt verbessern und fand den benötigten Support nicht etwa im Umfeld meiner Schule, sondern beim Football, genauer gesagt in meiner Mannschaft. Die Mutter unseres Quarterbacks Ricky Smith erklärte sich bereit, mir Nachhilfe zu geben. Ricky kam aus einer deutsch-amerikanischen Familie, einer richtigen Football-Familie, und seine Mom war eine großartige Lehrerin, der ich bis heute dankbar für die Unterstützung bin.

Wie es der Zufall oder aber das Schicksal wollte, stieß ich auf der Website von Berlin Thunder auf eine Story, in der für das International Student Program, kurz ISP, geworben wurde, ein Förderprogramm für Footballtalente. Dieses von der NFL unterstützte Programm war gerade erst von dem US-Amerikaner Patrick Steenberge, einem ehemaligen Quarterback am legendären College Notre Dame und Chef der Firma Global Football, ins Leben gerufen worden. Ziel war es, die größten internationalen Talente schon im Jugendalter über den großen Teich an eine High School zu bringen, damit sie in der Wiege des Footballs bestmöglich gefördert wurden und sich unter amerikanischen Bedingungen weiterentwickeln konnten, um es möglicherweise an ein College zu schaffen und von dort aus vielleicht sogar bis in die NFL. Nur fünf oder sechs Talente wurden pro Jahr ausgewählt und hatten dann die Chance auf ein Stipendium an einer privaten High School, einem richtigen Internat, in New England. „Stipendium" war für mich das Zauberwort, denn es zauberte die belastende Frage weg, wer den ganzen Spaß bezahlen sollte.

Ich bewarb mich. Rickys Mutter half mir beim Ausfüllen der Formulare, und ich musste noch ein sogenanntes Highlight Tape mit Clips meiner besten Spielszenen auf dem Footballfeld einschicken. Patrick Steenberge war in Europa bestens vernetzt, und wie ich später erfuhr, erkundigte er sich auch bei Shuan Fatah nach mir, der ja bei Berlin Thunder als Coach tätig war und ganz genau wusste, welche Talente in seiner Stadt von sich reden machten. Er hatte mich ja auch schon beim JPD-Camp gesichtet, als ich noch ein Flag-Footballer war. Shuan muss jedenfalls ein gutes Wort für mich eingelegt haben.

Nicht lange nachdem ich die Bewerbung abgeschickt hatte, erhielt ich eine E-Mail, die sich in drei Worten zusammenfassen lässt: Du bist dabei. Ich konnte es kaum glauben. Ich war dabei! Weitere Informationen würden in den kommenden Wochen folgen, las ich. Die weiteren Informationen konnten warten. Ich war dabei. Das sei nur der erste Schritt, und es würden erst noch einige Dinge zu klären sein, stand im Kleingedruckten, das ich einfach überlas und auch gar nicht verstanden hätte. Ich war dabei. Nur diese Botschaft zählte für mich. Es war wie Weihnachten, Ostern, Geburtstag und Silvester an einem Tag. Und dann war wirklich Weihnachten und dann Silvester.

Das neue Jahr begann mit einem Ereignis, das mein Leben für immer verändern würde, und diesmal hatte es rein gar nichts mit Football zu tun, sollte aber Konsequenzen für meine Footballkarriere haben. Es war ein ganz normaler beschissener Vormittag an der Max-Eyht-Schule. In der großen Pause machte ich mich in der Januarkälte auf den Gewaltmarsch von den Bungalows zur Cafeteria, weil ich mir etwas Süßes gönnen wollte, und näherte mich dem Hauptgebäude. Was mich sonst immer schwer genervt hatte, störte mich nicht mehr. Die Lauferei, der ganz normale Wahnsinn auf dem Schulhof und in der Unterrichtsstunde zuvor und das zu erwartende Tohuwabohu in der Stunde danach, die Zwei-Klassen-Gesellschaft an dieser Schule – all das war mir jetzt auf einmal so was von egal. Das galt auch für die zunehmende Enge zu Hause, wo mir immer häufiger die Decke auf den Kopf fiel. Ich fühlte mich leicht und unbeschwert, denn ich wusste, dass ich in ein paar Monaten den Abflug machen und diesen ganzen Scheiß einfach hinter mir lassen würde. Tschö mit Ö!

Dann sah ich sie. Unsere Blicke trafen sich. Alles bewegte sich plötzlich in Zeitlupe, der Himmel färbte sich rosarot, und Streicher setzten ein ... Natürlich nicht. Ich ging einfach weiter. Und zwinkerte dem schönen Mädchen mit den langen dunklen Haaren in formvollendeter Coolness zu. In ihrer Version zwinkerte sie mir aufreizend lässig zu, und ich guckte ziemlich dumm aus der Wäsche. Die Sache ist bis heute nicht endgültig geklärt. Es steht Aussage gegen Aussage. Erst mit Verzögerung – und das ist Fakt – traf mich der Blitz. Ich erstarrte. Dann drehte ich mich um, aber da war das Mädchen, das ich nach zweieinhalb Jahren an dieser Schule gerade zum ersten Mal gesehen hatte, schon im Getümmel verschwunden.

Ein paar Tage danach erreichte mich eine Nachricht über den MSN Messenger, ein damals sehr populäres Chat-Programm von Windows, das sehr verbreitet war. Sie konnte unmöglich von einem meiner Freunde oder Mitspieler sein, denn der Absender lautete: Muschimaus16. Das ließ mein Herz höherschlagen, und weil ich ein 16-jähriger Junge war, war mein Brustkorb nicht die einzige Körperregion, in der es pochte. Muschimaus klang aufregend und verheißungsvoll. Lockte da etwa ein unkompliziertes sexuelles Abenteuer? Meine Erwartungen diesbezüglich wurden enttäuscht. Muschimaus entpuppte sich als Denise aus einer der zehnten Klassen meiner Schule, die im Hauptgebäude untergebracht war, das Mädchen, mit dem ich Blickkontakt gehabt hatte. Sie war also eine von denen da vorne. Wir chatteten hin und her, und irgendwann konnte ich meine Neugierde nicht mehr zügeln und fragte sie, warum sie sich Muschimaus nannte. Sie antwortete, dass sie mit ihrem Vater irgendeinen Trucker-Film gesehen hatte, bei dem Codewörter eine Rolle spielten, und eines davon lautete Muschimaus. An Trucks hatte ich dabei nun wirklich nicht gedacht ... Aber ich musste nun immerzu an Denise denken.

Auf die Chats folgte das erste Treffen und dann viele weitere. Meine anfängliche fixe Idee, dass ich in den letzten Monaten ja einfach noch ein bisschen Spaß haben könnte, ganz unverbindlich, da ich mich dann ohnehin aus dem Staub machen würde, erwies sich als totale Fehleinschätzung. Es hatte mich voll erwischt. Ich war verliebt. Zum zweiten Mal in meinem Leben. Aber zum ersten Mal in ein Mädchen.

Es war aufregend. Der erste Kuss passierte im wenig romantischen Ambiente eines Fitnessstudios, in dem ich seit meinem 16. Geburtstag meinen Körper für meine geplante Footballkarriere stählte (den Spielplatz überließ ich nun wieder den spielenden Kindern). Auch Denise hatte begonnen, dort zu trainieren, anfangs immer in Begleitung ihrer Mutter, weil sie wusste, dass sie mir da über den Weg laufen würde.

Meine erste große und auch größte Liebe blieb weiterhin der Football, aber jede freie Minute, die nichts mit meinem Sport zu tun hatte, verbrachte ich nun mit Denise. Wir waren nun auch offiziell zusammen. In allen Schulpausen trafen wir uns, und statt am Nachmittag bei Cedric stundenlang Madden zu zocken, hockte ich nun stundenlang bei Denise in ihrem Zimmer. An einem dieser Schmetterlinge-im-Bauch-Nachmittage erregte ein dicker Stapel von DIN-A4-Blättern meine Aufmerksamkeit. Es war der ausgedruckte Wikipedia-Eintrag zu American Football. Ich fand es total süß und war schwer beeindruckt, dass sie alles wissen wollte über diesen komplizierten Sport, der mein Leben war und jeden meiner Tage bestimmte. Denise meinte es wirklich ernst. Und ich hatte plötzlich ein Problem. Es hätte alles so schön, so einfach, so unbeschwert sein können, wenn da nicht meine bevorstehende Amerika-Operation gewesen wäre.

Der Countdown lief, die Uhr tickte. Ich haderte und fragte mich, warum ich unbedingt noch eine Beziehung anfangen musste, wo ich doch wusste, dass es unweigerlich auf eine schmerzhafte Trennung hinauslaufen würde. Warum ich das alles nicht nur mir, sondern vor allem auch ihr antat. Die Antwort war einfach und kompliziert zugleich: Liebe.

Ich musste es ihr sagen. Für Denise war es ein Schock, dass ihr neuer Schwarm schon auf dem Weg ans andere Ende der Welt war. Sie war spürbar traurig, aber dennoch erstaunlich gefasst. Denise hatte ziemlich schnell begriffen, dass sie niemals zwischen mir und Football stehen könnte; das wollte sie auch gar nicht. Ihr war klar, dass Football meine erste große Liebe war, und sie meinte immer, dass sie das auf keinen Fall kaputtmachen oder mich vor die Wahl stellen wolle, denn sie muss geahnt haben, wie ich mich damals entschieden hätte. Denise sagte, ich solle meinen Traum leben, sie würde auf mich warten. Dafür liebte ich sie nur noch mehr.

Denise war hart im Nehmen. Das zeigte sich auch bei ihrer ersten Begegnung mit Cedric, dem ich meine Freundin unbedingt vorstellen wollte, damit sie für ihn nicht mehr nur das böse Mädchen war, mit dem ich plötzlich viel mehr Zeit verbrachte als mit ihm. Madden war out, aber Cedric immer noch mein bester Freund und Football-Gefährte, und es war mir sehr wichtig, dass er Denise kennenlernte. Die erste Begegnung fand in einem Bus statt, weil wir gemeinsam irgendetwas unternehmen wollten. Der Bus war voll, und wir mussten stehen. An einer Haltestelle stieg dann Cedric dazu. Ein bisschen Quatschen, einige Momente des peinlichen Schweigens, dann ging der Busfahrer plötzlich in die Eisen, und ich griff blitzschnell nach einem der Haltegriffe. Dabei rammte ich Denise meinen Ellenbogen mit voller Wucht ins Gesicht, mitten auf die Nase.

Ich war total geschockt, und auch Cedric starrte sie mit aufgerissenen Augen an, doch Denise blinzelte ein paarmal, während ihr die Tränen in die schönen Augen stiegen, und tat einfach so, als sei gar nichts passiert. Ich hatte ihr gerade die Nase gebrochen, und sie lächelte mich an. Sie wollte einfach nicht losheulen vor meinem besten Freund, der ja auch ein Footballer war, sondern cool und tough sein. Cedric hat dieses Erlebnis so sehr beeindruckt, dass er die Geschichte noch heute gerne zum Besten gibt, weil sie so verrückt ist und uns drei verbindet. Ich meine: Wo sonst lernt man unter Schmerzen neue Leute kennen und beginnt eine Dreiecks-Freundschaft – außer im Sadomaso-Keller eines Swingerclubs?

Die folgenden Monate gehören zu den intensivsten meines Lebens. Die erste richtige Liebesbeziehung, die vorerst letzte Saison mit den Adlern, die Vorbereitungen auf mein Abenteuer in Übersee. Ich befand mich in einem permanenten Spannungsfeld zwischen Abschied und Aufbruch, in dem Herz und auch Kopf überfordert waren.

Ich trainierte wie ein Besessener, um mich körperlich in Bestform zu bringen, und verbrachte viel Zeit im Fitnessstudio, wo ich regelmäßig zusammen mit Denise und auch Cedric, die sich zu meiner Freude bestens verstanden, schwitzte. Es war diese Fitnesskette, deren Namen an Fastfood erinnert. Auch Cedric hatte einige Zeit lang mit mir zusammen den Traum von einer Footballkarriere in den USA verfolgt, aber ihm fehlten einfach die körperlichen und athletischen Voraussetzungen, um das nächste Level zu erreichen. Auf meinem Weg war Cedric aber ein unverzichtbarer Trainingspartner, und wir haben uns gegenseitig unheimlich gepusht – bis ans Limit und nicht selten darüber hinaus. Wir waren zeitweise, bevor ich Denise kennenlernte, so irre, dass wir auch an Feiertagen trainierten, einmal sogar an Heiligabend, bis 22 Uhr. Wir waren die Letzten, hinter uns wurde abgeschlossen. Meine Kraft nahm zu, meine Muskeln wuchsen. Als 16-Jähriger machte ich Kniebeugen mit einer 200-Kilo-Hantel, was schon eine krasse Nummer war. Damals war ich stolz wie Oskar, heute steht fest: Ich war ein Idiot. Ich wusste es einfach nicht besser. Der Gewichte-Wahn, immer noch eine Scheibe Eisen mehr draufzupacken – schwerer, härter, geiler –, sollte sich später rächen.

In meiner zweiten Saison mit den Adlern, aus der mir am ehesten eine denkwürdige Defense-Schlacht gegen die Berlin Rebels mit dem Fußball-Endergebnis 0:3 in Erinnerung geblieben ist, lief es nicht ganz so rund, und wir konnten den Vorjahreserfolg nicht wiederholen. Aber individuell konnte ich mich und mein Spiel weiterentwickeln und auch eine Freundschaft vertiefen. Bei den beiden Auswärtsspielen seiner Hamburg Young Huskies in der Hauptstadt blieb Kasim über Nacht, und wir verbrachten die meiste Zeit damit, uns auszumalen, wie es wohl sein würde, in Amerika Football zu spielen, denn auch Kasim hatte sich auf meinen Tipp hin beim International Student Program beworben und war tatsächlich ebenfalls angenommen worden – eine ziemlich coole Story, die im Detail bis heute nur wenige Leute kennen. Mit ihm konnte ich den Weg weitergehen, auf dem mich Cedric lange begleitet hatte. Kasims alleinerziehende Mutter und meine Mutter haben in dieser Zeit häufig miteinander telefoniert, um sich auszutauschen, wenn mal wieder Fragen auftauchten rund um das Football-Förderprogramm ihrer Söhne. Und es gab jede Menge davon. Fragen. Und Telefonate.

In meiner Euphorie über die Aufnahme in das ISP-Förderprogramm hatte ich völlig außer Acht gelassen, dass ich zwar die erste und wichtigste Hürde genommen hatte, aber längst noch nicht die letzte. Die Sache lief folgendermaßen ab: Zunächst wurde mir eine Liste zugeschickt mit einer Auswahl an Privatschulen aus den New-England-Staaten, die bei dem Programm mitmachten und sich davon herausragende Talente aus Übersee für ihre Schulmannschaft versprachen. Kostenpunkt für die Internate: 45 000 bis 55 000 Dollar. Pro Schule. Pro Jahr. Pro Schüler! Die Schulen wiederum erhielten von ISP und damit indirekt von der NFL einen Zuschuss in Höhe von 15 000 Dollar, sodass sie die Vergabe ihres kostbaren Platzes „nur" noch zwischen 30 000 und 40 000 Dollar kostete, was immer noch eine verdammte Stange Geld ist und für mich und meine Familie eine schwindelerregende Summe darstellte. Der erste Schritt war, mich für zwei der Internate zu entscheiden, dann Kontakt aufzunehmen und mich dort direkt für einen Platz zu bewerben.

Ich hatte also eine Liste mit zehn Schulen auf dem Tisch, die in Vermont, Maine, New Hampshire, Connecticut und Massachusetts lagen. Weder hatte ich diese Namen jemals zuvor gehört, noch wusste ich, wo sich diese Bundesstaaten überhaupt befanden. Ostküste war der einzige Hinweis. Ich musste erst mal auf der Karte nachschauen und fand immerhin New York City. Alles, was ich zu diesem Zeitpunkt über New York wusste, hatte ich in irgendwelchen Filmen gesehen und beschränkte sich auf die Freiheitsstatue, das Empire State Building und gelbe Taxis. Für Connecticut sprach, dass es New York am nächsten lag. Gegen Connecticut sprach, dass ich nicht die leiseste Ahnung hatte, wie man es überhaupt ausspricht. Ich musste meine Kriterien für das Auswahlverfahren überdenken und begann zu recherchieren, wie gut die Footballteams der zur Auswahl stehenden Schulen in jüngster Zeit waren. Die beiden Internate, die am Ende übrigblieben, waren Salisbury School, Connecticut, und Worcester Academy, Massachusetts. Salisbury war mein Favorit, weil die Schulmannschaft gerade die New England Championships gewonnen hatte. Außerdem gefiel mir der Name des Teams: Crimson Knights. Die purpurroten Ritter.

Ich schickte meine Bewerbungen inklusive eines aktualisierten Highlight-Tapes ab und bekam prompt zwei Zusagen. Die Entscheidung fiel mir am Ende leicht, denn Salisbury hatte das bessere

Footballprogramm, lag nur rund 150 Kilometer nördlich von New York City, und auch Kennäddikätt ging mir irgendwann deutlich leichter über die Lippen als Mässedingsbums. Also sagte ich per E-Mail zu und freute mich, als einen Tag später ein Christopher Adamson antwortete, zur damaligen Zeit der Headcoach der Salisbury Crimson Knights, später mein amerikanischer Vater und heute mehr als nur ein Freund. Aber dazu an anderer Stelle mehr. Chris Adamson freute sich überschwänglich, dass meine Wahl auf Salisbury gefallen war, und teilte mir mit, dass nur noch ein paar Details geklärt werden müssten.

Details. Guter Joke. Ich mag seinen Humor, aber das war ein schlechter Witz. Mit den angeblichen Details fing die ganze Arbeit für mich erst richtig an – und die hatte leider rein gar nichts mehr mit Football zu tun. Ich musste gefühlt Hunderte Formulare ausfüllen, ein Schülervisum beantragen, mich um Versicherungen kümmern und, und, und. Der Papierkram war die Hölle und überforderte nicht nur mich, sondern auch meine Eltern. Ich brauchte Hilfe. Ich fand sie in Jörg. Mal wieder. Mein Coach kam sogar mehrmals zu uns nach Hause, um Mamotschka und Daddy-Jo mit einer Engelsgeduld zu erklären, wieso, weshalb, warum nun dies, das und jenes ausgefüllt oder beantragt und von ihnen unterschrieben werden musste. Darüber hinaus versuchte er, meinen Eltern die Sorgen zu nehmen. Jörg war jetzt nicht mehr nur mein Footballtrainer, er war auch unser Familien-Coach. Wenn ich an diese Stunden zurückdenke, in denen wir, wie schon erwähnt, in einer Art Huddle um den Tisch saßen und der Coach mit kühlem Kopf sagte, wo es langgeht, und unsere manchmal blank liegenden Nerven beruhigte, dann rührt mich vor allem seine Selbstlosigkeit. Jörg opferte damals viele Stunden seiner Freizeit, und er tat das alles nur für mich. Er selbst hatte nichts davon und spielte sich auch später nie groß als mein Entdecker und Förderer auf, ohne den ich es nicht geschafft hätte. Ich denke, Jörg liebte den Football so sehr, dass er es einfach nicht ertragen konnte, wenn Talent und Potenzial ungenutzt blieben, und ich bin sicher, dass mein späterer Erfolg für ihn Belohnung genug war. Was er für mich und meine Familie getan hat, bleibt unvergessen. More than a Coach.

Bei einer Sache konnte aber auch er mir nicht helfen. Ich musste für die Aufnahme an der Schule nicht nur eine Mathe-Prüfung bestehen, sondern eigentlich auch den sogenannten TOEFL-Test, den „Test of English as a Foreign Language", ein standardisierter Sprachtest für Nicht-Muttersprachler, der in den USA die Voraussetzung für die Zulassung an einer privaten und akademisch anspruchsvollen High School wie Salisbury oder einer Universität ist. Um dieses bürokratische Gelaber etwas verständlicher zu machen und zugleich meine dramatische Lage zu schildern: Der Test wäre mein Untergang gewesen.

Englisch war trotz bestmöglicher Nachhilfe bei Rickys Mom meine große Achillesferse und Salisbury als Privatschule mit hohen Ansprüchen nicht dafür bekannt, Ausnahmen für außergewöhnliche Sporttalente zu machen – anders als viele der großen Universitäten mit renommierten Footballprogrammen, die manchmal sogar beide Augen und auch noch ein Hühnerauge zudrücken, wenn es darum geht, ein Football-Juwel mit Spatzenhirn ins College-Team zu locken. Mein großes Glück war, dass Chris Adamson in Sachen Football ähnlich dachte wie Jörg Hofmann und es ebenfalls nicht ertragen hätte, wenn diese ganze Sache jetzt an dem verdammten Test gescheitert wäre. Er hat mir später erzählt, dass er in Salisbury bei der Schulleitung für mich kämpfte und diese schließlich zu folgendem Kompromiss überredete: Ich würde in Amerika nicht wie geplant nach Beendigung der zehnten Klasse in Deutschland mit der elften Klasse weitermachen, sondern die zehnte wiederholen, um mich in den USA einzugewöhnen.

Der Papierkrieg war gewonnen. Die Schule erklärte sich bereit, die 40 000 Dollar pro Jahr in mich zu investieren, mir ein Bett und drei Mahlzeiten am Tag zur Verfügung zu stellen und alles an Wissen zu vermitteln, was ein Salisbury-Absolvent wissen musste. Ich war beinahe am Ziel. Jetzt musste ich nur noch die Kohle für den Flug, die Auslandskrankenversicherung, eine Schuluniform, ein paar Hemden, eine Krawatte und schicke Schuhe sowie ein kleines Startkapital zusammenkriegen. Das nächste Problem. Hatten wir natürlich nicht. Meine letzte Rettung war meine Oma. Sie nahm einen

Kredit über 3000 Euro auf, für ihre Verhältnisse eine Riesensumme, und die Sache war endgültig geritzt. Ich weiß übrigens, dass die Mitarbeiterin in der Bank, die damals mit meiner Oma die Sache mit dem Kredit in die Wege geleitet hat, ein großer Footballfan ist und sonntags immer vor dem Fernseher sitzt, wenn NFL läuft …

Der Sommer kam schnell und ging noch schneller vorüber. Noch zu Beginn des Jahres hätte mich das gefreut, doch seit ich mit Denise zusammen war, konnten die Tage nicht lang genug sein. In meiner Brust schlugen zwei Herzen. Einerseits konnte ich es kaum erwarten, mich in mein großes Abenteuer zu stürzen, und fieberte meinem Abflug entgegen. Andererseits lief mir die Zeit mit Denise davon. Sie wurde immer weniger und kostbarer. Der Gedanke an den bevorstehenden Abschied tat verdammt weh, aber ich habe damals keine Sekunde an meinem Vorhaben gezweifelt oder mich gefragt, ob es die richtige Entscheidung sei. Ich wollte abhauen, wollte meine Chance nutzen, ein Footballprofi werden und mir ein besseres Leben aufbauen.

Es ist merkwürdig. Obwohl die letzten Tage vor meiner Abreise und auch der Tag selbst ein emotionaler Ausnahmezustand zwischen Euphorie und Kummer gewesen sein müssen, habe ich so gut wie keine Erinnerungen daran. Ich habe es wohl verdrängt, wie man das mit traumatischen Erlebnissen halt macht. Nur so kann ich es mir erklären, dass ich zwar noch genau vor Augen habe, wie Denise mich mit Tränen in den Augen tapfer anlächelte, nachdem ich ihr im Bus den Ellenbogen gegen die Nase gerammt hatte, aber keinerlei Erinnerung daran, wie sie mich heulend am Flughafen verabschiedete oder wie meine Mutter Tränen vergoss, weil es ihr so schwerfiel, einen ihrer Söhne kurz vor seinem 17. Geburtstag los- und in die große weite Welt ziehen zu lassen. Ehrlich gesagt, weiß ich nicht einmal, wer damals alles dabei war in Tegel. Und auch von meinem Flug über den Atlantik, dem ersten Langstreckenflug meines Lebens mit Board-Entertainment und freier Getränkeauswahl, ist kein einziger Erinnerungsfetzen übrig. Ich weiß nur, dass ich irgendwann eingeschlafen sein muss. Meine Erinnerung setzt erst mit dem Landeanflug auf den Newark Liberty International Airport wieder ein.

Als ich aufwachte, neigte sich das Flugzeug im Landeanflug zur Seite, und ich blickte aus dem Fenster direkt auf die Riesen von Manhattan aus Stahl, Beton und Glas. Schlagartig war alle Euphorie verflogen, mein Herz raste, rutschte mir dann in die Hose, und Panik ergriff mich. Die Gedanken schossen wie Blitze durch meinen Kopf: Du kennst hier niemanden. Du kannst die Sprache nicht richtig. Deine Familie, deine Freundin, deine Freunde sind 6500 Kilometer entfernt.

Die Faust der Realität schlug mir mit voller Wucht in die Fresse, und in meinem Kopf schrie eine Stimme, die meine eigene war: „Shit, Alter! Du bist hier ganz allein in Amerika! Was hast du dir nur dabei gedacht?!"

Wie betäubt verließ ich das Flugzeug, fühlte mich wie ausgespuckt, schwamm willenlos im Strom der Menschenmassen mit und reihte mich in die nicht enden wollende Schlange vor der Einreisekontrolle ein. Gehen, stehen, gehen, stehen, gehen, stehen, gehen, stehen. Shit. Shit. Shit.

Ich hatte amerikanischen Boden unter den Füßen – und keine Ahnung, wie es jetzt weiterging.

Middle of Nowhere

Mein beinahe erstes Jahr an der High School

Behutsam legte ich meine Hand auf die Türklinke, steckte mit der anderen vorsichtig die Schlüsselkarte in den dafür vorgesehenen Schlitz und öffnete langsam und ganz leise die Tür zu meinem Zimmer, einem funktional eingerichteten Raum im Wohnheim des Hauptgebäudes, den ich mir seit kurzem mit einem Mitschüler namens Colby teilte. Ich wollte Colby nicht stören, denn er hatte mir gesagt, dass er lernen müsse. Ich hatte das Zimmer erst kurz zuvor verlassen, dann aber auf dem Gang über einen der langen Flure bemerkt, dass ich Unterrichtsmaterial für meinen Kurs vergessen hatte. Natürlich wollte ich nicht schon an einem der ersten Tage an meiner neuen Schule einen schlechten Eindruck machen – schon gar nicht als der Neue aus Germany, der alles bezahlt bekommt, weil er angeblich Football spielen kann. Also war ich umgekehrt.

„Oh", hörte ich, noch bevor ich überhaupt eintrat. Colby saß leicht schräg mit dem Rücken zur Tür vor seinem Laptop. Seltsam. Noch merkwürdiger war, dass er sich nicht zu mir umdrehte und mich gar nicht zu bemerken schien. „Ohhh", machte er wieder. Es klang komisch. Ich schnallte, dass hier irgendetwas nicht stimmte, und machte drei rasche Schritte auf meinen Schreibtisch zu. Colby drehte sich reflexartig um, starrte mich aus weit aufgerissenen Augen an, und diesmal klang sein „Oh!" schockiert. Ich starrte zurück. Dann schnappte ich mir hastig meine Bücher, machte schleunigst auf dem Absatz kehrt und knallte die Tür hinter mir zu. Puls und Gedanken rasten.

Was war denn *das*?! Warum lernte Colby mit offener Hose? Was hatte ich gesehen, warum hatten seine Hände zusammen elf Finger? Was hatte das zu bedeuten? Nach langen drei Sekunden checkte ich es. Und noch einen Moment länger dauerte es, bis ich begriff, dass der Ort des Geschehens nicht einfach ein Zimmer war, das ich betreten und fluchtartig wieder verlassen hatte, sondern *mein* Zimmer. Mein neues Zuhause. Für die nächsten drei Jahre. Bis vor wenigen Sekunden hatte ich so gut wie gar nichts über meinen Mitbewohner gewusst, und jetzt wusste ich viel zu viel. Na, das fing ja gut an ...

Salisbury, Connecticut, ist nicht gerade der Nabel der Welt. Es befindet sich zwar auch nicht am Arsch der Welt, aber in der Nachbarschaft. Das Städtchen liegt in Litchfield County, im äußersten Nordwesten des drittkleinsten Bundesstaates der USA, und hat rund 3600 Einwohner. Nein, ich habe keine Null vergessen. Die meisten Leute, die in die Gegend kommen, gehen an Salisbury vorbei, denn der Ort liegt am Appalachian Trail, einem legendären, 3500 Kilometer langen Fernwanderweg. Nein, hier wiederum ist keine Null zu viel. Die berühmteste Einwohnerin ist übrigens die dreifache Oscar-Gewinnerin Meryl Streep. Wenn man ein Hollywood-Superstar ist, dann eignet sich Salisbury sicherlich bestens, um zurückgezogen und abgeschieden zu leben. Für mich als Berliner City Boy war es Salisbury, Somewhere in the Middle of Nowhere. Und noch etwas weiter außerhalb davon lag meine neue Schule.

Sie thronte vielmehr, denn die Schule befindet sich auf einer Anhöhe, umgeben von Wald, und ist schon von weitem zu sehen. Die Bezeichnung Schule ist ebenfalls nicht gerade zutreffend: Die 1901 gegründete Salisbury School ist ein verdammtes Schloss! Ich hatte zwar ein paar Bilder im Internet gesehen, aber die Realität war noch beeindruckender. Auf einem riesigen, parkähnlichen Gelände verteilen sich etwa 30 Gebäude, schneeweiß oder rot geklinkert, die Anlage wirkt wie eine königliche Sommerresidenz. Es gibt sogar ein Bootshaus an einem See, auf dem man rudern kann, und eine Kapelle, in der Gottesdienste stattfinden. Das imposante Hauptgebäude hat ein Türmchen auf dem Dach, zahlreiche Gauben und Erker, und zu dem mit Säulen gerahmten Eingangsportal führt eine große Treppe empor.

Als das Auto mit mir auf der Rückbank die letzten hundert Meter die Straße hinauf auf den Hügel rollte, der in der Schule nur „The

Hilltop" genannt wird, verschlug es mir die Sprache, und mir klappte die Kinnlade runter. Ich kam mir vor wie in einem Film.

„Bin ich hier in Hogwarts gelandet, oder was?!", schoss es mir durch den Kopf, eine Frage, die auch nahelag, weil das Logo der Salisbury School wie ein mittelalterliches Wappen aussieht und tatsächlich an das Emblem der Hogwarts-Schule aus den Harry-Potter-Filmen erinnert. Es zeigt ein Herz, das von zwei Pfeilen durchbohrt wird, eine Hand, die eine Muschel hält, und ein aufgeschlagenes Buch. Darunter steht der lateinische Spruch *Esse quam videri*, was ich natürlich nachschlagen musste. Es bedeutet so viel wie „Sein statt scheinen". Das gefiel mir. Und dass ich mich künftig auf dem Footballfeld im Trikot der Crimson Knights in die Schlacht stürzen würde, machte die Sache rund. Es hätte mich jedenfalls nicht gewundert, wenn im Moment meiner Ankunft Harry Potter himself auf einem Besen angeflogen gekommen wäre und ein Willkommens-Feuerwerk gezaubert hätte.

Die Anfahrt nach Hogwarts, äh, Salisbury, war entspannt gewesen und meine Panikattacke am Flughafen Schnee von gestern. Dafür hatten die Molinaris gesorgt. Und es waren viele Molinaris am Abend meiner Ankunft. Ich rede nicht etwa von dem Sambuca, sondern von der Molinari-Familie, man könnte auch sagen: Famiglia. Aber der Reihe nach.

Als ich am Flughafen Newark in der unendlich langen und in Zeitlupe vorankriechenden Einreise-Schlange, der Immigration Line, stand und kurzzeitig den Boden unter den Füßen zu verlieren drohte, rissen mich merkwürdige Rufe aus meinen panischen Gedanken.

„Bidschorn?!"

Halt die Klappe, dachte ich ärgerlich, denn ich musste scharf nachdenken. Es gab ein Problem. Das nächste. Ich sollte abgeholt werden, aber ich wusste nicht, wo und wann und auch nicht genau von wem.

„Bidschorn?!"

Shit! Ich hatte nicht mal eine verdammte Telefonnummer, sondern nur einen Namen auf einem Zettel. Ein Mann sollte mich abholen, hatte Headcoach Chris Adamson mir in seiner letzten Mail geschrieben, der Vater eines Salisbury-Schülers, der ebenfalls Football spielte. Zu Hause klang das alles noch plausibel, aber was, wenn ich meine Kontaktperson nicht fand unter den Tausenden Menschen auf diesem riesigen Flughafen?

„Bidschorn?!", hörte ich den nervtötenden Rufer jetzt ganz nah, blickte auf und sah einen kleinen stämmigen Mann, ziemlich quadratisch, an der Menschenschlange entlanggehen. Auf meiner Höhe blieb er stehen und sah mich an.

„Bidschorn Werner?!" Es dauerte einen Moment, bis ich es schnallte. Bidschorn bedeutete Björn. Woher sollte er auch wissen, wie man das ausspricht. Ich nickte. Der Mann strahlte mich an und stellte sich als Vater von Nick Molinari vor, meinem künftigen Mitspieler. Molinari. Der Name auf dem Zettel in meinen schweißnassen Händen.

„Come with us!", sagte Nicks Vater fröhlich. Er war nämlich nicht allein, sondern hatte eine blonde, adrett gekleidete Frau im Schlepptau, die jetzt das Kommando übernahm, uns zielstrebig an der gesamten Schlange vorbei und direkt zu einem der Einreiseschalter führte, was mir jede Menge neidische, ja feindselige Blicke einbrachte. Das Murren war nicht zu überhören. Immer wenn wir an Uniformierten vorbeikamen, zückte die Frau cool einen Ausweis, ohne ihre Schritte zu verlangsamen, und als sie schließlich auch dem Beamten hinter der Glasscheibe am Schalter ihre Karte hinhielt, sah ich drei große Buchstaben auf dem Dokument: FBI. Ich dachte, ich bin in einem Film. Erst viel später, als Fliegen für mich Normalität geworden war, kapierte ich, wie Nicks Vater als Unbefugter überhaupt in diesen Bereich des Flughafens hatte vordringen können. Vitamin B. Beziehungen. Ehe ich mich versah, war alles erledigt. Ich bekam meinen Koffer wieder und war nun offiziell in den Vereinigten Staaten von Amerika – vom FBI persönlich ins Land geholt.

Den Abend verbrachte ich bei den Molinaris in New Jersey, im Kreise einer amerikanisch-italienischen Großfamilie, die mich so herzlich empfing wie einen verlorenen Sohn. Auch Familienmitglieder, die in der Nähe wohnten, kamen vorbei, und ich lernte an diesem Abend sogar Nicks Oma kennen, die einst aus Italien eingewandert war. Mein unterentwickeltes Englisch ließ keine echten Gespräche zu, aber ich hatte eh die meiste Zeit den Mund voll. Die Molinaris tischten Unmengen köstlichen italienischen Essens auf, und als ich irgendwann von den Pasta-Bergen, der Zuneigung und dem Jetlag so erschlagen war, dass ich nur noch pennen wollte, bot mir Nick wie selbstverständlich das Bett in seinem Zimmer an und legte sich selbst auf die Couch im Wohnzimmer. Unter all den Dingen, die ich während meines Lebens in Amerika besonders schätzen gelernt habe, rangieren zwar nicht diese Betten mit den verschiedenen Decken und Laken und gefühlt hundert Kissen, aber Gastfreundschaft und Hilfsbereitschaft ganz weit oben.

Am nächsten Morgen kutschierte Papa Molinari Nick und mich von New Jersey nach Middle of Nowhere, rauf aufs Schloss, führte mich dort herum und zeigte mir alles ganz selbstverständlich, als sei ich sein zweiter Sohn.

Die Bedingungen für Football waren ein Traum. Es gab einen richtig geilen, nagelneuen Kunstrasenplatz, Reeves Field, und ich erinnere mich gerne an den herrlichen Blick auf Berge in der Ferne durch die Stangen eines der beiden Field Goals. Die Salisbury School mag klein sein, aber American Football wird dort schon seit 1904 gespielt und Tradition großgeschrieben. Das Gym, in dem alle Sportler trainierten, war riesengroß. Alle Sportanlagen wie Fußballfelder, Tennisplätze, das Baseballfeld oder die Halle für die Indoor-Sportarten wie Basketball, Volleyball, Squash oder Ringen waren modern und absolut top. Die Vorteile einer elitären Privatschule. Irgendwo muss die ganze Kohle ja hin. Im Jahr 2015 wurde Salisbury übrigens laut eines Rankings im Magazin *Business Insider* als teuerste Privatschule in ganz Amerika eingestuft. Sie ist mit gerade einmal 300 Schülern eine der kleinsten, aber feinsten. Zu fein für mich, wie ich noch feststellen sollte. Ich war anfangs mega beeindruckt.

Weniger beeindruckt waren meine neuen Teamkollegen von meiner Präsenz, was ich gleich im ersten Meeting zu spüren bekam, bei dem sich die Neuankömmlinge vorstellen mussten. Ich wurde aufgrund meiner schlechten Sprachkenntnisse vom Coach vorgestellt. „Das ist Björn aus Deutschland", sagte der Coach und erklärte meinen künftigen Mitspielern, dass ich gekommen sei, um das Team besser zu machen. Einige kicherten, andere schauten verächtlich. Ein Deutscher? Es war allen klar, dass ich eines der wenigen Stipendien bekommen hatte. Jedes Sportteam an der High School hatte ein Budget für zwei, drei sogenannte Big Time Player, also herausragende Spieler, die eine Mannschaft deutlich besser machen sollten. Ich war einer davon. Ein Nicht-Amerikaner. Soweit ich mich erinnern kann, war ich der einzige Ausländer in der ersten Footballmannschaft der Schule, in der die Besten spielten (es gab auch noch eine zweite Mannschaft). Das Unverständnis schoss mir aus den Gesichtern meiner Teamkollegen geradezu entgegen: Die holen einen Typen aus Deutschland, wo nur Soccer gespielt wird, anstatt das schöne Geld in ein amerikanisches Footballtalent zu investieren, das diesen Sport mit der Muttermilch aufgesogen hat?!

In der frischen Landluft von Litchfield County lösten sich diese Vorurteile zum Glück schnell auf. Mit Wut im Bauch und fest entschlossen, es einmal mehr allen Zweiflern zu zeigen, legte ich los und verschaffte mir mehr als nur Respekt. Schon nach den ersten Trainingseinheiten war allen klar, warum sich Coach Adamson und die Schule für Björn aus Deutschland entschieden hatten, und aus „the German" wurde schnell „our German". Die täglichen Trainingstage waren unheimlich professionell aufgezogen. Es gab Football-Drills, Konditionseinheiten bis zum Erbrechen, gemeinsames Krafttraining und Teambuilding-Maßnahmen – das komplette Paket. So etwas kannte ich aus Deutschland nicht. Fast jede Einheit war ein Wettbewerb, eine Competition, bei der wir Spieler uns als Konkurrenten gegenseitig überbieten, aber gleichzeitig auch ans Limit pushen sollten. Gegeneinander, aber doch gemeinsam. Das ist der Grund, warum die Amerikaner so weit vorne sind in vielen Sportarten: Weil sie schon auf High-School-Level unter professionellen Bedingungen trainieren, die es jedem Sporttalent ermöglichen, sein Potenzial auszuschöpfen, und sehr viel Wert auf Competition und Teamspirit gelegt wird.

Auf dem Footballfeld brauchte ich keinerlei Eingewöhnungszeit und war sofort in meinem Element. Das ist das Schöne am Sport: Hast du etwas drauf, dann bist du schnell drin. Herkunft, Hautfarbe, Sprache, Religion – alles nicht wichtig. Ich fühlte mich gleich wohl im Kreise der Crimson Knights. Das Maskottchen des Teams war übrigens ein als Ritter verkleideter Schüler.

Fremd fühlte ich mich dagegen in meinen neuen vier Wänden. Das hatte zwei gravierende Gründe. Zum einen war mein Mitbewohner Colby ein Pothead. Ein Kiffer. Und zwar längst nicht der einzige an der Schule – die Bezeichnung High School erhielt hier eine ganz neue Bedeutung. Drogen waren genau wie Alkohol zwar strengstens verboten, und wer mit Gras erwischt wurde, der konnte ziemlich sicher sein, in hohem Bogen von der Schule zu fliegen, doch das kümmerte Colby wenig. Vermutlich war er viel zu bekifft, um sich über die möglichen Konsequenzen Gedanken zu machen, oder er hatte sehr einflussreiche Eltern. Vielleicht beides. Schon in den ersten Tagen nach meiner Ankunft nervte es mich, dass er dauernd einen durchzog. Natürlich bot er mir an, ihm und seinem Gras Gesellschaft zu leisten, aber ich lehnte strikt ab, denn Drogen waren ein absolutes No-Go für mich. Ich hasse den Geruch von Rauch. Das hielt Colby nicht im Geringsten davon ab, sich weiter munter zuzudröhnen – und zwar nicht irgendwo auf dem weitläufigen Schulgelände, sondern in unserem verdammten Zimmer. Wir hatten einen Fensterventilator, und er pustete den Rauch, den er inhalierte, dann immer direkt durch den Ventilator nach draußen. Er hielt das für einen Geniestreich. Nach Harvard hat er es meines Wissens dennoch nicht geschafft. Immer, wenn Colby sich einen Joint drehte, verließ ich das Zimmer, weil ich einfach nichts damit zu tun haben wollte. Es hat mich echt angepisst.

Viel schlimmer als seine Kifferei fand ich allerdings seine zweite Lieblingsbeschäftigung, bei der ich ungewollt Zeuge geworden war. Colby onanierte. Nicht ab und zu, sondern andauernd. In den ersten zwei Wochen habe ich ihn ungelogen vier- oder fünfmal zufällig erwischt, als er an sich herumspielte. „Ooh, ooh, ooh … Oh, Björn, sorry!" Wenn man da noch die Dunkelziffer mit einberechnet … Ich kriegte diese Bilder nicht mehr aus meinem Kopf und machte mich jedes Mal, wenn ich unser Zimmer betrat, darauf gefasst, dass Colby entweder einen Joint in der Hand hatte oder seinen kleinen Joystick. Vielleicht war es eine Nebenwirkung des Kiffens, keine Ahnung. Der Typ war jedenfalls echt schräg drauf.

Was ich noch nicht erwähnt habe und Colbys Verhalten zumindest etwas erklärt: Salisbury ist eine All-Boys School. Nur Jungs. 300 Teenage Boys. Da war Handarbeit angesagt. Aber bei allem Verständnis für männliche Bedürfnisse, die mir nicht fremd waren: Colby übertrieb es. Ich rechnete hoch: drei Jahre an dieser Schule und jeden dritten Tag versehentlich Zeuge, wenn mein Mitbewohner sich einen von der Palme wedelt? Ein Horrorszenario. Ich musste handeln und wurde bei Coach Adamson vorstellig, der zugleich College Advisor war und damit Ansprechpartner für akademische und organisatorische Fragen der Schüler. Ohne Umschweife bat ich ihn, in ein anderes Zimmer ziehen zu dürfen. Nun war es gar nicht so einfach, ihm mit meinem bruchstückhaften Englisch zu erklären, was genau mein Problem war – besser gesagt Colbys Problem –, aber dank einer pantomimischen Einlage mit einer Hand in der Hüftgegend und dem Zusatz „all the time" war die Sache einigermaßen unmissverständlich. Chris Adamson reagierte auf dieses ernsthafte Problem, indem er sich schlapplachte. Dann wischte er sich die Tränen aus den Augen, nahm Haltung an, wie es sich für den College Advisor an dieser feinen Schule gehörte, und versprach, sich zu kümmern. Ich bekam ein neues Zimmer in einem anderen Gebäudetrakt, das größer, moderner und schöner war.

Mein neuer Mitbewohner Andy war ein Pothead. Nicht schon wieder, dachte ich, aber wenigstens onanierte er nicht die ganze Zeit. Ich habe ihn über Monate nicht ein einziges Mal dabei erwischt. Das mag auch daran gelegen haben, dass ich nach den ersten Tagen der Eingewöhnung für klare Verhältnisse sorgte. Ich gab Andy radebrechend zu verstehen, dass er von mir aus kiffen konnte, so viel er wollte, aber gefälligst nicht auf unserem Zimmer, und wenn er sich nicht daran hielt, würde ich es melden. Basta. Vielleicht hing es auch mit meiner Statur zusammen, jedenfalls akzeptierte Andy die

Regel widerspruchslos. Es war ein bisschen wie in einer dieser Knast-Serien. Ich war jetzt der Boss in unserer Zelle. Wir kamen miteinander klar. Friedliche Koexistenz. Nein wirklich, Andy war okay.

Die erste Footballsaison mit den Crimson Knights, die von Anfang September bis zum Thanksgiving-Wochenende Ende November dauerte, war ein riesengroßer Spaß. Ich spielte nicht nur in der Defensive Line und als Kicker und Punter wie in Deutschland, sondern auch in der Offensive Line! Das weiß kaum einer, weil ich es nie erzählt habe, aber ich musste in jedem Spiel auch als Tackle oder Guard ran, was ich echt hasste. Nicht, weil ich es nicht konnte, sondern weil ich es öde fand. Blocken, blocken, blocken. Langweilig. Aber immer, wenn ich mich beschwerte, erinnerte mich mein Coach freundlich daran, dass die Schule eine Stange Geld in mich investiert hatte und keine Ressourcen verschwenden wollte. Also spielte ich auch Offensive Line. Björn Werner ein O-Liner. Jetzt ist es raus.

Wir gewannen die meisten unserer acht Spiele in der Liga der Privatschulen, und ich konnte die in mich gesetzten Erwartungen erfüllen, auch wenn uns der erneute Gewinn der New-England-Meisterschaft nicht gelang. Oftmals kamen nach den Spielen die gegnerischen Head Coaches auf mich zu, um mir zu meiner Leistung zu gratulieren. Zur damaligen Zeit war es etwas Besonderes, wenn ein ausländischer Footballspieler, von denen es anders als heute nur sehr wenige auf dem High-School-Level gab, in dieser uramerikanischen Sportart derart dominierte. So etwas sprach sich dann schnell herum. Keine Ahnung, wie ich das jetzt hätte bescheidener ausdrücken können, jedenfalls wurde ich auf Anhieb ins All-League-Team gewählt. Coach Adamson war mehr als zufrieden mit mir, und das war das Wichtigste für mich, denn schließlich hatte er mich mit viel Aufwand, noch mehr Geld und gegen einige Widerstände über den großen Teich an dieses Internat geholt. Für mich lief alles nach Plan. Ich würde hier drei Jahre zur Schule gehen, drei Saisons Football spielen und ein Stipendium für ein College ergattern.

Der erste Schritt auf amerikanischem Boden war gemacht, und es fühlte sich verdammt gut an. Ich träumte und plante meinen American Football Dream nicht mehr nur, jetzt lebte ich ihn auch.

Meine Erinnerungen an die erste Saison sind zwar inzwischen verblasst, aber an eine Szene erinnere ich mich noch ganz genau. Das liegt wahrscheinlich daran, dass Chris Adamson mich bis heute immer wieder darauf anspricht, denn es ist seine Lieblingsstory aus dieser Zeit, ein legendärer Moment in der Geschichte der Crimson Knights. Von glorreich kann allerdings nicht die Rede sein. Es passierte im Spiel gegen Worcester Academy, ausgerechnet die Schule, die mir ebenfalls ein Stipendium angeboten und der ich dann zugunsten von Salisbury abgesagt hatte. Es war ein verdammt enges Spiel, und etwa eine Minute vor Schluss waren wir in Field Goal Range und hatten Fourth Down, den vierten Versuch. Als Kicker war das mein Job. Mit den drei Punkten hätten wir unsere Führung ausgebaut, aber Worcester wäre noch mal in Ballbesitz gekommen und in der Lage gewesen, im letzten Drive mit einem Touchdown noch zu gewinnen.

Coach Adamson nahm ein Timeout, und es gab noch mal einen Huddle. Mehrfach fiel das Wort „Fake", aber ansonsten verstand ich nicht viel. Es war halt Englisch. Aha, dachte ich, wir machen einen Fake. Cool. Wir überrumpeln Worcester, um ein neues First Down zu erzielen, damit in Ballbesitz zu bleiben, die Uhr herunterlaufen zu lassen und den Sieg klarzumachen. Großartiger Plan, dachte ich. Genau für eine solche Situation hatten wir im Training einen Trickspielzug einstudiert. Mein Job als Kicker war es dabei, so zu tun, als würde ich den Ball treten und auch tatsächlich fast ganz durchzuziehen, im allerletzten Moment aber ein Codewort zu brüllen, woraufhin der auf dem Rasen kniende Holder das Ei an sich reißt, aufspringt, zum Quarterback mutiert und den Ball auf einen unserer beiden außen positionierten Blocker, den sogenannten Wing, wirft oder aber selbst zum neuen First Down rennt. Ich sollte wiederum nach dem angetäuschten Kick direkt den ersten heranstürmenden Defense-Spieler wegrammen, um unserem Spezial-Quarterback mehr Zeit zu verschaffen. Eigentlich gar nicht so kompliziert, oder?

Ich ging also in Position und lief an. Kurz bevor ich zum Kick ausholte, schrie ich, so laut ich konnte, „Fire Fire!", denn das war das Codewort für diesen Fake-Spielzug. Noch während ich am Holder vorbeisauste, ohne den Ball zu berühren, sah ich, wie er mit einer Mischung aus Verwirrung und Panik das Leder-Ei griff. Dann brach das totale Chaos aus. Ich ballerte zwar wie geplant den heranstürmenden Verteidiger weg, aber ansonsten agierte unsere Formation wie ein Hühnerhaufen im Angesicht eines Fuchses, und mir wurde schlagartig klar, dass das gerade gar nicht unser Fake-Spielzug war. An unserer Sideline setzte Geschrei ein. Ich sah, wie der Holder mit dem Ball in der Hand herumirrte und verzweifelt eine Anspielstation suchte, aber natürlich war keiner der Wings eine Passroute gelaufen. Kurz bevor er von einem heranstürmenden Defender zu Boden gerissen wurde, warf er die Pille in einem Akt der Verzweiflung in Richtung gegnerischer Endzone. Interception! Der Spieler von Worcester, der den Ball abgefangen hatte, stürmte in Gegenrichtung über das ganze Feld. Erst kurz vor unserer Endzone konnten wir ihn zu Boden bringen und schließlich mit vereinten Kräften einen Touchdown verhindern. Gewonnen. Jubel? Fehlanzeige.

„What the fuck are you guys doing?!", brüllte Coach Adamson, der direkt nach Spielschluss auf den Rasen gerannt kam, völlig außer sich, sein Gesicht war crimson-rot. Ich stammelte irgendeine Mischung aus Entschuldigung und Erklärung, in der der Begriff „Fake Field Goal" vorkam, und da wusste er dann, was passiert war. Der Werner war's …

Um ein Haar hätte ich meine Mannschaft den Sieg gekostet. Nur wenige Yards hatten Worcester am Ende gefehlt. Ich hatte ein Field Goal schießen sollen. Einfach nur ein Field Goal. Darauf waren alle Crimson Knights auf dem Rasen eingestellt gewesen – nur ich nicht. Coach Adamson hatte, wie er mir später in Ruhe verklickerte, den Gegner mit dem Huddle lediglich in die Irre führen und glauben machen wollen, dass wir ein Fake Field Goal planten. Einen Fake Fake sozusagen. Nur einer hatte das nicht kapiert. Vielleicht war es mir auch einfach zu peinlich gewesen, noch mal nachzufragen, was Phase ist. Es war jedenfalls dämlich. What the Fake!

Tja, die Sprachbarriere. Meine Sprache war Football, die beherrschte ich im Schlaf. Englisch blieb auch in meiner neuen Heimat erst mal ein großes Problem. Mein Wortschatz war begrenzt, ich hatte einen starken deutschen Akzent, und mit dem „th", dem Ti-Äitsch, stand ich total auf Kriegsfuß. Es war peinlich, und ich schämte mich dafür. Heutzutage wachsen die Kids in Deutschland mit dem Internet, YouTube und Social Media auf und haben einen ganz anderen und viel selbstverständlicheren Zugang zur englischen Sprache als zu meiner Zeit. Im Unterricht hatte ich anfangs große Schwierigkeiten zu folgen und bekam jeden Abend in der großen Study Hall, dem allgemeinen Lernsaal für alle, Nachhilfe. Das ist der Vorteil einer Privatschule. Wer den Anschluss verliert, bleibt nicht auf der Strecke, sondern erhält Hilfe und wird wieder an die anderen herangeführt. Das hat bei mir eine ganze Weile gedauert.

Vor allem in der Anfangszeit wurde ich mit meiner Sprachschwäche regelmäßig aufgezogen und sogar verarscht. Einige meiner Mitschüler stellten mir immer wieder Fragen, die ich nicht verstand. Um meine Unwissenheit zu kaschieren, antworte ich dann meistens mit „Yes". Die haben sich einen Spaß daraus gemacht. „Are you gay, Björn?" – „Yes." Ich musste für einige billige Lacher herhalten, aber es war selten bösartig, und ich hatte eigentlich das Gefühl, dass man mich ganz gut leiden konnte. In den ersten Wochen war dieses Frage-Antwort-Spiel ein Running Gag und ich der „Yes-Man". Als einziger Deutscher auf der Schule war ich auf gewisse Weise auch eine Attraktion und weckte Neugier, und so wurden mir auch allerlei Fragen zu Deutschland gestellt, die über die Kernthemen Bratwurst, Oktoberfest und Nazis sogar hinausgingen. Die Kiffer wollten beispielsweise immer alles über diese deutsche Stadt wissen, die sie so unglaublich faszinierte, weil man dort einfach in einen Coffee Shop spazieren und ganz legal einen Joint rauchen konnte. In einem Coffee Shop! „Björn", sagten sie, „erzähl doch mal von Amsterdam." Ich fand es irgendwie beruhigend, dass sich ihre Geographiekenntnisse auf dem Niveau meiner Englischkenntnisse bewegten.

Unvergessen ist der Abend, an dem ich plötzlich zum Übersetzer für meine Mitspieler avancierte, weil sie in einem amerikanischen Film etwas nicht verstanden. Das kam so: Einige der Jungs veranstalteten eine Movie Night und wollten unbedingt *Beerfest* gucken, einen Film, der damals gerade auf DVD herausgekommen war. In

Amerika ist der Streifen absoluter Kult, in Deutschland kennt den kein Schwein. So ähnlich wie mit David Hasselhoff, nur umgekehrt. Wenn man auf Jungs-Filme voller pubertärer, platter und schlüpfriger Jokes und Klischees bis zum Abwinken steht und nicht zimperlich ist, dann ist *Beerfest* ein Muss. Er ist übrigens für Zuschauer ab 16. Es dreht sich alles um zwei Brüder, die nach einer ersten Reise nach Deutschland ein amerikanisches Team zusammentrommeln, um auf dem Oktoberfest bei einem streng geheimen internationalen Sauf-Wettkampf anzutreten. Die Deutschen sind natürlich große, grobe, blonde und bierernste Lederhosenträger, die Wolfgang von Wolfhausen, Hansel oder Peterle heißen. Der Lieblings-Deutsche für alle amerikanischen Fans dieses Films ist allerdings ein Mann, der nur eine Nebenrolle spielt und seinen Kultstatus allein seinem Namen verdankt: Herr Schniedelwichsen. Allein bei dem Gedanken daran, wie die Amerikaner diesen Namen aussprechen, könnte ich mich bepinkeln vor Lachen. Meine Mitspieler stoppten den Film und wollten unbedingt von mir wissen, was „Schniedelwichsen" bedeutet, und ich versuchte, es mit meinem schlechten Englisch zu erklären. Das Ganze endete damit, dass wir alle auf dem Boden lagen, also dort, wo auch das Niveau des Films anzusiedeln ist, und uns halb totlachten. Auch wenn es albern klingen mag: So etwas verbindet. Es war eben eine All-Boys School – was Denise im fernen Berlin übrigens sehr beruhigte. Eine Zeitlang war Schniedel dann ein geflügeltes Wort auf den Fluren von Salisbury, wenn kein Lehrer in der Nähe war, und ich wurde nicht mehr „Yes-Man" gerufen, sondern gerne mal „Mister Schniedel", aber jetzt war es nicht spöttisch gemeint, sondern einfach ein Insider-Joke.

Mit dem Ende der Footballsaison an Thanksgiving war es dann erst mal vorbei mit meiner Sportlerherrlichkeit, denn es ist an jeder High School und auch später im College üblich, dass man sich für die Wintersaison eine andere Sportart aussucht und manchmal für die Spring Season, also den Frühling, noch eine dritte. Für einen Schüler mit Stipendium ist das geradezu eine Verpflichtung. Das Prinzip der Zweit-Sportart ist eigentlich eine phantastische Sache, denn es sorgt dafür, dass man als Athlet vielseitiger und damit letztlich kompletter wird. The Full Package. Es gab und gibt in der NFL Receiver oder Running Backs, die zu ihren College-Zeiten zu den besten Leichtathleten des Landes gehörten. Marquise Goodwin beispielsweise ging im Jahr, bevor er gedraftet wurde, für die USA als Weitspringer bei den Olympischen Spielen in London an den Start. Und es gab und gibt viele herausragende NFL-Tight-Ends wie Antonio Gates, Tony Gonzales oder Jimmy Graham, die am College auch richtig gute Basketballer waren.

Ich hätte gerne die Wahl gehabt, aber die zweite Sportart wurde für mich ausgesucht. Man kann auch sagen: Sie wurde mir höflich, aber bestimmt aufgedrängt. Dem Wrestling-Team fehlte noch ein Schwergewichtler. Das war ein Problem, denn bei Wettkämpfen gegen andere Schulen treten in jeder Gewichtsklasse Ringer aus beiden Schulen gegeneinander an, und wenn ein Team in einer Gewichtsklasse gar keinen Athleten aufbietet, dann bedeutet das automatisch eine Niederlage. Beim Stichwort Wrestling hätte mein Herz eigentlich höherschlagen müssen, aber es ging ja nicht um den Showsport, den ich früher immer gerne mit meinem großen Bruder im Fernsehen geguckt hatte, sondern um Ringen. Das ist ein Sport, der vor allem für O-Liner, aber auch D-Liner sehr gut geeignet ist. Die College-Scouts lieben Football-Talente, die in der High School Wrestling-Champions waren. Mit diesem Argument wollte man mir das Ringen schmackhaft machen. Hat nicht geklappt. Es war so gar nicht mein Ding, um es diplomatisch auszudrücken, aber Widerstand zwecklos. Wie heißt es so schön: Wer die Musik bezahlt, der bestimmt, was gespielt wird.

Das Allerschlimmste waren die Ringeranzüge aus Spandex. Die saßen hauteng, wie eine Wurstpelle, und man konnte wunderbar das Wiener Würstchen sehen. Oh, wie ich diese Dinger gehasst habe! Ich kam mir darin vor wie der letzte Depp, und die Aussicht, mit einem anderen Typen in dieser Montur in den Nahkampf zu gehen und im Bodenkampf möglicherweise seinen Dödel direkt vor der Nase zu haben, gruselte mich. Von den Regeln hatte ich keine Ahnung, und ich hatte auch nicht viel Zeit zu trainieren, denn schon eine Woche nach meinen ersten Versuchen auf der Ringermatte und einigen sehr intensiven und schweißtreibenden Einheiten nebst Monster-Muskelkater stand der erste Wettkampf an. Nicht irgendeiner, sondern das große New-England-Turnier der Privatschulen.

Das konnte ja heiter werden. Ich ahnte, dass ich mich bis auf die Knochen blamieren würde. Das Turnier war ein Riesen-Event mit mehreren Wettkampfmatten in einer Halle, vielen Zuschauern und Lautsprecherdurchsagen, wer wann wo kämpfte und wer einen Kampf gewonnen hatte. Die einzelnen Kämpfe gingen in eine Teamwertung ein, waren aber zugleich ein individueller Wettbewerb, in dem in jeder Gewichtsklasse der New-England-Champion ermittelt wurde. Weder meine technischen und taktischen Fähigkeiten noch meine Kraftausdauer in diesem Sport reichten für Kämpfe in voller Länge und das Sammeln von Punkten für einzelne erfolgreiche Aktionen aus. Ich hatte auch keinen Bock, mich vor aller Augen minutenlang zum Horst zu machen. Also entschied ich mich zur Flucht nach vorn. Alles oder nichts. Meine einzige Chance bestand darin, einen Schultersieg zu landen. Wenn ein Ringer seinen Gegner auf den Boden bringt und dessen Schultern zwei Sekunden lang die Matte berühren, ist der Kampf vorbei. Wie ein Knockout im Boxen.

Meine Gegner, das sah ich sofort, waren größer und vor allem viel schwerer als ich, aber sie waren längst nicht so athletisch und sicherlich auch nicht so schnell. Wenn ich ihnen etwas voraushatte, dann das.

„Scheiß auf die Ringertechniken", sagte ich mir, denn ich beherrschte sie eh noch nicht gut genug, um sie im Eifer des Gefechts, wenn es auf Automatismen ankommt, anbringen zu können. Du tackelst die anderen Typen einfach, und dann mal sehen, was passiert. Das war meine Strategie.

Vor meinem ersten Gefecht kam ich mir vor wie im Film *Karate Kid*. Ich wurde mit Namen und Nennung der Schule auf die Matte gerufen und begrüßte meinen Gegner höflich mit Handschlag, wie es sich gehörte. Es war ein schwabbeliger Typ mit X-Beinen, der aussah wie der Michelin-Mann in einem Spandex-Anzug. Bestimmt ein O-Liner. Die Muskeln waren jedenfalls gut versteckt unter einer Speckschicht, auf der Haare sprossen, überall. Ich sah die Umrisse seines Dödels. Er grinste mich siegessicher an. Lass es bitte schnell vorbei sein, dachte ich nur.

Der Kampf begann, und ich stürmte wie von der Tarantel gestochen auf meinen Gegner zu und rammte ihm meine Schulter in den Rumpf. Während er nach hinten stolperte, griff ich nach seinen Beinen, zog sie hoch, warf mich auf ihn drauf, und er lag auf dem Kreuz und starrte mir verdattert in die Augen, die nur wenige Zentimeter von seinen entfernt waren. Zack! Schultersieg! Ich war in erster Linie froh, wieder aufstehen zu dürfen, denn die Position, in der mein Gegner und ich auf dem Boden lagen – ich auf ihm drauf und zwischen seinen gespreizten Beinen, die ich noch mit beiden Armen umklammert hielt –, gefiel mir nicht sonderlich. Der Kampf hatte nur wenige Sekunden gedauert, es war mehr ein Überfall gewesen, und ich hörte das Geraune auf der Tribüne, während mein Ringer-Coach, der übrigens auch mein Geschichtslehrer war, euphorisch jubelnd auf mich zustürmte.

Nächste Runde, das gleiche Spiel. Boom, zack, Schultersieg. „Winner: Bidschorn Werner, Salisbury School", dröhnte es aus dem Lautsprecher. Nächste Runde: Boom, zack, Schultersieg. Ich konnte es kaum glauben. Es war total verrückt. Bevor meine Gegner eine ihrer Techniken anwenden konnten, war schon alles vorbei. Sie kamen einfach nicht damit klar, dass ihnen ein Ringer gegenüberstand, der wie ein Pass Rusher agierte. Plötzlich fühlte ich mich unbesiegbar, und ich spürte, wie die Gegner Angst hatten, denn nun waren sie es, die Gefahr liefen, sich total zu blamieren gegen einen Typen, der ihren Sport eigentlich gar nicht beherrschte.

Ehe ich mich versah, stand ich im Halbfinale. Mein Gegner war der New England Champion der vorangegangenen beiden Jahre, einer der besten Ringer seiner Altersklasse im ganzen Land, sagte mir mein Trainer. Ich konnte es kaum glauben, als er dann auf der Matte vor mir stand in seinem Badeanzug. Ein Riesenbaby, mit Babyspeck, Babyface und einer Harry-Potter-Brille auf der Nase. Dieser Typ sollte der große Champion sein? Niemals! Der hat doch keine Chance gegen meine Power. Er nahm seine Brille ab, gab mir die Hand und sagte höflich und mit einer überraschend hohen Stimme:

„Hi, how you're doing? I wish you a good match and good luck."
Er war die Nettigkeit in Person, und ich dachte nur: Na warte, dich mach ich fertig – und dann werde ich neuer Champion von New England!

Ich wandte wieder meine unschlagbare Erfolgstaktik an, doch einen Wimpernschlag bevor ich meinen gefürchteten Takedown-Tackle ansetzen konnte, tänzelte das Riesenbaby zur Seite wie eine Ballerina, ich schoss ins Leere, wurde an der Hüfte gepackt, von meinem Gegner in einem ebenso kraftvollen wie geschmeidigen Move durch die Luft geschleudert und auf die Matte geknallt. Noch bevor ich reagieren konnte, packte er meinen Arm, verdrehte ihn bis zur Schmerzgrenze, und als ich bewegungsunfähig unter ihm begraben lag, realisierte ich, dass meine Schultern am Boden waren. Es war vorbei. Tja, so kann man sich täuschen. Der Typ war ein Monster. Er hatte mich komplett zerstört. Auch ohne meine Überheblichkeit hätte ich nicht den Hauch einer Chance gehabt. Nach der Urteilsverkündung verwandelte er sich wieder zurück, setzte seine Brille auf, gab mir sanft die Hand, verbeugte sich leicht, lächelte mich freundlich an und sagte: „Thank you. It was nice meeting you. Good luck!" Die Freude war nicht ganz meinerseits, aber beeindruckt war ich schon. Die Lektion, die ich daraus gelernt habe: Don't judge a book by its cover!

Natürlich gewann Harry Potter auch im dritten Jahr hintereinander das Turnier, aber ich konnte mein Match um Platz drei gewinnen und schaffte es tatsächlich aufs Podium. Mein Trainer war begeistert und sagte mir eine erfolgreiche Wintersaison als Ringer voraus, aber nach drei Wochen und zwei Liga-Wettkämpfen hatte ich die Schnauze voll. Ich möchte niemanden beleidigen und keinem Ringer zu nahe treten, aber es war mir einfach zu eklig. Ich ging zu meinem Coach und sagte, dass ich aufhöre mit Ringen. Er war natürlich sauer, und es folgte die typische Arie: Das kannst du nicht machen. Du lässt dein Team hängen. Du lässt die Schule im Stich. Das volle Programm. Ich stellte meine Ohren auf Durchzug und wurde bei Chris Adamson vorstellig, der einen nahezu identischen Text herunterleierte und mich mal wieder an das Stipendium erinnerte. Dieses Mal stach der Joker jedoch nicht mehr. Ich stellte mich stur. Ich war nicht verhandlungsbereit. Jetzt war ich der „No-Man".

Mit dem Kopf in den stinkenden Achselhöhlen von schwitzenden, schwabbeligen und behaarten Typen zu stecken – das war einfach nicht das, was ich mir unter Sport vorstellte. Für kein Geld der Welt würde ich das jemals wieder tun. No way! Chris Adamson knickte ein. Ich durfte dann in der dritten Basketball-Mannschaft spielen, die nicht sonderlich leistungsorientiert unterwegs war. Es war okay, jedenfalls tausendmal besser als Ringen. Ich war erleichtert. Glücklich war ich nicht.

Der Football fehlte mir. Denise fehlte mir. Berlin fehlte mir. Es kam alles zusammen, und irgendwann musste ich mir eingestehen, auch wenn ich mich dabei wie ein Loser fühlte: Ich hatte Heimweh. In erster Linie wegen Denise, denn die vereinzelten Telefonate und handgeschriebenen schmachtenden Liebesbriefe, die wir uns über den Atlantik hin und her schickten, waren nicht genug. Die Kombination aus heftigem Liebeskummer und einigen Dingen, die mir in Salisbury gegen den Strich gingen, ergab eine toxische Mischung, die mir die kommenden Monate vergiftete. Jede Sache, die mich vorher zwar gestört hatte, aber kein wirklicher Aufreger war, nervte mich jetzt regelrecht und wuchs zu einem Problem. Es gab einige davon.

Von Amerika, dem Land der angeblich unbegrenzten Möglichkeiten, dem „Land of the Free", spürte ich nichts. Meine Schule fühlte sich zunehmend wie ein Gefängnis an, was auch an der Security lag, die Tag und Nacht die Zufahrt bewachte und von der man nie so genau wusste, ob sie aufpassen sollte, dass keiner reinkommt, oder eher, dass keiner abhaut. Das Gelände war zwar weitläufig, aber man kam so gut wie nie raus. Es war wie ein geschlossenes System, denn auch alle Lehrer wohnten, mitsamt ihren Familien, auf dem Gelände.

Von Montag bis Freitag war der Tag von früh bis spät mit Unterricht, Schulaufgaben, Sport und Nachhilfe vollgepackt. Jeden Abend um 22.30 Uhr musste im Trakt der Jüngeren das Licht ausgemacht werden, und das Internet wurde abgeschaltet. Ich verließ die Schule nur, wenn wir alle zwei Wochen ein Auswärtsspiel hatten, aber der Fun Factor hielt sich in Grenzen, denn die anderen Privatschulen lagen meistens auch irgendwo im Nirgendwo. Die zweite und letzte Möglichkeit, um mal was anderes zu sehen: Jeden Sonntag fuhr ein Bus der Schule zu festen Zeiten zum nächstgelegenen Supermarkt und zu einem Kino. Da ich für beides kein Geld hatte, fuhr ich nie mit. Meine drei täglichen Mahlzeiten nahm ich in der Schul-Cafeteria ein und nahm mir oft auch etwas aufs Zimmer mit, meistens die phantastischen Cookies, die sie dort hatten. Ich liebte Cookies mit Milch. Sie versüßten mir den Tag.

Ich musste haushalten mit meinem knappen Budget: Das meiste Geld ging entweder für Calling Cards drauf, um von einem Festnetztelefon im Schulbüro von Chris Adamson einmal die Woche bei Denise und einmal im Monat zu Hause anzurufen, oder aber fürs Waschen. Die meisten Jungen hatten ein sogenanntes Wäsche-Paket gebucht. Einmal die Woche gaben sie einen Sack mit ihren schmutzigen Klamotten ab, und am nächsten Tag bekamen sie die Kleidung frisch gewaschen zurück. Dieser Laundry Service kostete pro Schuljahr mehrere hundert Dollar. Wer sich das nicht leisten konnte – eine Minderheit, zu der auch ich gehörte –, der ging in die Waschküche im Keller, fütterte die Maschinen mit Quarters, Vierteldollarmünzen, und wusch seine Sachen selbst. Die meisten der Hemden, die sich dort im Kreis drehten, hatten meinem Vater gehört und passten mehr schlecht als recht. Und auch das Jackett, das ich trug, wenn mein einziger Anzug in der Wäsche war, war Second Hand – ich hatte es von Chris Adamson geschenkt bekommen, der wirklich wie ein amerikanischer Vater zu mir war. In solchen Momenten wurden die sozialen Unterschiede, die auf dem Footballfeld keine Rolle spielten, besonders deutlich, und die Location der Waschküche bekam Symbolcharakter. Keller. Unten.

Die meisten der 300 Schüler kamen aus wohlhabenden oder sogar reichen Familien, die pro Schuljahr 55 000 Dollar lockermachten, damit ihr Sohn drei Jahre lang auf ein gutes College vorbereitet wurde. Sie hatten immer die neuesten MacBooks, während ich von der Schule ein altes Laptop-Modell gestellt bekommen hatte, das auch eindeutig als Schul-Laptop zu identifizieren war. Es ist nicht so, dass ich neidisch war. Ich konnte es nur nicht leiden, wenn diese Jungs ihren Wohlstand raushängen ließen und sich verhielten, als seien sie etwas Besseres, die Elite. Es gab einige Rich Kids in Salisbury, reiche Schnösel, die meinten, sie könnten sich alles erlauben, weil Papa in New York City Millionen verdiente, während mit den Zinsen über den Weg der Donation, einer Spende, der Bau einer neuen Sportanlage in Salisbury finanziert wurde, an deren Fassade dann eine Messingplatte mit dem Familiennamen prangte, was wiederum nicht gerade die Demut der Rich Kids förderte.

Es gab da einen Typen – klein, aber riesengroße Klappe und der Vater irgendein hohes Tier –, der aus mir immer einen Nazi machen wollte und mir vor seinen Schnösel-Buddies unter die Nase rieb, dass Amerika, also er, Deutschland, also mich, im Zweiten Weltkrieg fertiggemacht hatte. Historisch gesehen war das nicht falsch, aber ich fühlte mich nicht persönlich angesprochen und ließ mich schon gar nicht als Nazi bezeichnen. Ausgerechnet ich, der ich im Wedding und in Reinickendorf in einem Multikulti-Umfeld aufgewachsen war und mit Kumpels jeder Hautfarbe und Religion rumgehangen hatte. Es war lächerlich und absurd, aber es machte mich wütend. Um ein Haar hätte ich mich mit ihm geprügelt, aber ich konnte mich gerade noch beherrschen, denn ich wollte nicht beim Dean landen, dem High-School-Dekan, der für das Wohlergehen der Schüler, aber auch die Disziplin, die Einhaltung der Regeln und die Bestrafung von Verstößen zuständig war. Dort hätte ich schlechte Karten gehabt, denn mein Vater ist zwar groß, aber kein hohes Tier.

Beim Dean war ich häufiger. Meistens ging es um mein äußeres Erscheinungsbild, das nicht den Wünschen der Schule entsprach. Ein Salisbury-Schüler hatte immer frisch rasiert zu sein. Immer. Das nervte mich tierisch, denn mein Bartwuchs hatte deutlich zugenommen, und ich hatte einfach keinen Bock darauf, mich jeden verdammten Morgen zu rasieren. Es kam vor, dass mir ein Lehrer auf dem Flur im Vorbeigehen zurief, dass ich mich rasieren solle. Einmal wurde ich sogar aus dem laufenden Unterricht geschickt, weil ich einen Dreitagebart hatte. „Björn, du rasierst dich jetzt, und dann kommst du wieder." Kaum zu glauben, aber wahr. Ich rebellierte dagegen, indem ich mir Koteletten wachsen ließ, was nicht ausdrücklich verboten war. Ich nutzte einfach ein Schlupfloch im Regelkatalog.

Auch die Kleiderordnung war streng. Man hatte einen Anzug zu tragen, dazu eine Krawatte, und der oberste Knopf des Hemdes musste stets geschlossen sein. In den feinen Schuhen taten mir die Füße weh, im Anzug schwitzte ich wie ein Schwein und der zu enge Hemdkragen schnürte mir die Luft ab. Ich hatte einen dicken Hals und mir drohte der Kragen zu platzen – und zwar in jeder Hinsicht.

Zu allem Überfluss war Salisbury auch noch eine katholische Schule, an der Religion eine große Rolle spielte, was ich bei meiner Schulwahl überlesen hatte, weil ich doch eigentlich nur Football spielen wollte. Ich bin nicht besonders religiös und auch nicht so erzogen worden. Der Vater meiner Mutter war Zeuge Jehovas und hat sie so streng und auch hart erzogen, dass meine Mutter mich und meine Brüder aufgrund ihrer schlechten Erfahrungen in der Kindheit frei von Religion aufwachsen lassen wollte, wie sie mir später mal erzählte. In Salisbury prägte Religion den Schulalltag. Zweimal in der Woche gingen alle Schüler und auch die Lehrer und ihre Familien in die Kirche. Dort wurden vom Kaplan zunächst wichtige organisatorische Dinge oder Ankündigungen verlesen, bevor er dann eine Stunde lang ausgiebig aus der Bibel vorlas und predigte. Natürlich wurde gebetet und – für mich ein Graus – gesungen. Ich kann kein bisschen singen. Jede Kettensäge klingt schöner.

War alles schlecht in Salisbury? Überhaupt nicht. Auch wenn jetzt dieser Eindruck entstanden sein mag. Die Lehrer waren zwar streng, aber sehr hilfsbereit und nett, allen voran natürlich Chris Adamson. Die Mitschüler waren im Großen und Ganzen in Ordnung und meine Mitspieler im Footballteam richtig gute Jungs. Aber genau dort lag das große Problem: Dieses Team hatte jetzt Pause bis zum Spätsommer.

Football war das, wofür ich nach Salisbury gekommen war, ohne Football blieb nicht viel übrig, was mir wirklich Spaß machte und mich erfüllte. Und so steigerte ich mich hinein in all die Dinge, die mich störten, und der Ärger darüber vermischte sich mit meinem

Heimweh und Liebeskummer. Es kam alles zusammen, alles auf einmal, immer mehr, immer schneller. Es war wie eine Lawine.

In solch einer Lage gibt es nur einen Weg, und so stand ich an einem Tag im Frühjahr mal wieder bei Chris Adamson im Büro. Aber diesmal hatte ich mehr auf dem Herzen als manisch onanierende Mitbewohner oder sprechende Grizzlybären in Spandex-Anzügen, und mein Englisch war mittlerweile auch kein Problem mehr, sodass Zeichensprache nicht nötig sein würde. Wochenlang hatte ich mir den Kopf zermartert, in vielen schlaflosen Nächten das Für und Wider abgewogen, mir die Reaktionen und Konsequenzen ausgemalt und schließlich eine einsame Entscheidung getroffen, unumstößlich. Nun war der Moment gekommen, die Hosen runterzulassen.

„Coach, es tut mir leid", sagte ich mit bebender Stimme. „Ich gehe zurück nach Deutschland."

Reload

Ein schrecklich-schönes Comeback

Zu Hause. Berliner Luft. Sonniger Sommer, goldener Herbst. Ich war zurück in meiner Stadt der unbegrenzten Möglichkeiten. Wenn ich vor die Tür ging, war ich sofort mittendrin im Leben, konnte einfach zum Bäcker schlendern und richtig gutes Brot kaufen oder endlich wieder beim Türken um die Ecke meinen geliebten Döner essen. Ich konnte anziehen, was ich wollte, und niemand sagte mir, dass ich mich rasieren müsse. Ich fühlte mich frei. Aber natürlich waren das alles nur schöne Begleiterscheinungen für die perfekte Kombination, die den Kern meines Lebens bildete. Was ich am allermeisten liebte mit meinen 17 Jahren, war nämlich jetzt wieder vereint: Football und Denise. Ich genoss jede Sekunde mit meiner Freundin, denn wir hatten einiges nachzuholen, und im Herbst trug ich dann wieder das Trikot der Adler, trainierte im Stade Napoleon und freute mich auf die Saison im kommenden Jahr, in der wir Großes vorhatten. Ich hätte glücklich sein können, wären da nicht der heftige Streit mit meinem Vater, die Zweifel an meiner Entscheidung, Amerika den Rücken zu kehren, und das schlechte Gewissen gewesen. Je mehr Zeit verging, desto häufiger und heftiger nagten die Zweifel an mir. Und dann, es muss Ende November oder Anfang Dezember gewesen sein, kam die Mail von Coach Adamson. Nach einem halben Jahr Funkstille. Sie war sehr kurz. Wir müssten reden.

Ich war überrascht, denn ich hatte nichts mehr von ihm gehört seit meiner Abreise aus Amerika, die nichts anderes als eine Flucht gewesen war. Chris Adamson, der in meinen acht Monaten in Salisbury eine echte Vertrauensperson und so etwas wie ein amerikanischer Vater auf Zeit für mich geworden war, hatte daraufhin den Kontakt abgebrochen. Ich wusste, dass er tief enttäuscht und auch wütend auf mich war. Was also wollte er jetzt von mir?

Wir verabredeten uns zum Telefonieren. Chris hielt sich nicht lange mit Floskeln auf, sondern kam gleich zur Sache. „Du hast ein Offer", sagte er knapp. „Boston College."

Ich musste mich verhört haben. What?!

„Boston College möchte dir ein Stipendium anbieten", erklärte mein Coach. „Aber ich musste ihnen sagen, dass du nicht mehr hier bist. Sie wollen wissen, ob du zurückkommst."

Schweigen. Mein Herz klopfte. Ich war geplättet. Ich hatte tatsächlich ein Stipendium in Aussicht, noch dazu von einem renommierten College aus der Division-I, der höchsten von drei Spielklassen der landesweiten College-Sport-Vereinigung NCAA, der National Collegiate Athletic Association. Die Boston College Eagles waren eine wirklich gute Adresse und haben in jüngerer Zeit NFL-Superstars wie Matt Ryan oder Luke Kuechly hervorgebracht. Ich konnte kaum glauben, dass BC mich tatsächlich haben wollte. Ich hatte an der High School ja gerade mal eine Saison und acht Spiele absolviert, in einer Liga von eher kleinen Privatschulen. Darüber hinaus war die zweite Saison dort gerade zu Ende gegangen – und zwar ohne mich. Mein Coach hatte allerdings, wie er mir nun offenbarte, schon vor Beginn der Spielzeit ein Highlight-Tape von mir zusammengestellt und als DVD an diverse Colleges geschickt, obwohl ich längst weg und er stinksauer war. Er wusste, dass das Material zu gut war, um es nicht wenigstens zu versuchen und vielleicht immerhin den Beweis zu erhalten, dass er nicht grundsätzlich falschgelegen hatte mit seiner Einschätzung meines Talents und der Entscheidung, mir ein Salisbury-Stipendium zu geben, auch wenn die Kohle für seinen Deutschen verbrannt war. Mein Abgang war für ihn eine regelrechte Blamage. Kein Wunder, dass Chris Adamson sich gerade so hatte zusammenreißen können, als ich ihn in seinem Büro vor vollendete Tatsachen gestellt hatte. Aber all das war jetzt kein Thema mehr.

„Björn, denk mal nach", sagte er eindringlich. „Wenn dir nach gerade mal acht Spielen schon eine Uni wie Boston College ein Stipendium bietet, was glaubst du, was noch alles kommt, wenn du in Salisbury dein Senior-Jahr absolvierst, noch eine Saison spielst und deinen Abschluss machst? Ich schwöre dir: Das ist erst der Anfang."

Er handelte natürlich nicht ganz uneigennützig. Dazu muss man wissen, dass ein solches Angebot nicht nur für einen jungen Footballer eine große Sache ist, sondern auch für eine kleine private Schule wie Salisbury und natürlich den dortigen Head Coach. Das Internat hatte bis dato noch nicht den Ruf, eine Schmiede für echte Toptalente zu sein. Würde ich es aus Middle of Nowhere auf ein großes Football-College schaffen, dann wäre das ein Türöffner. Das Footballprogramm der Crimson Knights bekäme zum einen viel mehr Aufmerksamkeit, zum anderen hätte es Salisbury als Privatschule auch leichter, mit einem Stipendium die größten Talente aus Connecticut und den umliegenden Bundesstaaten anzulocken, die dann wiederum die Scouts der großen Colleges auf den Campus locken würden. Im Idealfall wäre damit ein positiver Kreislauf in Gang gesetzt.

Salisbury war meine große Chance, ich war Salisburys große Chance. Chris Adamson kämpfte für beides. Noch heute klingen mir seine Worte im Ohr. „Junge, du hast jetzt eine Riesenchance. Es ist das, was du immer wolltest. Das, wovon Millionen amerikanischer Kids träumen. Es ist direkt vor deiner Nase. Du musst nur zugreifen. Schmeiß es nicht ein zweites Mal weg."

Ich war überrumpelt. Das alles warf meinen ganzen schönen neuen Plan über den Haufen.

Mein neuer Plan bis dato war folgender: Ich hatte nach wie vor den unbedingten Willen, an einem amerikanischen College Football zu spielen und dort auf dem nächsten Level um meinen NFL-Traum zu kämpfen. Gleichzeitig war mir klar geworden, dass ich es nie und nimmer zwei weitere Jahre mit all diesen Regeln und ohne Denise in Salisbury ausgehalten hätte. Um es aus Deutschland an ein College zu schaffen, brauchte ich Abitur. Also setzte ich mir in meinen Dickkopf, jetzt irgendwie das Abi in Angriff zu nehmen, um meinen Football-Traum nicht schon frühzeitig platzen zu lassen, auch wenn mir klar war, dass das alles ungeheuer kompliziert werden würde.

Platzen ist das richtige Stichwort. Meinem Vater platzte der Kragen, als er von diesem seiner Ansicht nach völlig schwachsinnigen Plan seines ganz offensichtlich geistig verwirrten Sohnes hörte.

Meine Eltern hatten sich natürlich zunächst gefreut, dass ich wieder da war, und sie waren auch nicht sonderlich überrascht, was mir einmal mehr zeigte, dass sie gar nicht richtig verstanden hatten, dass ich nicht einfach nur ein Austauschjahr in den USA absolviert hatte, sondern ursprünglich drei Jahre an der High School bleiben wollte. Ich glaube, sie waren einfach nur erleichtert, dass ihr Zweitgeborener aus ihrer Sicht nun doch noch zur Vernunft gekommen war. Ihre Erleichterung währte jedoch nur wenige Wochen. Dann rückte ich mit meinem Plan heraus.

„Abitur?!", schrie mein Vater. „Du machst jetzt eine Ausbildung. Es wird Zeit, dass du dein eigenes Geld verdienst!"

Es war nicht die Reaktion, die ich erhofft hatte, aber sie kam auch nicht überraschend. Niemand in meiner Familie hatte Abitur, und meine bis zu diesem Zeitpunkt auf wechselnden Schulen erbrachten Leistungen waren für meine Eltern nicht gerade ein Indiz dafür, dass ich eine gymnasiale Oberstufen-Laufbahn mit abschließender Hochschulreife anstrebte, geschweige denn dafür geeignet war. Die Zweifel meiner Eltern waren möglicherweise durchaus berechtigt, aber es war nun mal der einzige verbliebene Weg ans College, den ich jetzt noch sah, weshalb ich darauf beharrte und auf stur stellte. Ein Werner-Dickkopf kurz vor der Volljährigkeit. Wie der Vater, so der Sohn. Das war keine gute Konstellation, und es kam, wie es kommen musste.

Der Streit eskalierte. Immer wieder kriegten wir uns bei diesem Thema in die Wolle. Wir brüllten uns an, Türen wurden geknallt, meine Mutter saß meistens abseits wie ein Häufchen Elend und sagte keinen Ton oder verließ lieber den Raum. Einmal wandte sie ein, dass es doch eigentlich etwas Schönes sei, wenn der Sohn unbedingt Abitur machen wolle, als Erster in der Familie, aber das sah mein Vater völlig anders. Zeitverschwendung sei das, wetterte er. Zu allem Überfluss lagen jetzt also auch noch meine Eltern über Kreuz, und ich war schuld daran.

Von meinem Vorhaben ließ ich mich dennoch nicht abbringen und folgte Denise auf die Thomas-Mann-Oberschule, auf die sie in dem Sommer, in dem ich in die USA aufgebrochen war, gewechselt war, um dort ihr Abi zu machen. Sie ging jetzt in die zwölfte Klasse, ich in die elfte, da ich ja in Salisbury die zehnte Klasse wiederholt hatte, und schlagartig war ich Klassenbester in Englisch. Den Schulwechsel nahm mein Vater zum Anlass zu behaupten, Denise hätte einen schlechten Einfluss auf mich und mir die Sache mit dem Abitur eingeredet. Die Streitereien wurden von Mal zu Mal schlimmer. Was musste ich mir nicht alles anhören in dieser Zeit. Ich solle mir endlich diesen Quatsch mit der Footballkarriere aus dem Kopf schlagen, wetterte mein Vater. Ich hätte mein Abenteuer doch gehabt, dafür sei das ganze Kindergeld draufgegangen und obendrein der Kredit meiner Oma. Jetzt müsse ein für alle Mal Schluss sein mit der Träumerei, und ich solle langsam mal anfangen, eigenes Geld zu verdienen und meinen Eltern nicht mehr auf der Tasche zu liegen. Ich schrie zurück, dass er mir gar nichts zu sagen habe und ich ihnen auch gar nicht mehr auf der Tasche liegen wolle. Ich schnappte mir meine Tasche, packte ein paar Sachen ein und verbrachte in den folgenden Monaten mehr Zeit bei Denise und ihren Eltern als bei meinen. Zu Hause hielt ich es nicht mehr aus. Es war eine schwirige und schreckliche Zeit. Für alle.

Ironischerweise leistete ich dann doch den harschen Worten meines Vaters Folge und suchte mir einen Job, um mein eigenes Geld zu verdienen, denn ich wollte unbedingt den Führerschein machen und auch Geld für den Rückflug in die USA sparen. Anfangs trug ich für ein paar Euro die Stunde Abo-Zeitschriften aus und verteilte Werbeprospekte, aber weil die Einnahmen ersten Hochrechnungen zufolge niemals reichen würden, musste ich mir etwas Lukrativeres suchen und heuerte schließlich bei einer Reinigungsfirma an. Hoch hinaus zu kommen, bedeutete in diesem Fall, in einem riesigen Plattenbau das Treppenhaus zu feudeln, und leider gehörte auch das Putzen der Personal-Toiletten dazu. Was soll ich sagen? Es war eklig, aber einträglich, und irgendwann hatte ich die Kohle zusammen.

In der Adler-Familie war die Welt noch in Ordnung. Man hatte mich mit offenen Armen empfangen, was nicht zuletzt daran lag, dass ich ein weitaus besserer Spieler geworden war – körperlich, aber auch, was den Football-IQ angeht. In die zum Zeitpunkt meiner

Rückkehr aus den USA bereits laufende Saison der GFL Juniors hatte ich verletzungsbedingt nicht mehr einsteigen können und leider auch die Junioren-Europameisterschaft in Sevilla im Juli verpasst, bei der Deutschland den Titel gewann. Aber ich war schon weit vor meinem 18. Geburtstag wieder fit und trainierte wie ein Wilder, was mir die Möglichkeit bot, meinen aufgestauten Frust rauszulassen und die Konflikte in meinem Elternhaus, die mich sehr belasteten, für ein paar Stunden zu vergessen. Immerhin verfolgte ich wieder einen Plan – bis dann der Anruf von Chris Adamson kam.

Ein paar Tage lang ging ich mit seinen Informationen und Appellen schwanger. Ich war innerlich so aufgewühlt, dass es mich förmlich zerriss. Ich musste mit Denise reden. Meine Angst, dass sie einen Nervenzusammenbruch erleiden würde, war jedoch unbegründet. Sie reagierte einigermaßen gefasst, hörte aufmerksam zu und erwies sich in den langen Gesprächen und emotionalen Diskussionen, die dann folgten, als die Besonnenere, Nüchternere und Klarsichtigere von uns beiden.

„Schatz, du musst das machen", sagte Denise irgendwann. „Du würdest es dir sonst nie verzeihen."

Sie hatte recht und sprach mir aus der Seele. Damit war die Sache entschieden – und ganz nebenbei auch, dass ich mit dieser Frau und keiner anderen durchs Leben gehen wollte. Denise spürte einfach, dass zwei Herzen in meiner Brust schlugen und sie mich zwar wiederhatte, aber nicht ganz und gar. Ihr Support war das Wichtigste für mich, also schmiedeten wir einen neuen Plan, gemeinsam, für uns beide. Sie würde in Berlin ihr Abitur machen und ich im Herbst 2009 meine Senior-Saison für die Crimson Knights spielen und dann schauen, was sich ergab – für mich und für uns. Wir versprachen einander, meinen Weg gemeinsam zu gehen.

Was nun folgte, kann man getrost als totalen Wahnsinn bezeichnen. Ich rief Chris Adamson an und teilte ihm mit, dass ich bereit war, zur Saison im Herbst 2009 nach Salisbury zurückzukehren, und er versprach, sofort alle Hebel in Bewegung zu setzen, um ein neues Stipendium für mich zu organisieren, was einen zweiten monatelangen und nervenzehrenden Papierkrieg bedeutete. Diesmal musste

Chris Adamson die Schulleitung in Salisbury nicht lange überzeugen. Es genügte, das Interesse von Boston College zu erwähnen. Ich spare mir an dieser Stelle nicht nur eine erneute Erläuterung der Formalitäten und des komplizierten Systems, nach dem man die Noten von einem eingeschobenen Schuljahr in Deutschland in eine amerikanische High-School-Laufbahn einrechnet, damit man dort den Abschluss und alle Aufnahmetests für das College machen kann. Ich verzichte auch aus vielerlei Gründen auf eine ausführliche Beschreibung davon, wie meine Eltern und speziell mein Vater auf die erneute Planänderung reagierten. Das kann sich jeder selbst ausmalen. Kopfkino an, Film ab!

Alles in allem war meine Entscheidung eine wahnwitzige Rolle rückwärts von der Rolle rückwärts.

Ich habe ja schon erzählt, dass ich nie einen Plan B hatte. Das mag angesichts meines erneuten Sinneswandels absurd anmuten, aber ich bleibe dabei. Es gab immer nur den Plan A: Footballprofi in den USA zu werden, ein NFL-Spieler. Zugegeben: Es gab Plan A1, Plan A2 und nun Plan A3.

Im Frühjahr 2009 war meine Rückkehr nach Amerika in trockenen Tüchern, Chris Adamson berichtete mir von einer wachsenden Anzahl interessierter Colleges, was mir noch einen zusätzlichen Motivationsschub für meine letzte Saison mit der U19 der Adler gab. Wir hatten eine großartige Truppe zusammen, nachdem sich die Berlin Kobras aufgelöst hatten und einige ihrer besten Spieler zu uns gewechselt waren. Schon das 40:0 im ersten Saisonspiel gegen die Hamburg Young Huskies war ein echtes Ausrufezeichen. Die Regular Season beendeten wir mit sechs Siegen aus sechs Spielen und einem unfassbaren Punkteverhältnis von 297:10. Ich sag's mal so: Unsere Defense war ganz okay. Unsere Spiele waren alles andere als spannend, aber die überragende Punktedifferenz sollte uns noch einen entscheidenden Vorteil bringen. Im Viertelfinale hauten wir die Wiesbaden Phantoms mit 45:0 weg, ein Shutout, bei dem ich sogar Punkte aus dem Spiel heraus erzielen konnte, indem ich einen Interception-Return-Touchdown erzielte. Wir waren absolut on fire und auf einer Mission. Revanche.

Im Halbfinale kam es dann zum Duell der Giganten mit den Düsseldorf Panthern, und jeder in Football-Deutschland wusste: Es war das vorweggenommene Finale. Zu unserer Genugtuung und diebischen Freude fand das Spiel Anfang Juni bei uns zu Hause in Berlin statt, weil wir aufgrund unseres um wenige Zähler besseren Punkteverhältnisses Heimrecht hatten. Es hatte sich gelohnt, in jedem Spiel der Saison trotz haushoher Führung bis zum Ende voll durchzuziehen. Diesen Heimvorteil wollten wir unbedingt nutzen, die Dominanz der Panther brechen und ihre mittlerweile sieben Jahre andauernde Titelserie beenden. Ich war heiß wie Frittenfett.

Die vier Viertel im Stade Napoleon waren eine echte Defense-Schlacht und ein regelrechter Thriller, in dem unsere Verteidigung sechs Punkte durch drei Safeties beisteuerte, nachdem ich die Düsseldorfer mit meinen Punts kurz vor die gegnerische Endzone immer wieder in eine schlechte Feldposition gebracht hatte. Ich kann mich noch daran erinnern, wie wir einen Punt-Fake machten und ich mit dem Ei zu einem neuen First Down rannte und dabei drei Gegenspieler aus dem Weg räumte wie eine menschliche Bowlingkugel. Man darf nicht vergessen, dass ich ja nicht der typische Punter, sondern 1,92 Meter groß und rund 120 Kilo schwer war. Und diesmal gab es keinen falschen Fire!-Alarm, denn der Fake war wirklich geplant. In einem echten Herzschlagfinale, bei dem es auch auf den vollen Tribünen hoch herging, triumphierten wir am Ende knapp, aber verdient mit 13:8.

Wir hatten die Patriots des deutschen Jugend-Footballs tatsächlich besiegt. Es mag merkwürdig klingen angesichts dessen, was alles noch kommen sollte in meiner Karriere, aber dieser Sieg war einer der schönsten für mich als Footballer, und ich bekomme heute noch Gänsehaut, wenn ich daran denke, weil es so unglaublich emotional war. Ein echter Glücksmoment. Meine Mitspieler waren ja alle meine Kumpels und einige sogar richtige Freunde, mein Trainer Jörg Hofmann war mein Mentor, und somit war dieser Sieg nicht nur ein sportlicher Triumph, sondern auch ein intensives Gemeinschaftserlebnis, wie es später am College nur bedingt und in der NFL kaum möglich war.

Rache ist süß. Der Spruch mag abgelutscht sein, beschrieb aber nach diesem Halbfinale ziemlich präzise ein Drittel meiner Gefühlswelt – neben Freude und Stolz. Ich feierte die erfolgreiche Revanche, und zu meinem Erschrecken merkte ich, wie ich es auf eine fast schon perverse Art und Weise genoss, die Panther leiden zu sehen, die die Welt nicht mehr verstanden, weil sie das Gefühl der Niederlage überhaupt nicht kannten. Während sich die meisten meiner Mitspieler in dem Armen lagen und feierten, ging ich über das Spielfeld, schaute in die Gesichter der Unterlegenen, von denen ich viele aus der Nationalmannschaft kannte, und dachte: Jetzt seht ihr mal, wie es ist zu verlieren. Ich spürte Schadenfreude in mir aufsteigen, weil mich ihre Wir-sind-die-Geilsten-Attitüde oft tierisch genervt hatte, wobei es sicher alles keine schlechten Jungs waren, und ich habe auch versucht, den einen oder anderen von ihnen nach dem Halbfinale zu trösten. Einerseits fühlte ich mit, gleichzeitig spürte ich eine tiefe Befriedigung. Ihre Tränen waren mein Champagner. Klingt hart, ist aber die Wahrheit.

Ich würde mich als fröhlichen und auch empathischen Menschen bezeichnen. Im richtigen Leben. Auf dem Footballfeld war ich immer ein verbissener Competitor, der weder sich noch andere schonte – und, ja, manchmal kam dann auch dieses kleine Arschloch in mir durch. Mit Pads und Helm war ich ein anderer Mensch. Ich wollte dominieren und zerstören. So wie der nette Ringer-Champion mit dem Babyface, wenn er seine Harry-Potter-Brille absetzte und auf der Matte zum Monster mutierte.

Eine der größten Gefahren im Sport ist es, nach einem absoluten emotionalen Höhepunkt in ein kleines Loch zu fallen und dann mental nicht mehr richtig hochfahren zu können. Genau das, gewürzt mit einer kräftigen Prise Überheblichkeit, wäre uns beinahe zum Verhängnis geworden.

Der Junior Bowl XXVIII wurde Ende Juni auf neutralem Boden im Hockeystadion in Mönchengladbach ausgespielt, und wenn man in den Tagen vor dem Endspiel in der deutschen Footballszene eine Umfrage gemacht hätte, wer gewinnt, dann wäre das Stimmungsbild wohl so ausgefallen wie ein nordkoreanisches Wahlergebnis:

99 Prozent für die Adler. Unser Gegner waren die Cologne Falcons, Liga-Neuling und Sensationsfinalist. David gegen Goliath. Rund 2000 Zuschauer waren gekommen, und das war auch für mich etwas Besonderes, denn mit den Salisbury Knights hatte ich meistens vor ein paar hundert Zuschauern gespielt, anders als in den High-School-Football-Hochburgen in Texas oder Florida, wo teilweise 5000 oder 10 000 Fans zu den Spielen kommen. Seit ein paar Jahren werden am Freitagabend unter Flutlicht sogar ausgewählte High-School-Spiele landesweit live übertragen, unter dem Label „Friday Night Lights", benannt nach der gleichnamigen TV-Serie. Wir reden hier von Schulsport!

Die Kulisse in Mönchengladbach war jedenfalls eines Bowl Games würdig. Die Falcons hatten nichts zu verlieren, wir dagegen alles, und das war beiden Mannschaften auf dem Rasen jeweils anzumerken. Die Kölner machten das Spiel ihres Lebens und uns das Leben verdammt schwer, denn wir bekamen ihr Laufspiel nicht in den Griff und waren in der Offense wie gelähmt. Nach drei Vierteln lagen wir mit 0:14 zurück, und es bahnte sich die größte Sensation in der Junior-Bowl-Geschichte an. Doch dann schüttelten wir unsere Verkrampfung, vielleicht war es auch Versagensangst, ab und drehten das Spiel. Ich erinnere mich noch, dass Momo, der jüngere Bruder meines besten Freundes Cedric, der mittlerweile im Herrenteam als Running Back spielte, den ersten Touchdown für die Adler erzielte. Und vor unserem letzten Touchdown, der den 21:14-Sieg brachte, blockte ich einen Punt der Kölner und brachte meine Mannschaft in guter Feldposition in Ballbesitz. Die Adler-Jugend war deutscher Meister, erstmals nach zwölf Jahren wieder – und ich war mittendrin. Im Nachhinein war es ein großes Glück und Geschenk, dass wir nicht den erwartet souveränen Sieg einfuhren, sondern eine atemberaubende Fourth Quarter Comeback Victory schafften, die mit dem Auslaufen der Uhr eine emotionale Explosion auslöste und auf die wir alle mächtig stolz waren.

Die Party war natürlich feuchtfröhlich, aber ich blieb trocken. Wie immer. Ich trank keinen Alkohol. Bis auf wenige Ausnahmen in meinem Leben habe ich nie einen Tropfen angerührt. Das war in Berlin so, an der High School, am College und auch in der NFL.

Ich werde oft gefragt, warum ich keinen Alkohol trinke. Die Antwort ist viergeteilt: Erstens, weil er mir nicht schmeckt. Zweitens, weil ich ihn nicht gut vertrage, man könnte auch sagen: Ich kann nichts ab. Eine der besagten Ausnahmen war mein 18. Geburtstag, an dem mich meine Freunde in eine Bar schleppten und mich geradezu zwangen, meine Volljährigkeit mit Tequila zu begießen. Schon nach wenigen Shots wurde mir schwindelig. Nicht ein bisschen, sondern total schwindelig. Dieser unmissverständlichen Reaktion meines Körpers verdanke ich meinen Spitznamen „Dizzy B". Das ist eine Nebenwirkung, mit der ich gut leben kann – und meine Leber auch.

Drittens war ich immer der Meinung, dass mir Alkohol auf meinem Weg zum Footballprofi im Weg stehen würde, weil er meinen Körper schädigt und meine Sinne und den Blick auf mein Ziel vernebelt. Ich sagte mir immer: Lass die Finger davon, es ist nicht gut für dich. Als meine Freunde mit 15, 16 Jahren anfingen, Partys zu feiern, Alkohol zu trinken, mit Mädels rumzumachen und in der Nacht um die Häuser der Hauptstadt zu ziehen, war ich der Typ in der Clique, der um 22 Uhr zu Bett ging, um am nächsten Tag wieder maximal fit zu sein fürs Training. Ich war nie einer von den Coolen. Wahrscheinlich war ich der langweiligste City Boy in ganz Berlin. Ich bin mir aber sicher, dass es auch diese Konsequenz und Selbstdisziplin waren, die mich so weit gebracht haben. Meine Devise lautete: null Promille, 100 Prozent. Viertens habe ich in meinem Umfeld erlebt, wie Alkohol Menschen verändern kann und sie die Kontrolle über ihr Leben verlieren lässt. Es ist hart, so etwas zu sehen.

In meinen Augen war Alkohol Gift. Meine Drinks und meine Drogen waren American Football und das Adrenalin, das dieser Sport in mir freisetzte. Das war mehr als genug.

Ich habe übrigens auch nie geraucht, nicht ein einziges Mal habe ich an einer Zigarette gezogen. An einer Zigarre schon, denn wenn dir ein Robert Mathis eine Havanna in die Hand drückt, sagst du nicht nein. Aber das kam später.

Das Verrückte ist, dass ich den Sieg im Junior Bowl nicht nur nüchtern, sondern auch im Kreise der Verlierer feierte. Etwa eine Stunde nach dem Spiel machte ich mich nicht etwa mit dem frischgebackenen Meisterteam auf den Rückweg nach Berlin, sondern stieg mit schwerem Gepäck und drei, vier anderen Adlern in den Bus der Falcons. Die Aktion hatte einen rein pragmatischen logistischen Hintergrund. Am nächsten Tag war ein kurzes Vorbereitungscamp für die unmittelbar bevorstehende Junioren-Weltmeisterschaft angesetzt, die doch tatsächlich in den Vereinigten Staaten stattfand. Der Head Coach der Kölner, der zugleich Offensive Line Coach im Nationalteam war, hatte organisiert, dass wir Berliner einfach mitkamen, um am nächsten Tag auf kürzestem Weg zum Camp der Nationalmannschaft weiterreisen zu können. Die Falcons-Spieler reagierten zunächst allergisch auf unsere Anwesenheit, was ich total verstehen konnte, aber die Gemüter beruhigten sich schnell, und am Ende waren wir als ihre Bezwinger sogar Gäste auf ihrer Saisonabschlussfeier. Wie heißt es so schön: Football is family.

Zwei Tage später stieg ich in den Flieger in die USA. Ich hatte ein One-Way-Ticket. Der Flug zur WM war gleichzeitig mein Flug zurück nach Amerika, denn ich würde dortbleiben. Das Finale um den Junior Bowl war mein letztes Spiel auf heimischem Boden. Besser hätte ich mein Kapitel Football in Deutschland nicht abschließen können.

2ND DOWN

Canton
Hall of Fame und siebter Himmel

Einen Vorgeschmack auf das, was mich in den nächsten Monaten an Aufmerksamkeit erwarten würde, bekam ich bereits in Canton, dem Austragungsort der Junior World Championships 2009. Allein der Schauplatz ließ mein Herz höherschlagen, denn die Kleinstadt in Ohio, die gerade mal 70 000 Einwohner zählt, ist der Sitz der Pro Football Hall of Fame und obendrein auch die Wiege der NFL. In Canton wurde 1922 die National Football League gegründet, damals noch ein Vorläufer der Liga, wie wir sie heute kennen. Diese Wurzeln und die Ruhmeshalle machen Canton zu einer Pilgerstätte für Fans, einem Football-Mekka.

Im dortigen Stadion zu spielen, in dem alljährlich das Hall of Fame Game ausgetragen wird, empfand ich als eine große Ehre. Das Medieninteresse an der Junioren-Weltmeisterschaft war groß, denn sie wurde erstmals im Mutterland des American Football ausgetragen, und die Amis traten mit einem echten Topteam an – den besten Senior-High-School-Spielern des Landes, die allesamt schon ein College-Stipendium in der Tasche hatten – und waren damit als neuer Weltmeister quasi gesetzt. Die weiteren Teilnehmer waren Kanada, Mexiko, Japan, Neuseeland, Frankreich, Schweden und wir.

In den Tagen des Turniers musste ich einige Interviews geben, was völlig neu für mich war. Der Sportsender ESPN widmete mir sogar eine größere Story und berichtete vom Interesse zahlreicher Colleges, darunter Boston, California, North Carolina und Notre Dame. Das Interesse an meiner Person hatte zum einen mit meiner ungewöhnlichen Geschichte zu tun, hing aber darüber hinaus möglicherweise auch damit zusammen, dass drei Monate zuvor in der zweiten Runde des NFL-Drafts ein gewisser Sebastian Vollmer von den New England Patriots ausgewählt worden war. Nun schienen einige Reporter die nächste deutsche Erfolgsstory zu wittern. Mir war klar, dass bei den Spielen jede Menge Scouts und Coaches der großen Colleges auf der Tribüne hocken und mich beobachten würden.

Das erste Spiel verloren wir unglücklich mit 7:10 gegen die starken Japaner. Das waren alles so kleine Samurai-Jungs, unglaublich schnell, flink und furchtlos, wirklich krass. Das Bittere war, dass die WM im K.-o.-Modus gespielt wurde, sodass wir keine Chance mehr auf das Halbfinale hatten und es für uns nicht mehr wie erhofft um Medaillen, sondern nur noch um die bestmögliche Platzierung ging. Blöderweise hatte ich mir bei einem Tackle auch noch eine schmerzhafte Nackenverletzung zugezogen, im Football Neck Stinger genannt, bei der Nerven betroffen sind und zu deren Symptomen Taubheitsgefühle gehören, die ausstrahlen, in meinem Fall in den Schulterbereich. Ich war jetzt in einer Scheißsituation. Als einer der wichtigsten Spieler wollte ich mein Team einerseits nicht im Stich lassen, hatte andererseits aber auch Angst vor einer Verschlimmerung, denn mit einem Stinger ist echt nicht zu spaßen. In seiner schwersten Form kann das sogar zum Karriereende führen, wie bei Kam Chancellor und Cliff Avril von den Seattle Seahawks. Ich will damit nicht sagen, dass meine Nackenverletzung ähnlich gravierend war, aber sie hätte schlimmer werden können, wenn ich einfach weitergespielt hätte. Das Risiko war mir einfach zu groß – gerade im Angesicht der kommenden entscheidenden Monate für meine weitere Footballkarriere.

Ich ging also zu den Coaches und bat sie, mich im nächsten Spiel gegen Neuseeland nicht mehr in der Defensive Line einzusetzen, da der Gegner auch ohne mein Mitwirken absolut schlagbar war. Meine Aufgabe als Punter würde ich aber erfüllen. Ich merkte an der Reaktion, dass sie das in den falschen Hals kriegten und wenig Verständnis zeigten, aber ich ließ in dieser Sache nicht mit mir reden, und so schoss ich nur ein paar Punts in den Himmel über Canton, und wir gewannen locker und leicht mit 52:7. Mir kam dann allerdings zu Ohren, dass der Coaching Staff hinter meinem Rücken behauptet hatte, ich sei gar nicht verletzt, hätte einfach keinen Bock gehabt zu spielen und wolle mich für die anstehende High-School-Saison schonen.

„Fuck you!"

Das habe ich natürlich nicht gesagt, sondern nur gedacht, aber dafür nicht nur einmal.

Wer mich kennt, der weiß, dass ich mich nie geschont habe, wenn es um Football ging, und wenn man mir im Rückblick auf meine Karriere etwas vorwerfen kann, dann doch wohl eher, dass ich zu oft angeschlagen oder sogar verletzt auf dem Feld gestanden habe.

Die Krönung war aber, dass im Nachhinein die Version verbreitet wurde, ich hätte mir mit meiner WM-Teilnahme einfach nur einen kostenlosen Flug zurück in die USA finanzieren lassen. Dazu muss man wissen, dass die Nationalspieler damals ihre Flüge zur Weltmeisterschaft selbst bezahlen mussten, was ich ohnehin fragwürdig finde, denn ein großer Verband wie der AFVD sollte in der Lage sein, den besten Spielern des Landes die Teilnahme an einer Weltmeisterschaft zu finanzieren, beispielsweise über Sponsoren, aber das ist ein anderes Thema und führt an dieser Stelle zu weit. Als es also darum ging, wer für den Canton-Trip nominiert wird, hatte ich gleich gesagt, dass mir das Geld dafür fehlt, was auch stimmte, denn zu diesem Zeitpunkt hatte ich noch nicht mal die Kohle für den Flug nach New York im Spätsommer, wenn ich nach Salisbury zurückkehren würde, zusammen. Der Verband erklärte sich dann bereit, die Kosten für meinen Flug zu übernehmen, worüber ich mich zunächst sehr freute. Als ich dann aber schon während der Weltmeisterschaft und auch in der Zeit danach hörte, dass die sportliche Führung herumerzählte, Björn Werner habe die Nationalmannschaft im Stich gelassen und sich einfach nur seinen Flug erschlichen, war ich richtig sauer. Damit war das Tischtuch zerschnitten. Das war eine absolute Frechheit und ist es auch heute noch, denn diese Version fernab der Realität kursiert noch immer, wie ich weiß. Die Football-Welt ist klein, liebe Leute, man hört alles. Und ich vergesse nichts.

Unser letztes Spiel gegen Schweden, bei dem ich ebenfalls nur als Punter aktiv war, gewannen wir mit 14:0 und sicherten uns Platz fünf, womit wir das beste europäische Team waren und fünf Spieler im All-Star-Team stellten, darunter nicht nur ich, sondern auch Mark Nzeocha, den ich in Canton erstmals traf und mit dem ich mich anfreundete. Mark hat auch wegen seiner starken Leistungen bei dieser WM ein Stipendium in Wyoming bekommen und von dort aus den Sprung in die NFL geschafft. Das WM-Finale sah unsere ganze Mannschaft dann mit 15 000 anderen Zuschauern von der Tribüne aus. Die Kulisse und Team USA waren beeindruckend, aber das Endspiel geriet zu einer stinklangweiligen Angelegenheit, da die Gastgeber Titelverteidiger Kanada mit 41:3 regelrecht abschlachteten. Die drei Pünktchen waren die ersten, die die USA im Turnierverlauf hinnehmen mussten. Quarterback bei den Amis war übrigens Bryce Petty, der 2015 von den New York Jets in Runde vier gedraftet wurde.

Fun Fact: In meinem ersten Preseason Game im Trikot der Jacksonville Jaguars im August 2016 gegen die Jets habe ich diesen Mister Petty zu Boden gebracht. Weniger fun: Es war mein letzter Sack in der NFL.

Zurück nach Canton. Ich hatte am Ende der Weltmeisterschaft nicht nur einen schmerzenden Nacken, sondern auch einen mächtig dicken Hals. Das war jedoch erst einmal vergessen, als ich Denise in den Armen hielt. Sie war gekommen, um mich abzuholen. Mit dem Auto. Aus Connecticut. 900 Kilometer. Neun Stunden Fahrzeit. Und dann packten Denise und Lisa Keller mich und meine Sachen in die Karre und düsten zurück nach Connecticut. 900 Kilometer. Neun Stunden Fahrzeit.

Um zu erklären, was es mit dieser verrückten Aktion auf sich hat, wer Lisa Keller ist und welch wichtige Rolle sie und ihre Familie in meinem damaligen Leben und auch für meine spätere Footballkarriere spielten, muss ich etwas ausholen.

Das amerikanische Schuljahr hat wie das deutsche natürlich nicht nur Ferien, sondern auch Feiertage und Brückentage, es gibt mehrere verlängerte Wochenenden, beispielsweise Thanksgiving im November oder den President's Day im Februar, an denen die Schulen geschlossen sind und die amerikanischen Internatsschüler zu ihren Familien reisen. Für ausländische Schüler wie mich, noch dazu aus Übersee, machte das natürlich überhaupt keinen Sinn, und es war auch gar nicht bezahlbar, mal eben für drei, vier Tage nach

Deutschland zu fliegen. Also bemühte Chris Adamson sich, mich bei einem Mitschüler unterzubringen, der in der Region wohnte. In meinem Fall war es Clayton Keller, Linebacker und Teamkollege bei den Crimson Knights. Er ist übrigens später an die berühmte Militärakademie Westpoint gegangen und hat dort College Football für die Army Black Knights gespielt. Clayton war einer der wenigen sogenannten Day Students in Salisbury, was bedeutete, dass er zwar tagsüber im Internat zur Schule ging, aber nicht dort wohnte, sondern zu Hause, und das lag quasi um die Ecke, in Lakeville. Zehn Minuten Fahrzeit entfernt und mit 900 Einwohnern noch eine Nummer kleiner als Salisbury.

Die Kellers nahmen mich mit offenen Armen auf. Claytons Mutter Lisa ist die netteste und warmherzigste Frau, die man sich vorstellen kann, und sein Vater Rob ist ebenso herzlich und hilfsbereit. Sie haben sich unglaublich um mich gekümmert, auch in den Phasen, in denen mir das Heimweh besonders zusetzte, und ich wurde ihr „German Son", wie sie mich liebevoll nannten, und Clayton wie ein amerikanischer Bruder für mich. Sein richtiger Bruder Baxter war zu dieser Zeit als Soldat der amerikanischen Streitkräfte im Irak, sodass ich in seinem verwaisten Zimmer schlief, wenn ich mal wieder bei den Kellers übernachtete. Auf diesen Raum, der alles andere als ein normales Jungs-Zimmer war und mir regelrecht Angst einjagte, komme ich später noch einmal zurück.

Die Besuche bei den Kellers waren im Internatsalltag die einzige Möglichkeit für mich, wenigstens ab und zu etwas von dem American Way of Life zu erleben, unter anderem die Thanksgiving-Feierlichkeiten mit großem Truthahn-Festessen und vielen Gästen. Bei Lisa, Rob und Clayton ging es immer sehr gesellig und harmonisch zu, es wurde nie gestritten, und ich habe Lisa bis heute nicht ein einziges Mal schimpfen gehört. Für mich war es eine heile Welt.

Die Kellers halfen mir, wo sie nur konnten, und das beschränkte sich nicht nur auf ein warmes Bett und üppige Mahlzeiten. Sie waren auch beim Thema Football ein unschätzbar wertvoller Support für mich. In meinem ersten Jahr in Salisbury fuhren sie Clayton und mich einmal mit dem Auto zu einem großen zweitägigen

Scouting-Camp in Baltimore, zu dem wir eingeladen worden waren. Das Camp fand im Stadion der Ravens statt. Der Ravens! Ich fand es schier unglaublich, dass das erste NFL-Stadion, das ich in meinem Leben betrat, ausgerechnet die Arena meiner frühen Helden Ray Lewis und Ed Reed war. Ich absolvierte Football-Drills und einen 40 Yard Dash in der Heimstätte eines NFL-Teams, mit dem ich in meiner Phase als Madden-Maniac besonders gerne gezockt hatte. Absolut irre. Ein Erweckungserlebnis anderer Art war der Besuch eines weiteren hochkarätigen Talente-Camps an der Penn State University, zu dem Lisa und Rob uns fuhren. Ehrlich gesagt, hatte ich damals noch keinen blassen Schimmer, wie groß College Football in Amerika wirklich ist, aber als ich dann im Beaver Stadium stand, wusste ich es. 106 000 Zuschauer passen rein. Das sind 35 000 Zuschauer mehr als in Baltimore, und wer wissen möchte, was abgeht, wenn die Penn State Nittany Lions spielen, sollte einfach mal im Internet die Suchbegriffe „Penn State" und „White Out" eingeben.

Für Lisa und Rob war es eine Selbstverständlichkeit, den Support für den Football-Traum ihres Sohnes auch mir zuteil werden zu lassen, und so hatte ich Lisa einige Wochen vor meiner Rückkehr in die USA gefragt, ob ich nicht vielleicht die zwei Monate nach der Weltmeisterschaft in Canton und vor Beginn des neuen Schuljahres in Lakeville bei ihnen zu Hause verbringen könne – mit meiner Freundin. Denise wollte nach Amerika kommen, um den Sommer mit mir zu verbringen, bevor meine Saison und ihre Schule in Berlin wieder starteten. Ich wusste, dass die Kellers sehr großzügig waren, aber das war ganz schön viel verlangt. Die Antwort war typisch Lisa.

„Kein Problem", sagte sie. „Wann kommt sie, und wo sollen wir sie abholen?"

So kam es, dass Lisa zunächst Denise in New York vom Flughafen abholte, nach Lakeville fuhr, um ihr Gepäck abzuladen, und beide dann am nächsten Tag nach Canton düsten, um mich einzusammeln. Eine total krasse Aktion. Die Kellers würden sagen: No big deal.

Die Wochen in Lakeville waren außergewöhnlich und unvergesslich. Rob und Lisa luden uns zu einem mehrtägigen Trip nach

New York City ein, und ich konnte den „Big Apple" zum ersten Mal richtig erleben, nachdem ich ihn zuvor nur einmal aus luftiger Höhe durch das kleine Fenster im Flugzeug erblickte hatte, was dann ja direkt in eine Panikattacke übergegangen war. Diesmal schlug mein Herz vor Begeisterung. Denise und ich wurden nicht nur in New York, sondern auch bei den Kellers zu Hause rund um die Uhr versorgt, mussten nie auch nur einen Cent für irgendetwas zahlen und durften uns sogar eines ihrer Autos ausleihen, wann immer wir wollten. Sie ließen übrigens immer die Schlüssel stecken und die Autos unverschlossen – genau wie ihr Haus. Das sagt einiges über die Kellers. Und über das Baujahr der Autos. Und auch über Lakeville, wo jeder jeden kannte und offensichtlich nur gute Seelen lebten. Um ein bisschen Geld für das anstehende Schuljahr anzusparen, jobbte ich ab und zu auf den umliegenden Farmen, mistete Ställe aus, fütterte Tiere oder schleppte Heuballen durch die Gegend, was ein gutes Workout war. Der City Boy als Nature Boy. Das City Girl wiederum wurde innerhalb kürzester Zeit zur Tochter, die Lisa nie hatte. Es war die totale Idylle und Harmonie.

Nur einmal gab es Diskussionen, gleich zu Beginn, bei der Frage, wo Denise schlafen würde. Das irritierte mich, denn es war doch völlig klar, dass sie mit mir im Zimmer von Claytons Bruder Baxter schlief, meinem angestammten Gästequartier. Für die Kellers war dagegen völlig klar, dass Denise auf keinen Fall im selben Zimmer wie ich schlafen würde. Ihr Argument, das Denise und mich für ein paar Sekunden sprachlos machte: Wir waren noch nicht verheiratet. Ich wusste, dass die Kellers nicht nur einen militärischen Background hatten, sondern auch religiös waren, mir war jedoch nicht klar, wie streng religiös. Das lag möglicherweise auch an ihrem Schlafzimmer. Die Kellers bewohnten ein früheres Schauspielhaus, mehr als 100 Jahre alt, und die Bühne dieses Theaters war das elterliche Schlafgemach, nur mit einem Vorhang abgetrennt. Das war ziemlich crazy und kam mir auch einigermaßen freizügig vor, denn ich ging davon aus, dass hinter dem Vorhang noch ab und zu Dinge passierten, die nichts mit Schlaf zu tun hatten. Der Unterschied: Lisa und Rob waren verheiratet, Denise und ich nicht. Wir ließen jedoch nicht locker, und mit dem Verweis auf die kulturellen Unterschiede, unsere Großstadtbiographie und das sehr liberale Leben in Berlin konnten wir die beiden schließlich doch überzeugen oder zumindest überreden, uns im selben Zimmer und Bett pennen zu lassen. Zimmer ... Noch heute muss ich schmunzeln, wenn ich an den Gesichtsausdruck meiner Liebsten denke.

Als Denise den Raum zum ersten Mal betrat, war sie genauso geschockt, wie ich es zwei Jahre zuvor gewesen war. Unser Gästezimmer war kein normales Zimmer und schon gar nicht für Besucher eingerichtet. Baxters Bude war voller Waffen und Munition. Kein Scherz. Gewehre, Pistolen, Patronen, Handgranaten, Blendgranaten, Messer. Ich sag es mal so: Gemütlich ist anders. Das Zimmer war eine regelrechte Waffenkammer. Einiges davon lagerte in einem Waffenschrank, anderes lag offen in Regalen, und eines dieser Regale stand direkt neben dem Bett. Ich weiß noch genau, dass ich bei meiner ersten Übernachtung bei den Kellers kein Auge zugetan hatte, aus Angst, im Schlaf eine unkontrollierte Bewegung zu machen und eine der Granaten auf den Boden zu befördern. Stundenlang lag ich damals mit offenen Augen regungslos in der Dunkelheit und machte mir fast in die Hose.

Das Faible vieler Amerikaner für Knarren und die millionenfach geteilte Überzeugung, dass man das eigene Zuhause durch Waffenbesitz aufrüsten müsse, um sich und seinen Grund und Boden verteidigen zu können, war mir immer fremd und auch unheimlich. Die Zahl der Menschen, die jedes Jahr in den USA durch den Gebrauch von Schusswaffen zu Tode kommen, spricht Bände. Auf die Kellers lasse ich trotzdem nichts kommen. Sie sind eine Familie mit militärischem Background, das macht für mich durchaus einen Unterschied. Sie mögen viele Waffen unter ihrem Dach haben, aber noch viel mehr Liebe. Die USA sind eben ein sehr ambivalentes Land. Wer wie meine Gastfamilie ein derartiges Arsenal in den eigenen vier Wänden hat, der sieht vielleicht auch nicht die Notwendigkeit, abends die Haustür abzuschließen.

So unheimlich Baxters Zimmer auch war, so unheimlich schön sind die Erinnerungen an den letzten Abend, den Denise und ich dort verbrachten. Ich fragte sie, ob sie meine Frau werden wolle, und sie sagte Ja. Ich schwebte im siebten Himmel. War das verrückt? Natürlich war das verrückt! Wir waren 19, Teenager, eigentlich noch Kinder. Wir waren in einem anderen Land, Tausende Kilometer von zu Hause entfernt, irgendwo im Nirgendwo, kurz vor der Rückkehr meiner Freundin nach Deutschland und ohne einen konkreten Plan, wie es weitergehen würde. Wie auch? Bei einer Sache aber, der wichtigsten, waren wir ganz sicher: uns.

Zugegeben, es gibt romantischere Orte für einen Heiratsantrag. Aber nur wenige, die sicherer sind.

Star Wars

*Trophäen, Arenen, Sex:
das Buhlen der Colleges*

Mehr als eine Million amerikanischer Kids spielen High-School-Football. Davon sind 310 000 sogenannte High School Seniors in ihrem letzten Schuljahr, und nur gut 70 000 von ihnen schaffen es, Football am College zu spielen, unabhängig vom Liga-Level. Das sind etwa 6,5 Prozent aller Kids, die an einer High School in Pads und Helm dem Leder-Ei nachjagen, und nur 2,9 Prozent bekommen ein Football-Stipendium für eines der Division-I-Colleges. Die Chance eines College-Footballspielers, von einem der 32 NFL-Teams verpflichtet zu werden, liegt wiederum bei 1,6 Prozent, und die Wahrscheinlichkeit, als eines der gut eine Million Football spielenden High-School-Kids von einer NFL-Franchise ausgewählt zu werden, beträgt verschwindend geringe 0,02 Prozent. Jetzt kann jeder ja mal kurz überlegen, wie groß die Chance ist, es als Deutscher über diesen Weg in die NFL zu schaffen.

Mathe gehörte nie zu meinen Lieblingsfächern, und an der Salisbury School mochte ich Algebra I und Algebra II in etwa so gerne wie Rosenkohl, auch wenn ich es einigermaßen draufhatte, aber Statistik fand ich immer interessant und die eingangs erwähnten Daten besonders. Das Rechenmodell war durchaus ein Realitäts-Maßstab für meinen American Football Dream; ich konnte damit kalkulieren, dass kurz vor Beginn meines zweiten und letzten Jahres an der Senior High School meine Chancen, bei einem künftigen NFL-Draft einer der 255 Auserwählten zu sein, immerhin schon bei 0,08 Prozent lagen. Rein rechnerisch.

In den amerikanischen High Schools wird diese Statistik übrigens regelmäßig Football spielenden Kids, von denen viele von einer NFL-Karriere träumen, nahegebracht. Nicht etwa, um sie zu *ent*mutigen, sondern um sie zu *er*mutigen: nämlich dazu, im Unterricht gut aufzupassen und fleißig die Schularbeiten zu machen. Dann sind die Chancen, es im Leben zu etwas zu bringen, nämlich weitaus höher als die Wahrscheinlichkeit, es eines Tages in die NFL zu schaffen.

Solche Gedanken hatten natürlich überhaupt keinen Platz in meinem Kopf, denn ich war schließlich nach Amerika zurückgekehrt, um meinen Footballtraum weiter Schritt für Schritt in die Tat umzusetzen – und die nächste Stufe war das College. Tatsächlich waren meine Erfolgsaussichten bereits zum Zeitpunkt meiner erneuten Einreise um Welten besser als in dem Rechenmodell dargelegt, denn wie Chris Adamson mir ja schon prophezeit hatte, war Boston nicht das einzige College geblieben, das sich bei ihm mit einem Stipendiums-Angebot gemeldet hatte, nachdem er massenhaft DVDs von meinen Football-Highlights verschickt hatte. Nebenbei bemerkt, läuft so etwas mittlerweile ganz easy über die Internet-Plattform „Hudl", wo man Spielszenen und statistische Player-Daten hochladen kann, die dann landesweit von Coaches und Scouts abgerufen werden können.

Mein Neustart in den USA stand ganz im Zeichen der Vorbereitung auf den Sprung auf das nächste Level, zahlreicher Visits bei Colleges, denkwürdiger Treffen mit namhaften Trainern und der finalen Qual der Wahl.

Ich war auf einer Mission, die da lautete: Mach deinen High-School-Abschluss, such das beste College für dich aus, finde einen Weg, deine künftige Frau nach Amerika zu holen, bau dir ein eigenes, besseres Leben auf.

Schon während des Sommers bei Lisa und Rob Keller hatte ich die ersten Colleges besucht, die mir ein Stipendium anboten, und es wurden im Laufe der Zeit immer mehr – am Ende waren es stolze dreizehn. Ich hatte die Wahl!

Das ganze Spiel hat zwei Seiten: Jeder High-School-Spieler möchte natürlich an das beste College, und jedes College möchte die besten Spieler. Aus Sicht der Hochschulen heißt dieses Prozedere Recruiting – das Rekrutieren von Talenten. Jedes College beschäftigt dafür einen eigenen Spezialisten, den Recruiting Coordinator.

Für den Bewerbungs- und Umwerbungsprozess gibt es klare Regeln, zu denen auch gehört, dass keinerlei Geld gezahlt werden darf, um Spieler zu ködern. Also müssen die Spieler auf andere Art und Weise überzeugt werden – vor Ort.

Als High-School-Spieler kannst du eine unbegrenzte Anzahl von Offers erhalten, also offizielle Angebote für ein Stipendium, und wenn du interessiert bist, dann besuchst du diese Unis. Du darfst aber maximal fünf sogenannte Official Visits machen, bei denen das jeweilige College deine Reisekosten und auf Wunsch die einer Begleitperson übernimmt, die Unterkunft zahlt und mit dir ein meistens zweitägiges Besuchsprogramm absolviert, das möglichst beeindruckend ist und bei dem du auch die Head Coaches triffst. Die Official Visits sind kostbar, wollen wohlüberlegt und taktisch klug gewählt sein. Alle anderen Visits sind unofficial, also inoffiziell, und nicht limitiert. Du reist bei Interesse auf eigene Faust und Kosten an, lässt dich auf dem Campus herumführen und dir die Sportanlagen und das Footballstadion zeigen. Diese Visits sind einerseits recht locker, aber die Regeln der NCAA dennoch streng: Du darfst dich nicht einmal zum Essen oder auch nur auf einen Kaffee einladen lassen.

Meinen ersten inoffiziellen Visit machte ich in der Nachbarschaft bei UConn, der University of Connecticut, aber eigentlich wusste ich schon vorher, dass das nichts für mich war, weil ich dringend eine Luftveränderung brauchte. Für die vergleichsweise kurzen Touren zur Rutgers University in New Jersey und nach Boston lieh ich mir eines der Autos von Lisa und Rob. Logistisch machte es Sinn, einige der Colleges, die nicht so weit weg waren oder nicht ganz oben auf meiner Liste standen, auf eigene Faust zu besuchen. Boston College hätte es in meine engere Auswahl schaffen können, denn dort spielte mittlerweile mein Freund Kasim, der mir bei meinem Besuch alles zeigte und für eine Nacht sogar Unterschlupf in seinem Wohnheim bot. Kasim und ich in ein und demselben College-Team – das wäre natürlich der Knaller gewesen. Der Haken: Bei BC galt die strikte Regel, dass Studenten während ihrer gesamten Uni-Zeit auf dem Campus in einem der Dorms wohnen mussten. Damit war die Sache für mich gegessen, denn ich hatte ja vor, Denise zu heiraten, sie nach Amerika zu holen und natürlich auch mit ihr zusammenzuwohnen, anstatt mehrere Jahre in einem Dorm zu hausen. Die Colleges Utah und Tulsa in Oklahoma waren zu weit weg für Roadtrips und auch nicht reizvoll genug, außerdem nahte das neue Schuljahr.

Eine absolut denkwürdige Begegnung hatte ich dann aber noch in diesem ereignisreichen Sommer, bevor es zurück in den Schulalltag in Salisbury ging. Ich war zu einem großen Talente-Camp im sonnigen Süden eingeladen worden. Dieses fand auf dem Gelände der University of Florida in Gainesville statt, die zum damaligen Zeitpunkt das beste Programm im College Football hatte, im Stadion der Florida Gators, die 2006 und 2008 National Champions waren. Im Fitnessstudio traf ich Tim Tebow, Quarterback und schon ein landesweiter Star, und auch Carlos Dunlap, den Topspieler der Gators-Defense. Ein Jahr später waren sie schon in der NFL. Dunlap schaute bei unserem Trainingscamp zu und ließ ziemlich raushängen, dass er der Beste war. Das war jedoch gar nichts im Vergleich zum Head Coach der Gators, Urban Meyer, den ich dort kennenlernte. Ich verband das Camp sozusagen mit einem Unofficial Visit.

Urban Meyer ist einer der erfolgreichsten College-Coaches aller Zeiten und auch einer der umstrittensten. Ich hatte ein Gespräch mit ihm, bei dem er mir seine Uni und vor allem sein Team schmackhaft machen wollte, und so redete er eigentlich auch mehr von sich und den Gators. Er zeigte Interesse an mir als Spieler, aber nicht an meiner Person oder meiner Geschichte. Ich wusste, dass Meyer eine große Nummer war, und war einerseits beeindruckt von seiner Präsenz, empfand ihn aber andererseits auch als unangenehm und arrogant. Auf Arroganz reagiere ich seit jeher allergisch – da ist es ganz egal, ob es sich um einen verwöhnten Salisbury-Schnösel handelt oder um einen Coaching-Guru. Irgendwann während unseres Gesprächs hob Meyer unvermittelt eine seiner Hände und bewegte die Finger.

„Siehst du diese Ringe?", fragte er mich, schaute auf die beiden glänzenden Championship-Trophäen an seiner Flosse, und grinste. „Wenn du auch so einen haben willst, musst du zu den Gators kommen. Wir sind die Besten."

Ich bin sicher, dass Meyer mit dieser Nummer viele der besten High-School-Spieler nach Florida und später zu Ohio State gelockt hat, und die Qualität seiner jährlichen sogenannten Recruiting Classes spricht für ihn. Meyer ist dafür bekannt, dass er beim Rekrutieren alle Register zieht, aber gleichermaßen dafür berüchtigt, sich nicht immer an die Regeln zu halten und einigermaßen skrupellos zu sein, wenn es darum geht, die Toptalente in sein Team zu locken, selbst wenn es charakterlich grenzwertige Typen sind, die dann auch Scheiße bauen. In Meyers sechs Jahren bei den Gators wurden 31 seiner Spieler von der Polizei verhaftet. Sein Trick mit den Ringen war legal, aber er zog bei mir nicht.

Meine Official Visits sparte ich mir für nach der Saison auf. Über die zweite Spielzeit bei den Crimson Knights sollte man eigentlich lieber den Mantel des Schweigens hüllen, denn obwohl wir auf dem Papier ein wirklich starkes Team beisammenhatten, spielten wir aus unerfindlichen Gründen eine absolute Gurkensaison und konnten von unseren acht Spielen nur drei gewinnen. Ich habe eine Theorie zu unserem Versagen, und die reibe ich Chris Adamson bei unseren regelmäßigen Telefonaten gerne immer mal wieder unter die Nase: schlechtes Coaching. Er entgegnet darauf, dass Salisbury in der Saison darauf New England Champion wurde – ohne mich. Wir einigen uns dann meistens auf ein Unentschieden.

Spaß beiseite. In meiner zweiten Saison hatte ich eine neue Rolle, spielte neben Defensive End auch in verschiedenen Defense-Paketen Middle Linebacker, damit die Teams nicht mehr vor mir wegrennen konnten. Außerdem kam ich, was kaum einer weiß, ab und zu sogar als Tight End zum Einsatz. Der Middle Linebacker ist so etwas wie der Abwehrchef. Er ist zentral hinter der Defensive Line positioniert, beobachtet die gegnerische Offense, bekommt meistens die Kommandos von der Sideline, dirigiert seine Mitspieler und passt auf den Quarterback auf, falls dieser mit dem Ball laufen sollte. Eine anspruchsvolle Position, die aber nicht vergleichbar mit der Rolle des Quarterback-Jägers ist, die ich so liebte. Ich war übrigens auch nicht mehr der einzige Deutsche an der Schule und in meinem Team. In dem Jahr, in dem ich abgehauen war, hatte der Hamburger

Kai Brusch im Rahmen des ISP-Programms den Sprung über den Großen Teich und nach Salisbury geschafft. Wir waren das „German Tag Team" der Crimson Knights und hatten auch abseits des Footballfelds eine coole Zeit zusammen.

Trotz unserer grottenschlechten Saison stieg die Zuschauerzahl merklich an, was allein daran lag, dass sich von Woche zu Woche zahlreiche Scouts und Coaches namhafter Colleges unter das in der Regel überschaubare Publikum mischten, welches größtenteils aus Mitschülern und Eltern bestand. Aus dem ganzen Land flogen Delegationen ein, teilweise per Privatjet, denn Salisbury lag ja in der totalen Einöde, und im Umkreis gab es nur einen kleinen Provinzflughafen. Solch ein großer Hype war für die kleine Schule etwas völlig Neues, alle waren elektrisiert und mächtig stolz, und mein Standing veränderte sich völlig. Als eines Tages dann auch noch Chip Kelly aufkreuzte, Head Coach der Oregon Ducks und später bei den Philadelphia Eagles, um mich persönlich in Augenschein zu nehmen, einen Footballspieler aus Deutschland, da war natürlich High Life in Middle of Nowhere. Wenige Tage später kam das offizielle Angebot aus Oregon.

Das Saisonende war zugleich ein Startschuss. Nach Thanksgiving ging es ans Eingemachte, Schlag auf Schlag.

Mein erster Official Visit war die University of Maryland, die sich sehr um mich bemühte. Eigentlich war das ein Entgegenkommen meinerseits, denn einer unserer Coaches in Salisbury, den ich mochte, war mit dem Recruiting Coordinator von Maryland befreundet und hatte mir dann halt nahegelegt, einen Official Visit zu machen. Die zwei Tage dort haben Spaß gemacht, aber der Funke sprang irgendwie nicht über, auch weil es keines der großen Football-Colleges war. Der Fun Factor bei meinem anschließenden Roadtrip mit Lisa Keller zur North Carolina State University, den ich als Unofficial Visit machte, war noch viel größer, denn mein dortiger Guide, den der Head Coach für mich organisiert hatte, war kein Geringerer als Markus Kuhn. Er spielte dort schon seit zwei Jahren und war der „Germanator". Übrigens wird jedem deutschen Footballer, der in Amerika groß rauskommt, irgendwann einmal das Label „Germanator" verpasst, und sei es nur für eine einzige Story. Dieser Spitzname ist wie ein Wanderpokal. Markus und ich kannten uns vorher nicht, mochten uns auf Anhieb und hatten eine richtig gute Zeit zusammen. Und ich hatte die Gelegenheit, mir ein Spiel seines N.C. Wolfpacks anzuschauen. Als er mir das Uni-Gelände zeigte, war ich erstaunt, wie bekannt und auch beliebt er an seinem College war. Jeder schien ihn zu kennen. Kuhn war der King of Campus. Mir war bis dato nicht klar gewesen, wie populär die guten Sportler an den Colleges sind, das war ein kleiner Vorgeschmack für mich.

Es folgten zwei spektakuläre Official Visits an die Westküste, von denen ich mir einiges versprach, denn es waren zu diesem Zeitpunkt die namhaftesten Interessenten. Zunächst besuchte ich auf Einladung die University of California in Berkeley, eine der berühmtesten akademischen Hochschulen der Welt, die ohne Ende Nobelpreisträger hervorgebracht hat, aber auch NFL-Megastars wie Aaron Rodgers und Marshawn „Beast Mode" Lynch, womit ich deutlich mehr anfangen konnte. Das College ist imposant, die Stadt Berkeley wunderschön und sehr lebenswert und die Lage an der Bay Area großartig. Natürlich wurde für mich und einige andere Rekruten, die Offers bekommen hatten, auch eine Sightseeing Tour nach San Francisco veranstaltet mit allem Drum und Dran, und der Besuch der Golden Gate Bridge entschädigte etwas dafür, dass ich kein Spiel der Golden Bears miterleben konnte, denn Cal hatte an diesem Wochenende spielfrei.

Eine Woche später saß ich schon wieder im Flieger Richtung Westküste und fühlte mich wie ein Jetsetter. Ich musste mich kneifen, denn für einen Jungen, der jahrelang ausschließlich in überfüllten Zügen an die Nord- oder Ostseeküste gereist ist, war das jetzt eine ganz andere Welt. Diesmal ging es nach Oregon, zu meinem dritten Official Visit, der alles Bisherige in den Schatten stellte. Highlight war der Besuch eines Heimspiels der Ducks, die im berüchtigten Autzen Stadium spielen, mit 54 000 Plätzen vergleichsweise klein, aber eine der lautesten Arenen in ganz Amerika, weshalb die Ducks unglaublich heimstark sind. Mir sind fast die Ohren weggeflogen – und die Augen aus dem Kopf gefallen, als ich die Sportanlagen sah!

Oregon ist Nike-Town, und der Sportartikel-Gigant pumpt Millionen in das Sportprogramm der Ducks, was kein Wunder ist, wenn man weiß, dass Nike-Gründer Phil Knight auf dieses College gegangen ist. Dementsprechend sind die Sportanlagen absolut State of the Art. Der Locker Room ist der schönste, den ich je gesehen habe, und gleicht der Lobby eines Fünf-Sterne-Hotels. Es gibt dort sogar eine eigene Zahnarztpraxis für die Spieler, und die Sitze im Meeting Room des Teams, der einem Kinosaal gleicht, sind seit ein paar Jahren mit dem gleichen Leder bezogen, das auch Ferrari für seine Luxus-Flitzer verwendet. Abgefahrener ist nur noch die Spezialbeleuchtung, die man mir bei meinem Besuch vorführte. In der Kabine der Heimmannschaft kann man das Licht künstlich an die Lichtverhältnisse draußen im Stadion anpassen, je nachdem, ob es sonnig ist oder bewölkt, ein Spiel am Tag ansteht oder aber ein Abendspiel mit Flutlicht.

Oh Boy, ich war schwer beeindruckt und auch auf dem sechsstündigen Rückflug an die Ostküste noch regelrecht geflasht. Genau darum geht es beim Recruiting: die Spieler, die der Head Coach des College unbedingt haben will, zu beeindrucken und davon zu überzeugen, dass die Uni und vor allem das jeweilige Sportprogramm das absolut Beste für den Auserwählten ist.

Man darf nicht vergessen, dass College Football schon lange nichts mehr mit ambitioniertem Hochschulsport zu tun hat. Es handelt sich um Spitzensport und ist ein riesiges Business, in dem es um Prestige und Millionen geht, was in Deutschland viele nicht wissen. College Football ist in Amerika so groß und so heilig wie in Deutschland die Fußball-Bundesliga. Die Sportteams der Colleges sind meistens deren Aushängeschilder – Berkeley bildet da eine der wenigen Ausnahmen –, und mit dem Erfolg wächst nicht nur die Zahl der Toptalente, die für diese Uni spielen wollen, sondern auch die Summe der Fördergelder, die wiederum in die Sportprogramme investiert werden. Das Ganze ist ein Kreislauf, der überall funktioniert, auch, wie bereits erklärt, in Salisbury, wenn auch in weit kleinerem Maßstab.

Die Top Recruits eines jeden Jahrgangs haben teilweise 20 oder 30 Offers, darunter die besten Colleges, und quasi die freie Auswahl.

Unter den Hochschulen gibt es wiederum einen regelrechten Wettkampf um diese Ausnahme-Talente, der mit harten Bandagen und auch Tricks geführt wird, insbesondere zwischen den besten Teams und Titelkandidaten des Landes, aber auch den rivalisierenden Colleges in den einzelnen Bundesstaaten.

Ein Top Recruit war ich übrigens nicht, zumindest nicht, wenn man die Sterne als Maßstab für Qualität heranzieht. Dazu muss man wissen: Die High-School-Spieler eines Jahrgangs werden seit geraumer Zeit nach einem Sterne-System gerankt, in das neben den offensichtlichen Fähigkeiten und individuellen Statistiken auch andere Faktoren einfließen wie zum Beispiel die Qualität der Liga, in der die Mannschaft spielt, oder aber auch die Qualität der Offers. Das Mindeste sind zwei Sterne, die vermeintlich besten Spieler bekommen fünf und sind dann sogenannte Five-Star Recruits.

Wer das beurteilt? Genau das ist meiner Meinung nach das Problem. Es gibt keine unabhängige Instanz, sondern mehrere Unternehmen, die das machen, von denen Rivals, Scout, 247Sports und das Sport-Network ESPN die bekanntesten und einflussreichsten sind. Ich halte das ganze System aus zwei Gründen für fragwürdig: Erstens können diese Agenturen unmöglich mehr als eine Million High-School-Footballer in den USA ständig im Blick haben, um sie gewissenhaft zu evaluieren. Zweitens ist der Ranking-Prozess intransparent. Und drittens ist die Sterne-Bewertung selbst ein großes Business geworden und bei den rivalisierenden Agenturen mittlerweile so viel Geld im Spiel, dass ich an der totalen Unabhängigkeit bei den Bewertungen zweifele, weil einfach zu viele Leute, die involviert sind, eigene Interessen verfolgen und auch profitieren könnten. Wenn man mich fragt: Dieser ganze Sterne-Wahn ist teilweise richtiger Bullshit.

Das Schlimme ist, dass sich viele Colleges und ihre Coaches immer stärker auf das Sterne-System stützen und es auch eine Sache des Prestiges ist, wie viele Fünf- und Vier-Sterne-Spieler jedes Jahr rekrutiert werden. Das liegt nicht zuletzt daran, dass jedes Jahr, wenn sich die Kandidaten für ein College entschieden haben, von allen Experten und Medien ein weiteres Ranking erstellt wird, das bewertet, welche Colleges und Coaches die besten Rekruten-Klasse zusammengestellt haben und wer am Ende Recruiting Champion ist. Es ist ein aberwitziger Wettbewerb – längst auch unter den Toptrainern.

Ich hatte bei den meisten Portalen drei Sterne, war also kein Gourmet-Restaurant, wenn man so will, und wurde nicht in die Spitzenklasse eingestuft, aber es ist dennoch ein hohes Rating, wenn man bedenkt, dass von den eingangs erwähnten jährlich 310 000 Footballspielern an einer Senior High School überhaupt nur rund 3500 Sterne bekommen. Ganz ehrlich? Mir war das ziemlich schnuppe, denn entscheidend waren nicht meine Sterne, sondern die Anzahl und Qualität meiner Offers. Bei ESPN hatte ich am Ende des Recruiting-Prozesses übrigens sogar vier Sterne. Das hatte einen besonderen Grund, den ich noch verraten werde.

College Recruiting ist Star Wars. Viel Science, jede Menge Fiction, Spannung, erbitterte Kämpfe, unzählige strahlende Sterne, aber auch dunkle Mächte.

Es gibt immer wieder Skandale, weil beim Recruiting Regeln missachtet oder regelrecht gebrochen werden. Entweder es fließt unter der Hand Geld, oder aber eine Person aus der Familie des Spielers oder aus dem Coaching Staff seiner High School bekommt – rein zufällig – plötzlich einen tollen Job an dem College, für das sich der Spieler entschieden hat. Oder ein reicher Gönner des College-Teams, ein sogenannter Booster, wie es sie zuhauf gibt, spendet eine größere Summe für eine Stiftung, die dem Onkel oder der Cousine des rekrutierten Spielers gehört. Die Möglichkeiten sind unendlich, aber alle verboten, und es drohen harte Sanktionen. Dafür müssen die Machenschaften jedoch erst einmal auffliegen, und das passiert nur selten. Ich war lange genug in amerikanischen Football-Kreisen unterwegs, um zu wissen, dass das, was herauskommt, nur die Spitze des Eisbergs ist.

Im Zentrum eines der größten Skandale der jüngeren Vergangenheit stand Cam Newton, im NFL-Draft 2011 an Nummer eins von den Carolina Panthers gedraftet. Der Fall ist komplex, und eine genaue Schilderung würde an dieser Stelle zu weit führen. Die Kurzform lautet, dass sein Vater Bestechungsversuche unternommen und sechsstellige Summen gefordert haben soll, wovon sein Sohn angeblich nichts wusste. Später kam bei Ermittlungen heraus, dass eine große Summe Geld auf dem Konto einer Kirchengemeinde eingegangen war, der Newtons Vater vorstand. Die Sache wurde nie restlos aufgeklärt und stank zum Himmel.

Bei mir lief alles sauber. Mir wurde bei den Official Visits zwar der rote Teppich ausgerollt inklusive bezahlten Flügen, Unterbringungen in teuren Hotels, Fahrservice, schönen Abendessen, einer ausgiebigen Führung durch das College und einem netten Rahmenprogramm, aber das war üblich und absolut im Rahmen und fand oftmals auch in einer Gruppe mit anderen eingeladenen Spielern statt. Ich habe auf meinen zahlreichen Visits allerdings einige sehr interessante Storys gehört. Mehrere umworbene Spieler berichteten davon, dass sie bei Visits auf ihrem Hotelzimmer Umschläge mit einer stattlichen Summe Bargeld vorfanden – und einer erzählte mir, dass er bei einem Official Visit eine sehr schöne, sehr leicht bekleidete Frau mit eindeutigen Absichten auf seinem Hotelzimmer vorgefunden habe. Das scheint kein Einzelfall zu sein. Ich kenne viele solcher Geschichten vom Hörensagen, auch aus meiner späteren Zeit, als ich in der NFL spielte. Sex sells. Das gilt auch fürs College Recruiting.

Auf keinem meiner Visits wurden mir Geld oder die Dienste eines Escort-Girls angeboten. Ich werte das als positiven Beleg dafür, dass sich die Colleges im Vorfeld meiner Visits nicht nur mit meinen sportlichen Qualitäten, sondern auch mit meinem Charakter beschäftigt haben und ahnten, dass sie mich mit nackten Tatsachen nur beeindrucken konnten, wenn diese Football betrafen. Die obligatorische Vorführung der Trophäenvitrine des jeweiligen College machte mich deutlich mehr an als eine fremde Frau auf meinem Hotelbett.

Eines war fast überall gleich – die Botschaft der Head Coaches im persönlichen Gespräch, die sich in wenigen Worten wie folgt zusammenfassen lässt: Unser College ist das Geilste, unser Football-Programm ist das Geilste, du bist der Geilste – und zusammen werden wir die Allergeilsten! Obligatorisch sind auch Talks mit den für den jeweiligen Mannschaftsteil und die Position zuständigen Coaches, in meinem Fall Defense Coordinator und D-Line Coach. Inhalt: Siehe oben.

Das ist typisch amerikanisch. Mich hat diese Art von totaler Übertreibung schon immer genervt, und ich habe schnell durchschaut, dass die meisten Coaches genau das erzählen, was ein Spieler am liebsten hören will, um ihn an ihr College zu lotsen. Da kann es halt passieren, dass du beim Official Visit der Geilste bist und derselbe Coach dich, sobald die Saison läuft, nicht mehr mit dem Arsch anguckt, weil du doch nur einer von vielen warst und nun nicht Starter, sondern Reservist bist.

Solche Lobeshymnen plus eine Sonder-Luxus-Behandlung beim Official Visit, dazu eine Bewertung mit fünf Sternen, in Kombination mit einem nicht allzu hohen IQ – das zusammen kann einem Teenage Boy schon mal zu Kopf steigen. Nicht gerade selten führt es dazu, dass so mancher Freshman, ein Spieler in seinem ersten College-Jahr, mit der Attitude eines Superstars an die Uni kommt, bevor er dort überhaupt sein erstes Spiel gemacht hat. Je mehr du diesen Kids Zucker in den Hintern pustest, desto mehr verlieren sie die Bodenhaftung, und so mancher College Head Coach wird dann von den Geistern heimgesucht, die er selbst gerufen hat.

Die finale und offizielle Entscheidung zugunsten eines College muss spätestens Anfang Februar fallen. Lange Zeit schien bei mir alles auf Oregon, California oder die Florida Gators hinauszulaufen, zwischen denen ich mich einfach nicht entscheiden konnte, als dann auch noch die University of Miami um die Ecke kam und mir ein Stipendium anbot.

Ich war von den Socken. Miami! Eine der schönsten Metropolen in den USA. Die Hurricanes! Das College Team, bei dem Ray Lewis und Ed Reed die Grundlagen zu ihrer Hall-of-Fame-Karriere gelegt hatten. Florida! Ein Sehnsuchtsziel für Deutsche, und auch die Amis lieben den Sunshine State. Sonne, Strand, Palmen – das alles schoss mir durch den Kopf. Sofort war klar, dass Miami auch unbesehen unter meinen Top 3 war. Die Hurricanes hatten ihr letztes Official Visit Weekend für Mitte Januar angesetzt, also arrangierte ich meinen Trip dorthin und wollte anschließend meine endgültige Entscheidung treffen. Mir schwante, dass sie mir verdammt schwerfallen würde, aber ich wusste auch, dass ich angesichts der Auswahl nichts falsch machen konnte. Qual der Wahl bedeutet ja, dass man eine hat. Oregon, Cal, Miami – meine Endauswahl konnte sich wirklich sehen lassen. Das hätte ich ein Jahr zuvor nicht zu hoffen gewagt.

Ich hatte jetzt einen guten Plan für die kommenden Wochen, war sehr zufrieden mit dem ganzen Prozess in den zurückliegenden Monaten und freute mich riesig, dass ich nicht der einzige Salisbury-Spieler war, der von großen Colleges umworben wurde. Auch unser Tight End Will Tye – wie ich ein Three-Star Recruit – hatte ein attraktives Stipendium am Haken, von der Florida State University. Will hatte im Jahr zuvor an einer anderen High School gespielt und die Scouts und Coaches der Uni schon dort überzeugt und ein Offer bekommen. Während des Rekrutierungsprozesses ist es üblich, dass die Colleges ihre umworbenen Spieler besuchen, um zu zeigen, wie ernst sie es meinen, um weiterzubuhlen oder aber – für den Fall, dass der Spieler schon seine mündliche Zusage gegeben hat –, um auf Nummer sicher zu gehen, dass der Auserwählte Wort hält. Es kommt halt immer wieder vor, dass Spieler ihr Wort brechen und an ein anderes College gehen – manchmal sogar auf den letzten Drücker. Aus diesem Grund stattete auch James Coley, Tight Ends Coach von Florida State, unserer Schule im Dezember einen Besuch ab und schaute sich mit Chris Adamson eine Trainingseinheit des ersten Basketballteams an, für das Will in der Wintersaison spielte und bei dem ich gerade aushalf, weil ein Center fehlte. Anschließend wollte sich Coley mit Will treffen. Was dann passierte, hat Chris mir mehr als einmal minutiös erzählt.

„Wer ist der große Typ da?", fragte Coley und zeigte auf mich. „Björn Werner", antwortete Chris und erklärte ihm, wer ich war. Coley, berichtete mir Chris später, sei erstaunt gewesen, wie explosiv und beweglich ich mit meinen 1,92 Metern und mehr als 120 Kilo Lebendgewicht auf dem Basketballparkett agierte. Mit der orangenen Kugel konnte ich nicht sonderlich gut umgehen und verweigerte jeden noch so freien Wurf, was mir einen gewissen Kultstatus an meiner Schule einbrachte, aber unter dem Korb räumte ich stets gewissenhaft auf. Coley machte sich Notizen und Aufnahmen mit seinem Handy. „Björn hat eine Menge Offers geholt", teilte Chris ihm mit. „Er geht zu Oregon, Cal oder Miami."

Ein paar Tage später stand Coley wieder in Salisbury auf der Matte – diesmal in Begleitung von Jimbo Fisher, Head Coach der Florida State Seminoles. Weihnachten war nicht mehr weit. Im Gepäck hatten sie ein Stipendium.

Ich hörte mir an, was sie zu sagen hatten, bedankte mich höflich und lehnte ab. Es wurde mir alles zu viel. Ja, es war ein wirklich angenehmes Gespräch gewesen. Ich fühlte mich geehrt, dass Jimbo Fisher persönlich gekommen war, und er schien sympathisch, aber ich hatte bereits drei richtig gute Optionen und konnte mich schon jetzt kaum entscheiden. Außerdem hatte ich ja im Januar noch den Besuch in Miami vor mir, von dem ich mir einiges versprach, und obendrein wurde die Zeit bis zum Tag der Entscheidung langsam knapp. Das alles sagte ich den beiden offen und ehrlich. Außerdem waren sie zu spät dran, um es wirklich ernst mit mir zu meinen, fand ich. Das behielt ich allerdings lieber für mich. Sie reagierten auf meine Absage jedenfalls sehr professionell und verständnisvoll.

Eine Woche später lief James Coley schon wieder in Salisbury auf. Er redete auf mich ein, sagte, dass ich es mir doch noch mal überlegen solle, aber ich blieb standhaft. Werner-Dickkopf. Coley reiste ab. Er kam nicht wieder. Er rief an. Jeden Tag.

Signing Day

Eine Minute Fame, lebenslang Liebe

Shit, Polizei! Im Rückspiegel sah ich das Blaulicht, und dann hörte ich auch schon das Heulen der Sirene. Ich schloss die Augen und sackte auf dem Beifahrersitz in mich zusammen, während Chris Adamson, der zu meiner Linken am Steuer saß, Flüche ausstoßend rechts ranfuhr. Wir waren auf dem Weg nach Bristol, einer rund 70 Kilometer südwestlich von Salisbury gelegenen Kleinstadt, und spät dran für den Termin, der nicht auf uns warten würde. Nun konnten wir die ganze Sache endgültig abschreiben. Ich war eh schon mit den Nerven fertig nach dem Psychoterror der vorangegangenen vier Wochen, und jetzt auch noch das. Zugegeben, wir waren selbst schuld, denn Chris hatte gefühlt jede Geschwindigkeitsbegrenzung auf unserem Weg einfach ignoriert, aber warum mussten uns die Cops im beschaulichen Connecticut ausgerechnet an diesem Tag erwischen? Am größten Tag eines jeden High-School-Footballers, dem ersten Mittwoch im Februar, am National Signing Day.

Bei Speeding, überhöhter Geschwindigkeit, versteht die amerikanische Polizei überhaupt keinen Spaß, und dementsprechend grimmig schaute der Ordnungshüter, der jetzt neben der Fahrertür stand, während Chris die Scheibe herunterließ und gar nicht erst auf die Belehrung des Polizisten wartete, sondern zu meinem Entsetzen direkt in die verbale Offensive ging.

„Officer", sagte Chris Adamson eindringlich und mit bebender Stimme, „dieser Junge aus Connecticut ist gerade auf dem Weg zu ESPN, um live im Fernsehen zu verkünden, dass er an der Florida State University Football spielen wird."

Oh mein Gott, dachte ich, das hat er doch jetzt nicht wirklich gesagt?! Es stimmte ja inhaltlich, aber es war mir total peinlich, dass er das als Erklärung vorbrachte. Ich rutschte noch tiefer in meinen Sitz. Der Polizist schaute von Chris zu mir. Die finstere Miene wich einem neugierigen Gesichtsausdruck und machte dann einem strahlenden Lächeln Platz. „Wow, Gratulation!", sagte er. „Dann mal los. Viel Glück!" Vermutlich war er Footballfan, vielleicht auch Lokalpatriot, wahrscheinlich beides.

Wir erreichten Bristol, den Hauptsitz von ESPN, auf den allerletzten Drücker, eilten ins Fernsehstudio, und so konnte ich wie geplant in der mehrstündigen Sendung zum Thema des Tages mit leicht zittriger Stimme verkünden, dass ich das Stipendium von Florida State annehme. Es waren nur ein kurzer Moment und wenige Worte, aber sie bedeuteten mir unendlich viel – und Millionen konnten zuschauen.

Der National Signing Day ist für den College Football das, was der Draft für die NFL ist. Ein Riesen-Ding und mediales Großereignis. An diesem Tag, immer am ersten Mittwoch des Februars, verkünden unzählige High-School-Spieler offiziell, für welches College sie sich entschieden haben. Meistens passiert das an ihrer High School, im Kreise der Coaches oder der Familie. Die Spieler sitzen an einem Tisch, vor ihnen liegen Caps der Colleges, die Offers ausgesprochen haben, und dann wird das Geheimnis gelüftet, indem eine der Caps aufgesetzt wird. Surprise! Je hochkarätiger die Spieler, desto größer die Aufmerksamkeit und das Drumherum.

Dass mir die große Bühne einer landesweiten Live-Übertragung, noch dazu direkt aus dem Studio, geboten wurde, lag daran, dass den Leuten bei ESPN meine ungewöhnliche Story, die auch kurz erzählt wurde, gefiel und man der Meinung war, dass ein Exot mit lustigem Akzent ganz unterhaltsam sein könnte. Ein gewichtiger Faktor war sicherlich auch, dass Salisbury quasi um die Ecke lag, und so hatte ESPN bereits ein paar Wochen vor dem Signing Day bei mir angefragt und mich nach meiner Zusage prompt als Four-Star Recruit eingestuft, um die ganze Sache zu pushen. Tja, so kann es laufen mit den Sternen, und allein das sollte als Erklärung reichen, warum ich diese Rankings nur bedingt für seriös halte. Hätte die Polizei Chris und mich länger aufgehalten, wäre mein kleiner großer TV-Auftritt geplatzt, denn der Zeitplan war minutiös durchgetaktet und ein ganz fester Slot für mich vorgesehen.

Danke noch mal, Officer! Es hat mir einen unbezahlbaren Moment beschert.

Mein Besuch an der Florida State University hatte alles über den Haufen geworfen, was ich mir in den Wochen zuvor als Gedankenmodell in meinem Kopf aufgebaut hatte, alles. James Coley hatte einfach nicht lockergelassen. Sie meinten es wirklich ernst. Immer wieder rief er mich an. Irgendwann wusste ich nicht mehr weiter und fragte Chris um Rat, der mir ans Herz legte, mir Florida State einfach mal anzuschauen, ganz unverbindlich. Es könne nicht schaden, ich hätte ohnehin noch einen Official Visit frei, von dem ich gedacht hatte, ich würde ihn nicht brauchen. Und außerdem, sagte Chris, gäbe es weitaus Unangenehmeres für einen mittellosen High School Boy als einen bezahlten Trip nach Florida im Januar, wenn in Connecticut die Temperaturen unter den Gefrierpunkt fallen.

Es war Liebe auf den ersten Blick. Als ich aus dem Flieger stieg, schien die Sonne. Es war 20 Grad warm, was besonders meine Knie freute, die bei Kälte immer Zicken machten, und auf der Fahrt zur Florida State University, kurz FSU, sah ich viele Palmen. Auf dem Uni-Gelände wurden die Rekruten von den Golden Girls empfangen. Das waren keine lustigen Seniorinnen wie in der gleichnamigen TV-Serie, sondern blendend aussehende Studentinnen, die für das Footballteam arbeiteten. Jedem Spieler wurde ein Golden Girl für den gesamten Aufenthalt zugeteilt. Das klingt jetzt ein bisschen nach Escort-Service, aber die Mädels waren eher so was wie Babysitter. So habe ich es jedenfalls empfunden. Ich war als angehender Ehemann ja auch nicht empfänglich für Flirtversuche. Was bei den anderen abging – keine Ahnung! Auch den abendlichen Besuch einer dieser wilden College-Partys, der bei den Official Visits üblich war, ließ ich sausen.

Am Ende meines zweitägigen Besuchs wusste ich nicht nur, dass ich mit diesem College nichts falsch machen konnte, sondern dass ich alles richtig machen würde. Das hatte zwei Gründe: Als ich fragte, wie die Wohnsituation sei und ob ich auch mit meiner zukünftigen Frau zusammenleben könne, war die Antwort kurz und knapp: „No problem." An den anderen Colleges, die ich zuvor besucht hatte, wäre es sehr wohl ein Problem gewesen, und ich hätte mindestens in meinem ersten Jahr in einem Studenten-Dorm leben müssen. Aber hier: No problem! Damit war mein letztes großes Problem gelöst.

Sportlich gab den Ausschlag, dass Jimbo Fisher mich als Defensive End in seiner 4-3-Defense sah. Für mich war das die perfekte Konstellation. Alle anderen Coaches hatten mich überzeugen wollen, Defensive Tackle zu spielen, im Zentrum der Defensive Line. Meiner Meinung nach hatte Jimbo Fisher als Einziger begriffen, was meine größten Stärken waren und auf welcher Position und in welcher Konstellation ich sie am besten ausspielen konnte. Florida State war das perfekte Paket für meinen Football-Traum und mein künftiges Leben. Die Letzten waren plötzlich die Ersten.

Meinen eine Woche später bei den Miami Hurricanes angesetzten Visit sagte ich kurzerhand ab, denn ich wusste jetzt: wenn Florida, dann Florida State. Bei den Canes war man richtig angepisst, denn auch ein College kann nicht unbegrenzt Rekruten zu einem Official Visit einladen. Sie gaben sich dennoch nicht geschlagen und versuchten auch nach dem geplatzten Besuch alles, um mich zu überzeugen, bis zum letzten Tag. Sie waren nicht die Einzigen. Es war krass.

Viele Rekruten lassen es bis zum Signing Day offen, wie sie sich entscheiden, was dazu führt, dass die Colleges, die in der engeren Auswahl sind, sich dauernd melden, täglich, manchmal mehrmals am Tag, per Mail, Telefon, per Kurznachricht. Beim Spieler, bei seinem Head Coach, bei den Assistenztrainern. So war es auch bei mir. Das grenzt an Stalking, und irgendwann war Chris Adamson mit den Nerven am Ende und bat mich, den anderen Colleges abzusagen, da ich mich ja bereits für Florida State entschieden hatte, was außer ihm nur Denise, meine Familie und Kai Brusch wussten, mit dem ich zu dieser Zeit sehr eng war. Das passte mir eigentlich gar nicht in den Kram, denn ich war auf dem Sprung zu einem mehrtägigen Trip nach Fort Lauderdale, wo ich Ende Januar im Vorfeld des Pro Bowls der NFL mit einer Weltauswahl gegen Team USA antreten sollte. Ich war einer von nur vier Europäern im Team „The World" und stolz, mein Land als Footballer repräsentieren zu dürfen, auch wenn wir, um vorzugreifen, erwartungsgemäß verloren.

Chris drängte mich jedenfalls regelrecht, dem ganzen Wahnsinn noch vor meinem Abflug nach Fort Lauderdale ein Ende zu setzen, und bestand darauf, dass ich persönlich die unangenehmen Gespräche mit den Head Coaches übernehmen solle, weil es auch eine Sache des Respekts sei, schließlich hätten mir die Colleges ein teures Stipendium angeboten.

Schlimmer als das Gespräch an Weihnachten konnte es nicht werden. Ich war für die Feiertage und den Jahreswechsel nach Berlin geflogen, wo Denise und ich unseren Eltern persönlich von unseren Zukunftsplänen erzählen wollten. Bis zu diesem Zeitpunkt hatten wir dichtgehalten. An einem der Tage nach Heiligabend saßen wir beide im Wohnzimmer meiner künftigen Schwiegereltern, und ich musste das Reden übernehmen, weil Denise richtig Schiss hatte. Ich legte los:

„Wir werden heiraten, schon im März während des Spring Breaks, eure Tochter macht dann das Abi und zieht anschließend zu mir nach Amerika, wo ich die nächsten vier Jahre ans College gehen werde."

„Herzlichen Glückwunsch", sagte der Vater von Denise, ein Mann, den so schnell nichts aus der Ruhe bringt.

Ihre Mutter sagte keinen Ton. Dann stand sie auf und verließ den Raum. Bis zu meinem Rückflug in die USA in der ersten Januarwoche habe ich sie nicht mehr gesehen, und ihr Haus, das für mich eigentlich ein zweites Zuhause war, wurde zur verbotenen Zone. Auch mit Denise hat sie tagelang kein Wort gewechselt. Sie war geschockt. Sie würde ihre Tochter, ihr Kind, verlieren. Und ich war der Typ, der sie ihr wegnahm.

Meine Eltern reagierten auf unsere Neuigkeiten einigermaßen gefasst, schließlich waren sie daran gewöhnt, dass ich aus der Welt war und auf raren Heimatbesuchen bekloppte Pläne im Gepäck hatte. Also konnte es sie nicht mehr schocken, dass ich ab Sommer für voraussichtlich vier Jahre an einem amerikanischen College studieren würde. Weder erfassten sie die Dimension des Ganzen, noch begriffen sie, was für ein riesengroßer Erfolg mir im fernen Amerika gelungen war. Ich hatte verdammt noch mal ein College-Stipendium im Wert von 250 000 Dollar an Land gezogen! Es hätten echte Feiertage sein können, aber die Reaktionen unserer Eltern auf meinen bevorstehenden Coup und unsere Hochzeitspläne waren nicht die erhofften, und so reiste ich mit einem mulmigen Gefühl zurück nach Middle of Nowhere.

Obwohl ich jetzt einigermaßen abgehärtet war, kosteten mich die Anrufe bei den Colleges Überwindung, denn sie waren im Grunde eine Abfuhr. In Oregon fiel man aus allen Wolken. Die Ducks waren fest davon ausgegangen, mich in der Tasche zu haben, was auch daran lag, dass der dortige Defensive Line Coach Jerry Azzinaro ein enger Freund meines Defensive Line Coaches in Salisbury war, der einst für Azzinaro gespielt hatte. Ich hatte meinen Coach sogar als offizielle Begleitperson auf meinen Official Visit mitgenommen, und auch aufgrund dieser Verbindung und meiner Begeisterung für das Football-Programm in Oregon war man bis zu meinem Anruf fest davon ausgegangen, dass meine Entscheidung reine Formsache wäre. Bei aller Enttäuschung reagierten die Ducks aber sehr fair, sagten mir, dass sie es zu schätzen wüssten, dass ich die schlechte Nachricht persönlich überbracht hatte, und wünschten mir viel Glück und Erfolg auf meinem weiteren Weg. Bei meinen anderen Gesprächen war es ähnlich – mit einer Ausnahme. Florida Gators. Urban Meyer. Er nahm die Absage persönlich, was zu ihm passte. Wohin ich gehe, fragte er knapp. Florida State, antwortete ich. Nach einigen Sekunden des Schweigens sagte Meyer mit einer Stimme, die direkt aus dem Eisfach kam: „Das ist der größte Fehler, den du in deinem ganzen Leben machen wirst, und du wirst es auf ewig bereuen." Dann legte er einfach auf.

Urban Meyer mag ein verdammt guter Coach sein, aber er ist kein guter Mensch. Ich hätte niemals für jemanden, der junge Spieler derart behandelt, durchs Feuer gehen wollen. Von unserer ersten Begegnung an hatte ich den richtigen Riecher gehabt. Meyer hingegen irrte gewaltig: Ich hatte die beste Entscheidungen meiner Football-Karriere getroffen.

Der zweite Signing Day meines Lebens fand nur wenige Wochen später im Rathaus von Reinickendorf statt, am 19. März 2010. Ich war diesmal noch viel aufgeregter, aber dafür überpünktlich, und die Braut wunderschön. Ich sagte Ja und unterschrieb nicht nur für vier Jahre, sondern für ein ganzes Leben. Es war kein Kamerateam dabei, aber unsere Familien, unsere Freunde und meine Jungs von den Adlern, die gesamte U19-Mannschaft. Es würde mich nicht wundern, wenn wir die Hochzeitsgesellschaft mit dem niedrigsten Durchschnittsalter in der Geschichte Berlins waren. Um die Feierlichkeiten zu finanzieren, hatte Denise das Sparbuch geplündert, das ihre Oma bei ihrer Geburt für sie angelegt hatte. Es war mehr als genug für ein rauschendes Fest bis tief in die Nacht. Ich fühlte mich leicht, ein ganz neues Gefühl. Der Stress, der Druck, die Sorgen, die Probleme – in der Berliner Luft aufgelöst. Ich lebte meinen Traum.

Die eine Liebe meines Lebens führte mich jetzt nach Florida, und die andere hatte ich gerade geheiratet und nahm sie mit. Mein Vater und ich hatten uns wieder angenähert, und die Mutter von Denise sprach wieder mit mir und strahlte bis nach Brandenburg. Alles war gut, und ich war so glücklich, dass ich an diesem Abend einfach alle Grundsätze über Bord warf und total steil ging: Ich trank einen Kurzen.

Freshman

Der College-Football-Wahnsinn beginnt

Florida ist traumhaft. Tallahassee dagegen ist ziemlich unansehnlich und so ganz anders, als man sich die Hauptstadt des Sunshine State vorstellt. Sie gilt vielen als hässlichster Regierungssitz aller Bundesstaaten in den USA. Ich kann nicht widersprechen. Das Zweitschönste an Tallahassee ist der Highway 319 nach Süden, in Richtung Golf von Mexiko, denn die Stadt liegt leider nicht am Meer. Das Schönste an Tallahassee, das imposanteste Gebäude der Stadt und zugleich die meiner Meinung nach und mit weitem Abstand größte Attraktion, ist das Doak Campbell Stadium – insbesondere am Game Day.

College Football ist in Amerika Religion. Die Stadien der Colleges sind wie Kirchen oder Tempel, und die Spiele der Hometeams sind Messen für die Massen. Ins Doak Campbell Stadium, kurz Doak, pilgern an Spieltagen bis zu 84 000 Menschen – fast halb so viele, wie Tallahassee Einwohner hat – und verwandeln diesen Giganten aus Beton, Stahl und Millionen von Backsteinen in den besten Momenten in einen brodelnden Kessel. Game Day im Doak, das direkt auf dem Campus der Florida State University steht, ist ein wahnsinniges Erlebnis und wie eine Droge. Du kannst einfach nicht genug davon bekommen, du willst immer mehr. Angefixt war ich schon vor dem Kickoff zu meinem ersten Spiel in Garnet & Gold, der klassischen Seminoles-Spielkleidung, bestehend aus rubinroten Trikots, goldenen Hosen und einem goldenen Helm, auf dem ein Speer prangt.

Ich stand inmitten meiner neuen Teamkollegen im dunklen Tunnel der Arena, der ins Stadioninnere und auf den Rasen führte, der Bobbie Bowden Field heißt. Ich hörte die pulsierende Kulisse, der Lärm aus dem weiten Rund schwappte in den Tunnel und vermischte sich mit der Musik der Marching Band – dieser Mix ist der unvergleichliche Sound des College Footballs. Mit den Salisbury Crimson

Knights hatte ich immer vor 200 bis 300 Zuschauern gespielt, bei den Adlern waren es mit Ausnahme des Junior Bowls nicht viel mehr gewesen, bei der WM in Canton immerhin ein paar tausend. Aber jetzt würde ich zur Saisoneröffnung in ein mit zehnmal so vielen Zuschauern gefülltes Stadion einlaufen. In mein Stadion, mein neues Wohnzimmer, in dem alle zwei Wochen Party gefeiert wurde. Als das Signal für den Walk-In kam, wurde ich vom Pulk der Mitspieler einfach mitgerissen, rannte unter dem Jubel des Publikums auf den Rasen, um mich dann wie die anderen an die Sideline zu begeben und dem eigentlichen Highlight des Vorspiels, der Pre-Game Show, beizuwohnen. Dem Auftritt von Osceola und Renegade.

Was jetzt kam, kannte ich nur vom Hörensagen und aus YouTube-Clips, und war total geflasht. Ein Indianer galoppierte zu Pferd auf das Spielfeld. Von den Rängen ertönte der legendäre War Chant, ein indianischer Kriegsgesang, verbunden mit dem Tomahawk Chop, bei dem man einen Arm in die Höhe reckt, den Unterarm anwinkelt, und dann rhythmisch vor und zurück bewegt, als wenn man mit einem Kriegsbeil hackt. Man muss sich das nur mal vorstellen: 80 000 Menschen singen den War Chant und machen gleichzeitig den Tomahawk Chop. Atemberaubend. Die meisten NFL-Fans kennen dieses Ritual von den Kansas City Chiefs, aber die haben es von Florida State geklaut. Diese mehr als 40 Jahre alte Tradition wird übrigens von den Anführern des in Florida beheimateten Indianerstammes der Seminoles, nach denen auch das Footballteam von Florida State benannt ist, unterstützt. Osceola repräsentiert den gleichnamigen historischen Seminoles-Häuptling, und Renegade ist sein treues Pferd, ein Appaloosa Horse, das durch ein ungewöhnliches geflecktes Fell auffällt. Ich kann verraten, dass der Osceola-Darsteller gar kein echter Seminoles-Indianer ist, sondern ein Student, der allerdings in einem umfangreichen Auswahlverfahren von Vertretern des Stammes für würdig befunden wurde. Der Höhepunkt der Zeremonie: Osceola und Renegade reiten zur Mitte des Spielfelds, der Häuptling reckt dabei einen brennenden und mit Federn geschmückten Speer empor, Renegade bäumt sich auf, und im gleichen Moment, in dem die Vorderhufe wieder auf den Rasen donnern, schleudert Osceola seinen Speer in den Boden, und das ganze Stadion brüllt „Uh!".

Es gibt unzählige großartige und außergewöhnliche Game-Day-Traditionen, die den College Football auszeichnen und ein Alleinstellungsmerkmal sind, aber Osceola und Renegade gehören definitiv zu den allerbesten. Ich kriege heute noch Gänsehaut, wenn ich nur daran denke.

Mein Debüt war ein unvergessliches Erlebnis, aber das Spiel als solches eine langweilige Angelegenheit, denn FSU hatte einen klassischen Warm-up-Gegner zu Gast, die Samford Bulldogs, ein kleineres College aus einer unterklassigen Division. Unsere klare Überlegenheit beim 59:6-Sieg kam mir entgegen. Nach der ersten Halbzeit wurden die Starter weitestgehend geschont. Ich war natürlich meganervös, wie eigentlich vor jedem Spiel, machte meine Sache aber ordentlich und konnte sogar meinen ersten Sack für die Seminoles verbuchen, auf den ich mir allerdings nichts einbildete. Es war halt Samford.

Die Tatsache, dass ich als Freshman überhaupt spielte, war schon ein erster Erfolg. Dafür hatte ich den Sommer über sehr hart gearbeitet. Die neuen Rekruten eines jeden College-Teams treffen sich traditionell schon Ende Juni für die Summer Workouts, in denen die körperlichen Grundlagen gelegt und die Frischlinge an ihre Grenzen gebracht werden. Als besonderer Leckerbissen stand für uns der berüchtigte 110-Yards-Test auf dem Programm, der auch in der NFL üblich ist. Bei dieser Konditionseinheit gilt es, diverse Male innerhalb eines bestimmten Zeitlimits die Strecke von der Goal Line des Spielfelds bis zum hinteren Ende der gegenüberliegenden Endzone zu laufen, also 110 Yards, und zwar mit 80 bis 90 Prozent deines maximalen Speeds. Zwischen diesen Sprints gibt es Ruhepausen von einer Minute – und das bei 35 Grad und extrem hoher Luftfeuchtigkeit. Die Bezeichnung Ruhepause war in diesem Fall allerdings ein schlechter Witz.

Für jede Positionsgruppe gab es eine bestimmte Anzahl von Wiederholungen und ein eigenes Zeitlimit, denn die Receiver rennen natürlich schneller und halten länger durch als die Schrankwände der

Offensive Line. Eine Gruppe musste deutlich mehr Bahnen als alle anderen rennen: die Freshmen. Üblich sind 16 Wiederholungen, in meinem Fall waren es 24. Sie wollten uns brechen. Gleich zu Beginn. Ich war nie der Läufertyp und hasste diese Art von Konditionseinheiten, gab aber natürlich trotzdem alles, denn mit den Summer Workouts beginnt der Kampf um die Plätze im Team, und wer das nicht checkt, der kann ziemlich schnell raus sein. Einer der Vier-Star-Rekruten in der Defense, einer meiner direkten Positions-Konkurrenten, hatte sich ganz offensichtlich in den Wochen zuvor im Glanz seiner Sterne gesonnt und kackte regelrecht ab. Er wurde seinen Vorschusslorbeeren nie gerecht und schaffte es nicht zum Starter.

Vom ersten Tag an wollte ich den Coaches zeigen, dass ich das Stipendium zu Recht bekommen hatte. Ich erinnere mich mit Schrecken an ein Einzeltraining mit unserem Athletikcoach. Der veranstaltete ein brutales Body-Workout mit mir, in der prallen Sonne. Er wollte dem High School Boy mal so richtig zeigen, wo der Hammer hängt, und brachte mich mit militärischem Befehlston an meine Grenzen. Ich bin fast umgekippt und hätte um ein Haar gekotzt. Es freute ihn sichtlich, mich so zu sehen, und als ich am Ende unseres Dates halbtot am Boden lag, rief er grinsend: „Welcome to college!" Damit keine Missverständnisse aufkommen: Ich war richtig gut in Form, denn ich hatte schon in den Wochen zuvor an mir gearbeitet. Der Athletikcoach hatte einfach meine individuellen Grenzen austesten wollen und schien ganz zufrieden mit dem Resultat. Mehr als ein „Good job!" war aber nicht drin. Die Trainer merkten jedenfalls schnell, dass ich einsatzbereit war und kein Redshirt sein würde, also ein Spieler, der im ersten Jahr zwar mittrainieren darf, aber noch nicht am Spielbetrieb teilnimmt, um sich einzugewöhnen. Durch das Redshirten kann sich der Spieler ein Jahr der auf vier Saisons limitierten Spielberechtigung aufsparen. Das ist der übliche Weg. Für seinen akademischen College-Abschluss hat man fünf Jahre Zeit.

Wie alle neuen Spieler war zunächst auch ich in der Burt Reynolds Hall untergebracht, denn Denise war nach ihren erfolgreich bestandenen Abiturprüfungen noch in Deutschland und würde erst später nachkommen. Die Burt Reynolds Hall ist ein nach dem

Schauspieler benanntes Studentenwohnheim, das in unmittelbarer Nähe des Stadions und der Sportanlagen liegt und, anders als es der Name versprach, keinerlei Glamour versprühte. Im Gegenteil: Es war ziemlich heruntergekommen. Ich teilte mir das verwohnte Apartment, das nur ein winziges Schlafzimmer hatte, mit einem Spieler, der seit vielen Jahren erfolgreich in der NFL spielte. Ein relativ kleiner, aber unglaublich austrainierter Safety und ein megalustiger Typ und Lebemann, dessen Name besser unerwähnt bleibt – aus Gründen. Obwohl wir alle platt waren nach der täglichen Schinderei, wollte er immer noch was erleben, den College-Lifestyle genießen und feiern gehen, so wie wir Deutschen es aus dem Film *American Pie* kennen. Dazu muss man wissen, dass Florida State den Ruf der Party-Uni Nummer eins hat. Es braucht nicht allzu viel Phantasie, um sich vorzustellen, was das bedeutet bei fast 40 000 Studentinnen und Studenten, die angesichts des Wetters die meiste Zeit des Jahres überwiegend leichtbekleidet herumlaufen, sodass man manchmal nicht mehr weiß, ob man auf einem Uni-Campus ist oder am Strand. An jedem Abend in der Woche fand eine andere Motto-Party statt. Nach meiner Erfahrung wollen die meisten Studenten in ihrem ersten Jahr vor allem eines: es krachen lassen. Das galt auch für die meisten Jungs meiner Recruiting Class. Die Prioritäten: Football, Party, Sex. Die Reihenfolge variierte von Spieler zu Spieler. War sonst noch was? Ach ja, das Studium.

Mein Mitbewohner war regelrecht schockiert, als er hörte, dass ich schon verheiratet war. „Du hast geheiratet, *bevor* du zu Florida State gehst? Bist du irre?!" Das habe ich nicht nur einmal gehört. Und auch nicht nur von ihm. Die meisten meiner neuen Teamkollegen, die davon erfuhren, erklärten mich für komplett verrückt. Viele hatten es auf Flirts und schnellen Sex abgesehen, und als Footballspieler der Seminoles waren die Chancen dafür um ein Vielfaches höher als die von Otto Normalstudent. Ich habe Dinge gesehen in den drei Jahren, die glaubt kein Mensch. Da standen die Mädels manchmal regelrecht Schlange vor den Apartments der Topspieler. Die waren wie Groupies. Dass ich nie dabei war oder immer abhaute, wenn eine House Party ausartete, alle Hemmungen fallengelassen wurden und es die ersten nackten Brüste zu sehen gab, sorgte anfangs für totales Unverständnis.

Als frischgebackener Ehemann zu Florida State – das erschien ihnen so logisch wie ein Vegetarier, der täglich zu KFC geht, um dort immer vegetarische Beilagen zu essen.

Auch wenn ich mit Partys nicht viel anfangen konnte, weil ich nach Jahren des Kampfes mit vielen Opfern nicht mein Freshman-Jahr verschwenden wollte, begleitete ich meinen neuen Zimmer-Kumpel abends einige Male in den Innenhof von unserem Wohnheim, der ein beliebter Treffpunkt war und wo viele Leute bei Beats, Drinks, Joints und Girls abhingen. Auf eines der Mädels hatte er es abgesehen und schwärmte mir tagelang von ihr vor. Als er sie mir dann zum ersten Mal von weitem zeigte, konnte ich es kaum glauben. Sie war nicht nur deutlich größer als er, sie hatte auch die Statur eines O-Liners. Sie war chubby, wie man in Amerika sagt, und hatte einen Booty, der locker für drei gereicht hätte. „Genau mein Typ", versicherte er mir. „Die mache ich klar." Mir schien wiederum klar, dass er den Typen aus Deutschland, mich, so richtig schön verarschen wollte.

Eines Nachts, ich war schon schlafen gegangen, weil ich keinen Bock auf diese Feierei hatte und am nächsten Morgen fit sein wollte für die Workouts, schreckte ich hoch und glaubte, lautes Stöhnen zu hören. Ich war total verwirrt und nahm zunächst an, es sei der Soundtrack zu einem Sextraum, den ich möglicherweise gerade geträumt hatte. Das konnte aber nicht sein, denn das Stöhnen war nicht in meinem Kopf. Ich hörte es deutlich und sehr nah in der Dunkelheit, begleitet von einem Quietschen und Knarzen. Schlaftrunken knipste ich die Nachttischlampe an, schaute nach rechts, wo nicht einmal zwei Meter entfernt das Bett meines Mitbewohners stand – und da sah ich sie. Die O-Linerin. Meinen Mitspieler sah ich nicht. Er lag mit seinen knapp über 1,70 Metern komplett unter ihr begraben, aber ich hörte seine gedämpfte Stimme, die sagte: „Mch ds verdmmte Lcht aus, Bjrn!" Ich gehorchte – und sie machten einfach weiter. Es war übrigens nicht das einzige Mal in diesen ersten vier Wochen, dass ich versehentlich hereinplatzte, wenn er mit seiner neuen Flamme ein Workout machte. Ich fühlte mich an Salisbury und Colby erinnert. Der Unterschied war, dass jetzt immer zweistimmig gestöhnt wurde. Der kleine Safety ließ nichts anbrennen.

Das konnte man im zweiten der zwölf Spiele der regulären Saison von unserer Defense leider nicht behaupten. An die Partie bei den Oklahoma Sooners, die damals DeMarco Murray, Lane Johnson und als Quarterback Landry Jones am Start hatten, erinnere ich mich nicht nur deshalb sehr genau und mit Grausen, weil wir eine heftige 17:47-Klatsche kassierten, sondern weil wir vier Viertel lang an der Sideline durch die Hölle gehen mussten. Es war ohrenbetäubend laut, und ich verstand, warum die Sooners zu diesem Zeitpunkt 43 Heimspiele in Serie ungeschlagen waren. Wir wurden aufs Übelste beschimpft und sogar bespuckt. Einer unserer Spieler musste sich anhören, dass er nur im Team sei, weil sein Papa zum Coaching Staff gehört. Letzteres stimmte, Ersteres möglicherweise auch. Es gibt nichts Schlimmeres, als von Fans bepöbelt zu werden, die sich auch noch auskennen. Man gab uns Tiernamen und sagte Dinge über unsere Mütter, die echt nicht nett waren, und schon nach diesem zweiten Spiel wusste ich, dass College Football eine verdammt ernste Sache ist.

Der Untergang bei den Sooners war ein heftiger Dämpfer für die Seminoles, denn wir waren mit großen Zielen und von Vorschusslorbeeren begleitet in die Saison gestartet. Das Football-Programm war nach einem großen Umbruch im Neustartmodus. Jimbo Fisher hatte den legendären Head Coach Bobby Bowden beerbt, der die Seminoles 34 Jahre lang zu großen Erfolgen geführt und FSU zu einer der besten und produktivsten Ausbildungsstätten für NFL-Spieler gemacht hatte, darunter Megastars wie Deion „Prime Time" Sanders. Im stolzen Alter von 80 Jahren hatte Bowden, nach dem das Spielfeld im Doak Campbell Stadium benannt ist, dann seinen Rücktritt erklärt. Er musste dazu gedrängt werden, von Fisher, der drei Saisons als Offensive Coordinator hinter sich hatte und den Status „Head Coach in Wartestellung" langsam leid war. Fisher sollte nun frischen Wind bringen, verkrustete Strukturen aufbrechen und FSU nach einigen enttäuschenden Jahren wieder zu einem der besten

Football-Programme des Landes machen. Zurück zu alter Stärke und Größe. Ich war ein Puzzleteil des Neuaufbaus.

Mit meiner Rolle im Jahr eins konnte ich gut leben. Die beiden Starter-Jobs auf Defensive End in unserer 4-3-Defense waren an Marcus White und Brandon Jenkins vergeben. Ich war der Ersatzspieler für White auf der linken Seite der D-Line, was für mich bedeutete, dass ich immer dann ins Spiel kam, wenn er eine Pause benötigte. White war ein Senior, in seinem letzten Jahr, und galt als sicherer Pick im kommenden NFL-Draft. Auf der rechten Seite spielte Brandon Jenkins, ein echter Lokalmatador. Er war in Tallahassee geboren und an die Florida State High School gegangen, die mit FSU kooperierte. Mehr Eigengewächs ging nicht. Jenkins war in seinem zweiten Jahr und wurde schnell der beste Spieler unserer Defense. Er war eine Maschine und dominierte. Am Ende der Saison hatte er 13,5 Sacks auf dem Konto, war damit die Nummer drei im ganzen Land und heimste einige Auszeichnungen ein. Jenkins war der Top Dog und wurde schnell mein Vorbild. Klar, NFL-Superstars wie Ray Lewis, Ed Reed oder Robert Mathis waren meine Heroes, aber als echte Vorbilder habe ich mir immer Spieler ausgesucht, deren Niveau für mich zum jeweiligen Zeitpunkt realistisch erreichbar war. Bei Brandon Jenkins konnte ich mir im täglichen Training einiges abschauen.

Wir hatten ohnehin eine gute Truppe zusammen mit zahlreichen Spielern, die später viele Jahre lang in der NFL ihr Geld verdienten und Erfolge feierten, wie etwa unser Linebacker Nigel Bradham, der 2017 im Trikot der Philadelphia Eagles Super Bowl LII gewann. Mit Bradham, einem echten Tier voller Muskeln und mit ein paar Goldzähnen im Mund, bin ich gleich zu Beginn einmal mächtig aneinandergeraten. Wir liefen zu einem Defense Drill auf den Rasen und ich gab ihm einen aufmunternden Klaps auf den Hintern und rief: „Let's go!" Bradham legte eine Vollbremsung hin, baute sich vor mir auf, funkelte mich wütend an und schnauzte: „What the fuck are you doing?!" Ich war total perplex und stammelte dann eine Erklärung, dass so etwas in Deutschland normal sei und sich Fußballspieler häufig einen aufmunternden Klaps auf den Po geben. „In America

we don't do it", fauchte Bradham und fügte an: „This is football."
Ich weiß nicht, ob er homophob war, aber viele Amis sind echt verklemmt. Wir hatten einige Jungs im Team, die immer mit Unterhose geduscht haben. Ich weiß bis heute nicht, ob sie Angst davor hatten, dass ein anderer Typ auf ihr bestes Stück guckt, oder ob es ihnen peinlich war, dass sie dort unten nur ein Cocktailwürstchen hatten, keine Ahnung. Ich fand es immer albern. Aber nach diesem Vorfall wurden Bradham und ich Buddies.

Star der Seminoles war unser Quarterback Christian Ponder, ein gutaussehender Sonnyboy wie aus einem amerikanischen Sportfilm. Als Starting Quarterback am College bist du automatisch der Held. Ich hatte es vorher für ein Klischee gehalten, aber es war wirklich unfassbar. Wenn Ponder einen Raum betrat, dann richteten sich alle Blicke auf ihn, und die Leute guckten, als schwebe ein Heiligenschein über ihm. Die Mädels standen auf ihn, schmissen sich an ihn ran und sind fast in Ohnmacht gefallen, wenn er ihnen ein Lächeln schenkte. Er war der Märchenprinz, und jeder Junge in Tallahassee und Umgebung wollte so sein wie er und Quarterback bei FSU spielen. Das Lustige war, dass wir uns ziemlich ähnlich sahen, wenn er seine Haare kurz geschnitten hatte, man konnte uns tatsächlich für Brüder halten. Schnell hatte ich einen neuen Spitznamen weg: „Little Ponder". Ich als Freshman fand das natürlich cool, Ponder als Senior dagegen weniger, denn seine Mitspieler verarschten ihn immer damit. „Guck mal, da kommt Little Ponder, dein Bruder." Er musste es aber nur ein Jahr lang ertragen, dann war er weg und wurde von den Minnesota Vikings an Position zwölf gedraftet. Selbstverständlich habe ich mich für ihn gefreut. Ehrensache als kleiner Bruder.

Nach der Demontage in Oklahoma gab es intern ein richtiges Donnerwetter. Daraufhin gewannen wir die folgenden fünf Spiele und waren nun mit 6:1-Siegen wieder auf einem guten Weg. Meine Freude darüber war allerdings getrübt, denn ich hatte mir während dieser Serie in beiden Knien den Außenmeniskus angerissen, was eine MRT-Untersuchung ergeben hatte, nachdem ich vor lauter Schmerzen nur noch 10 bis 15 Snaps pro Spiel spielte. Weil es bei meinem Team gut lief und ich als Neuling nicht gleich aussetzen wollte, machte ich etwas, das später in der NFL zur Gewohnheit werden sollte: Ich warf Schmerzmittel ein und biss auf die Zähne. Das Schönste in dieser Phase war das Wiedersehen mit Kasim Edebali, denn die Boston College Eagles spielten wie wir in der Atlantic Division und waren alljährlich Gegner – und wir beide nun auch. Unsere Wege kreuzten sich wieder und wieder. Das muss irgendwie Schicksal gewesen sein.

Alles andere als schön war das Wiedersehen mit Markus Kuhn in Raleigh, North Carolina, und das lag allein an Russell Wilson. Ich habe hautnah miterleben müssen, was ihn auch später in der NFL zu einem der herausragenden Quarterbacks werden ließ und bis heute macht: Beine, Big Plays, Comebacks. Das Spiel war ein ungewöhnliches Thursday Night Game, denn der reguläre College-Football-Spieltag ist bekanntlich der Samstag. Wir waren zu diesem Zeitpunkt die beste Defense im College Football, dominierten die ersten beiden Viertel und führten mit 21:7, doch nach der Pause drehte Wilson auf. Er besiegte uns mit den Beinen und konnte uns immer wieder entwischen – Houdini in the Making. Dreimal lief er den Ball selbst in die Endzone und warf zwei Minuten vor Schluss den Touchdown Pass zum 28:24 für das Wolfpack. Dass wir im folgenden Drive den Ball an der gegnerischen 4-Yard-Line fumbelten, setzte dem Kackhaufen die Krone auf.

Viele NFL-Fans in Deutschland haben es gar nicht auf dem Zettel, dass Russell Wilson ursprünglich an der North Carolina State University war, und verbinden seine College-Zeit mit Wisconsin, wo er in seinem letzten Jahr, bevor er von den Seattle Seahawks gedraftet wurde, für die Badgers spielte. Wilson verließ North Carolina im Streit, über seiner Zeit dort liegt ein Schatten. Nach seinem Bachelor-Abschluss hätte er noch ein Jahr für das Wolfpack spielen können, doch dann haute er ab und wollte eine Baseballkarriere starten, was jedoch nicht klappte. Als er zurückkommen wollte, war die Tür zu, und er wechselte zu Wisconsin.

Was mich wirklich schockierte, war, wie negativ manche Mitspieler bei meinem Besuch auf dem Campus in Raleigh über Wilson sprachen. Sie sagten, er sei kein Teamplayer – und das mir gegenüber, ungefragt, der ich ja ein Fremder war! Wenn man sein heutiges Image in der NFL kennt – als fairer Sportler und positiver Typ, der viel Charity macht –, dann kann man sich das, was mir damals zu Ohren kam, kaum vorstellen. Als Spieler ist Russell Wilson zweifellos eine absolute Granate und einer der allerbesten Quarterbacks, gegen die ich je gespielt habe.

Kings of Campus

Rivalry Week und die Bowl Season

Im großen Hörsaal wurde es mucksmäuschenstill. Gerade noch hatte ein unruhiges Gemurmel den mit rund 300 Studentinnen und Studenten vollbesetzten Raum erfüllt. Die meisten von ihnen waren einfach müde von der anstrengenden Woche, zunehmend unkonzentriert und ungeduldig, und ausnahmslos alle sehnten das Ende der Vorlesung herbei, denn es war Freitag und das Wochenende nahte, als der Professor plötzlich seine Stimme erhob. „Es ist gleich vorbei, aber eines wollte ich noch loswerden", sprach er in das Mikrofon an seinem Pult. Das Gemurmel verstummte. „Björn Werner", sagte er dann und machte eine kurze Kunstpause. Einige meiner Kommilitonen drehten sich zu mir.

Ich erstarrte auf meinem Sitz rechts am Rande des Saals. Noch nie hatte er mich angesprochen. Feierlich fuhr er fort: „Das wichtigste Spiel der Saison steht bevor. Andere Spiele kann man verlieren, aber nicht dieses." Jetzt wusste ich, warum er mich beim Namen genannt hatte: Ich war der einzige Footballer im Raum. Dann rief der Professor: „Good luck! Beat the Gators!"

Der ganze Saal brach in Jubel aus, und es gab „Go Seminoles!"-Rufe. In diesem Moment realisierte ich erstmals richtig, was es bedeutete, Sportler eines großen College mit ruhmreicher Geschichte zu sein. Wir Footballer waren der ganze Stolz der Florida State University. Oder die Schande. Je nachdem, wie dieses Spiel ausgehen würde.

Es war Rivalry Week, der letzte Spieltag der regulären Saison, an dem Helden geboren, Träume begraben, Rechnungen beglichen, Trainer gefeuert, Freunde zu Feinden, Ehepaare oder ganze Familien entzweit werden. Jedes Jahr am letzten Samstag im November nach Thanksgiving spielen im ganzen Land die größten Rivalen gegeneinander, und schon in den Tagen davor herrscht Ausnahmezustand.

Die Faszination der Rivalen-Woche, deren Höhepunkt die Footballspiele sind, ist nur schwer in Worte zu fassen und lässt sich wohl am ehesten mit den Spielen zwischen Dortmund und Schalke vergleichen – nur in zigfacher Ausführung und landesweit, oftmals mit noch höherer Emotionalität und weitaus größerer Historie. Viele dieser Rivalitäten, die Jahr für Jahr auf dem Footballfeld ausgetragen werden, sind tief verwurzelt und haben eine mehr als hundertjährige Geschichte, einige datieren sogar bis ins 19. Jahrhundert zurück. In der Regel sind es Duelle zweier Colleges aus dem gleichen Bundesstaat oder aber erbitterte Nachbarschaftsstreite wie Michigan gegen Ohio State, auch bekannt als „The Game". In vielen dieser legendären Rivalitäten gilt das Spiel als eigener Wettbewerb und hat einen eigenen Namen, darunter der „Iron Bowl" zwischen Alabama und Auburn, der „Civil War" zwischen Oregon und Oregon State oder der Kampf zwischen Georgia und Georgia Tech, der den schnörkellosen und sehr bezeichnenden Titel „Clean, Old-Fashioned Hate" trägt.

Rivalry Week – das ist Liebe und Hass, Himmel und Hölle. Ich sagte es bereits: College Football ist Religion, und in der Rivalry Week toben Glaubenskriege, die mit aller Härte, aber zum Glück sportlich ausgetragen werden. Meistens.

Die extreme Intensität und Emotionalität dieser Spiele, die deutlich größer ist als bei den meisten Rivalitäten in der NFL, lässt sich mit der hohen Identifikation und tiefen Verbundenheit der jeweiligen Lager mit ihrem College erklären. Gefühlt hat jeder Zuschauer im Stadion irgendeine Verbindung zu der Uni, deren Footballteam gerade auf dem Platz steht. Viele Fans auf den Rängen waren früher selbst am jeweiligen College, manche haben Kinder, die auf diese Hochschule gehen und vielleicht in einem der Sportteams aktiv sind. Es gibt zahlreiche Familien, bei denen alle über Generationen an ein und demselben College studieren. Auch die meisten reichen Gönner der Hochschulen, die sogenannten Booster, sind Alumnis, also ehemalige Absolventen des Colleges, und wollen mit ihren oft millionenschweren Spenden die Sport-Programme unterstützen, deren Fan sie sind.

Ein NFL-Team ist in erster Linie dein Arbeitgeber, den du wechseln kannst und manchmal auch musst, weil er dich loswerden will. Deine sportliche Heimat aber, sozusagen dein Football-Elternhaus, in der du als Spieler großgeworden bist, ist das College. Man ist stolz auf seine Herkunft und Teil einer großen Familie. Auch in meinem Fall gilt: Seminole for Life!

Apropos Elternhaus. Ich erwähnte bereits entzweite Ehepaare oder ganze Familien. Das passiert in der Rivalry Week immer dann, wenn etwa der Mann in Los Angeles an der USC studiert hat, die Frau aber nur ein paar Kilometer weiter an der UCLA, oder aber die Eltern auf die Florida State University gingen und eines der Kinder die University of Florida besucht, was garantiert ohnehin schon Anlass zu einem gewaltigen Familienkrach gewesen war. Das Duell der beiden ältesten Universitäten des Bundesstaates nennt sich „Sunshine Showdown". Seine Geschichte ist reich an legendären Schlachten, aber auch zahlreichen unrühmlichen Kapiteln wie Schlägereien auf dem Spielfeld nach Spielende, manchmal bereits vor Spielbeginn, denn es ist immer Feuer drin. Beef ohne Ende. Ich übertreibe nicht, wenn ich sage: Florida State gegen Florida – das ist Hass pur.

Jetzt wurde ich ein Teil dieser Geschichte und war unglaublich heiß auf diese ganz besondere Partie. Es war mein zweites Rivalry Game der Saison, denn wir hatten bereits während unserer Siegesserie im Oktober bei den Miami Hurricanes gespielt, dem anderen Erzrivalen der Seminoles, und einen furiosen 45:17-Sieg gefeiert, aber es war erstens ein Auswärtsspiel gewesen, und zweitens waren die Canes zu diesem Zeitpunkt nicht mehr das Powerhouse früherer Zeiten. Mächtig zur Sache gegangen war es im Stadion, in dem auch die Miami Dolphins ihre Heimspiele austrugen, dennoch. Ehrensache. Das galt auch für unseren hart erkämpften 16:13-Erfolg über die Clemson Tigers, unserem dritten großen Rivalen, der in unserer Divison spielte. Aber diese Rivalitäten standen im Schatten der Duelle mit den Gators, die nach ihren beiden National Championships 2006 und 2008 die Nummer eins in Florida waren und die letzten sechs „Sunshine Showdowns" gewonnen hatten.

Mit den Demütigungen musste endlich Schluss sein, die gesamte Florida State University schrie förmlich nach Erlösung. Mehr Druck geht nicht.

In Tallahassee gab es in den Tagen vor dem Spiel nur ein Thema, und in der gesamten Stadt war ein kollektives Kribbeln und die Anspannung zu spüren. Auf dem Campus wurden wir Spieler immer wieder von Kommilitonen angesprochen, die uns motivierten, aber auch Druck machten. Was sie auch sagten, es lief immer auf drei Botschaften hinaus. Nummer eins: Losing is not an option! Nummer zwei: Make us proud! Nummer drei: Go Seminoles!

Routine ist hilfreich im Ausnahmezustand, denn sie gibt Sicherheit, und so war der Ablauf vor dem Spiel der Spiele der gleiche wie immer, wenn ein Home Game anstand: Nach der Uni am Freitag packte jeder Spieler seine Tasche, und dann traf sich die ganze Mannschaft zu einer großen Teambesprechung, gefolgt von dem sogenannten Walkthrough, einem Abschlusstraining, bei dem die Abläufe von Offense, Defense und Special Teams ohne Vollkontakt durchgespielt werden. Das ist auch in der NFL üblich. Im Anschluss an den Walkthrough stand ein gemeinsames Essen in der teameigenen Cafeteria auf dem Programm. Vor dem Stadion warteten dann schon einige Busse, die uns ins Hotel brachten. Wir haben auch vor Heimspielen immer im Hotel übernachtet, vor den großen Spielen meistens etwas außerhalb. Das allein zeigt schon, auf was für einem professionellen Niveau sich College Football bewegt. Zur Abfahrt fanden sich immer Fans ein, um uns noch mal anzufeuern – je bedeutender das Spiel, desto mehr.

Wir hatten das Ritual, vor unseren Spielen gemeinsam einen Film zu gucken. Die ganze Mannschaft fuhr ins Kino, das an diesem Abend dann geschlossene Gesellschaft hatte. Spätabends gab es noch kleinere Meetings der einzelnen Mannschaftsteile, am nächsten Morgen ein gemeinsames Frühstück, ein letztes großes Team Meeting, und wenn der Kickoff am Mittag oder Nachmittag war, ging es gleich danach auch schon mit Bussen in Richtung Stadion – mit einer Polizei-Eskorte, weil es sonst kein Durchkommen gegeben hätte. Rund um das Doak herrschte ein Verkehrschaos, parkende Autos und Tausende von Menschen in unseren Teamfarben, die unsere letzten ein, zwei Kilometer mit Hupkonzerten und Gejohle begleiteten. Bei der Ankunft am Stadion gab es einen euphorischen Empfang.

Es war brutal. Brutal genial. Und in der Rivalry Week dann noch mal eine Nummer brutaler und genialer.

Das Doak kochte an diesem Nachmittag, und in der Student Section ging es noch krasser ab als sonst. Das ist die Heimat der wildesten Fans, dieser Block ist den Studenten vorbehalten, die ihren Bereich in eine totale Partyzone verwandeln, mit eigenen Gesängen und Ritualen, die sie während der vier Quarter zelebrieren. Bei Florida State sind es bis zu 16 000 Mädels und Jungs, die schon beim Kickoff hackedicht sind, beim Einlaufen der Teams an den Absperrgittern rütteln, die eigene Mannschaft nach vorne schreien und den Gegner – wenn es einer der Erzrivalen ist – nach allen Regeln der Kunst durchbeleidigen. Der typische Tagesablauf eines dieser Fans bei einem frühen Spiel sieht wie folgt aus: Aufstehen, frühstücken, zum Campus, feiern (sehr beliebt: Trinkspiele), Spiel gucken, dabei anfeuern und feiern, nach Hause torkeln, kurz hinlegen, aufstehen, etwas essen – weiterfeiern bis tief in die Nacht. So ein Studentenleben kann schon verdammt anstrengend sein.

Die Party des Jahres an der Florida State University stieg am 27. November 2010. Wir waren absolut on fire. Mein großer Bruder Christian Ponder warf drei Touchdownpässe, und unsere Defense fraß die Gators förmlich auf. Während des Spiels kam es jedoch zu einem krassen Zwischenfall, an dem auch ich beteiligt war. Das letzte Heimspiel der regulären Saison ist immer auch Senior Day, bei dem jene Spieler, die das College mit Abschluss ihres Senior-Jahres verlassen, besonders gefeiert und vor dem Spiel auf dem Rasen geehrt werden. An diesem Tag sind immer die Eltern und Geschwister im Stadion, und alle sind superstolz. Es ist ein großer Tag im Leben dieser Familien.

Das Spiel gegen die Gators war der Senior Day von Marcus White – aber schon im zweiten Quarter spielte er immer weniger und ich immer mehr. Ich wusste, dass unser Defensive Ends Coach D. J. Eliot große Stücke auf mich hielt und auch Defensive Coordinator Mark Stoops meine großen Fortschritte während der Saison registriert hatte, aber ich hätte niemals gedacht, dass ich ausgerechnet im Spiel der Spiele ganze Drives als Defensive End spielen würde, noch dazu am Senior Day. Marcus war am Boden zerstört. Zur Halbzeit stürmte er wutschnaubend in die Kabine, warf seinen Helm durch die Gegend, setzte sich hin und heulte. Dieser Schrank von einem Kerl war nur noch ein Häufchen Elend. Es war krass.

Ich war geschockt und wusste nicht, was ich tun sollte. Ihn trösten? Als Freshman, der dem Senior an seinem großen Tag den Platz weggenommen hatte? Sicher keine gute Idee. Ich fühlte mich richtig schlecht, und es kam noch schlimmer: Marcus weigerte sich, zur zweiten Halbzeit zurück ins Stadion zu gehen. Er zog eine regelrechte Show ab, die im Locker Room für Wirbel sorgte, was wir natürlich überhaupt nicht gebrauchen konnten – schon gar nicht in diesem so wichtigen Spiel. Marcus konnte es nicht ertragen, dass seine ganze Familie auf der Tribüne saß und er, als der eigentliche Starter und nahezu sichere Pick im kommenden NFL-Draft, nur auf der Bank. Der Schmerz war ihm anzusehen, aber sein Egotrip schadete dem Team. Er tat mir dennoch leid. Ich bin dann zu Coach Eliot gegangen und habe ihm gesagt, dass es für mich okay wäre, wenn er Marcus wieder mehr spielen lassen würde. Bei allem Ehrgeiz und der Gier nach Snaps hatte ich großen Respekt vor Marcus, und außerdem wusste ich, dass meine Zeit noch kommen würde. Mein Coach rechnete es mir hoch an, dass ich in diesem Moment ein Problem zu lösen versuchte, das gar nicht meines war, aber er schärfte mir einen Satz ein, der Gesetz ist – auch und gerade in der NFL. „Egal, was Sache ist und wie sehr du moralisch im Recht sein magst: Stelle niemals deine eigenen Interessen über die des Teams." Der Freshman hatte sich als Teamplayer erwiesen, der Senior nicht. Ich hatte eine wichtige Lektion gelernt.

In der zweiten Halbzeit ließen wir keinen einzigen Punkt mehr zu, Marcus spielte wieder ein bisschen mehr als ich, und wir gewannen mit 31:7. Es war ein Triumph, eine Erlösung und eine Demütigung für die Gators. Wir hatten unserem größten Rivalen eine

Abreibung verpasst und gezeigt, dass mit den neuen Seminoles von Jimbo Fisher wieder zu rechnen war. Und obwohl ich Freshman war, hatte ich das Gefühl, auch eine persönliche Rechnung beglichen zu haben. Der Gesichtsausdruck von Urban Meyer war die Kirsche auf dem Kuchen. Seine erste Niederlage im „Sunshine Showdown" war dann auch sein letztes Spiel als Coach der Gators. Rache ist süß.

In den Tagen nach dem Triumph waren wir die Kings of Campus. Wo meine Mitspieler und ich auch hinkamen, wurden wir gefeiert. Es war ein absolut geiles Gefühl und rundete eine Rivalry Week ab, die sicherlich zu den schönsten, eindrucksvollsten und auch prägendsten Erlebnissen meiner Football-Karriere gehört. Wir waren nicht nur der Stolz der Uni, sondern von ganz Tallahassee. Wir hatten die Gators vernichtend geschlagen und auch die Miami Hurricanes haushoch besiegt. Die Seminoles regierten Florida.

Es kam noch besser: Durch unseren Sieg qualifizierten wir uns für das ACC Championship Game, das Endspiel der Atlantic Coast Conference, was den Seminoles schon einige Jahre nicht mehr gelungen war, und nun hatten wir gegen das Team der Virginia Tech die Chance, unsere erste Trophäe der Saison zu gewinnen. Das Spiel fand im Bank of America Stadium in Charlotte, North Carolina, statt. Footballfans wissen: Das ist die NFL-Arena der Carolina Panthers. Wie zu jedem Auswärtsspiel reisten wir auch diesmal mit einem Charterflieger an, und die Crew an Bord bestand – mit Ausnahme der Piloten – aus Leuten vom College.

Es war eine sehr große Maschine. Man darf nicht vergessen, dass ein College-Footballteam rund 120 Spieler zählt – plus Coaches und Staff. Diese große Anzahl ist übrigens auch der Grund, warum es bei den Spielen im College Football an der Sideline nur so vor Spielern wimmelt. Etwa 85 dieser 120 sind Scholarship Players, also Spieler, die ein Stipendium haben. Die restlichen Athleten sind sogenannte Walk-ons, Football spielende Studenten, die kein Stipendium erhalten haben, aber talentiert genug sind, um einen Platz im Team zu bekommen. Herausragende Beispiele von Spielern, die ihre Karriere als College-Walk-ons begonnen haben, sind – man mag es kaum glauben – Clay Matthews, Antonio Brown und J. J. Watt.

Ein anderer geläufiger NFL-Name machte uns im ACC Championship Game, das amerikaweit live übertragen wurde und ein Millionenpublikum hatte, das Leben zur Hölle: Tyrod Taylor, Quarterback der Virginia Tech Hokies. Die 33 Punkte unserer Offense hätten für den Sieg reichen müssen, aber Taylor spielte mit unserer Defense Katz und Maus, schlug auf dem regennassen Rasen Haken ohne Ende und ließ uns ins Leere laufen oder wegrutschen. Es war ein Albtraum. 44 Punkte schenkten die Hokies uns, einer der besten Defenses im College Football, ein, und Taylor wurde zum MVP gekürt.

Ein bitterer Ausgang des Endspiels, aber noch nicht das Ende der Saison, denn die Bowl Season mit über 30 Duellen unterschiedlicher Güteklasse stand noch bevor. Während die Hokies in den hochkarätigen Orange Bowl einzogen, mussten wir mit dem Peach Bowl Vorlieb nehmen, der dennoch ein großes Ding war, an dem die teilnehmenden Teams mehr als eine Million Dollar verdienten. Austragungsort war der riesige Georgia Dome, damals noch Spielort der Atlanta Falcons. In meiner ersten Saison würde ich nun also schon zum dritten Mal und jetzt gleich zweimal hintereinander in einem NFL-Stadion spielen, was mich der Liga meiner Träume zumindest vom Gefühl her noch näher brachte, denn jedes Mal stellte ich mir vor, wie es wohl wäre, in nicht allzu ferner Zukunft an Ort und Stelle ein Spiel im Trikot eines NFL-Teams zu bestreiten. Es fühlte sich gar nicht mehr so abwegig an wie noch zu High-School-Zeiten beim Talent-Camp in Baltimore im Stadion der Ravens.

Ungewöhnlich war der Termin. Wir spielten am 31. Dezember, und Kickoff war abends um halb acht, was nichts anderes bedeutete, als dass wir an Silvester spielten. Da sich die Bowl Season jedes Jahr von kurz vor Weihnachten bis ins neue Jahr hinein erstreckt, können die beteiligten Spieler und Coaches gemütliche Feiertage im Kreise der Familie vergessen. Wer feiern will, der muss sein Bowl Game gewinnen, ganz einfach, und das hatten wir auch vor. Unser Gegner waren die South Carolina Gamecocks, was nichts Versautes bedeutet, sondern Kampfhähne. Wir reisten schon am 25. Dezember nach Atlanta, wo wir die Woche vor dem Spiel verbrachten.

Bowl Week ist immer ziemlich crazy. Die Mannschaften wohnen in tollen Hotels, und unter der Woche gibt es zahlreiche Events, darunter witzige Challenges der Teams gegeneinander wie Dancing Contests oder Wettessen, bei denen die besten Esser beider Teams versuchen, mehr Chicken Wings oder Burger wegzuputzen als der Gegner. Diese Battles sind ein riesengroßer Spaß, und die Ergebnisse der einzelnen Wettkämpfe fließen in eine Gesamtwertung ein. Am Freitag heißt es dann: College Soundso gewinnt die Woche – aber wer gewinnt das Spiel? Bowl Week ist auch die einzige Zeit im Jahr, in der ein College-Spieler Geschenke annehmen darf, was ansonsten nach den Regularien der NCAA strengstens verboten ist. Für alle Teilnehmer gibt es eine spezielle Uhr als Erinnerung an das Bowl Game, und man bekommt Einkaufsgutscheine im Wert von mehreren hundert Dollar. Das ist für viele Spieler, die aus einfachen oder sogar ärmlichen Verhältnissen kommen, ein zusätzliches Highlight.

Ich kann mich nicht mehr erinnern, ob wir die Bowl Week für uns entschieden, aber wir gewannen das Bowl Game, und mir gelang beim 26:17 sogar ein Sack. Es fühlte sich wie ein richtig großer Sieg an, was auch daran lag, dass durch die geographische Nähe beider Colleges zu Atlanta Fans beider Lager in fünfstelliger Zahl angereist waren und für eine grandiose Stimmung im Georgia Dome sorgten. Es gab eine große Siegerehrung mit Konfetti-Kanonen, wir bekamen eine imposante Trophäe überreicht, und Jimbo Fisher wurde kurz vor Spielschluss die obligatorische Gatorade-Dusche verpasst – ein Hauch von Super Bowl. Ich kann mich noch erinnern, wie Coach Fisher uns bei seinem Siegerinterview im Stadion vor 72 000 Zuschauern und ein paar Millionen vor den TV-Schirmen zurief: „Boys, this is just the beginning!"

Noch auf unserem Weg vom Stadion zum Hotel schlug die Uhr Mitternacht – und das Jahr war vorbei.

Struggle

Der Kampf um jeden Dollar

2010 war Geschichte. Es war ein gutes Jahr gewesen – was Football betrifft. In meiner ersten Saison hatte ich mehr Spielzeit bekommen, als ich zu hoffen gewagt hätte, hatte dem Starter auf meiner Position mächtig Feuer unterm Hintern gemacht und am Ende der Spielzeit dreieinhalb Sacks und 20 Tackles auf dem Konto, was für einen Freshman mehr als ordentlich ist, denn viele Jungs aus meiner Recruiting Class hatten überhaupt noch nicht gespielt. Darauf konnte man aufbauen. Ich hatte einige Skeptiker unter den Seminoles-Fans überzeugt, die mich anfangs in den einschlägigen Internet-Kanälen als „German Potato" verspottet hatten, und Nigel Bradham, einer der Leader unseres Teams, gab mir, wenn er besonders gute Laune hatte, beim Training ab und zu einen Klaps auf den Hintern und rief „Let's go!", woraufhin ich ihn streng zurechtwies, dass man das in Amerika nicht machte, und wir uns kaputtlachten. Ich war angekommen.

Football war nicht das Problem. Mein Problem war, dass auf dem richtigen Konto, auf dem nicht Sacks, sondern Bucks zählten, gähnende Leere herrschte. Null, nothing, nada. Ich lebte jetzt zwar meinen American Football Dream und arbeitete leidenschaftlich daran, ihn vollkommen zu machen, aber ich konnte noch nicht davon leben. Davon war ich so weit entfernt wie Tallahassee von Berlin. Es machte mich total glücklich, dass Denise jetzt bei mir war, aber ihre Anwesenheit verschärfte das Problem noch.

Meine Frau war Ende Juli nach Amerika gekommen, nachdem sie in Berlin ihr Abi gebaut und anschließend alle Formalitäten rund um ihr Visum erledigt hatte; wir waren endlich wieder vereint. Die typischen deutschen Ehepaare, die nach Florida auswandern, sind über 65. Wir waren Teenager. Es war schon komisch, sie als „my wife" vorzustellen, gleichzeitig machte mich das aber auch sehr stolz.

Die ersten Tage wohnten wir übergangsweise in einem Apartment in der Burt Reynolds Hall: viel Lärm, gelegentlicher Drogenhandel und ab zu Besuch von der Polizei. Als Frischverheiratete hatten wir eine andere Vorstellung vom gemeinsamen Glück.

Eine geeignete Bleibe zu finden, die bezahlbar war und gleichzeitig einigermaßen ansehnlich, war ein aussichtsloses Unterfangen, wie wir schnell einsahen. Wir mussten mit einer Einzimmerwohnung mit Küche und Bad in einem Apartmentkomplex in der Nähe des Stadions vorliebnehmen. Die Nähe zum Doak war noch das Beste daran, denn unsere erste gemeinsame Wohnung war eine echte Ranzbude und das genaue Gegenteil von einem kuscheligen Liebesnest. Sie lag im Erdgeschoss, die Wände waren dünn, und die klapprige Tür schloss nicht richtig, sodass man alle Geräusche und Gespräche auf dem Gehweg hören konnte. Dafür, dass die Butze so scheiße war, war sie ganz schön teuer. Unser ganzes Budget ging für die Miete drauf, sodass wir uns keinerlei Möbel leisten konnten und ich mich hilfesuchend an unsere Coaches wandte. Einer von ihnen gab uns eine abgenutzte Matratze, die wir auf den Boden des einzigen Zimmers legten, ein anderer überließ uns eine ausrangierte verwanzte Couch, die er noch irgendwo herumstehen hatte, und ein Dritter schenkte uns einen alten Fernseher.

Gemütlich ist anders, aber in unserer Lage war es gut genug und besser als nichts. Wir mussten dankbar sein. Meine Coaches halfen, wo sie nur konnten, und auf diese Weise lernten wir uns sehr gut kennen und bauten ein Vertrauensverhältnis auf, von dem beide Seiten profitierten.

Das Geld reichte trotzdem vorne und hinten nicht. Mein Stipendium war insgesamt 250 000 Dollar für die maximal fünf Jahre wert, eine Viertelmillion. Mit den 50 000 Dollar pro Jahr wurden die Gebühren für das Studium, eine Unterbringung in einem der offiziellen Studentenwohnheime sowie Verpflegung unter der Woche abgedeckt. Darüber hinaus gab es eine Art Taschengeld. Da ich nicht mehr in der Burt Reynolds Hall wohnte, konnte ich mir die dafür vorgesehene Summe pro Semester auszahlen lassen. Als internationaler Student musste ich, anders als die Einheimischen, sofort

Steuern zahlen, weshalb mir unterm Strich deutlich weniger Knete blieb als meinen Kommilitonen.

Alles in allem, das Kindergeld aus Deutschland eingerechnet, hatte ich im Monat etwa 900 Dollar zur Verfügung. 600 Dollar gingen für die Miete unserer Ranzbude inklusive Nebenkosten drauf, noch mal 50 bis 100 Dollar für Dinge des täglichen Gebrauchs. Blieben also maximal 250 Dollar im Monat zum Leben übrig – für zwei.

An Unternehmungen, die Geld kosteten, wie Kino oder Restaurantbesuche, war gar nicht zu denken. Wir hatten Mühe, überhaupt satt zu werden. Das wäre vielleicht kein Problem gewesen, wenn es an sieben Tagen in der Woche Essen in der Mensa gegeben hätte. Im Stipendium enthalten waren aber nur zweimal die Woche, dienstags und donnerstags. Frühstück, von Montag bis Freitag Lunch und von Montag bis Donnerstag Dinner. Meistens brachte ich Denise etwas zu essen mit, aber am Freitagabend, Sonnabend und Sonntag standen wir komplett ohne Verpflegung da, und so begann ich, jeden Freitagnachmittag in der Cafeteria des Footballteams aus den übriggebliebenen Speisen unser Essen für das Wochenende zusammenzukratzen und in Pappschachteln nach Hause zu schleppen. Ich nahm immer so viel mit, wie ich konnte. Monatelang ging das so. Heutzutage können sich Football-Stipendianten auf dem Campus kostenlos verpflegen und bekommen ein Guthaben für Einkäufe. Wir lebten damals im wahrsten Sinne des Wortes von der Hand in den Mund.

Es war total verrückt: Freitags musste ich kostenloses Essen schnorren, samstags spielte ich vor 80 000 Zuschauern und wurde nach großen Siegen mit meinen Teamkollegen wie ein Held gefeiert – ein Leben zwischen King of Campus und Bettelmann. Mit diesem krassen Missverhältnis kam ich nur sehr schwer klar. Ich habe auch die Coaches gefragt: Leute, wie kann es sein, dass ich ein Mega-Stipendium bekommen habe, aber darum kämpfen muss, dass meine Frau und ich satt werden? Sie hatten darauf keine schlüssige Antwort.

Genau das ist der Grund, warum ich der Meinung bin, dass mehr Geld in die Taschen der College-Spieler gehört, was ja ein Streitthema ist. Ich finde es ungerecht, dass sie nicht einmal Krümel von diesem riesigen Kuchen abbekommen. College Football ist ein Milliarden-Business. Allein das Football-Programm von Florida State macht mehr als 100 Millionen Dollar Umsatz im Jahr, was nicht zuletzt an den Erfolgen der Teams und der Vermarktung einzelner Spieler liegt. Ich fordere keine fetten Gagen für die Spieler. Niemand will Millionäre auf dem Campus. Ein College-Footballspieler muss nicht reich sein, aber er sollte genügend Geld haben, um vernünftig und sorglos leben zu können, denn neben dem Studium leistet er noch einiges mehr für seine Uni, und das ist eine enorme Zusatzbelastung, wie ich aus eigener Erfahrung sagen kann. Darüber hinaus schaffen nur die allerwenigsten College-Spieler den Sprung in die NFL, wo sie ihre Skills zum Beruf machen und versilbern können.

Das Argument, College-Football sei ein Amateursport, lasse ich aus zwei Gründen nicht gelten. Erstens hat dieser Sport mit seinen längst hochprofessionellen Strukturen nur deshalb noch den Amateurstatus, *weil* die Spieler kein Geld verdienen. Zweitens frage ich mich, wie es mit diesem Amateurstatus zu vereinbaren ist, dass die Head Coaches der Amateur-Mannschaften Millionen kassieren. Das gibt es in keinem Sport der Welt. Jimbo Fisher kassierte zu meiner Zeit bei FSU fünf Millionen Dollar pro Jahr. Als er zu Texas A&M wechselte, unterschrieb er für zehn Jahre und 75 Millionen Dollar – plus Prämien. Das sind NFL-Dimensionen.

Ich möchte nicht undankbar erscheinen. Natürlich habe ich mich damals über mein Stipendium gefreut und auch über die kostenlose komplette Ausstattung meines Footballteams, zu der neben der Ausrüstung und Spielkleidung auch Turnschuhe, eine Jacke, ein Pullover, Shorts, mehrere T-Shirts und Socken gehörten. In diesen Sachen bin ich dann auch immer herumgelaufen, denn Kohle für andere Klamotten hatte ich gar nicht. Das war mein tägliches Outfit, und deshalb war nicht zu übersehen, dass ich ein Spieler der Seminoles war. Niemand meckerte, dass ich keinen Schlips trug oder der oberste Knopf meines Hemds offen war. Hier konnte ich unrasiert und mit Badelatschen in die Vorlesung schlappen. Ziemlich praktisch, denn mein Tagesablauf war College, Football, College, Football, College, Football.

Die Uni fiel mir übrigens überraschend leicht, was weniger daran lag, dass ich im zweiten High-School-Jahr tatsächlich ein besserer Schüler geworden war und mit einigen Mühen, aber erfolgreich meinen Abschluss gemacht hatte, sondern am eher überschaubaren Niveau auf der Florida State University, wo ich mich für den Studiengang Business Management entschieden hatte. In Amerika ist das akademische Niveau der Colleges sehr unterschiedlich, und man kann Florida State überhaupt nicht mit Top-Universitäten wie Stanford oder Berkeley vergleichen, die auch hochklassige Football-Programme haben. In den beiden Fächern, die ich anfangs belegte, hatte ich prompt zweimal ein A. In den USA gibt es statt der in Deutschland üblichen Zensuren das Buchstabensystem: A ist eine Eins, F ist die schlechteste Note, und ein E gibt es nicht. Warum? Mit den Noten A bis D besteht man, das F steht für Fail, Scheitern.

In Salisbury ist das Niveau sehr hoch, weil die Kinder der gehobenen Gesellschaft auf Elite-Colleges vorbereitet werden sollen, und ich war immer einer der Schlechtesten gewesen. An der FSU gehörte ich plötzlich zu den Besten. Ich spitzte in den Kursen meine Ohren, erledigte pflichtbewusst meine Hausaufgaben, lernte ein wenig und kam ohne größere Kopfschmerzen durchs Semester. Für meine guten Leistungen im ersten Semester bekam ich sogar eine Auszeichnung. Zum ersten Mal wusste ich den anspruchsvollen Unterricht in Salisbury zu schätzen, den ich so oft verflucht hatte. Er war die perfekte Vorbereitung aufs College.

Mit meinen beiden Einsen hatte ich mich direkt aus dem für alle neuen Football-Rekruten obligatorischen Nachhilfeunterricht katapultiert, was mehr Zeit für meinen Sport und für Denise bedeutete. Die anderen hatten zum Teil große Probleme, und nun traten auch einige der Probleme des amerikanischen Bildungssystems zutage. Da gab es Five-Star Recruits, die an ihrer High School die As und Bs nur so hinterhergeworfen bekommen hatten, weil sie so viele Touchdowns fingen und ihrer Schule schöne Siege bescherten, und am College kriegten sie plötzlich gar nichts auf die Kette und verstanden die Welt nicht mehr. Ich habe einige Exemplare kennengelernt, die waren dumm wie Brot und hätten in Deutschland nie und nimmer einen Studienplatz bekommen, weil sie weder das Abitur noch die mittlere Reife geschafft hätten. Aber auch an den meisten US-Colleges gilt: Die größten Sport-Asse werden irgendwie durchgeschleift, wenn es sein muss, schlimmstenfalls schreibt der Nachhilfelehrer den Aufsatz für den sportlich hochbegabten, aber intellektuell überforderten Spieler.

Für den Nachhilfeunterricht waren Studenten höherer Semester zuständig, und zur Enttäuschung vieler meiner Mitspieler handelte es sich bei der FSU dabei fast ausschließlich um männliche Kommilitonen. In den Jahren zuvor waren zur Freude der Freshmen immer Studentinnen als Tutoren der Footballspieler zuständig, was jedoch zu oft dazu geführt hatte, dass die Neulinge nicht bei der Sache waren – oder bei einer, die nichts mit ihren Fächern zu tun hatte.

Auch Denise wollte in Amerika studieren, und wir hatten geplant, dass sie zunächst an ein sogenanntes Community College in Tallahassee geht. Das ist eine in den USA verbreitete staatliche Hochschulform, auch Junior College genannt, bei der man ohne große Zulassungshürden und zu viel geringeren Kosten die ersten zwei Jahre eines Bachelorstudiums absolvieren kann, um bei ausreichender Qualifikation die anderen beiden Jahre und den Abschluss an einer Uni zu machen. Ihre Aufnahme am College war nicht das Problem, denn es gab gute Connections. Denise hatte Vitamin B. Das B steht für Björn. Es half, dass ich an der Florida State University für die Seminoles spielte.

Das Problem war mal wieder das Geld, besser: das fehlende Geld. Am Community College konnte man aus einer Vielzahl von Kursen wählen, von denen einer für internationale Studenten 1100 Dollar pro Semester kostete. In der Regel belegt man vier bis fünf Kurse, damit die Woche voll ist. Denise belegte nur zwei – und dennoch blieb die Frage: Wo kommt das Geld her?

Die Antwort: Wir müssen Geld verdienen. Die Lösung: Denise brauchte einen Job. Das nächste Problem: Sie durfte nicht. Ihr Visum erlaubte es ihr zwar zu studieren, nicht aber zu arbeiten. Die Überwindung dieses Hindernisses, das uns einige schlaflose Nächte bereitete, war dann auch nicht legal, und wieder war es von Vorteil, ein

Seminole zu sein. In Downtown Tallahassee gab es ein Restaurant, das als Caterer häufiger mal unser Footballteam belieferte, wenn wir irgendwelche Events hatten. Den Chef hatte ich im Sommer kennengelernt, bei den ersten Trainingscamps für die neuen Rekruten, denn er war riesengroßer Seminoles-Fan. Als wir bei irgendeinem Anlass mal wieder ins Gespräch kamen und er fragte, wie ich mich eingelebt hätte, erzählte ich ihm von unseren Problemen, und er bot spontan an, dass Denise in seinem Laden jobben könne. Ich sage es immer wieder: Football is family. Und so arbeitete Denise dann schwarz als Kellnerin, um ihr Studium zu finanzieren, und ich plünderte weiter das Buffet in der Football-Cafeteria, um uns beide zu ernähren.

Es war ein absoluter Struggle. Wir kämpften um jeden Dollar und mussten zweimal überlegen, wofür wir ihn ausgaben. Ich musste in dieser Zeit mehr als einmal an meine Mutter denken, wie sie alles gegeben und auf vieles verzichtet hat, um die Familie zu ernähren und ihre Jungs durchzubringen. Ich fühlte mich für Denise verantwortlich, denn sie war nur meinetwegen nach Amerika gekommen, und ich spürte, dass sie unglücklich war. Sie hatte sich das alles anders vorgestellt mit dem Leben in Florida. Ich hatte mich über die Jahre daran gewöhnt, Widerständen zu trotzen, Hindernisse zu überwinden und immer wieder Lösungen zu finden. Für Denise war es einfach zu viel auf einmal und eine megaharte Zeit, aber sie hat sich durchgekämpft. Wir waren uns einig, dass wir aus unserer Ranzbude rausmussten. In den ersten Monaten unseres neuen Lebens sind wir sehr schnell erwachsen geworden – uns blieb auch gar nichts anderes übrig.

In diese Zeit fällt ein Erlebnis, das ich mein Leben lang nicht vergessen werde. Ich besuchte einen Mitspieler, Dan, mit dem ich mich angefreundet hatte, auf seiner Bude, die er sich mit einem anderen Spieler teilte, dessen Name besser unerwähnt bleibt. Sein Zimmerpartner war ausgeflogen, also schnüffelten wir neugierig ein bisschen herum, als Dan unter dem Bett des Mitbewohners ein Gewehr hervorzog, ein krasses Teil. Ich war erst total erschrocken, zwar hatte ich ein paarmal in der Waffenkammer der Keller-Family übernachtet, dennoch löste der Anblick von Knarren immer noch starkes

Unwohlsein bei mir aus. Dan lachte über meine ängstliche Reaktion und meinte, das sei nur ein Softair-Gewehr. Diese Dinger, mit denen man vergleichsweise harmlose kleine Kugeln aus verschiedenen Materialien verschießt, sehen echten Waffen täuschend ähnlich. Dan nahm das Gewehr, richtete den Lauf auf mein Gesicht, legte den Zeigefinger auf den Trigger und tat so, als würde er abdrücken. Dabei kicherte er. Dann reichte er mir das Gewehr. Ich nahm es entgegen, umfasste ungeschickt den Griff, das Ding zuckte in meiner Hand, es gab einen lauten Knall – und in der massiven Außenwand neben uns klaffte ein Krater, aus dem Betonbrösel rieselten. Wir waren wie erstarrt und schauten uns aus aufgerissenen Augen an. Niemals werde ich seinen Gesichtsausdruck vergessen. Bestimmt zehn Sekunden lang bewegte sich keiner von uns. Dann reichte ich Dan in Zeitlupe das Gewehr, und er schob es behutsam zurück unter das Bett. Mir war speiübel. Ohne dass wir nach dem Schuss auch nur ein einziges Wort gesprochen hatten, verließ ich wie in Trance den Raum und betrat ihn nie wieder.

Ich habe Tage gebraucht, um den Schock zu verdauen, und es dauerte Monate, bis Dan und ich darüber lachen konnten, aber immer mit einem mulmigen Gefühl. Das verdammte Scheißding war kein Softair-Gewehr, sondern eine echte Waffe, und sie hatte mit scharfer Munition geladen und entsichert unter dem Bett gelegen. Nicht zu fassen. Wir haben damals niemandem davon erzählt. Mit Ausnahme von Denise und Dans Mitbewohner, der sich natürlich wunderte, warum ein Loch in der Wand war.

An diesem Tag hätte er vorbei sein können, mein American Football Dream, wenn mein neuer Kumpel nur ein wenig stärker auf den Abzug gedrückt hätte. Ich im Himmel, Denise in der Hölle, Dan im Knast. Ein Horrorszenario – nur Millimeter entfernt.

Meine erste Offseason als Seminole war ebenfalls ein einschneidendes Erlebnis – im schlechtesten Sinne des Wortes. Ich musste unters Messer. Zum ersten Mal in meinem Leben. Ich hatte Schiss, weil ich so etwas nicht kannte. Da ich es so schnell wie möglich hinter mich bringen und so wenig wie möglich der wertvollen Trainingszeit in der Offseason verlieren wollte, wurden die Operationen am

Außenmeniskus beider Knie gleich im Januar durchgeführt. Man ließ mir die Wahl: beide Knie auf einmal und dann Rollstuhl, oder im Abstand von zwei Wochen. Ich entschied mich für Letzteres. Die Operation am linken Knie verlief wie geplant, bei der OP des rechten Knies aber entschieden sich die Ärzte während des Eingriffs für eine zusätzliche Mikrofrakturierung. Sie konnten mich schlecht fragen, da ich unter Vollnarkose war. Bei dieser Methode werden winzig kleine Löcher in den Knochen gebohrt, und aus der austretenden Flüssigkeit bildet sich Ersatzknorpel. Klingt eklig, ich weiß. Mikrofrakturierung wurde eine Zeitlang bevorzugt bei Leistungssportlern angewendet, ist mittlerweile aber umstritten, denn kurzfristig ist der Effekt zwar positiv, mittel- und langfristig kann die Methode das Knie aber destabilisieren. Das konnte ich damals nicht wissen. Mich wurmte vor allem die deutlich längere und sehr strikte Ruhezeit von vier bis sechs Wochen nach diesem Eingriff. Football, sagten die Ärzte, könne ich frühestens wieder in acht bis zehn Wochen spielen.

Das war ein Schock für mich, denn bereits Ende Januar war mein Team schon wieder ins Training gestartet mit den Fourth Quarter Drills, einem kombinierten Kraft- und Konditionstraining. Anders als in der NFL ist die Offseason im College Football die Zeit, in der du dich nicht als Spieler, aber als Athlet am meisten weiterentwickelst. Im Alter von 18 bis 22 werden die entscheidenden physischen Grundlagen gelegt. Später, in der NFL, hast du deinen körperlichen Zenit erreicht, und es geht darum, nach der Saison dem Körper eine Ruhepause zu geben und dabei das physische Level zu halten.

Ich hatte Angst, ins Hintertreffen zu geraten und meine gute Ausgangsposition im Kampf um einen Job als Starter zu verlieren. Außerdem war Ärger im Anmarsch.

Immerhin saß mein Kopf noch auf meinen Schultern.

Coming Out

Einmal mehr aufstehen als hinfallen

Ich hatte ein Problem: Tank. Tank bedeutet im Englischen Panzer. In diesem Fall war Tank ein Mensch. Ein Mensch wie ein Panzer. 1,92 Meter groß wie ich, aber im Gegensatz zu mir schien er nur aus Muskeln zu bestehen und hatte unverschämt lange Arme. Er war eine unheimliche Maschine, oder wie man in Amerika sagt: ein Freak Athlete. Tank war ein Fünf-Sterne-Rekrut. Florida State hatte alle Hebel in Bewegung gesetzt, ihn nach Tallahassee zu locken, und dabei diverse Top-Colleges im gesamten Land ausgestochen, denn jeder Head Coach hatte Tank in seinem Team haben wollen. Für die Seminoles war das ein Coup und hätte auch für mich ein Grund zur Freude sein können, aber Tank Carradine war Defensive End. Er hatte es auf die gleiche Position im Starting Line-up der Seminoles wie ich abgesehen – und ich wusste, dass ihm diese auf dem Silbertablett offeriert worden war.

Es war zum Kotzen. Marcus White hatte sich gerade erst in Richtung NFL verabschiedet, und der Weg schien für mich frei, da fuhr der Panzer vor, und ich musste in der ätzenden Reha-Zeit nach meinen Knie-Operationen tatenlos zuschauen, wie er sich in Position brachte. Schon Ende Januar stand Tank bei Florida State auf der Matte und nicht, wie für neue Rekruten üblich, im Juni, denn er kam nicht von der High School, sondern von einem Junior College und war deshalb auch kein Freshman, sondern sogar schon ein Jahr weiter als ich. In meiner zweiten Saison würde ich ein sogenannter Sophomore sein, und nun setzte man mir einen Junior vor die Nase. Das ist, als wenn du dich auf der Überholspur wähnst und dann auf der rechten Seite einer an dir vorbeibrettert.

Tank hieß eigentlich Cornellius, aber er bevorzugte seinen Spitznamen. Den hatte ihm seine Mutter verpasst, und es spricht Bände, wenn eine Mama ihren Kleinen „Panzer" nennt. Schon in den ersten

Trainingseinheiten des Jahres gab er Vollgas, war überall der Stärkste, kannte nach kürzester Zeit auch die fettesten Eisenscheiben im Gym persönlich, und von den schweren Jungs im Team war er der Schnellste. Er war genau das, was sich die Coaches von ihm versprochen und ich befürchtet hatte.

Das Schlimme war, dass ich genau wusste, was sie mit ihm vorhatten, denn ich war Zeuge im Rekrutierungsprozess gewesen. Ich hatte zufällig ein Telefonat zwischen unserem Defensive-Ends-Coach D. J. Eliot und Tank mitbekommen, es war im November oder Dezember gewesen, und musste mit anhören, wie Eliot ihn köderte, ihm erzählte, dass er der Beste sei, bei Florida State groß rauskommen und vor allem ohne Anlaufzeit spielen würde. Ich dachte: Shit! Die suchen einen Ersatz für Marcus White – und du bist es nicht. Und als ich Tank Carradine dann zum ersten Mal leibhaftig trainieren sah, wusste ich, was die Stunde geschlagen hatte. Ich hatte keine Zeit zu verlieren, keinen einzigen Tag. Der Druck war enorm. Ich musste zurück auf den Trainingsplatz, so schnell wie möglich. Koste es, was es wolle.

Eine der Lektionen, die ich schon früh in meiner Karriere lernen musste und die in der NFL zu den Naturgesetzen zählt: Die Football-Welt dreht sich schnell, und sie wartet nicht – schon gar nicht auf den Einzelnen. Entweder du hältst Schritt oder du bleibst auf der Strecke.

Im März, früher als es für eine vollständige Heilung nötig gewesen wäre, stand ich schon wieder auf dem Feld, das ich Tank in der Spring-Football-Saison nicht kampflos überlassen wollte. Ich legte mich mächtig ins Zeug, um meinen Rückstand aufzuholen, und gegen jede Regel und alle Prognosen war ich pünktlich zum Spring Game im April wieder in Form und spielfähig. Das traditionelle Spring Game im College Football ist ein Freundschaftsspiel, bei dem ein Team aufgeteilt wird und die Mitspieler gegeneinander antreten. Das sind oftmals große Events, bei denen der Eintritt kostenlos ist und viele Zuschauer in die Stadien strömen, weil sie ausgehungert sind nach einer langen Zeit ohne Football. Auch der Super Bowl liegt dann schon mehr als zwei Monate zurück. Zu unserem Garnet & Gold Game kamen rund 40 000 Zuschauer. Bei den

Nebraska Cornhuskers sind es jedes Jahr 80 000 – bei einem öffentlichen Training und teaminternen Pillepalle-Spiel, irre. Ich nahm diese Spaßveranstaltung jedenfalls ziemlich ernst und wollte ein Zeichen setzen, was mir auch gelang und mit der Auszeichnung zum Defense-MVP des Spring Games honoriert wurde. Ich war zurück.

Den Sommer über trainierte ich wie ein Tier. Ich war ein Getriebener. Härter, schneller, weiter. Jede Trainingseinheit war eine Gelegenheit, besser zu werden, und zugleich auch ein Wettkampf zwischen Tank und mir, denn es war in Stein gemeißelt, dass Brandon Jenkins, unser Top Dog, die gesamte Saison der rechte Defensive End sein würde, und somit fand schon weit vor Saisonbeginn Anfang August das Duell um den Platz am linken Ende der Line in unserer 4-3-Defense statt: Werner vs. Carradine.

Tank war stärker. Während ich beim Bankdrücken auch später nie mehr als 400 Pfund schaffte, was 181 Kilo entspricht, wuchtete Tank schon im College 500 Pfund in die Höhe. Dafür war ich wendiger und schneller. Seiner schieren Kraft wollte ich Beweglichkeit, Geschwindigkeit und Explosivität entgegensetzen. „Speed kills" lautet eine Football-Weisheit. Schnelligkeit tötet, was bedeutet, dass sie alles andere schlägt. Es war eine richtige Battle zwischen Tank und mir, die sogar Spaß machte, denn der Panzer entpuppte sich als umgänglicher Typ. Obwohl wir erbitterte Rivalen waren, konnten wir uns gut leiden.

Ich ahnte, dass ich mehr machen musste, um Tank auszustechen. Das reguläre Training reichte nicht, und ich begann, freiwillige Zusatzschichten zu schieben. Nach den täglichen Summer Workouts, bei denen nur Kraft und Kondition auf dem Programm stehen, ging ich allein aufs Practice Field und machte D-Line-Drills. Anfangs fragte mich unser Athletiktrainer, was ich da mache. Ich antwortete nur: „Work harder, be better." Erst war ich allein, doch ich konnte Brandon Jenkins überzeugen, mitzumachen. Wir verstanden uns ohnehin gut, aber dieser Sommer schweißte uns vollends zusammen. Wir waren beide auf einer Mission. Er hatte vor, sich nach der anstehenden Saison zum NFL-Draft anzumelden, und wollte sich in seiner letzten College-Spielzeit in die bestmögliche Position bringen.

Ich wiederum wollte mit aller Macht den Platz auf der gegenüberliegenden Seite von Brandon ergattern und mit ihm das Pass-Rush-Duo bilden. NFL-Traum hin oder her: Wenn du es nicht schaffst, Starter am College zu sein, wirst du es niemals schaffen, Spieler in der NFL zu sein.

Wir waren ON FIRE! Tank war on Feierabend. Als gute Teamplayer hatten wir ihn und auch andere Defense-Spieler ermutigt, an unseren Zusatzschichten teilzunehmen, weil wir alle davon profitieren konnten. Aber jeden Freitag, wenn schon am frühen Nachmittag Schluss war und Brandon und ich noch eineinhalb bis zwei Stunden bei 35 Grad und 90 Prozent Luftfeuchtigkeit eine lange Session machten, verabschiedeten sich die Kollegen ins Wochenende, und viele kümmerten sich in der Happy Hour um ihren Flüssigkeitshaushalt. Das war absolut okay, und die Jungs hatten sich nach der harten Woche die Drinks verdient, aber Brandon und ich zogen eine Sweaty Hour auf dem Practice Field vor, was den Coaches nicht verborgen blieb. Im Training Camp im August, der gezielten Saisonvorbereitung, waren wir beide mehr als nur ready und lieferten richtig ab.

Als eine Woche vor dem Saisonstart die Starter für das erste Spiel bekanntgegeben wurden, gab es eine böse Überraschung. Für Tank. Ich hatte den Starter-Job. Mein Herz machte einen Sprung, aber Coach Eliot beeilte sich hinzuzufügen, dass das nicht für die ganze Saison galt, sondern zunächst nur für das erste Spiel und Tank und ich uns während der vier Quarter abwechseln würden. Tank war stinksauer. Beim Training am nächsten Tag fehlte er. Tags darauf fehlte er erneut. Die ganze Woche über ließ sich Tank nicht beim Training blicken, verschanzte sich in seinem Apartment, ignorierte die Anrufe von D. J. Eliot und machte auch nicht die Tür auf, als der Coach persönlich klopfte.

Einige Jahre später hat mich Coach Eliot, zu dem ich in meiner Zeit bei den Seminoles ein enges Vertrauensverhältnis aufbaute und zu dem ich bis heute Kontakt habe, in die Hintergründe eingeweiht, die Tanks extreme Reaktion erklärten. Bei der Rekrutierung hatte man ihm den Starter Job nicht nur in Aussicht gestellt: Man hatte ihm die Position fest zugesagt. Nur deshalb war Tank zu Florida State gegangen und hatte die Offers von Alabama, Ohio State und Georgia ausgeschlagen. Da er von einem Junior College gekommen war, hatte er nur noch maximal zwei Jahre, um sich für die NFL zu empfehlen, und dann plötzlich doch nicht Starter zu sein, gegen jede Absprache und nach einem regelrechten Wortbruch, war für Tank wie ein Tritt in die Eier gewesen – mit zehn Yards Anlauf. Als ich D. J. fragte, warum der Coaching Staff um Jimbo Fisher angesichts der damaligen Ausgangslage dennoch mich zum Starter erklärt hatte, antwortete er: „Wir wollten den Job Tank geben, aber wir konnten es nicht. So wie du den Sommer über trainiert hast, hast du uns einfach keine andere Wahl gelassen. Du warst einfach einen Tick besser." Es war eine späte Genugtuung zu hören, wie sehr sich meine harte Arbeit ausgezahlt hatte.

Meine Sophomore-Saison begann mit einem absoluten Highlight. Die ersten beiden Spiele waren nicht der Rede wert, denn wir spielten gegen unterklassige Colleges, die wir zusammengezählt mit 96:10 besiegten. Dann jedoch machte der Hype Train in Tallahassee halt, und der College-Football-Zirkus schlug für einen Tag bei uns seine Zelte auf.

College GameDay, das ist eine legendäre dreistündige Live-Show von ESPN am Samstagvormittag vom Schauplatz des heißesten Duells des Spieltags – und das war am dritten Spieltag Mitte September unser Heimspiel gegen Oklahoma. Die Sooners waren im berühmten Ranking der Top 25, der stärksten 25 von knapp 130 College-Teams der obersten Spielklasse, aktuell die Nummer eins und wir die Nummer fünf. ESPN baut für die Sendung immer eine große Bühne auf dem Campus auf, dann gibt es eine ausführliche Vorschau auf das Spiel, Experten-Einschätzungen und Stargäste, und im Hintergrund versammeln sich schon morgens ein paar tausend Fans und rasten aus. Unser Spiel fand abends statt und wurde von ABC ausgestrahlt, einem der größten US-Sender. *Saturday Night Football* ist das Pendant zu *Sunday Night Football* in der NFL.

Es ist die ganz große Bühne im College Football in der regulären Saison. Prime Time, Spotlight. Im Fernsehen läuft nur dieses eine

Spiel, und ganz Amerika schaut zu. Mein Ziel: Ich wollte mir einen Namen machen.

Es wurde eine krasse Schlacht und das lauteste Spiel, in das ich jemals involviert war – NFL eingeschlossen. 84 000 Zuschauer drängelten sich im Doak, offiziell. Inoffiziell waren es sicher noch mehr. Flutlicht, War Chant, Tomahawk Chop, Osceola und Renegade, der brennende Speer und ein Stadion außer Rand und Band – ich kriege heute noch Gänsehaut, wenn ich daran zurückdenke. Ich war bis in die Haarspitzen motiviert und machte mächtig Dampf über die linke Seite, wo ich zumeist gegen den rechten Tackle Lane Johnson spielte. Lane Johnson, später dreimaliger Pro-Bowler und Super-Bowl-Sieger mit den Philadelphia Eagles, der Typ mit der Hundemaske. Ich habe Johnson und seine O-Line-Kollegen ganz schön ins Schwitzen gebracht an diesem Abend, und mir gelang neben fünf Solo-Tackles und zwei Tackles for Loss, also mit Raumverlust für den Gegner, auch ein spektakulärer Quarterback Sack gegen Landry Jones, der später von den Pittsburgh Steelers gedraftet wurde.

Während des Spiels kam es an der Sideline zum Eklat. Tank kam nicht damit klar, dass ich so gut drauf war und deshalb mehr Snaps spielte als er, und als ich mal wieder eine Pause brauchte, da weigerte er sich einfach, aufs Feld zu gehen, und blieb stur auf der Bank sitzen. Es gab einen Riesenzoff mit den Coaches, denn es war ein wichtiges Spiel, und Tank zickte herum. Manchmal wusste man wirklich nicht, was in seinem Kopf vorging. Anders als noch im Jahr zuvor bei dem Theater mit Marcus White dachte ich diesmal überhaupt nicht daran, zurückzustecken und die Probleme eines Konkurrenten zu lösen – schon gar nicht zur Prime Time. Ich hatte als Freshman meine Lektion gelernt, ging zu den Coaches und sagte: „Wenn Tank nicht will, spiele ich weiter. Ich gehe wieder rein." Ich stürzte mich zurück in die Schlacht. Mitte des vierten Quarters stand es 13:13, am Ende verloren wir aber 13:23. Wie im Vorjahr hatten wir gegen Oklahoma verloren, nicht so hoch, aber dafür im eigenen Stadion. Die Sooners waren unser Kryptonit.

So bitter die Niederlage für uns als Team war, so wichtig war der Abend für mich. Es war mein Coming Out Game – so nennt man das, wenn man sich bei einem Prime-Time-Duell zum ersten Mal in den Vordergrund spielt und bei der TV-Übertragung immer wieder der eigene Name fällt, weil man wichtige Plays macht. Ich hatte mir aber nicht nur wie erhofft einen Namen gemacht, sodass Millionen amerikanischer Footballfans jetzt wussten, wer „Björn Werner from Germany" ist (und es am Montag wieder vergessen hatten). Auch die Scouts und Experten der NFL hatten mich jetzt auf dem Radar – und die vergessen nie.

Durch die Niederlage so früh in der Saison war der Gewinn der National Championship in weite Ferne gerückt, aber im Kampf um die ACC war noch alles drin, und mit den Clemson Tigers erwartete uns der härteste Rivale auf diesem Weg in seinem Memorial Stadium, das den Beinamen „Death Valley" trägt. Höllenstimmung, 83 000 Menschen, alle in Orange gekleidet. Head Coach Dabo Swinney war zu dieser Zeit gerade dabei, die Tigers zu dem absoluten Spitzenteam zu formen, das sie seit ein paar Jahren sind. Vor allem ihre Offense war mörderisch. Die Tigers hatten damals mit Sammy Watkins und DeAndre Hopkins ein absolutes Monster-Duo und das wahrscheinlich beste Receiver-Tandem im College Football am Start, das diverse Rekorde brach. Zusammen mit Quarterback Tahj Boyd bildeten sie ein brandgefährliches Dreieck. Ich weiß noch, dass unsere Coaches uns vor allem vor Watkins warnten. „Wir müssen Watkins stoppen!", schärften sie uns ein. Von Hopkins, einem der herausragenden NFL-Receiver unserer Zeit, war gar nicht die Rede! Das kann man sich heutzutage kaum vorstellen. Im Spiel gegen uns war es dann tatsächlich Watkins, der dominierte, und leider konnten wir ihn nicht stoppen. In der Offense fehlte uns unser Starting Quarterback EJ Manuel, der sich gegen die Sooners verletzt hatte. Sein Back-up Clint Tricket, der Sohn unseres Offensive-Line-Coaches, machte zwar das Spiel seines Lebens, aber unsere Verteidigung konnte die Tigers einfach nicht in Schach halten. Nach der Defense-Schlacht gegen Oklahoma verloren wir auch das Offense-Spektakel gegen Clemson mit 30:35 und hatten nun auch im Rennen um die ACC Championship einen schweren Rückschlag kassiert.

Meine Erinnerungen an das Spiel in Clemson sind dennoch positiv, und das liegt nicht nur an „Running Down the Hill", einer der geilsten Traditionen im College Football, bei der das Team der Tigers vor dem Spiel von oben durch eine schmale Gasse mitten durchs Publikum aufs Spielfeld runterrennt. Vorher berühren oder küssen sie einen Felsbrocken auf einem Podest, Howard's Rock, der aus dem echten Death Valley in Kalifornien stammt, was Glück und Kraft bringen soll. Seit mehr als 50 Jahren wird das so gemacht, und auch als Gästespieler bekommst du da Gänsehaut. Nein, der Grund, warum ich beim Gedanken an dieses Spiel gute Laune bekomme, ist mein erster Touchdown im College Football, und das kam so: Beim Versuch, einem Sack zu entkommen, dreht Clemsons Quarterback Boyd eine Pirouette, gerät ins Stolpern, sieht mich auf ihn zu rennen, will im Fallen den Ball wegwerfen, der ihm aber aus der Hand rutscht und hoch in die Luft fliegt. Ich denke: Hoppla, herrenloser Ball!, schnappe mir das Ei im vollen Lauf und renne es 25 Yards in die Endzone.

Touchdown! Ich war so verdattert, dass mir gar nicht in den Sinn kam, irgendeinen geilen Celebration Move zu machen. Ich klatschte irgendwie stumpf in die Hände, fertig. Wie sich eine deutsche Kartoffel halt freut. Das Video dieser Szene findet man übrigens im Internet. Schaue ich mir immer wieder gerne an.

Mich ärgert bis heute, dass die Interception und damit mein Pick Six nachträglich von der ACC zu einem Fumble erklärt wurde, um Boyd nicht seine phantastischen Statistiken zu versauen. Der Glanz strahlte nämlich auch auf die ACC ab, die ja in Konkurrenz zu den anderen großen Conferences im College Football steht, und alle pushen ihre besten Spieler. Ich bleibe dabei: Pick Six, Baby!

Was nun folgte, war der sportliche Tiefpunkt meiner College-Football-Karriere, zugleich aber auch ein Wendepunkt, ein wichtiger Meilenstein in meiner Persönlichkeitsentwicklung – und bis heute eine von Jimbo Fishers Lieblingsgeschichten.

Nach unseren beiden Niederlagen in Serie war die Stimmung natürlich im Keller, unsere Saisonziele waren früh in weite Ferne gerückt, wir stürzten im Top-25-Ranking weiter ab, und die nationalen und lokalen Medien senkten bereits ihren Daumen. Unter diesen Vorzeichen reisten wir eine Woche später nach Wake Forest, eine kleine private Universität mit nur 5000 Studenten und einem vergleichsweise kleinen Stadion mit 30 000 Plätzen. Die Rollenverteilung war noch viel deutlicher als bei einem Auswärtsspiel von Bayern München in Bielefeld. Es war ein Spiel, das wir unmöglich verlieren konnten – und dreimal darf man raten, was passierte. Wir verloren mit dem gleichen Ergebnis wie in Clemson und blamierten uns bis auf die Knochen. Zu allem Überfluss stürmten dann auch noch alle Fans aus der niedlichen Student Section aufs Feld, feierten mit dem Team ihren ganz persönlichen Super Bowl und bedachten uns mit Spottgesängen. Und auf dem heimischen Campus erwartete uns ein eisiger Empfang, denn wir hatten unsere Uni blamiert.

Wir waren die Lachnummer der College-Football-Nation. Wir waren Opfer unserer Arroganz geworden, und als wir das Desaster noch hätten verhindern können, hatten zu wenige einen Arsch in der Hose. Dass ich zwei Sacks gelandet hatte, ging mir in diesem Moment total an selbigem vorbei.

Ich war pissed wie noch nie in meiner Zeit bei den Seminoles. Auf dem Weg in die Kabine platzte mir fast die Halsschlagader, und was musste ich sehen? Muskelbepackte Riesenkerle, die wie ein Häufchen Elend im Locker Room hockten, heulten und schluchzten. Ich habe ja schon mal erwähnt, dass Niederlagen für mich kein Grund zum Weinen sind, vor allem dann, wenn man sich die Niederlage selbst zuzuschreiben hat, denn dann blamiert man sich mit dem Herumgeheule nur noch mehr. Der Anblick im Locker Room machte mich rasend, denn so jämmerlich, wie alle dasaßen, hatten wir auch gespielt. Ich konnte nicht fassen, dass auch unsere Team Captains und Leader in sich zusammengesackt waren. Dabei war noch nicht einmal die Hälfte der Saison herum, und auch wenn wir mit dem Rücken zur Wand standen, so hatten wir immer noch die Chance, den Turnaround zu schaffen. Aufgeben? Jetzt schon? Ich explodierte.

„Was zur Hölle ist los mit euch?! Wir haben drei Spiele verloren, wir haben bei Wake f...ing Forest verloren. Ihr seid erwachsene Männer und macht immer auf Tough Guy, und jetzt heult ihr hier herum wie kleine Kinder. Was wollen wir sein: Heulsusen oder Männer?!", schrie ich, und in der Aufregung wurde mein Akzent wieder stärker. Bis heute kann ich Englisch nicht ohne deutschen Akzent sprechen und Deutsch nicht ohne amerikanischen. Ich kann keine Sprache richtig, außer Denglisch, das beherrsche ich perfekt. In diesem Moment in der Kabine war mir das scheißegal, denn ich war total in Rage. Als ich kurz Luft holte, merkte ich, dass es totenstill war. In diesen Sekunden hätte man eine Stecknadel fallen hören können. Alle starrten mich an, nicht wütend oder feindselig, sondern aufmerksam. „Wir reden immer über National Championship. Wir denken, wir sind ein Championship Team. Scheiß drauf! Lasst uns erst mal die verdammte ACC gewinnen. Es ist schwer, aber noch nicht zu spät." In der Zwischenzeit waren auch die Coaches in die Kabine gekommen, die draußen noch einen kurzen Krisengipfel abgehalten hatten, aber ich war nicht zu stoppen. „Lasst uns diesen Scheiß noch drehen, bevor es ganz peinlich wird. Lasst uns noch härter arbeiten. Wir werden zurückkommen. Let's go!" Dann setzte ich mich auf meinen Platz. Mein Puls raste, mein ganzer Körper bebte. Ich war von mir selbst erschrocken, ich erkannte mich nicht wieder, denn ich war nie ein Wortführer im Locker Room gewesen.

Es gab keinen Applaus. Wir waren schließlich in Wake Forest und nicht in Hollywood. Kein Spieler sagte etwas, aber einige nickten. Jimbo Fisher, der sich bei meinem Ausbruch im Hintergrund gehalten hatte, ergriff das Wort, machte aber nur eine kurze Ansage, in der es eher um organisatorische Dinge ging. Eine zweite Brandrede war nicht nötig. Was gesagt werden musste, war gesagt worden. Als Sophomore hatte ich in der Hierarchie eigentlich nicht das Recht, das Wort zu ergreifen. Aber ich hatte recht. Am Sonntag nach dem Spiel, beim Recovery Training, das nach den Regularien immer ohne Coaches stattfindet, kamen dann viele meiner Mitspieler, vor allem die Führungsspieler, auf mich zu und sagten mir, dass ich sie überrascht hätte und sie meine Aktion zu schätzen wüssten. Natürlich gefiel die Wortwahl meiner Brandrede nicht jedem, aber ich war nun mal kein Wortakrobat. Was zählte, war die Botschaft. Auf Denglisch.

Jimbo Fisher hat später gesagt, dass dieser Moment ein Wendepunkt in der Saison war und im Hinblick auf die Mentalität auch die Weichen für das Jahr danach stellte, und ich weiß von vielen alten Wegbegleitern, dass er diese Episode immer wieder erzählt. Noch heute bekomme ich ab und zu Kurznachrichten aus Übersee von Coaches, die mit ihm arbeiten, oder ehemaligen Teamkollegen, die bei ihm ein Praktikum machen, in denen so was steht wie: „Hey, Jimbo hat gerade wieder deine Story erzählt."

Wir legten dann tatsächlich eine Winning Streak mit fünf sehr überzeugenden Siegen in Serie hin, in denen wir insgesamt nur 58 Punkte zuließen. Aber gleich im ersten Spiel bei den Duke Blue Devils verletzte ich mich beim Versuch eines Sacks. Ich sprang aus vollem Lauf auf den Quarterback zu, um ihn am Wurf zu hindern, streckte mich wie Superman aus, packte seinen Arm, konnte ihn aber nicht runterziehen und landete im Fallen dann unglücklich auf meiner rechten Schulter. Der Schmerz war heftig. Im selben Moment wusste ich bereits, dass etwas kaputt war. Zum Glück war dann Halbzeit. Die Coaches und Docs wollten nicht, dass ich weiterspiele, aber ich bestand darauf und ließ überhaupt nicht mit mir reden, denn ich hatte gleich die Konsequenzen im Kopf: Wenn ich draußen sitze, wissen die Scouts sofort, dass ich verletzt bin, und außerdem klaut Tank mir meinen Starterjob. Und dann konnte ich doch eine Woche nach meiner Brandrede nicht aus dem Spiel gehen, nur weil mir meine Schulter wehtat. Wie würde das aussehen? Das waren meine Gedanken. Ich sagte also: „No way!", ließ mir eine Spritze gegen die Schmerzen in die Schulter ballern und eine Manschette anlegen. Gleich nach der Halbzeit gelang mir ein Quarterback-Sack, mit der rechten Schulter. Ich habe sie überhaupt nicht gespürt, denn sie war ja betäubt, und ich habe richtig abgeliefert.

Einen Tag später wurde ich eingeliefert. Krankenhaus. MRT-Untersuchung. Das hat mich traumatisiert. Ich musste mit dem Kopf zuerst in die kleine Röhre geschoben werden, passte mit meinen breiten Schultern aber gar nicht hinein, also musste ich den linken Arm hinter dem Kopf verschränken. Es war unfassbar eng, und ich bekam Platzangst. Ich fühlte mich wie in einem Sarg, lebendig begraben.

Ich bin tausend Tode gestorben und war heilfroh, als es vorbei war. Seit diesem Erlebnis habe ich immer totale Panik, wenn ich mit dem Kopf zuerst in die Röhre muss. Die Diagnose war auch alles andere als erfreulich: Sehnenanriss in der Rotatorenmanschette, Einriss des Labrums, eines Knorpelrings im Schultergelenk. Ich verstand nur Bahnhof und stellte die alles entscheidende Frage: „Muss ich operiert werden, oder kann ich weiterspielen?" Der Doc antwortete, dass eine OP nötig sei, man diese aber zur Not aufschieben könne. Auf meine Nachfrage, ob sich die Verletzung verschlimmern könne, wenn ich weiterspielte, stufte er das Risiko als vergleichsweise gering, die zu erwartenden Schmerzen dagegen als enorm hoch ein. Ich hatte noch eine letzte Frage: „Wie lange dauert es, bis ich nach einer OP wieder Football spielen kann?" Vier bis sechs Monate, so der Arzt. Damit war meine Entscheidung gefallen.

Niemals würde ich meine zweite Saison schon nach der Hälfte der Spiele beenden. Ich startete doch gerade erst so richtig durch, und Tank saß mir im Nacken. Außerdem wusste ich: Wer als Sophomore gut performt, der ist im Junior-Jahr direkt auf den Draft Boards der NFL-Scouts. Wer aber sein Sophomore-Jahr verkackt oder verletzungsbedingt von der Bildfläche verschwindet, der kann schnell ganz und gar weg vom Fenster sein. Ich hatte nur noch eine Bitte an den Doc: „Gib mir, was ich brauche, um spielen zu können."

Gleich im nächsten Spiel gegen Maryland machte ich wieder einen Sack, und bei Boston College und Kasim gelang mir meine erste offizielle Interception (eigentlich war es ja die zweite). Ich hatte immer einen guten Riecher für den Ball, konnte Quarterbacks gut lesen und erahnen, wohin sie den Ball werfen; insbesondere in meiner College-Zeit habe ich zahlreiche Pässe geblockt oder abgefälscht. Auch wenn solche Aktionen in den Statistiken von D-Line-Spielern nicht den höchsten Stellenwert haben und ein Defensive End vor allem an Sacks gemessen wird, sind es dennoch Big Plays, denn du verhinderst mit dem Blocken oder Ablenken eines Passes ein potenzielles First Down und manchmal sogar einen Touchdown.

Im Saisonendspurt verteidigten wir unseren inoffiziellen Titel als Könige von Florida, indem wir Miami zu Hause besiegten und in der

Rivalry Week die Gators auswärts vor 91 000 Zuschauern im Ben Hill Griffin Stadium, genannt „The Swamp" (der Sumpf), mit 21:7 dominierten. Zwischen diesen beiden Rivalen-Duellen leisteten wir uns eine ärgerliche 13:14-Niederlage gegen Virginia, bei der wir eine Minute vor Schluss einen Touchdown kassierten und unser Kicker Dustin Hopkins, der seit einigen Jahren erfolgreich in der NFL spielt, Sekunden vor dem Ende einen Field-Goal-Versuch verballerte.

Der Schaden hielt sich in Grenzen. Mit der ACC Championship hatten wir in diesem Jahr nichts am Hut, aber wir zogen in den Champs Sports Bowl in Orlando ein, wo wir Notre Dame mit 18:14 niederkämpften. Es war für mich ein großes Ding, einmal gegen die legendären Fighting Irish zu spielen, die nicht nur in den USA, sondern weltweit einen großen Namen haben. Unser Sieg war ein geiles Fourth Quarter Comeback, denn nach drei Vierteln hatten wir mit 3:14 zurückgelegen. Das passte irgendwie zu unserer gesamten Saison, die damit doch noch ein gutes Ende fand. Brandon Jenkins und ich konnten je einmal den Quarterback in den Dreck werfen. Brandon stockte damit sein Saison-Konto auf acht Sacks auf und gewann den internen Wettstreit zwischen uns. Bei mir standen sieben Sacks zu Buche. Eigentlich ganz okay für einen Sophomore mit einer kaputten Schulter.

Sacks Machine
Mein Durchbruch und der Ruf der NFL

Ich stand vor dem Spiegel im Badezimmer und starrte dem Typen mit den kurzgeschorenen dunkelblonden Haaren und den Bartstoppeln im Gesicht lange in die Augen. Ich war im inneren Dialog. Ohne die Lippen zu bewegen, stellte ich mir die entscheidenden Fragen, so wie es uns der Mann gesagt hatte, der später zum Guru von Russell Wilson werden sollte. Ich hatte bereits einen langen Weg hinter mir und war verdammt weit gekommen, aber noch lange nicht am Ziel. Nun ging es darum, eine Marschroute für den nächsten Abschnitt des Weges, der entscheidend sein würde, festzulegen und mich für die Meilensteine zu entscheiden. Was hast du vor? Welches sind deine nächsten Schritte? Was willst du erreichen? Ich ging die Antworten noch einmal im Kopf durch. Dann nahm ich den wasserlöslichen Edding, zog mit den Zähnen die Kappe ab und begann zu schreiben.

Es waren nur noch wenige Wochen bis zum Start der neuen Saison, und ich war bester Dinge. Denise und ich lebten mittlerweile in einem schönen großen Haus in San Luis, einem ruhigen Stadtteil am Rande von Tallahassee, zusammen mit meinem Mitspieler Ryan DiMarco und zwei gemeinsamen Freunden, Alex und Vince. Da wir uns die Miete teilten, zahlten wir beide unterm Strich sogar weniger als zuvor für unsere Ranzbude und hatten sogar ein Bad für uns allein. Die zweite Frau im Haus war Nala, ein Labrador Retriever, den Denise und ich uns zugelegt hatten, damit meine Frau jemanden zum Kuscheln hatte, wenn ich unterwegs war, was damit endete, dass immer alle mit Nala kuscheln wollten und es manchmal sogar Streit darüber gab, wer an der Reihe war. Wir waren eine richtige Studenten-WG und hatten jede Menge Spaß. Das galt insbesondere für Denise, die sich mit allen Jungs super verstand und am Wochenende, wenn Ryan und ich vor Heimspielen im Hotel oder auf Auswärtsreise waren, mit Vince und Alex ausging. Natürlich hat sie jedes unserer

Heimspiele im Doak miterlebt. Mit Tailgating, Drinks, War Chant – das volle Programm als Fan. Davon schwärmt sie noch heute.

Meine Schulter machte keinerlei Probleme mehr, und das war ein Segen. Die Operation gleich zu Beginn der Offseason im Januar war doch ein größerer Eingriff gewesen, und die Schmerzen danach waren brutal. Lange Zeit konnte ich überhaupt nicht liegen, weil die Schulter so wehtat, und musste dann in der ersten Zeit im Sitzen schlafen, in einem Sessel unseres Wohnzimmers. Die Reha war lang und zäh. Wenn als Rechtshänder dein rechter Arm außer Gefecht ist, dann bist du echt arm dran. Auch für den Kopf war es eine harte Zeit. Ich hasste es zu wissen, dass meine Teamkollegen längst die Grundlagen für die anstehende Spielzeit legten, während ich nur biken und joggen durfte. Es dauerte sechs Monate, bis ich endlich wieder auf den Trainingsplatz zurückkehren konnte. In dieser Zeit beschäftigte ich mich erstmals intensiv mit dem Thema Essen, arbeitete mit dem Ernährungsberater unseres Teams zusammen und stellte meine Ernährung um, weil ich auf keinen Fall zunehmen wollte. Vor meiner ersten Saison hatte ich mein Gewicht von 128 auf 124 Kilo reduzieren können. Zum Start der Summer Workouts brachte ich dann 117 Kilo auf die Waage und fühlte mich so fit, so schnell, so explosiv wie noch nie. Ich hatte das Beste aus einer beschissenen Lage gemacht.

Es gab mal wieder jede Menge Preseason-Hype um die Seminoles, was nicht nur daran lag, dass Florida State eine starke Rekruten-Klasse zusammengestellt hatte, sondern auch daran, dass Top Dog Brandon Jenkins noch immer ein Teil unserer Monster-Defense war. Eigentlich hatte er nach seiner Junior-Saison das Studium abbrechen und sich vorzeitig für den NFL-Draft anmelden wollen, was nach drei von vier Jahren am College möglich ist. Nach zwei starken Spielzeiten galt er als sicherer Pick innerhalb der ersten beiden Runden. Brandon und ich waren mittlerweile richtig eng befreundet. Ich hatte ihm jedenfalls geraten, diese Abkürzung in die NFL zu nehmen. „Nutz die Chance. Wer weiß, was passiert", hatte ich zu ihm gesagt. Passiert war dann Folgendes: Jimbo Fisher wollte seinen besten Defense-Spieler nicht vorzeitig verlieren, fuhr zu Brandons Mutter, die in Tallahassee lebte, und überzeugte sie davon, dass es besser für ihren Sohn sei, noch eine weitere Saison für die Seminoles und um Titel zu spielen und seinen College-Abschluss zu machen. Oder sollte ich lieber sagen, er überredete sie? Jedenfalls redete die Mutter, eine alleinerziehende Frau, dann auf Brandon ein, und schließlich willigte dieser ein, sein Senior-Jahr zu machen.

Natürlich freute ich mich, dass er immer noch da war, und je näher meine Junior-Season-Saison rückte, desto mehr Storys über uns als gefährliches Pass-Rush-Duo gab es. Wir hatten gemeinsame Interviews und Fotoshootings, und ich erinnere mich noch, dass eines der großen Themen bei den Experten war, ob wir das beste Defensive-End-Duo im ganzen Land seien oder doch Barkevious Mingo und Sam Montgomery von LSU.

Ich ahnte, dass es ein verdammt gutes Jahr werden könnte für uns und auch für mich, denn die NFL-Scouts und Draft-Experten hatten mich auf dem Schirm, und so stand ich also eines Morgens vor dem Spiegel und wollte meine Ziele für die Saison notieren. In der Offseason hatten wir mehrere faszinierende und prägende Seminare zum Thema Mentaltraining gehabt. Jimbo Fisher war damals einer der ersten Coaches, der mit seinen Spielern in diesem Bereich arbeitete, außerdem kooperierte Florida State mit der IMG Academy, einer privaten Sportakademie für Topathleten, die vom berühmten Nick Bollettieri ursprünglich als Eliteschule für Tennistalente gegründet worden war. Die IMG Academy hatte auch eine Abteilung für Mentaltraining, geleitet von Trevor Moawad, die mit unserem Team arbeitete und Coachings machte. Moawad gilt mittlerweile als Mental-Guru, arbeitet mit ganzen Teams oder Einzelsportlern wie Roger Federer, aber auch mit Spezialeinheiten des US-Militärs. Russell Wilson sagt, seine jahrelange Zusammenarbeit mit Moawad sei der Grund für seine mentale Stärke.

Einer von Moawads Tipps hatte es mir damals besonders angetan: "Schreibt euch eure Ziele auf. Eure Ziele mit dem Team, denn Football ist ein Teamsport, aber auch eure individuellen Ziele. Schreibt diese Ziele wie eine Treppe auf, mit mehreren Stufen, die ihr nacheinander erreichen wollt, auf dem Weg zu eurem großen Ziel.

Und dann werdet ihr hinter jeden erfolgreichen Schritt einen Haken machen." Uns wurde empfohlen, unseren Plan auf ein Stück Papier zu schreiben und ins Portemonnaie zu packen oder an den Kühlschrank zu pinnen oder den Plan als Bildschirmschoner auf dem Smartphone zu speichern, um ihn jeden Tag zur Hand oder vor Augen zu haben.

Ich hatte eine bessere Idee. Der Spiegel. Jeden Morgen nach dem Aufstehen und jeden Abend vor dem Schlafengehen würde ich beim Zähneputzen meine persönliche Roadmap im Visier haben und mir dabei sogar in die Augen schauen können. Ins Portemonnaie schaute ich eh nicht täglich, da war ja meistens nichts drin.

Auf den linken Rand des Spiegels schrieb ich meine individuellen Ziele:
- *Ich will eine zweistellige Anzahl Sacks.*
- *Ich will ins First Team All ACC, als bester Defensive End unserer Conference.*
- *Ich will ein All-American werden, einer der besten Defensive-Line-Spieler im ganzen Land.*
- *Ich will ein First-Round Pick der NFL werden.*

Auf die rechte Seite des Spiegels schrieb ich meine Ziele mit dem Team:
- *Wir wollen die ACC Championship gewinnen.*
- *Wir wollen den Orange Bowl gewinnen.*

Was ich mir vorgenommen hatte, war sehr ambitioniert und auch nicht gerade wenig und der Spiegel dementsprechend ganz schön vollgekritzelt. Natürlich hatte ich die Ziele nicht ausformuliert. Schlagworte reichten mir. Denise meckerte erst mal, als sie den Spiegel sah. Meine Handschrift ist auch wirklich nicht die schönste, aber als ich ihr erklärte, was es damit auf sich hatte, fand sie es cool und hielt es für eine gute Idee.

Gleich im Auftaktspiel kam ich meinem ersten individuellen Ziel auf der Liste ein großes Stück näher, da ich beim lockeren Sieg gegen das unterklassige College Murray State vier Sacks verbuchen konnte.

Der Anfang: Meine erste Flag-Football-Saison bei den Berlin Adlern mit zarten 12 Jahren.

Endlich Vollkontakt! Die Vorfreude auf meine erste Tackle-Football-Saison bei den Adlern ist mir anzusehen.

Im Trikot der deutschen Junioren-Nationalmannschaft bei der EM 2006 in Schweden.

oben: Meine Anfänge in Amerika im Trikot der Crimson Knights an der High School in Salisbury.

unten: Der Gewinn des Orange Bowl in Miami 2013 mit Florida State war ein absolutes Highlight und mein letztes Spiel am College.

Als Defensive End der Florida State Seminoles gelangen mir in meiner dritten und letzten College-Saison 13 Sacks.

Die Spiele meiner Seminoles gegen unseren Erzrivalen Florida Gators waren unglaublich hart und hitzig. Im Rivalry Game 2012 gelangen mir 3,5 Sacks gegen Gators-Quarterback Jeff Driskel – das machte mich endgültig zum First Round Pick.

Der Tag, der mein Leben veränderte: Der NFL Draft 2013 in New York City war ein hochemotionales Erlebnis für mich.

Premiere: Mein erster Quarterback Sack in der NFL gegen Case Keenum von den Houston Texans.

oben: Ein Quarterback Hit gegen Andy Dalton von den Cincinnati Benqals. Ich liebte es, wenn es richtig schepperte.

unten: Feuer und Flamme: Beim Einlaufen ins Stadion der Indianapolis Colts als Starter in der Saison 2014.

© Zach Bolinger/Icon Sportswire/Corbis/Icon Sportswire via Getty Images

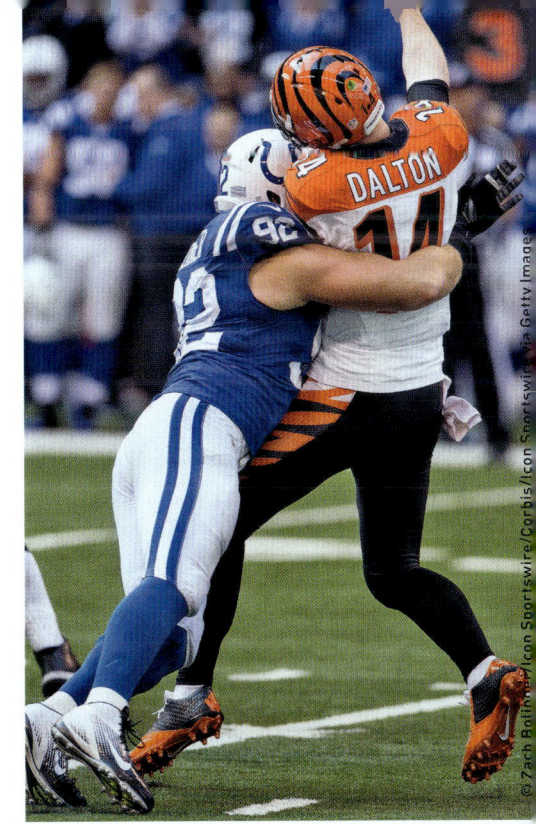

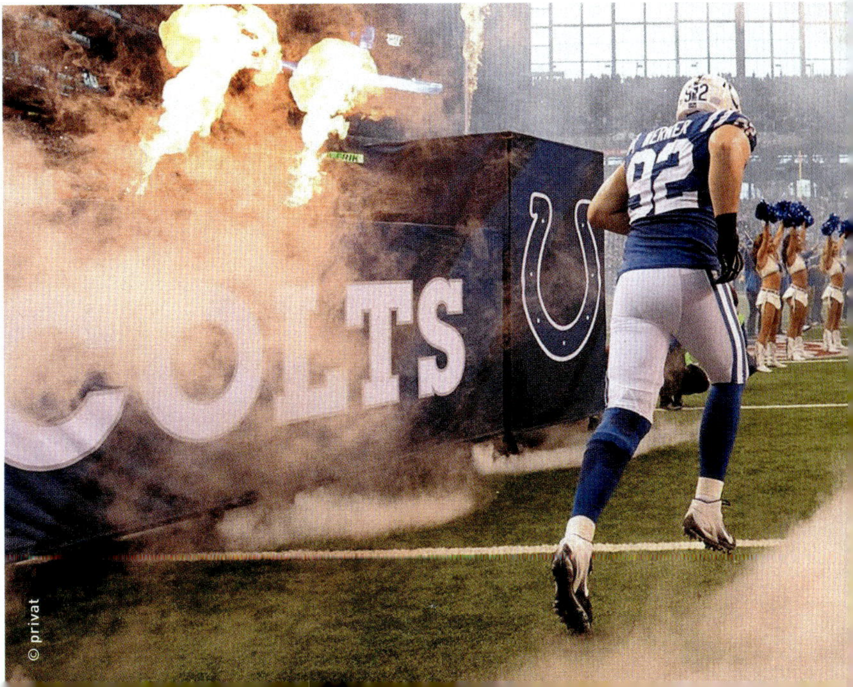

© privat

Der Augenblick vor dem Sack: Gegen Joe Flacco und die Baltimore Ravens machte ich mein bestes NFL-Spiel.

Für die Indianapolis Colts bestritt ich 38 NFL-Spiele als Outside Linebacker.

oben: Nach einem Heimsieg gibt es High Fives mit den Fans. Das Lucas Oil Stadium ist für mich die schönste NFL-Arena.

unten: Wenn Jugendträume wahr werden: Kasim Edebali (im Trikot der Saints) und ich feiern unser Aufeinandertreffen in der NFL.

oben: Auf der anderen Seite: vor jungen Talenten beim „Gridiron Imports"-Camp im Sommer 2019 in Berlin.

unten: Mit Frank Buschmann (rechts) und Jan Stecker 2015 beim Super Bowl 49 in Phoenix, den ich als TV-Experte begleitete. Zu dieser Zeit war ich noch in der NFL aktiv.

Star-Gast: Meine Frau Denise und unsere wenige Wochen alte Tochter Aurora nach einem meiner Spiele 2015.

oben: Die ranNFL-Crew beim Super Bowl 54 in Miami im Februar 2020.

unten: Bromantiker: Mit Patrick Esume betreibe ich den Podcast *Football Bromance*.

Dennoch ist mir das Spiel aus einem anderen Grund in schlechter Erinnerung geblieben. Brandon verletzte sich am Fuß, und er muss gespürt haben, dass es etwas Ernsteres war, denn noch während das Spiel weiterlief, weinte er an der Sideline. Einen Tag später kam die niederschmetternde Diagnose: Lisfranc Injury. Ein komplizierter Bruch mit Weichteilbeschädigungen im Mittelfuß, der sich bei ihm als besonders schwerwiegend herausstellte. Saisonaus.

Es war ein absoluter Albtraum, und für Brandon brach eine Welt zusammen. Auch für mich war es ein Schock, denn wir waren dicke Kumpels, hatten ja den Sommer über zu zweit wie die Tiere für diese Saison geackert und geplant, als B&B, Brandon and Björn, komplett auszurasten und den Quarterbacks gemeinsam das Leben zur Hölle zu machen. Und wir wollten beide ein Erstrunden-Pick im NFL-Draft werden. Das konnte Brandon jetzt vergessen. Von einer Sekunde auf die andere war mein Partner und Buddy vom potenziellen First-Rounder ins Nichts gestürzt – in einem Kackspiel gegen einen Kackgegner gleich zu Beginn einer Saison, zu der er sich hatte überreden lassen. Die ganze Sache war ein Riesenhaufen Scheiße, der zum Himmel stank.

Einige Tage danach suchte ich Brandon in seinem Elternhaus in Tallahassee auf. Er hatte nach der niederschmetternden Diagnose erst einmal Abstand gewinnen wollen, war abgetaucht, reagierte auch nicht auf Anrufe oder Textnachrichten. Ich machte mir richtig Sorgen. Seine Mutter ließ mich rein, und es war brutal zu sehen, wie sehr der Top Dog am Boden zerstört war. Ich nahm ihn in den Arm, hielt ihn fest, und er weinte bitterlich. Es zerriss mir fast das Herz. Brandon schwankte zwischen Verzweiflung und Wut. Er schimpfte auf Jimbo Fisher und haderte mit Gott. Ich sagte ihm, dass er ganz sicher ein Comeback schaffen würde, ein Fußspezialist, ein NFL-Arzt aus North Carolina, hatte Brandon ja gute Heilungschancen bescheinigt. Aber wir wussten beide, dass seine Aussichten für den kommenden Draft nicht gut waren.

Kein Team verschwendet einen hohen Pick für einen Spieler, der aus einer schweren Verletzung kommt, es sei denn, es ist ein absolutes Ausnahmetalent wie beispielsweise Tua Tagovailoa, den sich die

Miami Dolphins im Draft 2020 an fünfter Stelle geschnappt haben. Für einen potenziellen Franchise-Quarterback gehst du dieses Risiko ein und checkst natürlich vorher seinen Gesundheitszustand. Brandon hatte sein First-Round-Ticket eigentlich schon in der Hand gehabt, es hätte ihm Millionen garantiert und ihm und seiner Mutter ein neues, besseres und sicheres Leben beschert. Nun musste er darauf hoffen, in den späten Runden gedraftet zu werden, zu weitaus schlechteren Konditionen.

Wie heißt es so gnadenlos? The show must go on. Für Brandon war es hart, aber für die Seminoles ging es weiter. Es erwies sich als Segen, dass wir mit Tank einen hochkarätigen Spieler hatten, der diese Lücke schließen konnte. In den ersten drei Spielen ließen wir nur drei Punkte zu und nahmen gegen Wake Forest mit 52:0 fürchterliche Revanche. Zu diesem Zeitpunkt hatte ich schon sechseinhalb Sacks auf dem Konto und schoss in den Draft Boards für die besten Juniors nach oben. Plötzlich war ich unser Star. Ich war der neue Top Dog.

Dann kam Clemson, der amtierende ACC Champion, und es war mal wieder „College Game Day" von ESPN und „Saturday Night Football". Beide Teams boten ein absolut spektakuläres und würdiges Spiel der Woche, das wir mit 49:37 gewannen – ein wichtiger Sieg auf dem Weg zum ACC Championship Game. Diesmal hatte unsere Offense um Quarterback EJ Manuel, den ich sehr gut leiden konnte, richtig abgeliefert. Nach dem Spiel wurden wir im Top-25-Ranking als Nummer drei im Land geführt und zählten zum Favoritenkreis für die National Championship.

In diesem Spiel habe ich mir übrigens meinen rechten Mittelfinger ruiniert. Jahrelang habe ich mich gefragt, warum der so krumm ist, und nie eine Antwort gefunden. Erst bei der intensiven Beschäftigung mit meiner College-Laufbahn für dieses Buch ist es mir wieder eingefallen. Während des Spiels gegen die Tigers kugelte ich mir bei einem Tackle den Finger aus, sodass er an der Sideline wieder eingerenkt werden musste. Wahrscheinlich ist dabei auch die Kapsel oder ein Band kaputtgegangen, jedenfalls ist er krumm – und nur noch der Back-up als Stinkefinger.

Gleich im nächsten Spiel platzten alle Träume der Seminoles, in diesem Jahr vielleicht den ganz großen Coup zu landen und die National Championship zu gewinnen, und das auf denkbar dramatische Weise. Ich gehe an dieser Stelle deshalb so ins Detail, weil ich zeigen will, dass einzelne Plays im Football oft über die ganze Saison entscheiden. Wir spielten bei North Carolina State und verloren trotz einer 16:3-Führung zu Beginn des vierten Quarters noch mit 16:17, nachdem die gegnerische Defense in der Schlussphase zunächst mit einem Sack verhindert hatte, dass wir ein Field Goal schießen. Unser anschließender Punt war geblockt worden. und NC-State-Quarterback Mike Glennon, der Nachfolger von Russell Wilson, hatte im folgenden Drive und vierten Versuch mit sechs Sekunden auf der Uhr den siegbringenden Touchdown-Pass geworfen. Ohne Worte.

Diese niederschmetternde Niederlage passte perfekt in meine ohnehin düstere Stimmung in dieser Phase der Saison. Seit meinem Blitzstart war mir kein Sack mehr gelungen, und das zog mich runter, denn ich sah meine Chancen schwinden, es vielleicht schon nach dieser Saison als hoher Draft-Pick in die NFL zu schaffen. Außerdem machte mir mein linkes Knie wieder Probleme. Bei der Niederlage gegen North Carolina State hatte mich ein O-Liner über die Klinge springen lassen. Man konnte auf dem Game Tape sehen, dass es ein dreckiges Foul war mit dem Ziel, mich zu verletzen, aus dem Spiel zu nehmen und zu frustrieren.

Sacks, ich brauchte Sacks, dringend. Ich weiß, wie lustig das klingt, wenn man es laut vorliest, aber zu dieser Zeit war mir überhaupt nicht nach Späßchen zumute. Ich setzte mich vor jedem verdammten Spiel wahnsinnig unter Druck, wollte endlich wieder einen Quarterback umhauen, und nach jedem Samstag ohne Sack ging es mir noch schlechter, richtig dreckig. Das ist wahrscheinlich so, wie wenn ein Top-Stürmer im Fußball das Tor plötzlich nicht mehr trifft. Er hat es drauf, er weiß, wie es geht, aber er kriegt es einfach nicht gebacken. Es ist zum Verzweifeln. Der totale Mindfuck.

Ich war blockiert im Kopf, und auch mein Körper sendete alarmierende Signale. Ich litt unter Appetitlosigkeit und aß nur noch wenig – ausgerechnet ich, ein leidenschaftlicher Esser. Appetit ist mein zweiter Vorname. Ich bekam kaum noch einen Bissen runter. Ich war gestresst, oft müde, fühlte mich ausgelaugt und antriebslos. Denise machte sich Sorgen. Als mein Körper dann auch noch immer wieder unkontrolliert zu zittern anfing, war mir endgültig klar, dass irgendwas mit mir ganz und gar nicht stimmte. Leistungssportler wollen es oft nicht wahrhaben, wenn sie psychische Probleme haben, weil sie sich keine Schwäche eingestehen wollen. Aber die Alarmsignale meines Körpers öffneten mir die Augen: Ich brauchte Hilfe.

Natürlich hatte ich gehofft, dass unser Team-Doc körperliche Ursachen für meinen Zustand finden würde, aber das war nicht der Fall. Dennoch schien er besorgt und verordnete mir Antidepressiva. Ich dachte ich höre nicht richtig. Antidepressiva? Ich?! Er erklärte mir dann, dass er meine Probleme nach allem, was ich ihm erzählt hatte, auf ein schweres Burnout mit einer beginnenden Depression zurückführte. Ich war geschockt, aber je mehr er erklärte, desto mehr ergab alles einen Sinn. Ich befand mich in einer gefährlichen Abwärtsspirale, aus der ich mich befreien musste. Aber wie? Die verordneten Medikamente lehnte ich zunächst ab. Ich hatte schon genügend Tabletten schlucken müssen in den vergangenen Monaten. Und überhaupt: Antidepressiva einwerfen, weil ich keine Sacks hatte? Das erschien mir absurd. So eine Maßnahme sollte Menschen vorbehalten sein, die gravierendere Gründe für ihr Seelenleiden haben, dachte ich und nahm mir vor, an meiner Einstellung zu arbeiten, mich einfach wieder auf mein Spiel zu fokussieren, auf jedes einzelne Play. Schritt für Schritt. So ähnlich wie es Trevor Moawad gepredigt hatte, nur dass es jetzt um viel kleinere Schritte ging.

Es funktionierte.

Ausgerechnet bei den Miami Hurricanes platzte der Knoten, und mir gelangen bei unserem Sieg eineinhalb Sacks. Es war eine Befreiung. Meine Laune besserte sich, und ich konnte unsere Siegesserie bis zur Rivalry Week genießen und währenddessen mein Konto aufstocken.

Schicksalsspiel. Das ist ein großes Wort, und für meinen Geschmack wird es in der Welt des Sports viel zu häufig verwendet, aber an dieser Stelle passt es wie der Mundschutz auf die Kauleiste.

Mein drittes Spiel gegen die Gators wurde nicht nur mein bestes Spiel im Trikot der Florida State Seminoles, sondern genau deshalb auch zu meinem letzten im Doak Campbell Stadium.

Es gibt sie, diese perfekten Tage im Leben, an denen einem einfach alles gelingt, und der 24. November war so einer. Ich eskalierte. Nach vier Vierteln meiner persönlichen Jagd auf Gators-Quarterback Jeff Driskel, der später in der NFL landete, hatte ich dreieinhalb Sacks verbucht – und das nicht gegen Laufkundschaft, sondern gegen eines der absoluten Topteams, zu dem Zeitpunkt an Nummer sechs im Top-25-Ranking. Auf diesem Niveau war solch eine Ausbeute unnormal. Ich war Driskels „Daddy", wie es so schön heißt. Dieses Spiel katapultierte mich auf allen Draft Boards in die erste Runde.

Am Abend, bevor ich schlafen ging, stand ich vor dem Spiegel in meinem Badezimmer und machte das erste Häkchen. Sacks in zweistelliger Höhe – check. Ich war eine Sacks Machine, Baby! 13 Stück. Damit war ich die Nummer eins im ganzen Land, zusammen mit einem Typen, der noch Sophomore war und alle Experten in Erstaunen versetzte. Sein Name: Jadeveon Clowney.

Es tat nicht ganz so weh, dass wir am Ende das Duell gegen unseren Erzrivalen verloren, und auch für unsere Fans und Kommilitonen war es eine der erträglichsten Niederlagen in der Geschichte des „Sunshine Showdowns", denn schon vor dem Kickoff hatten wir das ersehnte Ticket zum ACC Championship Game in der Tasche, unserem größten Saisonziel. Schlimmer als die Niederlage war, dass sich Tank im letzten Drive des Spiels verletzt hatte. Schwer. Torn ACL. Eingefleischte NFL-Fans wissen, was das bedeutet: Kreuzbandriss. Saison vorbei. Tank hatte zu diesem Zeitpunkt elf Sacks auf dem Konto und galt ebenfalls als potenzieller Erstrunden-Pick im kommenden Draft. Das konnte er nun vergessen. Es war ein echtes Drama. Erst Brandon, jetzt Tank.

In meine Vorfreude auf das Endspiel in der ACC eine Woche später mischte sich plötzlich Angst. Ich hatte hautnah miterlebt, wie sich meine beiden Homies in der Pass-Rush-Abteilung der Seminoles schwer verletzt und ihre Draft-Chancen ruiniert hatten. Ich war der Last Man Standing und hatte mächtig Schiss. Was, wenn mir das auch passierte?

Meine Sorgen wurden dadurch verstärkt, dass wir gegen Georgia Tech spielen würden. Nicht dass die Yellow Jackets ein übermächtiger Gegner waren. Mein mulmiges Gefühl rührte daher, dass das College-Team aus Atlanta seit Jahren eine sogenannte Triple Option spielte, eine auf das Laufspiel fixierte Offensiv-Taktik, bei der nicht zwei, sondern drei Spieler optional den Ball laufen können und auch der Quarterback nicht in erster Linie ein Passer ist, sondern eher ein Running Back, der auch passen kann. Auch die Offensive Line ist vergleichsweise klein und flink und mit Spielern bestückt, die woanders Tight Ends wären. Georgia Tech war die Rushing Offense Nummer eins im Land, weil sie immer nur rannten, rannten, rannten und lediglich vier- oder fünfmal im Spiel einen richtigen Pass warfen.

Warum ich das hier so ausführlich erkläre? Weil ein Spiel gegen Georgia Tech für die Defense zu dieser Zeit eine unglaubliche Rennerei mit schnellen Richtungswechseln bedeutete. Ich dachte an mein linkes Knie, das mir seit dem miesen Foul Mitte der Saison Probleme machte und bei Belastung dauernd anschwoll. Ich dachte an meinen Meniskus im rechten Knie. Ich dachte: Oh Shit. Georgia Tech war Gift für die Gelenke, und die Yellow Jackets bedeuteten somit eine Gefahr für meine NFL-Pläne.

Das Spiel selbst war keine Schönheit und ich gebe zu, dass ich, der immer ohne Rücksicht auf Verluste zu Werke gegangen war, vorsichtig agierte und mir immer wieder einschärfte: Knie beschützen, Knie beschützen, Knie beschützen, aber am Ende zählte nur das Ergebnis im NFL-Stadion der Carolina Panthers in Charlotte. Unsere Defense konnte die Laufgemeinschaft aus Atlanta in Schach halten, wir gewannen mit 21:15 und waren ACC Champion, erstmals nach sieben Jahren. Es wurden riesige Schalen randvoll mit Orangen zur Siegerehrung gebracht, weil wir uns mit dem Sieg für den Orange Bowl qualifiziert hatten. Ich sah den ACC-Pokal und all diese Orangen ... und dann kamen die Tränen. Ich heulte. Und heulte. Und heulte. Ich habe ja gesagt: Ich weine immer nur in ganz besonders schönen Momenten, und dieser war definitiv einer davon.

Ich freute mich riesig auf den Orange Bowl, der zu den wichtigsten Bowl Games zählt und traditionell an Neujahr in Miami stattfindet. Für mich war es gar keine Frage, dieses Spiel zu spielen, aber es ist längst nicht selbstverständlich, dass die besten Spieler in der Bowl Week mit von der Partie sind. Jahr für Jahr gibt es Schlagzeilen, weil College-Stars ihre Teilnahme aufgrund des bevorstehenden Drafts absagen – in jüngerer Zeit Christian McCaffrey oder Leonard Fournette –, um das Risiko einer Verletzung auszuschließen. Es ist wirklich eine knifflige Gewissensfrage, die insbesondere die designierten First-Round-Picks betrifft: Verzichtest du auf das Bowl Game und lässt deine Teamkollegen, deine Coaches und dein College im Stich? Oder spielst du, riskierst eine Verletzung, deine gute Draft-Position und Millionen von Dollars und lässt damit in gewisser Weise auch deine Familie im Stich?

Meine Familie hatte ich zu diesem Zeitpunkt zweieinhalb Jahre nicht mehr gesehen, weil wir über Weihnachten und Neujahr immer Spiele hatten und meine Eltern und meine beiden Brüder einfach nicht das Geld gehabt hätten, mich in Amerika zu besuchen. Sie haben kein einziges meiner College-Football-Spiele live verfolgen können und nie miterlebt, wie ich im Doak bei 3rd Down einen Quarterback umhaue, mehr als 80 000 Leute durchdrehen und das Stadion bebt, tatsächlich bebt. Das tut schon weh. Aber nicht mehr zu ändern.

Zweieinhalb Jahre sind eine verdammt lange Zeit, meine Familie fehlte mir. Da sich unser Team erst am 26. Dezember in Miami einfinden sollte, beschloss ich, für die Weihnachtstage nach Hause zu fliegen. In den vergangenen Monaten hatte ich immer wieder Geld auf die hohe Kante gelegt, sodass ich mir einen viertägigen Kurztrip in die Heimat leisten konnte. Der Rest des Dezembers stand im Zeichen einiger organisatorischer Dinge sowie der alljährlichen Award-Zeremonien nach der regulären Saison. Ich hielt mich in diesen Tagen bedeckt, was meine Entscheidung hinsichtlich des Drafts anging.

Weihnachten zu Hause war wunderbar, ein richtiges deutsches Weihnachten, wie ich es lange nicht hatte, mit Heiligabend, Tannenbaum, Christstollen, Dominosteinen – das volle Programm. Ich habe es genossen. Am Abend vor dem Abflug wollte ich mir dann noch etwas Besonderes gönnen und haute mir meine Leibspeise rein, einen richtig schönen Döner. Das hätte ich mal lieber lassen sollen. Die ganze Nacht lang habe ich über der Kloschüssel gehangen und in die Keramik gebrüllt. Gammelfleisch-Alarm. Am Morgen war die Kotzerei vorbei und wurde von Fieber und Durchfall abgelöst, am Nachmittag des ersten Weihnachtstags ging mein Flieger. Ich weiß nicht, wer schon mal mit Durchfall einen Langstreckenflug absolviert hat, aber wenn mich nach diesem Höllentrip über den Atlantik jemand gefragt hätte, wie ich denn geflogen sei, Economy oder Business, dann hätte ich antworten müssen: Lavatory.

Mein Mitbringsel vom Weihnachtsfest in der Heimat war eine richtig schöne Lebensmittelvergiftung. Die ersten zwei Tage habe ich mich gefühlt wie der letzte Dreck und von unserem Fünf-Sterne-Teamhotel direkt am Strand vor allem das Badezimmer gesehen, aber dann ging es langsam bergauf, und ich konnte am offiziellen Bowl-Programm teilnehmen. Besonders cool fand ich unseren extra für den Orange Bowl designten Teambus, der auf beiden Seiten mit den riesigen Porträts der bekanntesten Spieler beklebt war – und ich gehörte dazu. Sich selbst auf diesem Bus zu sehen, war surreal, aber ein schönes Gefühl.

Besonders in Erinnerung geblieben ist mir von diesen Tagen allerdings eine Zufallsbegegnung auf der Straße. Rund um die Bowl Games gibt es diverse Medientermine. Ich war gerade mit unserem Quarterback EJ Manuel und meinen Defense-Kollegen Vince Williams und Nick Moody, allesamt Team Captains, auf dem Weg von einem Interview zurück ins Quartier, als wir auf offener Straße der Abordnung unseres Gegners, die nach uns mit der Fragestunde dran war, direkt in die Arme liefen – und schon war die Kacke am Dampfen.

Vince (später viele Jahre Linebacker bei den Pittsburgh Steelers) und Nick gingen direkt auf den gegnerischen Quarterback los, bauten sich vor ihm auf und begannen, ihn richtig zu bepöbeln. Smack Talk vom Feinsten – in your face. Vince und Nick waren gut darin und gehörten auch auf dem Spielfeld zu den größten Trash Talkern unseres Teams. Es war richtig krass, und ich fühlte mich nicht ganz wohl in dieser Situation. Der Quarterback erblasste und brachte kein Wort heraus, und auch seine Mitspieler, darunter zwei O-Line-Hünen, starrten betreten zu Boden. Die hatten richtig Schiss. Nachdem unsere Jungs gesagt hatten, was ihrer Meinung nach gesagt werden musste, riet Vince ihnen, besser die Beine in die Hand zu nehmen und sich im Bowl Game auf etwas gefasst zu machen. Sie waren ziemlich schnell weg.

Das Ganze hatte natürlich eine Vorgeschichte. Unser Gegner waren die Northern Illinois Huskies, keines der Topteams und gegen uns Außenseiter, aber in dieser Saison mit einer rekordverdächtigen Offense unterwegs, die im Schnitt über 40 Punkte und 500 Yards produzierte, was dem Quarterback Jordan Lynch offensichtlich zu Kopf gestiegen war. In einem Interview im Vorfeld des Spiels hatte er großmäulig in Richtung unserer Defense verkündet: „Im vierten Quarter werden wir sie auf den Knien haben – und dann weghämmern." Wenn man aus bürgerlichen Verhältnissen kommt, mag man das für harmlos halten, aber in meiner Mannschaft spielten Jungs, die aus wirklich üblen Gegenden kamen, und dort, wo sie aufgewachsen sind, wurden Leute für solche Ansagen erschossen, denn jemanden zum Knien zu zwingen, ist eine totale Erniedrigung. Ich übertreibe nicht. „Der Typ kann froh sein, dass es ein Bowl Game ist und kein Streetfight, ansonsten hätte er gerade sein Todesurteil unterschrieben", meinten einige meiner Teamkollegen in Rage, nachdem wir das Interview gesehen hatten. Und darauf hatten Vince und Nick den Herrn Quarterback aus Illinois einfach noch mal hinweisen wollen. Zugegeben: Sie waren sehr direkt.

Jordan Lynch hatte jedenfalls ganze Arbeit geleistet, und Jimbo Fisher brauchte uns gar nicht mehr zu motivieren für ein Bowl Game, in dem durchaus die Gefahr bestanden hätte, dass wir den Underdog auf die leichte Schulter nehmen. Nun ging es nicht mehr nur um den Sieg und einen schönen fetten Bowl-Ring, sondern auch um die Ehre und um Rache. Sportlich serviert. Es wurde ein langer Abend für Lynch, der die meiste Zeit auf der Flucht war, und wir gewannen klar mit 31:10.

Der Triumph im Orange Bowl war das i-Tüpfelchen auf einer starken Saison der Seminoles, und wir feierten ihn ausgelassen. Es gab allerdings einen bitteren Beigeschmack. Im dritten Viertel hatten mich meine Kräfte verlassen, da mein Körper nach der Lebensmittelvergiftung noch nicht wieder bei hundert Prozent war, und ich hatte den D-Line-Coach um eine Verschnaufpause gebeten. Jimbo Fisher hatte dafür wenig Verständnis gehabt und dann, als er die Sideline entlangging und auf meiner Höhe war, gesagt: „Sei keine Pussy." Nicht laut, aber laut genug, dass nicht nur ich, sondern auch Mitspieler um mich herum es hören konnten. Seine Worte trafen mich wie Peitschenhiebe.

Pussy? Das konnte er doch nicht ernst meinen. Vielleicht dachte Jimbo Fisher in diesem Moment, ich wolle mich für den Draft schonen, aber wenn das meine Intention gewesen wäre, dann hätte ich ja von vornherein auf das Bowl Game verzichtet. Wie konnte er mich „Pussy" nennen, nachdem ich in den vergangenen drei Jahren wochenlang mit kaputten Knien und einer kaputten Schulter gespielt hatte? Wir waren immer sehr gut miteinander ausgekommen, wir hatten nie Probleme gehabt, und auch das, was er später über mich sagte, passte überhaupt nicht zu dieser Szene an der Sideline. Es ergab einfach keinen Sinn, und ich kann mir bis heute nicht erklären, was ihn da geritten hat.

Das Spiel war vorbei und damit auch meine Karriere als College-Football-Spieler. Das hatte ich im Vorfeld des Bowl Games zusammen mit Denise entschieden. Die schweren Verletzungen von Brandon und Tank hatten wesentlich zu der Entscheidung beigetragen, auf mein letztes Jahr am College zu verzichten. Am 3. Januar 2013 teilte dann die Florida State University offiziell mit, dass ich die Seminoles schon nach meinem Junior-Jahr verlassen und mein Studium vorzeitig beenden würde, um mich für den NFL-Draft anzumelden. Ein Kapitel ging zu Ende, und ich konnte es kaum erwarten, das nächste aufzuschlagen.

Der Blick in den Spiegel meines Badezimmers zeigte einen Typen, der glücklich und zufrieden aussah. Es gab eine Menge Häkchen auf der glatten Oberfläche. Wir hatten die ACC Championship und den Orange Bowl gewonnen. Die Florida State Seminoles zählten wieder zur Spitze im College Football. Ich hatte eine zweistellige Anzahl an Sacks erreicht. Ich war nicht nur ins All-ACC First Team gewählt worden, sondern sogar zum ACC Defensive Player of the Year. Im Vorjahr hatte man Luke Kuechly gekürt, im Jahr nach mir wurde es Aaron Donald. Nicht die schlechteste Gesellschaft. Bei mehreren Award-Galas für die besten Defense-Spieler des Landes war ich Finalist gewesen und dabei immer der einzige Ausländer. Kurios war meine Kür zum „Walter Camp Connecticut Player of the Year", denn weder stammte ich aus Connecticut, noch spielte ich dort, aber meine zwei Jahre in Salisbury hatten wohl gereicht, um mich dort emotional einzubürgern. Die Krönung für mich war aber, dass ich jetzt ein „All-American" war und dazu auch noch einer der höchsten Kategorie *Unanimous*, einstimmig. Das bedeutete, dass mich nicht nur die Mehrheit der vielen abstimmenden Organisationen als Defensive End in ihrem First Team der Saison hatten, womit ich ein *Consensus* All-American gewesen wäre, sondern alle. Hätte mir das jemand vor meinem Freshman-Jahr prophezeit, hätte ich ihn ausgelacht. Der Junge aus Berlin – ein Unanimous All-American.

Jetzt fehlte auf dem Spiegel nur noch ein einziges Häkchen.

The Circus

Hinter den Kulissen des NFL-Combine

Mein Körper schrie nach einer Pause, und mein Kopf bettelte darum, dass ich die Stopp-Taste in diesem rasanten Film drücke, aber es war unmöglich, den Lauf der Dinge aufzuhalten, sich zurückzulehnen und ein paar Tage durchzuschnaufen, Eindrücke und Emotionen zu verarbeiten und die Birne wieder freizubekommen. Auf meinem Weg in Richtung NFL gab es nun keine Atempause mehr. Weiter, immer weiter.

Der Orange Bowl war gerade erst vorbei, das vorletzte Häkchen auf dem Spiegel gesetzt und mit meiner offiziellen Anmeldung zum Draft 2013 meine Zeit am College beendet, da saß ich auch schon wieder im Auto meines neuen Agenten Jimmy Sexton auf dem Weg nach Bradenton bei Tampa Bay, zur IMG Academy, wo zahlreiche vielversprechende Draft-Kandidaten – einer von ihnen war ich – unter hochprofessionellen Bedingungen auf ein Event vorbereitet werden sollten, das auf dem Weg zum Draft als unverzichtbar gilt: der NFL Scouting Combine in Indianapolis.

Auch wenn Kritiker ihn für überbewertet oder gar überflüssig halten: Ohne jeden Zweifel ist der Combine ein verrücktes Spektakel, längst ein einträgliches TV-Event und der erste Schritt eines Football-Talents hinein in die große Welt der drei Buchstaben. Aber was hinter den Kulissen dieses Castings abgeht, abseits der Kameras, hinter verschlossenen Türen, verborgen vor den Augen der Fans und auch der meisten selbsternannten Experten, ist das, was wirklich wichtig ist – und dort geht es noch viel verrückter zu als im Scheinwerferlicht.

Ich hatte keinen blassen Schimmer, auf was genau ich mich da einlasse, als ich die Einladung zum Combine annahm, die zu Jahresbeginn insgesamt 333 ausgewählten College-Spielern ins Postfach geflattert war. Natürlich wusste ich, dass der Combine eine Art

Schaufenster für die Draft-Kandidaten ist, bei dem sich die Spieler unter den Augen der Scouts, zahlreicher Trainer und General Manager der NFL in mehreren Übungen wie dem berühmten 40 Yard Dash, Weitsprung aus dem Stand, Shuttle Runs oder Bankdrücken beweisen sollten. Mein Agent hatte mir auch gesagt, dass jeder Teilnehmer vermessen wird und die interessierten Teams ihre potenziellen Kandidaten durch ihre eigenen Ärzte auf Herz und Nieren prüfen lassen. Die 32 NFL-Franchises würden die Möglichkeit haben, hinter verschlossenen Türen Gespräche mit uns Spielern zu führen, was gerne als „wichtigstes Job-Interview deines Lebens" bezeichnet wird – innerhalb des viertägigen „härtesten und ultimativen Tests deines Lebens". Kleiner geht's halt nicht in der NFL. Auch das wusste ich.

Acht Wochen lang und 24/7 wurde ich an der IMG Academy für den viertägigen Event gedrillt und optimiert – aber nicht als Footballspieler, sondern als Combine-Teilnehmer, was ein großer Unterschied ist. Man trainiert gezielt für die Übungen des Combine, bekommt täglich Physiotherapie, absolviert spezielle Vision-Trainings für eine bessere Wahrnehmung auf dem Feld, die Ernährung wird individuell auf jeden Athleten angepasst, und es gibt Interview-Schulungen, um zu lernen, wie man in jeder Situation das sagt, was die Teams gerne hören wollen. Alles unter Anleitung und Aufsicht hochkarätiger Coaches und Experten und auf dem neuesten Stand der Wissenschaft. Bezahlt wird das Ganze von der Agentur, als Wette auf die Zukunft.

Ich war in guter Gesellschaft. Mit Luke Joeckel, Sheldon Richardson, Eddie Lacy, Eric Reid, Tyler Eifert oder DeAndre Hopkins waren gleich mehrere Spieler am Start, die vier Monate später in der ersten Runde gedraftet wurden oder sich, wie Lacy bei den Green Bay Packers, in der NFL schnell einen Namen machten. Mit zweien verstand ich mich besonders gut. Der eine war Joeckel, der als Offensive Liner als sicherer Pick an Position eins oder zwei des Drafts galt. Das Lustige war, dass wir beide in verschiedenen Mock Drafts, also den Prognosen der zahlreichen echten oder selbsternannten Experten in den Wochen vor dem Draft, als Nummer-zwei-Pick der

Jacksonville Jaguars gehandelt wurden, was Anlass für allerlei Sprüche zwischen uns war. Der andere Spieler, mit dem ich in diesen Wochen eng war und mich richtig gut verstand, war Manti Te'o, ein wirklich netter Typ. Das Krasse an der Sache: Genau in diesen Januartagen kam die ganze Nummer mit seiner mysteriösen Freundin heraus, die angeblich gestorben war, in Wahrheit aber gar nicht existierte. Die Story war *das* Thema in Amerika, denn Te'o war einer der herausragenden College-Spieler der Saison gewesen und hatte diverse Awards abgeräumt – sicher auch wegen dieser tragischen Geschichte.

Ich war ganz nah dran an dem Mann, der Amerika in Atem hielt, aber ich habe mich nicht getraut, ihn auf dieses Thema anzusprechen, und er schien dankbar dafür zu sein. Man konnte spüren, wie sehr ihn die Sache belastete. Te'o tat mir leid, gleichzeitig war er mir aber auch unheimlich, denn zu diesem Zeitpunkt war nicht klar, ob er die ganze Geschichte von der verstorbenen Freundin, die er nie persönlich getroffen hatte, einfach erfunden hatte oder Opfer eines unglaublichen Internet-Betruges war. Ein ums andere Mal habe ich mich dabei ertappt, wie ich ihn angeschaut und gedacht habe: Alter, wer bist du wirklich, und was weißt du? Bis heute ist die ganze Nummer ein Rätsel. In der NFL ist Te'o jahrelang wegen seiner Fake-Freundin verarscht worden und hat sich auch auf dem Spielfeld üble Kommentare gefallen lassen müssen. Das war echt brutal. Ich hätte nicht in seiner Haut stecken wollen.

Meine Sorgen waren in diesen Tagen nicht annähernd so spektakulär, aber nicht weniger ernst. Es war absolut notwendig, dass die Öffentlichkeit nichts davon mitkriegte. Meine Knie machten Probleme und schwollen in den täglichen Trainingseinheiten immer wieder an, sodass ich kürzertreten und öfter zur Physiotherapie musste. Die ganze Sache wurde nicht besser, als mir mein Agent nahelegte, an Gewicht zuzulegen. What?! Ich hatte gerade eine herausragende Saison gespielt und verdankte meine 13 Sacks auch der Tatsache, dass ich auf 117 Kilo abgespeckt und dadurch in puncto Explosivität und Speed zugelegt hatte. Da sollte ich wieder Gewicht draufpacken? Zehn amerikanische Pfund, sagte Jimmy, knapp fünf Kilo.

Er hätte von einigen Teams gehört, ich sei undersized, also für meine Größe und Position zu leicht. Zunehmen auf Bestellung – das gibt es wohl auch nur in der NFL. Oder in Hollywood, wenn ein Schauspiel-Beau mit Traumbody ein verfettetes Wrack darstellen soll.

Die Sache gefiel mir nicht. Mehr Gewicht bedeutete mehr Belastung für mein Knie und mehr Ballast beim 40 Yard Dash, auf dem beim Combine ein besonderes Augenmerk liegt, auch wenn kaum ein Offensive oder Defensive Liner im Spiel mehr als zehn Yards am Stück sprintet. Ich folgte jedoch dem Rat meines Agenten und begann, literweise Protein-Shakes in mich hineinzuschütten.

Jimmy Sexton ist einer der namhaftesten und einflussreichsten Agenten in der Football-Welt und hat neben NFL-Stars wie Julio Jones, Derrick Henry oder Philip Rivers auch NFL-Trainer und viele der besten College-Coaches unter Vertrag, übrigens auch Jimbo Fisher. Als im November das Buhlen der Agenten eingesetzt hatte, was eigentlich verboten und erst nach der offiziellen Anmeldung zum NFL-Draft erlaubt ist, war Jimmy Sexton als Repräsentant des Agentur-Giganten CAA als einer der Ersten bei mir zu Hause vorstellig geworden – interessanterweise ohne Jimbos Wissen, was dieser gar nicht amüsant fand, als er davon erfuhr und Sexton in meiner Anwesenheit am Telefon beschimpfte, um zu zeigen, wer der Boss ist. Natürlich wittern die Agenten bei den hochkarätigen Draft-Kandidaten die fette Kohle, und vielleicht sah Sexton in mir so etwas wie den Nowitzki des Footballs. Über zwei Jahrzehnte hinweg hat er einen guten Riecher für die richtigen Spieler bewiesen und seinen Klienten in dieser Zeit Verträge im Gesamtwert von mehreren Milliarden Dollar verschafft, nicht ohne dabei selbst Millionen zu scheffeln. Ich ging also davon aus, dass er wusste, was er tat, als er mir ans Herz legte, ein paar Kilos draufzupacken. Das würde Zeit kosten, genauer gesagt Zehntelsekunden.

Die Sprint-Coaches der IMG Academy waren in den ersten Tagen des Camps zuversichtlich gewesen, dass ich am Ende der Vorbereitung im 40 Yard Dash eine Zeit knapp unter 4,7 Sekunden laufen könne, weil sie nach dem Studium meines Game Tapes einfach meinen explosiven Start im Spiel als Ausgangsbasis genommen hatten und dann sehr optimistisch über den Daumen peilten, wie sehr ich mich in einem mehrwöchigen Spezialtraining verbessern würde. Je länger das Camp dauerte, desto weniger mochte ich ihren Optimismus teilen, denn in meinen drei Jahren am College war ich nie auf Zeit die 40 Yards gelaufen – und außerdem nahm mein Körper mit jedem Tag an Gewicht zu. Das wiederum funktionierte ziemlich gut.

War ich gut vorbereitet auf den NFL Scouting Combine? Ich hätte diese Frage nicht seriös beantworten können, als ich schließlich im Flieger nach Indianapolis saß. Einerseits fühlte ich mich nach dem gezielten Vorbereitungstraining in Bradenton fit, gleichzeitig spürte ich tief in mir drinnen aber auch körperliche und mentale Ermüdungserscheinungen. Kein Wunder, nach der langen Saison und den intensiven Überlegungen und Diskussionen rund um meine Draft-Entscheidung. Meine Knie waren okay, aber ich wusste nicht, wie lange sie halten würden, und außerdem bereitete mir die Sache mit den 40 Yards Bauchschmerzen, denn mir war längst klar, dass 4,7 Sekunden völlig illusorisch waren und ich in dieser Disziplin nur verlieren konnte, selbst wenn ich schneller rannte als jemals zuvor in meinem Leben. Set up to fail. Diese Aussicht nervte mich, zumal der 40 Yard Dash medial am meisten im Fokus steht, obwohl er in seiner Aussagekraft schon seit langem umstritten ist. Was mich aufrechthielt: Ich hatte eine mehr als überzeugende Saison gespielt, konnte ein Game Tape vorweisen, das für sich sprach, war bei allem, was Fragen zu Defense-Systemen oder Spielzügen anging, auf Zack, hatte keine Drogenrückstände im Körper oder andere Leichen im Keller und fühlte mich für die Interviews gewappnet. Und so wäre die ehrliche Antwort auf die Frage, ob ich gut vorbereitet war, ein klares Jein gewesen.

Der Combine, der jedes Jahr Ende Februar, Anfang März und traditionell in Indianapolis stattfindet, erstreckt sich insgesamt über eine Woche. In dieser Zeit ist die Stadt in NFL-Hand und der Nabel der Football-Welt. Alle 32 Teams sind mit ihren wichtigsten Leuten vor Ort, dazu alle Spieler-Agenten, lizenzierte Finanzberater, PR-Leute, ehemalige NFL-Stars, die als TV-Experten im Einsatz sind, die großen Sportartikelhersteller und andere Sponsoren sowie über tausend Medienvertreter. Es ist ein riesiger Zirkus, und er spielt sich im Zentrum der Stadt ab, rund um das Lucas Oil Stadium, die Spielstätte der Indianapolis Colts. Ein Schmuckstück von einem Stadion. Alles ist in unmittelbarer Nähe: das Convention Center, das halbe Dutzend großer Hotels, in denen alle untergebracht sind und die Teams vorübergehend ihr Hauptquartier eingerichtet haben, sowie die einschlägigen Restaurants wie St. Elmo Steak House oder Prime 47, in denen sich abends Agenten, Coaches, General Manager und Journalisten treffen und wo zu späterer Stunde auch so mancher Deal eingefädelt wird.

Als Spieler ist man vier Tage vor Ort und hat in dieser Zeit ein festgelegtes Programm zu absolvieren. Die Draft-Kandidaten werden nach Positionen eingeteilt und verschiedenen Ober-Gruppen zugeordnet, die zeitversetzt ihren Plan abarbeiten, um das Ganze zu entzerren. In meinem Jahr starten am ersten Tag die Kicker, Special Teamer, Offensive Liner und Tight Ends in ihr viertägiges Programm. Am zweiten waren es die Quarterbacks, Wide Receiver und Running Backs, am dritten Tag Defensive Liner und Linebacker und am vierten Tag die Defensive Backs.

Ich reiste also erst am dritten Tag des Combine an. Das Spektakel war bereits in vollem Gange, und die riesige Lobby meines Hotels, eine ehemalige Train Station, die direkt neben dem Lucas Oil Stadium liegt, glich einem Taubenschlag. Gleich nach der Anmeldung bekam ich wie jeder der Teilnehmer eine Liste mit den Terminen der Interviews ausgehändigt, welche die Teams, die an mir interessiert waren, angemeldet hatten. Zur damaligen Zeit durfte jedes Team noch 60 der 333 Spieler zum persönlichen Gespräch bitten, mittlerweile ist diese Zahl auf 45 reduziert worden, weil der Zeitplan total aus dem Ruder gelaufen ist. Man muss sich das nur mal vorstellen: In den sieben Tagen des Combine 2013 führten 32 Teams je 60 Einzelgespräche – macht insgesamt 1920 Interviews. Meine Liste war sehr lang, was nicht ungewöhnlich ist für einen potenziellen First Round Pick, aber jede Menge Stress bedeutet.

Am ersten Tag standen neben einer allgemeinen Einführung in den Ablauf und die Locations des Combine sowie der Einkleidung mit dem typischen hautengen Combine-Outfit medizinische Voruntersuchungen wie Pulsmessung, Blutabnahme, EKG, Abhören der Lunge und so weiter und am Abend die ersten Interviews an, auf die ich noch gesondert zu sprechen komme. Tag zwei war dann auch gleich der wichtigste – und ironischerweise wird an diesem Tag weder gerannt noch gesprungen. Es wird gesessen und gelegen. Eher unspektakulär, obwohl viel nackte Haut zu sehen ist. Es sind auch keine TV-Kameras erlaubt, weshalb die TV-Sender nicht daran interessiert sind, diesen Tag zum entscheidenden zu erklären. Sie wären auch schön blöd.

Medical Exams, so heißt der zentrale Programmpunkt in den Katakomben des Stadions, bei dem es sich um die medizinischen Untersuchungen der Athleten handelt, kurz Medicals genannt. An diesem Tag haben die 32 Teams und ihre Ärzte erstmals die Gelegenheit, ihre potenziellen Picks aus nächster Nähe in Augenschein zu nehmen – und dabei bleibt es nicht. Nur gucken, nicht anfassen? Von wegen!

Die Medicals sind natürlich ein wichtiges, dabei aber auch ein absolut skurriles Schauspiel, über das man sich schlapplachen könnte, wenn es nicht gleichzeitig so erniedrigend wäre. Nur mit einer Unterhose bekleidet wurde ich nacheinander in zwei nebeneinanderliegende identische Räume geführt. In beiden Räumen stand in der Mitte eine Liege, wie man sie aus Arztpraxen kennt, und rundherum saßen jeweils 16 Ärzte der 32 Teams. Es war ziemlich beengt. Kaum wurde mein Name durchgesagt, stürzten die Ärzte auf mich zu – beim Combine ist ja nie viel Zeit – und begannen, an mir herumzufummeln. Bis zu fünf Leute gleichzeitig! Die haben nicht gewartet, bis einer der ihren seine Untersuchung beendet hatte. Die meisten hielten sich erst gar nicht damit auf, mir Hallo zu sagen oder mich eines Blickes zu würdigen, sondern packten sich einen Arm oder ein Bein, um daran herumzubiegen, befühlten meinen Nacken, drückten an der Hüfte oder meinem Rücken herum. Dabei herrschte ein knapper Befehlston: „Hinlegen!", „Hinstellen!", „Hinsetzen!", „Bein anwinkeln!", „Auf die Seite drehen!" Ich kann mich nicht erinnern, dass jemand irgendwie mal „Bitte" gesagt hätte.

Ich kam mir vor wie auf dem Viehmarkt, und es hätte nur noch gefehlt, dass mir jemand seine Wurstfinger in den Mund schiebt, um mein Gebiss zu untersuchen, oder an die Klöten packt, um festzustellen, ob ich ein geeigneter Zuchtbulle bin. Ich bin sehr froh, dass die NFL keinen Schlepphoden-Test für Draft-Kandidaten vorsieht ... Aber im Ernst: Es war einfach grauenvoll, und seit diesem Tag weiß ich, dass eine Unterhose unter Umständen die letzte Bastion sein kann.

Die Docs gingen absolut zielstrebig zu Werke, hatten sie doch meine Krankenakte von der medizinischen Abteilung der Seminoles bekommen. Das ist so üblich, aber auch unheimlich, denn man fühlt sich auf eine andere Weise nackt, wenn man sich in einem Raum mit 16 fremden Menschen befindet, die alle wissen, wie es in deinem Körper aussieht – vermutlich sogar noch genauer, als du selbst es weißt. Und sie wussten, was sie wollten: MRTs. Ein Arzt nach dem anderen. „MRT von beiden Knien", „MRT von der Schulter". Einer der Docs fragte mich, ob mein Nacken vorgeschädigt sei, ein anderer, ob ich schon einmal eine Verletzung an der Hüfte gehabt hätte. Beides verneinte ich. Zur Sicherheit bestellten beide ein MRT. Ein Mitarbeiter des medizinischen Teams beim Combine notierte die Wünsche wie ein Kellner die Bestellungen der Gäste in einem Restaurant. „Wie möchten Sie Ihr MRT? Medium oder rare? Darf es vorweg noch etwas anderes sein? Ein paar X-Rays vielleicht, der Herr?" Es war der totale Wahnsinn. Irgendwann rief einer der Ärzte seine übereifrigen Kollegen zur Räson: „Gebt dem Jungen doch nicht noch ein MRT!" Am Ende einigte man sich – natürlich ohne mich überhaupt zu fragen oder am Gespräch zu beteiligen – auf vier MRTs: beide Knie, unterer Rücken, Schulter.

Zu den drei unheilvollen Buchstaben M, R und T gesellte sich ein vierter, der mich in Schwierigkeiten brachte: das W.

W wie Werner. Ich mag meinen Nachnamen und bin stolz darauf, ein Werner zu sein, aber in diesem speziellen Fall bedeutete das W die A-Karte, denn alles, was die Teilnehmer bei diesem Combine mit Ausnahme der Interviews zu absolvieren hatten, ging nach

Alphabet, und unter den 333 Teilnehmern waren nicht sonderlich viele, deren Nachnamen mit X,Y oder Z beginnt. Um genau zu sein: kein Einziger. Das bedeutete, dass ich nicht nur eine gefühlte Ewigkeit warten musste, bis ich bei der Fleischbeschau an der Reihe war, sondern auch einer der Letzten beim MRT war.

Die ganze zeitliche Organisation war eine absolute Katastrophe. Erst am Abend war ich im Krankenhaus, um mich durchleuchten zu lassen. Es war klar, dass ich es unmöglich pünktlich zu den Interview-Sessions, die um acht Uhr begannen, schaffen würde, denn ich hatte zu diesem Zeitpunkt gerade einmal eines von vier MRTs hinter mir. Das sorgte für Stress und Wut, denn nach den Medicals sind die Gespräche der Spieler mit den Teams der zweitwichtigste Programmpunkt beim Combine, und ich wollte nicht die Chance verpassen, mit den Verantwortlichen der interessierten Teams persönlich zu sprechen, noch wollte ich einen schlechten Eindruck hinterlassen, weil ich nicht erschien. Nachdem ich die ersten drei MRTs, die damals noch jeweils 40 Minuten dauerten, absolviert hatte, waren bereits mehrere Interviews auf meiner Liste verschoben oder abgesagt. Als man mich dann auch noch für das Schulter-MRT kopfüber und mit hinter dem Kopf verschränktem Arm in eine dieser engen Röhren schieben wollte, wurden dunkle Erinnerungen wach, und ich bekam Panik. Das ist bis heute meine größte Angst. Ich weigerte mich, das letzte MRT zu machen, rief meinen Agenten an. „Jimmy, ich mache das nicht. Keine Chance. Du musst mir helfen." Jimmy Sexton rief jemanden von der NFL an und regelte die Sache für mich, sodass ich endlich ins Hotel eilen konnte. In den folgenden Jahren wurde der viel zu enge Zeitplan dann gestreckt.

Die Prozedur der Interviews beim Combine ist mindestens so abgefahren wie die der Medicals. Man muss sich das als eine Art Speed-Dating vorstellen. Im Erdgeschoss des Hotels, in dem ich untergebracht war, hatte jedes Team einen eigenen Raum. Die 32 Franchises residierten in einem langen Gang nebeneinander, Tür an Tür, immer nur durch eine Wand voneinander getrennt. Anders als bei den Medicals wurde streng auf die Einhaltung des Zeitplans geachtet. Maximal eine Viertelstunde haben die Teams beim Combine Zeit, sich persönlich mit einem Draft-Kandidaten zu beschäftigen. Die Interviews finden parallel in 15-Minuten-Intervallen statt. Start- und zugleich Endsignal ist ein lautes Signalhorn, das auf dem Gang ertönt, und ein wildes Gewusel in Gang setzt ein, bei dem die Spieler hastig gleichzeitig die Räume wechseln. Jede Sekunde ist kostbar.

Brööööööööööööööööööb! Der Nächste, bitte!

Ein Offizieller führte mich im Stechschritt über den Gang und schob mich freundlich, aber bestimmt in eines der Zimmer, nicht ohne zu sagen, mit welchem Team ich mich als Nächstes unterhalten würde. Dennoch war ich überrascht, als ich Mike Tomlin gegenüberstand. Ich brauchte einen Moment, um zu realisieren, was nicht stimmte, dann wusste ich es: seine Augen. Ich konnte ihm in die Augen schauen. Wie jeder normale Fernsehzuschauer kannte auch ich den Head Coach der Pittsburgh Steelers nur mit Sonnenbrille, aber ich kann an dieser Stelle bestätigen: Sie ist nicht festgewachsen. Ohne Sonnenbrille sieht der ernste und manchmal finster wirkende Tomlin ganz anders aus, richtig freundlich. Er gab mir zur Begrüßung die Hand, bot mir einen Platz auf dem Sofa an, ließ sich lässig in den Sessel gegenüber fallen und sagte: „Tell me your story." Die Gesprächseröffnung überraschte mich. Dann begann ich, zu erzählen. Meine Story.

Tomlin hörte aufmerksam zu, nickte, zog die Augenbrauen hoch oder schüttelte ungläubig den Kopf. Nur ab und zu warf er eine Frage ein. Es war, als seien wir ganz alleine im Zimmer, dabei saßen, wie bei diesen Interviews üblich, mehrere Personen auf der anderen Seite des Raumes, darunter der General Manager und Positions-Coaches der Steelers, und beobachteten uns schweigend. An eine von Tomlins Fragen erinnere ich mich ganz genau. „Hat dich deine Familie oft besucht?", wollte er wissen. Ich erzählte, dass ich meine Eltern und Brüder in meiner Zeit bei Florida State zweieinhalb Jahre lang nicht gesehen und niemand von meiner Familie je ein Spiel von mir live im Stadion miterlebt hatte, weil sie sich die Reise einfach nicht hatten leisten können. Es wurde echt emotional. „Du bist einen langen Weg gekommen und hast eine Menge geopfert", sagte Tomlin. Er hatte eindeutig feuchte Augen, und auch mir kamen die Tränen.

Bröööööööööb! Zum Abschied umarmten wir uns, und ein Scout vom nächsten Team schleuste mich in ein anderes Zimmer. Seit diesen 15 Minuten weiß ich, warum Mike Tomlin als „Player's Coach" gilt, und noch heute erinnere ich mich gerne an diese intensive Viertelstunde zurück. Ich habe Tomlin als empathisch und warmherzig kennengelernt. Ich hätte liebend gerne für ihn gespielt.

Das krasse Gegenteil erlebte ich in meinem Interview bei den Tampa Bay Buccaneers. Zur damaligen Zeit war Greg Schiano der Head Coach der Bucs, ein bulliger und kantiger Typ. Ich erinnere mich an seine kleine Zahnlücke und ein Grinsen, das nicht echt wirkte. Wir saßen uns an einem Tisch gegenüber, und der Rest der Tampa-Truppe befand sich in der üblichen Beobachtungsposition im Hintergrund. Auch Schiano forderte mich umgehend auf zu erzählen, allerdings nicht von mir, sondern von Xavier Rhodes, einem meiner Defense-Kollegen bei Florida State und wie ich ein Kandidat für die erste Draft-Runde. Ich war total überrumpelt, berichtete dann aber, dass Xavier ein toller Spieler und ein guter Teammate sei. Da fiel Schiano mir ins Wort. „Björn, lüg mich nicht an! Uns sind andere Sachen zu Ohren gekommen. Erzähl mir die Wahrheit!" Ich dachte, ich bin im falschen Film. War das hier jetzt ein Job-Interview beim NFL Combine, oder saß ich Special Agent Greg Schiano vom FBI bei einem Verhör gegenüber? Sosehr ich auch versicherte, dass Rhodes kein fragwürdiger Charakter sei, so hartnäckig hakte Schiano nach und zog meine Antworten in Zweifel. „Hör auf, mich anzulügen", wiederholte er allen Ernstes, was unglaublich unverschämt war. Schamlos bohrte er weiter, um mir irgendeine negative Aussage zu meinem ehemaligen Mitspieler zu entlocken, und ich kapierte, dass es in diesem Gespräch nicht mehr um mich, sondern nur um Xavier Rhodes gehen würde. Es war das beschissenste Interview ever. Ich machte drei, nein, sogar vier Kreuze, als der Spuk vorbei war. Eine Viertelstunde kann verdammt lang sein.

Lustig war die Gesprächseröffnung beim Interview mit den Detroit Lions, deren Head Coach Jim Schwartz mich zur Begrüßung auf meinen Spitznamen „Germanator" ansprach und dann aufforderte, ein paar berühmte Sätze aus den Terminator-Filmen zu zitieren. Also sagte ich im Schwarzenegger-Style mit übertriebenem deutsch-österreichischen Akzent „Hasta la vista, baby" und „I'll be back". Letzteres sollte sich tatsächlich als Prophezeiung erweisen, denn ich sah die Lions auf dem Weg zum Draft wieder. In dem Moment war es einfach nur eine Blödelei, um die Stimmung aufzulockern, was auch prächtig funktionierte, denn Coach Schwartz lachte sich schief, und ich lachte mit.

Ich kann mich unmöglich an jedes einzelne Job-Interview beim Combine erinnern, denn es waren einfach zu viele. Was ich aber noch ganz genau weiß: Die Indianapolis Colts waren nicht darunter. Bei einigen Teams hatte ich das Gefühl, sie wollten in erster Linie testen, ob ich die Sprache beherrsche. Es kam auch mehrfach vor, dass ich gebeten wurde, Defense-Systeme zu erklären oder Spielsituationen zu analysieren. Ein Coach spielte mir zu meiner Überraschung ein schlechtes Play aus einem meiner besten College-Spiele vor und forderte mich ziemlich provozierend auf, dazu Stellung zu nehmen. Das ist eine gängige Praxis der Teams, um die Kritikfähigkeit eines Spielers zu testen. Ich ärgerte mich zunächst, dass die einzige Szene von mir, die sie vorbereitet hatten, ein absolutes Scheiß-Play war, aber ich roch den Braten und sagte artig, dass es allein mein Fehler gewesen sei und ich daran in der NFL noch härter arbeiten werde. Das war uns bei den Interview-Schulungen an der IMG Academy eingetrichtert worden.

Das schrägste Interview war eindeutig jenes, bei dem mich ein Mann in Empfang nahm, der sich als Psychologe des Teams vorstellte. Keiner der anderen Offiziellen im Raum sagte auch nur „Hallo" zu mir. In den ersten Minuten hielt mir der Psychologe in schneller Abfolge Zettel mit Symbolen unter die Nase. „Sag mir das erste Wort, das dir dazu einfällt." Ein Assoziationsspiel. Anschließend führte er einen dieser Persönlichkeitstests durch, bei dem er einen langen Fragenkatalog abarbeitete und mich unter anderem nach meiner Lieblingsfrucht fragte. Hätte ich Fumble antworten sollen? Als nach 15 Minuten alles vorbei war, hatte ich weder mit einem der Coaches im Raum gesprochen noch im Entferntesten über Football. Es war crazy.

Viel Bohei wird immer um den Wonderlic-Test gemacht, einen IQ-Test, den alle Combine-Teilnehmer absolvieren müssen und dabei in ihren Positionsgruppen in einem Raum sitzen wie bei einer Klassenarbeit. Bei diesem Test sind 50 Fragen nach dem Multiple-Choice-Prinzip zu beantworten, und man hat dafür nur zwölf Minuten Zeit. Beispiel: Ein Junge ist 17 Jahre alt. Seine Schwester ist doppelt so alt. Wie alt ist die Schwester, wenn der Junge 23 ist? Das Oberthema dieses Tests ist Zeitmanagement und der Umgang mit der Drucksituation, in der man einen kühlen Kopf behalten muss, und er ist wohl am ehesten für Quarterbacks relevant. Ich erinnere mich nicht mehr an meinen damaligen Score, und wenn die Ergebnisse nicht gerade geleakt werden, weil ein Spieler besonders gut oder besonders schlecht abgeschnitten hat, dann werden sie auch nicht veröffentlicht. Ich kann verraten, dass der Wonderlic-Test zwar immer wieder für Schlagzeilen sorgt, aber bei der Beurteilung eines Draft-Kandidaten kaum eine Rolle spielt und total überbewertet ist. Viele Leute in der NFL machen sich darüber lustig. Dass bei meiner extrem professionellen und detailverliebten Combine-Vorbereitung durch die IMG Academy der Wonderlic-Test kaum Thema war, sagt alles. Es gibt Spieler, die nur die Hälfte aller Fragen beantworten und davon die Hälfte falsch und trotzdem in der ersten Runde gedraftet und zu NFL-Stars werden.

Das Kuriose ist, dass ein besonders hohes Ergebnis sogar eher als hinderlich angesehen wird, denn welcher Head Coach hat schon gerne Spieler, die schlauer sind als er selbst? Was die wenigsten Leute wissen: Der Wonderlic-Test ist nur die Spitze des Eisbergs, denn beim Combine haben die Teams die Möglichkeit, noch weitere Persönlichkeits- und IQ-Tests durchzuführen und diese für ausgewählte Spieler zu beantragen. Dafür gibt es wiederum spezielle Zeitfenster.

Vor Jahren hat es mächtig Wirbel gegeben, weil Teams Spieler nach ihren sexuellen Präferenzen gefragt haben und auch ganz gezielt, ob sie auf Frauen oder Männer stehen. Es gab damals einen Aufschrei, gefolgt von einem mächtigen Shitstorm, woraufhin die NFL Fragen dieser Art verboten hat, aber ich habe gehört, dass sich nicht alle Teams daran halten und auch weiterhin gefragt wird. Krass. Als ob es auf dem Spielfeld einen Unterschied machen würde, wen du liebst.

Als „heimlicher Intelligenztest" beim Combine gilt übrigens der Drogentest, denn wem dort unerlaubte Substanzen nachgewiesen werden, obwohl bekannt ist, dass jeder Draft-Kandidat in Indianapolis getestet wird, der kann einfach nicht besonders helle sein. Es sind schon Spieler bekifft zum Combine angereist. Die braucht man dann eigentlich auch nicht mehr nach der Lieblingsfrucht zu fragen. Hohlbirne.

Im totalen Kontrast zur Kopfarbeit beim Wonderlic-Test stand der zweite große Programmpunkt meines dritten Tages, bei dem es nämlich um pure Körperkraft geht: Bench Press. Beim Bankdrücken muss eine Langhantel mit 225 amerikanischen Pfund Gewicht, also umgerechnet 102 Kilo, so oft wie möglich in die Höhe gestemmt werden. Doch zuvor findet auf der Bühne, auf der die Hantelbank steht, noch die offizielle Vermessung statt. Größe, Gewicht, Armlänge, Spannweite und die Maße der Hände. Letzteres ist vor allem bei den Quarterbacks immer ein großes Thema. Wehe, die Flossen sind kleiner als der NFL-Durchschnitt – dann gibt es sofort die ersten Schlagzeilen. Beim Combine 2017 wurden die Hände von Patrick Mahomes als zu klein befunden und als „concern", ein Grund zur Besorgnis, bezeichnet, was, wie man längst weiß, total lächerlich ist, aber deutlich macht, wie irrelevant die Zahlen und Maßstäbe beim Combine oftmals sind.

Bei der Vermessung werden die Ergebnisse laut in den Raum gerufen, in dem sich ohne Ende Scouts der NFL-Teams drängeln, was man im Fernsehen nie sieht. Man kommt sich vor wie auf einem Fleischmarkt. Die Scouts notieren sich die Zahlen, und es herrscht ein Tuscheln und Raunen, zum Beispiel wenn ein Spieler mit unerwartetem Übergewicht antritt, das augenscheinlich nicht aus Muskelmasse besteht. Meine zusätzlichen fünf Kilos waren an den richtigen Stellen.

Ich habe beim Bench Press 25 Wiederholungen geschafft. Das war meine persönliche Bestleistungen, ist aber im Vergleich ein Durchschnittswert beim Combine. Das galt im Übrigen auch für meine anderen sportlichen Prüfungen, die dann am vierten und letzten Tag anstanden, beim sogenannten On-Field Workout. Für die Öffentlichkeit gilt dieser Tag als der eigentliche Combine und Kern der Veranstaltung und wird von den Medien auch als solcher verkauft, weil er die spektakuläreren Bilder bietet. Die sportlichen Aktivitäten im Lucas Oil Stadium sind aber nur ein Baustein dieses NFL-Castings.

Nach drei langen und stressigen Tagen, die von morgens bis abends vollgepackt mit Terminen waren und von Hektik und Stress oder nervtötender Warterei dominiert wurden, sowie nach kurzen, unruhigen Nächten war ich körperlich und mental ehrlich gesagt ganz schön ausgelutscht, als es dann darum ging, Höchstleistungen abzurufen. Auch weil ich in den Tagen zuvor unzureichend gegessen hatte, war ich platt und genervt. Ich hatte ja schon erzählt, dass man mit einem Nachnamen, der mit W beginnt, bei allen Terminen als einer der Letzten dran ist – und leider auch einer der Letzten in der Nahrungskette, wie ich bei den Mahlzeiten feststellen musste. Immer wenn ich kam, waren die Buffets schon leergefressen oder sogar abgebaut. Wenn du an einem Abend nach vier MRTs und acht Interviews gegen 23 Uhr mit halbleerem Magen in dein Hotelbett fällst, dann ist das nicht gerade eine ideale Basis für eine Galavorstellung am nächsten Tag. Die größte und reichste Liga der Welt kriegt es nicht hin, dass jeder der 333 Combine-Teilnehmer satt wird? Das erschien mir total unprofessionell, und es ist eigentlich kein Rahmen, in dem man Topleistung abrufen kann, aber darum geht es beim Combine eben auch gar nicht, was ich heute weiß, mir damals aber nicht bewusst war. Ich ziehe echt meinen Hut vor den Leuten, die beim Combine Rekorde brechen. Respekt.

Meine beste Performance lieferte ich bei den Football-spezifischen Übungen ab, zu denen auch der Three Cone Drill und der 20 Yard Shuttle gehören. Das sind Sprint-Übungen mit Richtungswechseln, bei denen die Schnelligkeit, Explosivität, Beweglichkeit, Koordination und das Raumgefühl eines Spielers getestet werden. Die Atmosphäre im gähnend leeren Stadion war gespenstisch. Man hörte nur das Gemurmel und Getuschel der Scouts, Coaches und Offiziellen, und das machte mich nervöser, als vor 80 000 Zuschauern im Hexenkessel von Clemson oder Oklahoma zu spielen. Meine Werte beim Broad Jump, dem Weitsprung, und Vertical Leap, Hochsprung, jeweils aus dem Stand, waren durchschnittlich. Nichts war besonders gut, aber es fiel eben auch kein Wert ab – oder wie es Mike Mayock, damals Analyst von NFL Network, größter Draft-Guru und mittlerweile General Manager der Las Vegas Raiders, formulierte: „Björn Werner macht nichts herausragend, aber alles gut." Damit brachte Mayock auf den Punkt, was meine Philosophie war: Ich wollte ein gutes Gesamtpaket bieten.

Ärgerlich war, dass für meine Gruppe der 40 Yard Dash nicht gleich zu Beginn des Tages auf dem Programm stand. Ich konnte die mangelnde Spritzigkeit in meinen Beinen förmlich spüren, und die 4,83 Sekunden waren dann auch eher bescheiden, was mich ärgerte, weil ich mich vor jedem Probe-Sprint an der IMG Academy besser gefühlt hatte als jetzt, wo es darauf ankam. Für einen Defensive Liner ist allerdings der sogenannte 10 Yard Split, also Start und erstes Viertel der Strecke, relevant, und da war ich mit 1,69 Sekunden im Soll. Entscheidend ist der Get-off, der explosive Antritt, und das war immer meine Stärke, weil ich gut darin war, eine Offense zu lesen und den Moment des Snaps zu erahnen. Game Speed. Das ist, was wirklich zählt. Zum Abschluss absolvierte ich zusätzlich noch spezielle Linebacker-Drills, da ich zu der Gruppe von Defensive Ends gehörte, die für eine Umschulung auf Outside Linebacker in Frage kamen, falls ihr neues Team nicht eine 4-3-Defense, sondern 3-4-Formation spielen sollte.

Als ich endlich alles hinter mir hatte, war ich tot. Physisch und psychisch ausgelutscht, hungrig, genervt. Was für ein Scheiß-Event, dachte ich bei mir, als ich ein letztes Mal die hautengen Klamotten abstreifte, wegen denen der Combine auch scherzhaft „Underwear Olympics" genannt wird. Ich persönlich finde „The Circus" passender. Ich wollte einfach nur noch weg aus diesem verdammten Stadion in dieser verdammten Stadt. Als das Flugzeug in Richtung Florida abhob, überkam mich große Erleichterung. Ich schaute auf die immer kleiner werdenden Häuser der Stadt unter mir, dann schloss ich die Augen. Indianapolis wollte ich so schnell nicht wiedersehen. Einmal war genug.

Red Flags
Das Pokerspiel vor dem NFL-Draft

Die Sonne Floridas und die Wiedervereinigung mit Denise, die in den acht Wochen meiner Vorbereitung auf den Combine in Deutschland gewesen war, hellten mein Gemüt schnell wieder auf, aber die Anspannung blieb, denn die Vorbereitungen auf den Draft waren in vollem Gange: Die 32 Teams der NFL brachten sich mit den neugewonnenen Informationen vom Combine in Stellung, und der Auswahlprozess spitzte sich zu. Ich telefonierte mehr oder weniger täglich mit meinem Agenten und stellte jedes Mal zwei Fragen. Nummer eins: „Haben sich Teams bei dir gemeldet, Jimmy?" Nummer zwei: „Haben sie etwas über meine Knie gesagt, Jimmy?" Es beruhigte mich, dass er die erste Frage fast immer mit einem Ja beantwortete und die zweite mit Nein. Verlässliche Aussagen zu den Motiven oder Plänen der Interessenten gab es jedoch nicht. Es ist ein großes Pokerspiel, in dem sich kein Team in die Karten schauen lässt – bis zum Moment der Entscheidung.

Auf halber Strecke zwischen Combine und Draft findet der Pro Day statt. Jedes größere College richtet einen solchen speziellen Trainingstag aus, bei dem sich die Aspiranten noch einmal den Scouts und Coaches der NFL-Teams präsentieren können. Am Pro Day können Spieler, die keine Einladung zum Combine erhalten haben, ihre Fähigkeiten unter Beweis stellen – und er bietet jenen eine zweite Chance, die zum Zeitpunkt des Combine verletzt waren oder mit ihren dortigen Leistungen unzufrieden. Der große Unterschied ist, dass der Pro Day in gewohnter Umgebung stattfindet, was ein Vorteil sein kann, aber bei der Beurteilung der Leistungen auch als solcher einberechnet wird, wie Rückenwind im Weitsprung. Das gleicht die widrigen Rahmenbedingungen beim Combine aus, von denen ich berichtet habe und um die die Scouts und Verantwortlichen der Teams ja wissen. Ich hatte mir zunächst in den Sturkopf gesetzt, noch einmal die 40 Yards zu laufen, weil es mich gewurmt hatte, dass ich beim Combine nicht wenigstens die 4,8 Sekunden unterboten hatte und mir meine maue Zeit von den Draft-Analysten angekreidet wurde, doch Jimmy redete es mir wieder aus und meinte, ich solle cool bleiben und einfach wie geplant mein Ding durchziehen.

Beim Pro Day der Seminoles, der in unserem Stadion stattfand, herrschte ein riesiger Andrang, denn wir hatten jede Menge Spieler mit NFL-Potenzial, die für den Draft in Frage kamen, und dementsprechend viele Scouts und Coaches waren vor Ort. Ich absolvierte eine Reihe von Defense-Drills, bei denen es viel Publikum gab, darunter der Head Coach der New Orleans Saints, Sean Payton, und Rob Ryan, der dort damals gerade als Defensive Coordinator angeheuert worden war. Am Vorabend hatten Ryan und der D-Line-Coach der Saints mich und noch zwei, drei andere Spieler, die sie interessant fanden, zum Essen eingeladen, um uns in einem privaten Rahmen und lockerer Atmosphäre zu beschnuppern. Das ist gängige Praxis. Die Teams nutzen einfach jede Gelegenheit, einen Kandidaten besser kennenzulernen. Am Pro Day werden auch gerne die College Coaches, die Mitspieler oder sogar Familienmitglieder eines Spielers von den Scouts ausgefragt.

Die Teams kennen keine Grenzen, wenn es darum geht, Informationen über einen möglichen Draft-Kandidaten einzusammeln, schließlich ist es eine Entscheidung, bei der es um Millionen geht, und viele Scouts sind mit detektivischem Eifer bei der Sache, schnüffeln auch im Umfeld herum und wühlen in der Vergangenheit. Gerade wenn es um potenzielle First-Round Picks und deren Charakter und Persönlichkeit geht, werden unzählige Leute befragt – von den Lehrern am College über das Personal in der Mensa bis hin zur Putzfrau, dem Direktor an der früheren High School oder der Kellnerin im Lieblingsrestaurant des Spielers. Es kommt sogar vor, dass Privatdetektive angeheuert werden. Das ist kein Scherz, sondern die Realität. Die Teams bekommen fast alles heraus, wenn sie wollen, und je mehr Gerüchte es um charakterliche Defizite oder Vorfälle in der Jugend gibt, desto eifriger wird geschnüffelt – und wenn sie etwas Schlimmes finden, dann wedeln sie mit den berüchtigten Red Flags, was ein Alarmsignal ist und für den Draft in letzter Konsequenz bedeuten kann: Finger weg!

Das gilt natürlich auch bei körperlichen Defiziten, und in diesen Fällen hatten die Detektive der Teams einen Doktortitel und ihre schärfste Waffe, um die Draft-Kandidaten zu durchleuchten, hieß MRT. Es waren die Ärzte und ihre Bewertungen meiner Knie, die ich mehr als alles andere fürchtete, denn egal wie viel Scheiß ein Spieler am College gebaut hat, er hat immerhin die Chance, sich irgendwie herauszureden. „Mein Mitschüler ist damals gestolpert und dann sehr ungeschickt mit seiner spitzen Nase gegen meine empfindliche Faust gefallen, ich habe ihm jedoch längst verziehen." Zugegeben, wenig glaubwürdig, aber in solchen Fällen geht es oftmals nicht darum, was die Wahrheit ist, sondern was die Teams hören wollen, die sich entlastende Infos wünschen. Aber bei einem MRT-Bild? Wenn dein Knie darauf richtig mies aussieht, dann kannst du dich schlecht herausreden. „Mein Meniskus ist echt schüchtern und hasst es, wenn Bilder von ihm gemacht werden, deshalb macht er sich dann absichtlich hässlich." Nope. Im Ernst: Red Flags aus medizinischen Gründen sind weitaus gefährlicher als solche, die den Charakter betreffen. Letztere werden gerne übersehen, wenn das Talent als Footballer nur groß genug ist. Beispiele gibt es viele.

Der Pro Day ist die letzte öffentliche Bühne, auf der die Teams die Kandidaten unter die Lupe nehmen können, doch es gibt noch zwei andere Möglichkeiten, einen Spieler als Footballer richtig zu testen und als Mensch kennenzulernen. Die eine sind die sogenannten Top 30 Visits, bei denen es jedem Team erlaubt ist, die für sie interessantesten Spieler auf einen zweitägigen individuellen Besuch einzuladen, um sie auf dem Clubgelände herumzuführen, allen Coaches und auch Offiziellen vorzustellen, ausführliche Gespräche über Football, aber auch Privates zu führen und die Kandidaten einem erneuten Medizincheck durch die Teamärzte zu unterziehen. Ich hatte mehrere dieser Visits, darunter bei den Saints, wo ich einen echt guten Talk mit Head Coach Payton hatte, bei den Atlanta Falcons und den Arizona Cardinals. Ich denke gerne an das Gespräch mit dem damaligen Head Coach Bruce Arians in seinem Büro zurück, denn

Arians ist ein megalustiger und auch charismatischer Typ, der nicht diese bei vielen Coaches verbreitete Alphamännchen-Attitüde hat. Arians ist ein Coach, für den sich die Spieler dem Vernehmen nach gerne den Arsch aufreißen, weil der Spaß nicht zu kurz kommt, und es wundert mich überhaupt nicht, dass Tom Brady zum Ende seiner Karriere dem Ruf von Arians (und natürlich auch dem der Dollars und der Sonne Floridas) nach Tampa Bay gefolgt ist.

Neben den Top 30 Visits, deren Anzahl die 30 nicht überschreiten darf und bei denen nicht die Football-Schuhe geschnürt werden dürfen, können die Teams auch noch Private Workouts mit Spielern vereinbaren, die üblicherweise auf dem Campus der Colleges stattfinden, also in der gewohnten Umgebung des Spielers. Für diese Private Workouts fliegt eine Abordnung der Teams ein, um ausgiebig one-on-one mit ihren Draft-Favoriten zu trainieren. Individueller geht es nicht. Auch ich hatte ein paar solcher Workouts, unter anderem mit den Lions und den Saints. Die üblichen Verdächtigen.

Überraschend kam die Nachricht meines Agenten in der Endphase dieses ganzen Prozesses, dass die Indianapolis Colts ein Private Workout mit mir und Xavier Rhodes abhalten wollten. Zu den Colts hatte ich bis zu diesem Zeitpunkt keinerlei Kontakt gehabt, was in dieser Phase vor dem Draft einigermaßen ungewöhnlich war. Mit vier Leuten flogen die Colts in Tallahassee per Privatjet ein, darunter Head Coach Chuck Pagano und General Manager Ryan Grigson, was eine ziemlich prominente Besetzung war. Auch das Workout war Chefsache, denn Pagano höchstpersönlich übernahm die Aufgabe, mich über den Kunstrasen zu scheuchen, und ich absolvierte nicht nur die gängigen Drills für Defensive Ends, sondern auch für Linebacker. Es folgte eine lange Session im Meeting Room, bei dem mir Pagano in allen Einzelheiten die Defense erklärte, die die Colts spielten, und er mich testete, ob ich es kapierte und das Spiel verstanden hatte. Die Basis-Formation der Colts war eine 3-4-Defense, bei der drei Spieler an der Line of Scrimmage und vier Linebacker dahinter positioniert sind, und er fragte mich, ob ich auch Outside Linebacker spielen könne. „Klar", antwortete ich, auch wenn ich ja eine

4-3-Defense bevorzugte, in der ich als Defensive End agieren konnte, was meiner Meinung nach und auch der vieler Draft-Analysten am besten zu meinen Stärken passte. Aber das sagst du einem Team natürlich nicht, das an dir interessiert ist.

Chuck Pagano war cool drauf und erzählte von seiner Zeit als Defensive Coordinator bei den Baltimore Ravens, wo er Ray Lewis und Ed Reed gecoacht hatte, was sehr spannend für mich war, weil beide ja zu meinen Madden-Helden gehört hatten. Während Pagano sehr offen und mir sofort sympathisch war, blieb Grigson den ganzen Besuch über sehr distanziert und sagte wenig. Er brachte mich allerdings mit der simplen Frage aus der Fassung, ob ich gut genug Englisch könne, um das Playbook der Colts zu verstehen. What? Ich dachte erst, er wolle mich verarschen, denn ich hatte zu diesem Zeitpunkt bereits fünf Jahre in Amerika gelebt, studiert und erfolgreich Football gespielt, aber nichts in Grigsons Gesicht verriet auch nur eine Spur von Humor. „Klar", antwortete ich ebenso humorlos und sparte mir den Hinweis, dass er das mit einem 15-Minuten-Interview beim Combine leicht hätte herausfinden können.

Hatten die Colts etwa ihre Hausaufgaben nicht gemacht? Oder war ihr Besuch nur eines dieser berüchtigten Ablenkungsmanöver? Es kommt tatsächlich immer wieder vor, dass Teams Spieler zu Top 30 Visits einladen oder für viel Geld zu Private Workouts einfliegen, obwohl sie überhaupt nicht an ihnen interessiert sind. Es geht dabei lediglich darum, die anderen Teams zu täuschen, auszutricksen und über die wahren Absichten im Unklaren zu lassen. Dafür werden wie in einem Spionage-Thriller falsche Fährten gelegt und gezielt Falschinformationen gestreut. Manchmal lancieren Scouts sogar negative Erkenntnisse oder Gerüchte an die Medien, die einen Spieler schlecht aussehen lassen, mit dem Ziel, ein konkurrierendes Team, das es auf ebenjenes Talent abgesehen hat, abzuschrecken, um dann im Draft selbst zuzuschlagen. Das mag abenteuerlich klingen, aber wenn es darum geht, die besten Spieler zu bekommen, wird mit harten Bandagen und oftmals ohne jeden Skrupel gekämpft.

So gläsern die Kandidaten in dem langwierigen Prozess vor dem Draft gemacht werden, so undurchsichtig ist und bleibt das Spiel, das die Teams spielen. Angefangen mit dem Combine hatte ich in der Vorbereitung auf den Draft mehr Teams getroffen, als ich mir merken konnte. Ich hatte so viele Gespräche geführt, dass mir der Kopf schwirrte. Die Teams wussten jetzt alles über mich – und ich über ihre Absichten nicht das Geringste.

3RD DOWN

Green Room
Der Himmel und die Hölle auf Erden

Das Telefon klingelte. Ich hielt die Luft an. Mein Herz setzte für einen Moment aus, dann pochte es wie verrückt. Bummbummbummbumm. Wie ein Techno-Beat. Es klingelte erneut, dieses alte Ding mit Hörer und Schnur, das in der Mitte des runden Tisches stand, um den ich und die Menschen, die mir die allerliebsten waren, an diesem wegweisenden Abend meines Lebens saßen. Alle verstummten und starrten auf diesen beigen Apparat, der aus der Zeit gefallen schien. Daneben lag ein blauer Football, auf dem mein Name prangte. Die Spezialanfertigung erinnerte mich an die blauen Bälle, mit denen ich einst in der Schul-AG Flag Football gespielt hatte, bei den Hermann Schulz Untouchables, vor einer gefühlten Ewigkeit, in einem anderen Leben. Im Hier und Jetzt schlug mein Herz bis zum Hals, der in einem Hemdkragen steckte und sich plötzlich wie zugeschnürt anfühlte, was genauso wenig an der Krawatte lag wie der plötzliche Schweißausbruch an meinem schicken schwarzen Anzug. Auch an den Nebentischen in dem sagenumwobenen Raum, den sie Green Room nennen, wurden die eben noch aufgeregten Gespräche unterbrochen, und es setzte Getuschel ein. Der Werner war's. The German. Die Blicke richteten sich auf unseren Tisch. Es klingelte erneut.

Gerade erst hatte die Nachricht eines Trades für den ersten Aufreger der Draft Night gesorgt und die ohnehin große Spannung in der legendären Radio City Music Hall von New York ins Unermessliche gesteigert. Die Miami Dolphins, die eigentlich erst als zwölftes der 32 Teams an der Reihe waren, hatten ihren Pick mit den Oakland Raiders getauscht und durften nun bereits als drittes Team einen Spieler auswählen. Die Ehre des Number One Picks war Eric Fisher zuteil geworden, einem Offensive Liner, den die Kansas City Chiefs meinem Buddy Luke Joeckel vorgezogen hatten, der an Nummer zwei von den Jacksonville Jaguars gedraftet worden war. Erwartbar. Der Move der Dolphins war jedoch eine echte Überraschung. Noch während diese Breaking News den Green Room elektrisierten, klingelte also das Telefon auf meinem Tisch, das für die Anrufe der Teams bei den Spielern ihrer Wahl vorgesehen ist. Meine Nerven waren zum Zerreißen gespannt, als ich nach dem dritten oder vierten Klingeln mit einer Mischung aus Euphorie und Unglauben und zitternder Hand den Hörer abnahm.

„Hello, how are you doing?", sagte ich mit belegter Stimme. Keine Antwort. „Hello?"

Nichts. Jimmy, mein Agent, raunte mir zu, ich solle auflegen und auf den erneuten Anruf warten. Es sei bestimmt ein technisches Problem. In seinen Augen sah ich das Dollar-Zeichen aufleuchten, denn die Agenten kassieren drei Prozent, und je höher ein Klient gedraftet wird, desto lauter klingelt die Kasse. In den Sekunden nach dem ersten Anruf rasten meine Gedanken. Kopfkino vom Allerfeinsten, im Zeitraffer und auf körpereigenen Drogen, unterlegt mit dem Herzschlag-Techno-Beat:

Die Dolphins traden hoch, um mich zu bekommen, den Deutschen, den Jungen aus Berlin! Ich gehe nach Miami, South Beach, Sonne, Palmen und türkisblaues Meer. Denise und ich werden weiter in Florida leben, im Paradies. Ich werde die Farben der Dolphins tragen, die ich immer cool fand, und den Helm mit dem Delphin, und mein neues Stadion würde jenes sein, in dem ich mein letztes Spiel im Trikot der Seminoles bestritten und den Orange Bowl gewonnen hatte. Alles passte so unglaublich perfekt …

Das Telefon klingelte erneut. Jimmy hatte recht gehabt. Die Dolphins riefen wieder an. Ich atmete tief durch und hob ab. „Hello, how are you doing?" Keine Antwort. „Hello? Who is it?" Nichts. Am anderen Ende der Leitung hörte ich jemanden atmen. „Hello?" Ich hörte Gekicher, das sich zu einem lauten Gelächter steigerte. Noch während ich langsam den Hörer sinken ließ und auflegte, brandete in einer anderen Ecke des Green Room Applaus auf, und mit der brutalen Wucht eines Faustschlages in die Magengrube traf mich die endgültige Erkenntnis: wer auch immer mich angerufen hatte, es waren nicht die Miami Dolphins.

Einen beschisseneren Start in den NFL Draft 2013 hätte ich mir in meinen schlimmsten Tagträumen nicht ausmalen können. Ich war Opfer eines Prank Calls geworden. Ein verdammter Telefonstreich auf der offiziellen Leitung der NFL. Ausgerechnet an jenem Abend, an dem ich mit 22 anderen hoffnungsvollen, aber hypernervösen Footballtalenten den wichtigsten Anruf meines Lebens erwartete. Es war brutal. Psychoterror. Ich fühlte mich verarscht und gedemütigt. Am liebsten wäre ich im Boden versunken.

Man muss diese kaum bekannte Episode kennen, um annähernd ermessen zu können, was es für mich bedeutete, als an diesem denkwürdigen Abend schließlich mein Name aufgerufen wurde, ich mit weichen Werner-Knien den Green Room verließ, die Bühne betrat und das Trikot des Teams, für das ich künftig spielen würde, in die Hand gedrückt bekam. Die Position, an der ich gedraftet worden bin, der Name der NFL-Franchise, die mich ausgewählt hat, und die Tatsache, dass ich an diesem Tag Geschichte geschrieben habe, dürften den meisten Football-Fans in Deutschland bekannt sein. Welche Geschichten dieser 25. April 2013, ein Donnerstag, und die Tage davor und danach geschrieben haben und was hinter den Kulissen passiert ist, dagegen den wenigsten.

Ich hatte lange überlegt und verdammt hart mit mir gerungen, ob ich die Einladung zum Draft, die sehr förmlich als Brief und von NFL-Commissioner Roger Goodell unterschrieben nach dem Combine ins Haus geflattert war, überhaupt annehmen soll. Einerseits ist es eine riesengroße Ehre, die nur den am höchsten gehandelten Draft-Kandidaten und potenziellen First-Round Picks zuteilwird, und als Nicht-Amerikaner zu diesem Mega-Event eingeladen zu werden, ist schon absolut speziell. Andererseits war es mir nicht ganz geheuer, diesen so unglaublich wichtigen Abend auf dem Präsentierteller zu verbringen, in einem Raum voller Kameras, die gierig jede emotionale Regung einfangen bei dieser größten Live-Reality-Show der Welt.

Ehrlich gesagt, hatte ich auch Schiss, dass noch irgendetwas schiefläuft in den Wochen bis zum Draft und ich dann trotz aller Prognosen doch nicht in der ersten Runde gedraftet werde und traurige Berühmtheit erlange, wie ich stundenlang vergeblich darauf warte, dass sich eines der 32 NFL-Teams für mich entscheidet. Diese Sicherheit gibt es nicht, und ich kannte ja einige Negativbeispiele aus der Vergangenheit. Hoch gehandelt, tief gefallen – und das vor den Augen von zig Millionen Menschen. Man denke nur an Aaron Rodgers, der im Draft 2005 als favorisierter Number One Pick der San Francisco 49ers galt, die sich dann aber für Alex Smith als ihren Quarterback der Zukunft entschieden. Weil die wenigsten Teams in dem Jahr einen Quarterback brauchten, stürzte Rodgers wie im freien Fall bis auf Position 24, wo sich ihn bekanntlich die Green Bay Packers schnappten – im Rückblick definitiv einer der größten Steals in der Geschichte des NFL Draft, aber für Rodgers zunächst ein absolut albtraumhafter Abend, an dem pausenlos eine Kamera auf sein Gesicht gerichtet war und er immer wieder eingeblendet wurde. Gleiches gilt für Lamar Jackson, 2018 erst an 32. Stelle und als fünfter Quarterback von den Ravens gedraftet und zwei Jahre später MVP der NFL.

Die verrückteste und krasseste Draft-Story der letzten Jahre und vielleicht sogar aller Zeiten war sicherlich die Nummer mit Laremy Tunsil, der als möglicher erster Pick im Draft 2016 und bombensicherer Top-5-Mann galt, bevor wenige Minuten vor Beginn der Veranstaltung ein Video auf seinem eigenen Twitter-Account auftauchte, das ihn mit einer Gasmaske zeigt, durch die er mit einer Bong Marihuana raucht. Ein Hacker-Angriff, aber das Video war echt und ein riesengroßer Skandal. Ein Team nach dem anderen strich Tunsil, der auf seinem Stuhl im Green Room immer kleiner wurde, vom Draft Board, bis dann an Position 13 die Dolphins zuschlugen. Ein schmerzhafter Fall angesichts der Prognosen. Wenn man aber bedenkt, dass ihn die Houston Texans vier Jahre später zum bestbezahlten Offensive Liner gemacht haben – mit 66 Millionen Dollar für drei Jahre und davon 57 Millionen garantiert – muss man sagen: Ein sorgloses schönes Leben ist gebongt! Er hat als junger

College-Student Scheiße gebaut und dafür am Draft Day im wahrsten Sinne des Wortes bezahlt, denn ihm sind durch dieses Video ein paar Millionen durch die Lappen gegangen, aber er hat die Kurve gekriegt, seine zweite Chance genutzt und den Haufen Asche verdient. Alles andere – Schall und Rauch.

Leichen im Keller hatte ich vor dem Draft 2013 keine und diesbezüglich nichts zu befürchten, aber ich hatte halt meine Werner-Knie als potenzielles Draft-Risiko. Warum ich mich schließlich doch entschieden habe, die Einladung zum Draft 2013 anzunehmen, hatte zwei ganz unterschiedliche Gründe, die sich in den stundenlangen Gesprächen, die ich darüber mit Denise geführt habe, herauskristallisierten. Zum einen sah ich meine Teilnahme am Draft als riesengroße Chance, neben meiner Person auch den Football in Deutschland populärer zu machen. Ich war der erste Deutsche, der zum Draft eingeladen worden ist, was ich als Ehre ansah, aber ein Stück weit auch als Verpflichtung meinem Sport in meiner Heimat gegenüber, die mir so viel gegeben und die Chance ermöglicht hatte, jetzt in dieser Position zu sein. Deshalb habe ich auch rund um den Draft ohne Ende Interviews in deutschen Medien gegeben, was unglaublich anstrengend war angesichts des enormen Trubels, den es ohnehin schon gab. Natürlich sah ich auch für mich die Chance, in Deutschland populärer zu werden, was mir bei einer Karriere nach der Karriere hilfreich sein könnte, auch wenn der Football-Hype damals noch in den Windeln lag und ich noch keinen Gedanken daran verschwendete, dass es ein paar Jahre später mein Job sein könnte, stundenlang über den besten Sport der Welt zu sabbeln und damit eine stetig wachsende deutsche Football-Community zu informieren und zu unterhalten.

Der andere Grund, warum ich mich schließlich dazu entschieden habe, den Abend des Draft nicht mit meiner Frau und unseren WG-Kumpels in Tallahassee zu verbringen, stundenlang auf die Glotze zu starren und zu warten, dass irgendwann mein Handy klingelt, war die einmalige Gelegenheit, meine Familie in der berühmtesten Metropole der Welt zu vereinen, ein paar unvergessliche Tage und hoffentlich den bis dato größten Moment meiner Karriere gemeinsam im Big Apple zu erleben. Damals waren New York City und die Radio City Music Hall, ein prächtiger Konzertsaal an der Sixth Avenue im Herzen von Manhattan, der traditionelle Schauplatz des Draft. Erst seit 2015 ist es ein Wanderzirkus. Als eingeladener Spieler darfst du deine Familie zum Draft mitbringen, was sogar erwünscht ist, denn es soll ja schöne emotionale TV-Bilder geben, und die NFL übernimmt für eine begrenzte Anzahl an Personen die Kosten für Flüge und Unterkunft. Für mich war klar, dass ich meine Familie dabeihaben wollte, meine Eltern, meine beiden Brüder, meine Oma Ingrid, die mit ihrem Kredit einen wichtigen Teil zur Finanzierung meines ersten Jahres in Salisbury beigetragen hatte, und meine Schwiegereltern. Allen, denen ich in den Jahren zuvor so einiges zugemutet hatte mit meinem American Football Dream, wollte ich jetzt etwas Gutes tun, insbesondere Mamotschka und Daddy-Jo. Ich wollte, dass sie sehen, was ich mir in Amerika aufgebaut hatte, dass sie stolz auf ihren Sohn sind, der ja doch nicht so durchgeknallt war, wie sie immer vermutet hatten.

Wennschon, dennschon. Das war meine Devise bei der Reiseplanung. Die Eltern von Denise und mir und meine Oma sollten Business Class fliegen und meine Brüder Premium Economy – damit die langen Lulatsche ein bisschen mehr Beinfreiheit haben –, und natürlich war es mir wichtig, dass alle mit mir im offiziellen NFL-Hotel, einem Fünf-Sterne-Haus, untergebracht werden. Ich bat eine Mitarbeiterin meines Agenten, einen viertägigen Trip für die Reisegruppe aus Berlin durchzuplanen, und war ganz schön geschockt, als ich hörte, was mich der Spaß kosten sollte. Schlappe 15 000 Dollar zusätzlich zu den Kosten, für die die NFL aufkam. Das war zum damaligen Zeitpunkt eine schwindelerregende Summe für mich, und natürlich hatte ich die Kohle nicht, woher auch? Jimmy Sexton bot an, dass seine Agentur die Kosten erst einmal übernehmen würde und ich das Geld nach dem Draft zurückzahlen könne, sobald ich den ersten Gehaltsscheck meines neuen Arbeitgebers erhalten hatte. Das war ein guter Deal, aber nachdem ich die Buchungen mündlich bestätigt hatte, meldete sich die nervige innere Stimme, die mich fragte, was ich denn zu tun gedenke, sollte mich kein Team in den ersten zwei

Runden draften, weil die MRT-Bilder meiner Knie kein makelloses Knorpel-Panorama zeigten und alle Ärzte mit den roten Flaggen wedelten, als würden sie von einer Horde Hornissen verfolgt. Ich versuchte diese Gedanken beiseitezuschieben, aber sie kehrten immer wieder in all den Wochen, Tagen und Stunden vor dem Draft, und sie waren sogar während der Veranstaltung präsent.

Von Tallahassee nach New York City sind es 1500 Kilometer Luftlinie, die Flugzeit beträgt mit einem Zwischenstopp gute vier Stunden. In meinem Fall waren es Welten. Ich startete als Studienabbrecher, der in seiner WG nach wie vor auf einer geschenkten alten Matratze mit seiner Frau und einer Mannschaft von Bettwanzen schlief, und landete als Filmstar. So fühlte es sich zumindest an. Denise und ich wurden mit einer Limousine vom Flughafen abgeholt und nach Midtown Manhattan zu unserem Hotel kutschiert, einem wahren Nobelschuppen, wo uns ein Portier im Livree mit einer Verbeugung die Tür zur prunkvollen Lobby aufhielt und eifrige Pagen in schicken Uniformen unser Gepäck aufs Zimmer brachten, das eine Suite war. Wir bekamen einen persönlichen Assistenten für die Dauer unseres Aufenthalts zugeteilt und auch einen Chauffeur, der mir und meiner Familie rund um die Uhr zur Verfügung stand. Von meiner Agentur war eine Stylistin vor Ort, die für alle Klienten von Jimmy Sexton jeweils zwei maßgeschneiderte Anzüge im Gepäck hatte, für die sie mich und die anderen im Vorfeld vermessen hatte. Es war alles ziemlich crazy, und ich fragte mich: Ist das hier der NFL Draft oder die Oscar-Verleihung?

Die vier Tage in New York waren für uns alle überwältigend. Während meine Familie die Stadt erkundete und auf ausgedehnte Sightseeing- und Shoppingtour ging, absolvierte ich zahlreiche offizielle Termine wie Empfänge, Interviews oder einen Besuch einer High School, wo ich mit anderen Spielern ein paar Football Drills mit den Kids machte. An einem Abend waren alle Top-Draft-Kandidaten mit Begleitung in den Madison Square Garden eingeladen, um ein NBA-Spiel der New York Knicks mitzuerleben, noch dazu ein Playoff Game gegen die Boston Celtics. Denise und Björn aus Berlin-Reinickendorf in der VIP-Box des legendären Garden in

Manhattan mit zahlreichen Celebrities dieser Stadt ... wir mussten uns mehrmals kneifen, um ganz sicher zu sein, dass dies wirklich passierte. Meine Brüder wiederum durfte ich zu einem Event der Mode- und Lifestyle-Marke Sean John, die dem Rapper Sean Combs alias P. Diddy alias Puff Daddy gehört, mitnehmen, wo es für jeden Gast Präsente gab. Apropos mitnehmen: Marcel und Pascal nahmen mit, was sie tragen konnten. Beim Verlassen der Location hatte jeder von ihnen deutlich mehr Design-Kopfhörer unter dem Arm als Ohren am Kopf. Das war mal wieder typisch. Werner Bros. Entertainment. Die leuchtenden Augen meiner Brüder und die staunenden Blicke meiner stolzen Eltern zu sehen und ihre Zuwendung und Nähe zu spüren, war in diesen Tagen für mich das Schönste.

Ich muss zugeben, dass ich diese Zeit nicht uneingeschränkt genießen konnte und meine unbeschwerte gute Laune ein ums andere Mal geschauspielert war, denn hinter den Kulissen ging es richtig zur Sache, die Anspannung war extrem. Noch am Abend meiner Ankunft in New York City, zwei Tage vor dem Draft Day, hatte Jimmy mich auf den aktuellen Stand gebracht und mir erzählt, dass ich bei den New York Jets, die den 9. Pick hatten, in der engsten Auswahl war. „Die Jets mögen dich sehr", sagte Jimmy und berichtete weiter, dass die New Orleans Saints mich auf jeden Fall an Position 15 draften würden, sollte ich dann noch zu haben sein. Als Spieler hast du in dieser Phase keinen Kontakt zu den Teams, und auch wenn die Agenten alles versuchen, um Informationen oder Hinweise zu bekommen, werden sie oftmals mit unverbindlichem Blabla abgespeist. Die großen Entscheider lassen sich einfach nicht in die Karten schauen, bis zum letzten Moment. Was ich also hörte, war wenig, und was ich wusste, war nichts. Immer wieder hakte ich bei Jimmy nach, ob ihn die Teams auf meine Knie angesprochen hätten, ihm Bedenken zu Ohren gekommen seien, aber er verneinte jedes Mal, was mich ehrlich gesagt kaum beruhigte. Irgendwie hatte ich ein ungutes Gefühl. „Mach dir keine Sorgen", sagte Jimmy zum Abschied.

Am Abend vor dem großen Tag suchte er mich dann in meinem Hotelzimmer auf – Denise war ausgeflogen und mit der Familie unterwegs –, und an seiner Miene sah ich sofort, dass ich mir Sorgen machen musste. Zur Einleitung sagte er, dass er mir am ersten Tag unserer Zusammenarbeit versprochen hatte, immer ehrlich zu mir zu sein, und schon bei diesen Worten krampfte sich mein Magen zusammen. „Die Jets haben dich von ihrem Draft-Board genommen", sagte er, „wegen deiner Knie." Angesichts der Millionen, die sie in ihren Erstrunden-Pick investieren würden, sei das Risiko zu hoch. Verdammte Scheiße, sie hatten mich kurz vorm Ziel geredflaggt, schoss es mir durch den Kopf, und bevor ich überhaupt fragen konnte, was mit New Orleans sei, raunte Jimmy: „Die Saints auch." Ohrfeige links, Ohrfeige rechts. Ich starrte ihn wie betäubt an. Jimmy atmete tief durch und brachte die folgenden Worte nur mit Mühe über die Lippen: „Es tut mir leid, das sagen zu müssen, aber es kann sein, dass du in die zweite Runde rutschst." Ich wartete schweigend, ob noch etwas kommen würde, aber Jimmy, die Frohnatur, Jimmy, der Optimist, Jimmy, der für jedes Problem eine Lösung wusste, hatte kein „Aber" im Gepäck, kein Next-Best-Scenario, mit dem er mir Hoffnung machen konnte. Diesmal lauteten seine Abschiedsworte: „Lass uns morgen das Beste hoffen." Das Beste, was er mir sagen konnte, war: „Beim Draft kann man nie wissen."

Ich wiederum wusste, dass die Kacke am Dampfen war und der imaginäre Haufen so hoch wie das Empire State Building. Genau diese Situation hatte ich befürchtet, seit ich meine Zusage zum Draft gegeben und die Reise für meine Familie arrangiert hatte, die sich just in diesem Moment irgendwo in Manhattan vergnügte, während ich gerade bereute und mich verfluchte, diese ganze Familienfeier in Übersee angeleiert zu haben, auf der ich plötzlich selbst der potenzielle Partycrasher und Stimmungskiller war.

Es waren ja nicht nur meine Familie und Schwiegereltern aus Deutschland angereist. Mein alter Freund Cedric war mit seiner Freundin nach New York geflogen und hatte den Draft mit einem privaten Urlaub verbunden. Kasim hatte sich in Boston in den Zug gesetzt und war die für amerikanische Verhältnisse kurze Strecke nach New York City gefahren, wo er innerhalb weniger Minuten Freundschaft mit meinen Brüdern schloss und mit ihnen loszog. Auch meine amerikanische Familie aus Lakeville, Connecticut, war angereist,

Lisa und Rob Keller mit Clayton, die endlich meine richtige Familie kennenlernen konnten. Aus Tallahassee kamen Ryan, Alex und Vince, mit denen Denise und ich unter einem Dach wohnten, und von der Westküste der USA schwebte Chris Adamson ein, der Salisbury verlassen hatte und mittlerweile in Kalifornien lebte und arbeitete und in New York seinen ehemaligen Boss wiedertraf, den Direktor der Salisbury School, den ich eingeladen hatte. Ihnen allen hatte ich Tickets für einen Tribünenplatz am ersten Tag des Draft in der Radio City Music Hall besorgt, damit sie live dabei sein konnten. Und nun deutete alles darauf hin, dass sie mich gar nicht zu Gesicht bekommen würden auf der riesigen Bühne. Ich hatte die Hoffnung nicht ganz aufgegeben, dass sich doch noch alles zum Guten wendet, aber ich ließ sie nicht zu groß werden, weil die Enttäuschung dann umso größer wäre.

Ich beschloss, mit Ausnahme von Denise einfach niemandem von Jimmys schlechten Nachrichten zu erzählen, weil alle so ausgelassen und glücklich waren und ich es nicht übers Herz brachte, ihnen die Laune zu verderben und die euphorische Stimmung zu zerstören. Außerdem hatte ich auch keinen Bock auf Anteilnahme, so ehrlich oder gut sie auch gemeint gewesen wäre. Noch schlimmer als Mitleid ist nur Trost für etwas, das noch gar nicht passiert ist. Ich würde die Sache wie so oft mit mir selbst ausmachen. Darin war ich ja geübt.

Die Nacht vor dem Draft Day schlief ich gut, was überraschen mag, aber pennen kann ich immer, egal was ist. Beim Frühstück hatte ich allerdings keinen Appetit (das eindeutigste Symptom bei den Werner-Männern, dass etwas nicht in Ordnung ist), bekam kaum einen Bissen hinunter und war vor allem damit beschäftigt, mir nichts anmerken zu lassen. Keep Smiling.

Dieser Donnerstag in New York City, der erste Tag des Draft, war der längste in meinem Leben. Die Zeit wollte einfach nicht vergehen, und wenn ich in etwas ganz schlecht bin, so richtig schlecht und ohne Aussicht auf Besserung, dann ist es warten. Aus diesem Grund habe ich übrigens auch am College und später in der NFL am liebsten schon um die Mittagszeit gespielt. Auch wenn ich die elektrisierende Atmosphäre eines Night Games unter Flutlicht liebte, so hasste ich die elende stundenlange Warterei bis zum Kickoff, die man insbesondere bei Auswärtsspielen meistens auf einem Hotelbett mit der Fernbedienung oder dem Mobiltelefon in der Hand verbringt und ein Daumen-Workout macht.

Ich war froh, als ich nach dem elendig langen Tag und dem großen Empfang auf dem roten Teppich endlich im Green Room saß, mit Denise, meinen Eltern, meinen beiden Brüdern und meiner Oma Ingrid. Der Green Room ist übrigens gar nicht grün und war damals, als der Draft noch in New York City war, auch kein richtiger Raum, sondern einfach ein von der Bühne abgetrennter Bereich, in dem an zwei Seiten große Bildschirme aufgestellt waren, auf denen man die TV-Übertragung verfolgen konnte. In einer Ecke gab es ein Buffet mit Fingerfood und Getränken. Der Begriff Green Room bezeichnet eigentlich einen Aufenthaltsraum für Künstler, welcher der Bühne am nächsten ist und in dem sie auf ihren Auftritt warten. Der Ursprung der Benennung „Grün" ist nicht eindeutig geklärt, aber ich finde, es passt ziemlich gut zum Draft, denn einerseits ist Grün die Farbe der Hoffnung, andererseits sind die Hauptpersonen an diesem Tag in diesem Raum noch ziemlich grün hinter den Ohren.

Ausgeliefert. So fühlt man sich auf gewisse Weise, wenn man im Green Room sitzt, denn man hat sein Schicksal nicht mehr in den eigenen Händen. Du hast nicht nur keinen blassen Schimmer, für welches Team du in Zukunft spielen, sondern auch in welcher Stadt und in welchem Teil dieses riesigen Landes du leben und wie viel Geld du dafür zur Verfügung haben wirst. Das entscheiden andere. Nicht du hast die Wahl, sondern die 32 Teams, die mit ihrer Wahl dein Leben verändern, manchmal regelrecht auf den Kopf stellen, auf jeden Fall künftige Lebensverhältnisse festlegen. Das muss man bedenken, will man wirklich verstehen, was in einem potenziellen Draft Pick an diesem Tag vorgeht, und im Green Room ist das Gefühl des Ausgeliefertseins noch einmal deutlich stärker als ein Draft Day auf dem Sofa in den eigenen vier Wänden, die zumindest einen Hauch von Sicherheit, Schutz und Geborgenheit vermitteln. Alles kann passieren, von einer Sekunde auf die andere.

Der Green Room ist Stairway to Heaven und Highway to Hell in einem. In der stickigen Luft mischen sich Erwartung, Hoffnung, Euphorie, Nervosität, Unsicherheit, Zweifel, Angst. Man kann es sehen, man kann es hören. Und riechen.

„The NFL Draft 2013 ist officially opened!" Mit diesen formelhaften Worten von Roger Goodell, bei denen sich von Jahr zu Jahr nur die Zahl ändert, war das große Spiel eröffnet, und das Lustige ist, dass meine Eltern selbst zu diesem Zeitpunkt noch nicht so richtig begriffen hatten, was der Draft eigentlich für eine Veranstaltung war, geschweige denn, wie er funktionierte und was es für mich bedeutete, in diesem Moment in diesem Raum zu sitzen, auch wenn sie das alles natürlich furchtbar aufregend fanden. Der Green Room war nun wirklich der letzte Ort, an dem ich noch mal einen Versuch unternehmen wollte, ihnen den Draft zu erklären ...

Ich hole es an dieser Stelle nach, in Kurzform: Der NFL Draft läuft über insgesamt sieben Runden, in denen jedes Team in der Regel jeweils einen Spieler auswählen kann. Die Reihenfolge ist vorher festgelegt. Das schlechteste Team der Vorsaison hat die erste Wahl, gefolgt von den Teams, die es nicht in die Playoffs geschafft haben. Die Reihenfolge ergibt sich aus ihrer Bilanz aus Siegen und Niederlagen. Bei Gleichstand entscheidet der sogenannte Strength of Schedule, bei dem die Bilanzen der jeweiligen Gegner herangezogen werden. Dann folgen die Playoff-Teilnehmer. Zunächst die Wild-Card-Teams, anschließend die Teams aus den Divisional Playoffs, gefolgt von den Teilnehmern der Conference Championships und am Ende die Endspielgegner. Der Super-Bowl-Sieger ist in jeder Runde als letztes der 32 Teams dran. Ausnahmen bestätigen die Regel. Durch Trades können die Teams während des Drafts ihre Positionen tauschen. Wer im Ranking aufsteigen will, um einen bestimmten Spieler zu bekommen, muss dem Tauschpartner dafür etwas bieten, zum Beispiel einen seiner Picks in einer späteren Runde oder auch im Draft des nächsten Jahres abgeben. Das ist Verhandlungssache – unter Zeitdruck. In der ersten Runde haben die Teams zehn Minuten für ihren Pick oder einen Trade Zeit, in Runde zwei sieben, in den Runden drei bis sechs dann noch fünf Minuten und in der siebten und letzten Runde vier Minuten. Die sieben Runden verteilen sich auf drei Tage, der erste ist Runde eins vorbehalten.

Nach allem, was in den Tagen und Stunden vor dem offiziellen Beginn des Draft passiert war und ich an Informationen erhalten hatte, setzte der Prank Call gleich zu Beginn der Veranstaltung eine wahnwitzige Achterbahnfahrt der Gefühle in Gang – ohne Sicherheitsgurt. Von ziemlich weit unten steil nach oben und rasend schnell in Richtung Boden. Es war eine bittere Ironie der Geschichte, dass die Dolphins zu allem Überfluss auch noch einen Defensive End auswählten, der nicht Björn Werner hieß, sondern Dion Jordan.

Erst verarscht, dann verschmäht. Das war der wohl krasseste und bitterste Start in meine Draft Night, den man sich vorstellen kann. Ich versuchte mich damit zu trösten, dass der Abend noch lang war und Amerika noch andere schöne Flecken außer dem Süden Floridas zu bieten hatte.

Meine Gemütslage wurde nicht besser, als die Detroit Lions an fünfter Stelle den nächsten Defensive End auswählten, der nicht Björn Werner hieß, sondern Ezekiel Ansah, der erst seit zwei oder drei Jahren Football spielte – ein sogenanntes Raw Talent, physisch enorm stark und mit gigantischem athletischem Potenzial, aber kein gestandener Spieler. Anders als ich hatte Ansah in der abgelaufenen College-Saison amerikaweit nicht groß auf sich aufmerksam gemacht, weshalb ich echt angepisst war, dass Detroit ihn pickte und nicht mich. Die Wahl der Lions zeigte eindrucksvoll, dass der Draft bei aller akribischen Evaluation und monatelangen Beobachtung manchmal auch eine große Zockerei ist, ein Gamble, eine Wette auf Potenzial, die sich für die Lions rückblickend allerdings ausgezahlt hat.

Ich versuchte, mich damit zu trösten, dass Detroit nicht gerade als Stadt gilt, von der man träumt, und wenn doch, dann schlecht.

Das Selbstverständnis eines jeden Spielers, der am Draft Day im Green Room sitzt, ist es, auf seiner Position der Beste zu sein, und so war es auch bei mir. Ohne diese Überzeugung – ob nun zutreffend oder nicht – hätte es keiner der Kandidaten so weit gebracht. Umso mehr kotzte es mich an, als die Cleveland Browns mir an sechster

Stelle mit Barkevious Mingo einen weiteren Defensive End vorzogen. Das war der dritte Frontalangriff auf mein Ego.

Ich versuchte, mich damit zu trösten, dass die Browns nicht gerade als Team gelten, von dem man träumt, es sei denn, man ist der nächste Gegner.

Die Teams hatten die Qual der Wahl. Für mich war die Draft Night nur Ersteres. Mit jedem Pick, der aufgerufen wurde, ohne dass mein Name fiel, zog ich mich weiter in mich zurück und sprach kaum noch ein Wort. Denise wusste, dass ich in Momenten wie diesen keine Aufmunterung brauchte, sondern man mir den größten Gefallen tat, indem man mich einfach in Ruhe ließ. Sie machte gar nicht erst den Versuch, mich anzusprechen, und alle gutgemeinten, aber deplatzierten Versuche meiner Familie, mich in ein Gespräch zu verwickeln, überhörte ich stoisch. Es brodelte in mir, ich wurde aggressiv. Labert mich nicht voll! Zum Glück dachte ich das nur, während ich die Zähne zusammenbiss und die Lippen aufeinanderpresste, denn angesichts der hohen Dickschädel-Dichte an unserem Tisch hätte der Green Room ganz schnell zur verbalen Red Zone werden können. Tief einatmen. Ausatmen. Om.

Alle zehn Minuten brandete irgendwo im Raum Applaus auf, lag sich eine Tischgesellschaft in den Armen und dampfte dann freudetrunken ab. Es war leichter zu ertragen, wenn ein Wide Receiver oder Offensive Tackle gedraftet wurde. Als irgendwann am Tisch direkt neben uns Applaus und Gejohle ertönte, da erhob ich mich, um Sheldon Richardson zu gratulieren, mit dem ich mich ja wochenlang an der IMG Academy auf den Combine vorbereitet hatte. Er war wie ich ein Klient von Jimmy Sextons Agentur, und wir konnten uns gut leiden. Wir gaben uns High Five. Die New York Jets hatten nach dem neunten Pick für ihn noch mal an die 13. Position hochgetradet. Ich gönnte es Sheldon, aber es versetzte mir auch einen Stich, denn ich hatte nicht vergessen, dass die Jets den Spieler Björn Werner mochten, nicht aber die dazugehörigen Knie, und ich jetzt an seiner Stelle hätte sein können. Dieses Scheißgefühl stattete mir einen erneuten ungebetenen Besuch ab, als New Orleans zwei Picks später Kenny Vaccaro auswählte – wenigstens war er Safety und nicht Defensive

End, was ein kleiner Trost war. Dennoch hatte ich bis zum letzten Moment ein kleines Fünkchen Hoffnung gehabt, dass die Absage der Saints am Tag zuvor vielleicht nur zu diesem irren Pokerspielchen namens Draft gehört hatte und sie sich doch für mich entschieden. Vergebens. Ich trauerte auch dieser verpassten Chance nach und verfluchte innerlich meine verdammten Werner-Knie. Hätte, hätte, Fahrradkette. Der Konjunktiv ist ein Arschloch.

Immer wieder kamen Kamera-Teams an unserem Tisch vorbei, und ich versuchte, mein Ich-bin-ja-so-glücklich-Gesicht aufzusetzen, was eine echte Herausforderung war. Absolut ehrlich war aber meine Freude, als mein Seminole-Brother EJ Manuel von den Buffalo Bills als erster Quarterback in diesem Draft gezogen wurde. EJ war einer der feinsten Typen, die ich in meiner Football-Karriere bis dato kennengelernt hatte, und ich verließ meinen Tisch, um ihm zu gratulieren – eine willkommene Ablenkung.

Es herrschte eine ziemliche Aufregung im Green Room, denn nicht nur ich war im Verlauf des Abends Opfer eines Prank Calls geworden, sondern gleich mehrere Spieler und unmittelbar vor dem Pick der Bills auch Geno Smith, der eigentlich als bester Quarterback in der Draft-Klasse und für viele namhafte Draft-Analysten als klarer Top-10-Kandidat galt und nun natürlich am Boden zerstört war. Erst verarscht, dann verschmäht – das Gefühl kannte ich ja bereits.

Die versammelten Agenten der Spieler sind echt ausgerastet und brüllten herum, dass dieser zusätzliche Psychoterror beendet werden müsse. Es war natürlich extrem unprofessionell und ein Skandal, dass es die NFL nicht fertiggebracht hatte, eine sichere Telefonleitung zu garantieren. Auch bei mir hat dieses Old-School-Telefon übrigens noch zwei, drei weitere Male an diesem Abend geklingelt, ohne dass ein Teamverantwortlicher am anderen Ende der Leitung war, und kurzerhand wurde dann meines Wissens zwischen den Agenten, der NFL und den Teams vereinbart, dass die Spieler auf ihren Mobiltelefonen angerufen werden sollen, was mittlerweile gängige Praxis ist.

Der Green Room leerte sich nach und nach, und mein Frustlevel stieg gleichermaßen in kaum noch erträgliche Höhen. Ich realisierte, dass der Draft inzwischen in den Zwanzigern angelangt war, ich mir seit mehr als 200 Minuten in diesem verdammten Raum die Arschbacken platt saß und auch an den anderen Tischen, die noch besetzt waren, nicht gerade Party-Stimmung herrschte. Egal, in welche Richtung ich schaute, sah ich finstere Gesichter. Leidensgenossen.

„Wenn, dann jetzt", sagte Jimmy irgendwann in die bleierne Stille hinein. An 24. Stelle waren die Indianapolis Colts „on the clock", wie es heißt, wenn der Countdown läuft. Noch während mein Agent erklärte, warum die Colts die letzte realistische Chance waren, womit er wahrscheinlich mir, meiner Familie und vielleicht auch sich selbst Mut machen wollte, klingelte mein Handy. Ich schaute aufs Display. Dort leuchteten eine dreistellige Zahl und der Name einer Stadt auf. 317. Das ist der Area Code, die Vorwahl. Wer auch immer mich anrief, er war gerade in Indianapolis.

Allein der Gedanke an diesen Moment und die folgenden Minuten löst bei mir bis heute Gänsehaut aus.

Wie in Trance nahm ich das Mobiltelefon vom Tisch, tippte auf den grünen Hörer, um den Anruf entgegenzunehmen. „Hello, how are you doing?", sagte ich mit zitternder Stimme, und diesmal erhielt ich sofort eine Antwort und erkannte die Stimme von Ryan Grigson, dem General Manager der Colts, der mir mitteilte, dass sich Indy für mich entschieden hatte. „Wir können es kaum erwarten, dich hier zu haben!" Auch Head Coach Chuck Pagano und Jim Irsay, der Besitzer der Colts, waren kurz am Apparat, um mir zu gratulieren und ein paar nette Worte zu wechseln. Noch während des Gesprächs musste ich heulen, beugte mich nach vorne und schirmte mit der linken Hand mein Gesicht ab, denn natürlich war gleich ein Kamerateam im Anmarsch, das die Aufregung an unserem Tisch mitbekommen hatte.

Als das Gespräch beendet war, ich mein Handy auf den Tisch legte, war ich von einem Gefühl erfüllt, das sich auch Jahre später kaum in Worte fassen lässt. Es war eine Mischung aus Freude, Glück und Erleichterung. Die Anspannung der vergangenen Monate, Wochen, Tage, Stunden, Minuten fiel von mir ab. Ich wurde von einer unglaublichen Last befreit, die mich fast erdrückt hatte, und erst in dem Moment, in dem sie verschwand, realisierte ich, wie groß sie wirklich gewesen war. Die Welle der Emotionen war gigantisch, denn alles kam in diesen Sekunden hoch: mein weiter Weg bis hierher in diesen Green Room. Die harte Arbeit, die ich in den Football gesteckt, die Rückschläge, die ich kassiert, die dunklen Stunden, die ich erlebt, und die Opfer, die ich gebracht hatte. Und jetzt saßen die Menschen, die ich am meisten liebte und die mich mit Ausnahme von Denise in den vergangenen Jahren nur selten zu Gesicht bekommen hatten, um diesen Tisch herum und lachten mich mit Tränen in den Augen an, vor allem meine Brüder heulten, weil sie neben Denise am ehesten die Dimension und Tragweite begriffen.

Es war überwältigend. Die Bedeutung des Moments und die Tiefe der Emotionen lassen sich nur mit denen bei meiner Hochzeit und der Geburt meiner beiden Töchter vergleichen.

Ich stand auf, und alle am Tisch und an den Tischen um uns herum klatschten. Ich habe Denise geküsst und meine Eltern und Brüder umarmt, und dann kam der Einsatz von meiner Oma, der für einen lustigen TV-Moment sorgte, denn sie drückte mir einen fetten Schmatzer auf die Wange, der so nass war, dass ich ihn wegwischen musste. Es war alles sehr hektisch in diesem Moment, denn ich musste ja schnell auf die Bühne, und deshalb sieht es in der Sequenz, die auf Social Media bis heute für Erheiterung sorgt, so aus, als wenn ich vor meiner Familie abhaue. Währenddessen sprach Roger Goodell auf der Bühne die Worte, die für die Welt außerhalb des Green Room absolut neu und in der Radio City Music Hall mit Spannung erwartet worden waren.

„With the 24th Pick in the 2013 NFL Draft the Indianapolis Colts select ... Bjorn Werner, Defensive End, Florida State."

Vor dem Betreten der Bühne bekam ich das Cap der Colts in die Hand gedrückt, setzte es mir auf den Kopf und ging auf Goodell zu, der schon mit dem Trikot in der Hand wartete, auf dem die Nummer eins für die erste Runde und mein Name prangte. Hinter der Bühne steht eine Maschine, mit der sie die Spielernamen in Sekundenschnelle auf das Trikot des jeweiligen Vereins drucken.

Es waren nur zehn Meter, die ich zur Bühnenmitte zurücklegen musste, aber meine Beine fühlten sich an wie aus Gummi, ich war geblendet von den Scheinwerfern und dem Blitzlichtgewitter der Fotografen, und ich konzentrierte mich auf jeden einzelnen Schritt. Ich hatte zwar vorgehabt, als erster deutscher Erstrunden-Pick Geschichte zu schreiben – aber nicht als der Typ, der auf dem Weg zum Ruhm vor einem Millionenpublikum über seine eigenen Quadratlatschen stolpert und direkt vor Roger Goodell auf die Schnauze fällt.

Ich gab ihm die Hand und umarmte ihn. Ich habe damals nicht weiter darüber nachgedacht, es hat sich einfach so ergeben. Heute bin ich nicht gerade stolz darauf, denn längst weiß ich, warum viele Fans und langjährige NFL-Spieler, die Veterans, Goodell sehr kritisch sehen, weil er als Commissioner der NFL in erster Linie den wirtschaftlichen Erfolg der Liga im Sinn hat und die Interessen der Teambesitzer vertritt und weniger die des Spiels, der Männer, die es spielen, und der Menschen, die sich die Spiele anschauen und dafür viel Geld zahlen. Seit einigen Jahren gehört es zu den Ritualen des Draft, dass Goodell beim Betreten der Bühne gnadenlos ausgebuht wird. Mittlerweile geht er selbstironisch damit um, sollte den Gegenwind aber ernst nehmen. In den Stadien der NFL ist Roger Goodell so gern gesehen wie ein Fumble der in Rückstand liegenden eigenen Mannschaft in der Red Zone bei 4th Down und noch wenigen Sekunden auf der Uhr. Wenn ich heute darüber nachdenke, dass ich ihm in den Armen lag, dann fühle ich mich schlecht, aber ich war 22, wusste einfach noch zu wenig über das Business NFL und war einfach nur glücklich, dass da dieser Typ auf mich wartet, um mir mein heißersehntes NFL-Trikot in die Hand zu drücken.

Der Moment auf der Bühne dauert nur eine Minute, und die meiste Zeit grinst man wie ein Honigkuchenpferd in die Kameras, dann heißt es „Next!", und man wird hinter die Bühne und dort von Interview zu Interview geschleust und muss in Worte fassen, was man noch gar nicht richtig realisiert hat und mich damals fast sprachlos machte. Du bist jetzt ein NFL-Spieler. Das musste ich mir mit meiner inneren Stimme immer wieder sagen, um es zu glauben. Du bist ein fucking First-Round Pick! Du hast es tatsächlich geschafft, Alter!

Geschafft war auch ich nach dem Interview-Marathon, bei dem ich zum Laberlauch mutiert war, und froh, als ich endlich wieder in die Arme meiner Familie in den Green Room zurückkehren durfte. Nur noch eine Handvoll Tische in diesem riesigen Raum waren besetzt, und das Personal hatte bereits begonnen, sauber zu machen, was echt eine Strafe und geradezu erniedrigend für jene Spieler war, die immer noch ausharrten. Geno Smith war darunter und auch Menelik Watson, einer meiner Mitspieler bei Florida State, ein Offensive Liner, der auf einem krassen Karriereweg erst spät vom Boxen und Basketball zum Football gekommen war. Menelik war Engländer, und es verband uns, dass wir aus Europa kamen und in Amerika die Ausländer waren, die immer auch gegen das Vorurteil ankämpfen mussten, gar nicht so gut im Football sein zu können, weil wir die amerikanischste aller Sportarten nicht von Kindesbeinen an erlernt hatten. Dieser riesige Kerl war am Boden zerstört, und ich gab mein Bestes, ihn aufzumuntern. In den Wochen vor dem Draft hatte er in meiner WG in Tallahassee mitgewohnt und auf meiner alten Couch gepennt. Wir stehen bis heute in Kontakt. Mit Freude registrierte ich, dass Xavier Rhodes nicht mehr im Raum war, ein weiterer Seminole, der direkt nach mir von den Minnesota Vikings gedraftet worden war und zu einem der besten Cornerbacks der NFL werden sollte. Ich hatte es Greg Schiano beim Combine ja gesagt, dass Rhodes nicht nur ein Topspieler, sondern auch ein guter Teammate war, aber Mister Zahnlücke hatte mir ja nicht glauben wollen.

Gegen Mitternacht war die erste Runde des Draft 2013 Geschichte, und meine Familie und ich verließen die Radio City Music Hall über einen Seiteneingang, wo wir uns mit den anderen trafen, die den Draft auf der Tribüne der Arena verfolgt hatten. Es waren emotionale Szenen auf dem Bürgersteig, und es war mir ein Bedürfnis, sie alle in die Arme zu schließen. Meine Schwiegereltern, deren Tochter der größte Glücksfall meines Lebens war, meinen Förderer Chris Adamson, der immer an mich geglaubt und mir auch meine zwischenzeitliche Flucht nach Deutschland verziehen hatte. Die Kellers, die eine zweite Familie für mich waren und mir in meinem dritten Jahr College nicht nur eines ihrer alten Autos überlassen hatten, sondern – kaum zu glauben, aber wahr – auch eine Kreditkarte, damit Denise und ich uns ausreichend mit Lebensmitteln versorgen konnten und ich ohne die nagenden Existenzängste den Kopf freihatte für den Kampf auf dem Footballfeld. Mein bester Freund Cedric, der vor meinem zweiten Jahr an der High School ein paar hundert Euro von seinem Kindersparbuch lockergemacht hatte, damit ich meine Versicherungen in den USA bezahlen konnte, was eine wahnsinnige Hilfe und riesengroße Geste gewesen war. Jeder von ihnen hatte seinen Anteil daran, dass ich in diesem Moment auf einem Bordstein in einer Hochhausschlucht im Herzen von New York City stand, nicht als Tourist aus Deutschland, sondern als NFL-Spieler der Indianapolis Colts.

Ich hätte ihnen allen gerne eine Cap meines neuen Teams als Andenken geschenkt, von denen zu diesem Zweck direkt nach dem Pick der Colts ausreichend viele an meinen Tisch gebracht worden waren, aber mein Papa hatte es für eine geniale Idee gehalten, ohne mich zu fragen im Green Room einen internationalen Tauschhandel mit den anderen Tischgesellschaften aufzuziehen, und war mächtig stolz, dass er nun von fast jedem NFL-Team eine Cap besaß. Das war mal wieder so ein typischer Werner-Move, bei dem ein spontaner Einfall voller Begeisterung direkt in die Tat umgesetzt wird, bevor man nachdenkt, ob die Idee wirklich so genial ist. Ich hoffte für ihn, dass er in seinem Koffer für die Rückreise wenigstens genügend Cap Space hatte.

Wir ließen den Abend in einem Restaurant ein paar Blocks weiter ausklingen, das gerade schließen wollte, doch der Chef ließ sich mit dem Argument überzeugen, dass er das Geschäft des Jahres machen würde, und wir gaben wirklich alles am Teller und am Glas. Ich blieb mal wieder nüchtern, war aber besoffen vor Glück. Um 1.30 Uhr konnte ich einfach nicht mehr und verabschiedete mich. Es war ein Abschied für längere Zeit, denn ich hatte gleich am nächsten Morgen ein Date in Indy, und für meine Familie ging es zurück nach Deutschland. Es war rückblickend unbeschreiblich schön, diese Tage mit ihnen erlebt zu haben. Meine Eltern und Brüder schwärmen noch heute von dieser Reise. Aus dem NFL Draft 2013 eine Familienfeier im Big Apple zu machen, war definitiv eine der besten Entscheidungen meines Lebens, auch wenn ich mich dafür am Tag davor und im Verlauf des Abends immer wieder verflucht hatte.

Während ich mich also aufs Ohr haute, ließen es die meisten anderen in der Stadt, die nie schläft, bis fünf Uhr morgens krachen. Es ist crazy: Bei meiner eigenen Feier war ich der Party Pooper. Alle haben an meinem größten Tag länger gefeiert als ich, fast alle – nur meine Oma war noch früher schlafen gegangen. Wer das als Ehrenrettung nicht durchgehen lässt, kennt meine Großmutter schlecht. Oma-ha!

Am nächsten Morgen packten Denise und ich zeitig unsere Koffer und wurden zum Flughafen kutschiert, wo schon der Privatjet von Jim Irsay auf uns wartete, stilecht mit Hufeisen auf der Heckflosse. Ein krasses Ding. Alles war vom Feinsten. Saubequeme Ledersessel, Beinfreiheit für Giraffen, feines Essen und ein Bordpersonal, das „Mr. and Mrs. Wörner" jeden Wunsch von den Augen ablas, nur einen nicht: die sofortige Notlandung. Ich muss zugeben, dass ich beim Fliegen immer Schiss habe. Obwohl ich als Footballer notgedrungen Vielflieger war, habe ich mich nie daran gewöhnen oder gar Gefallen daran finden können. Je kleiner der Flieger, desto größer meine Angst, was das Privatjet-Erlebnis etwas trübte. Das Glücksgefühl war jedoch stärker als die Angst, und während des gut zweistündigen Fluges musste ich mich immer wieder kneifen, dass dies kein Traum war, sondern ich tatsächlich gerade im Anzug mit Krawatte als First-Round Pick in einem Privatjet über den Wolken zu meinem NFL-Club schwebte.

Der Aufenthalt in Indianapolis dauerte nicht länger als ein Footballspiel. Nach der Landung musste ich schmunzeln, denn die Stadt hatte mich schneller wieder, als ich mir nach dem Combine geschworen hatte. Vom Flughafen wurden wir direkt zum Clubgelände der Colts kutschiert, wo mich Irsay, GM Ryan Grigson und Headcoach Chuck Pagano in Empfang nahmen. Ich wurde im Schnelldurchlauf durch mein neues Football-Zuhause geführt und allen anderen Coaches und Mitarbeitern vorgestellt, bevor man mich der Meute zum Fraß vorwarf: den Reportern, die regelmäßig über die Colts berichteten. Anders gesagt: meinen neuen besten Freunden oder schlimmsten Feinden – je nachdem, wie ich gerade in Form war und sie am Morgen gekackt hatten. Ich war mittlerweile ziemlich gut darin, auf glaubwürdige und sympathische Art und Weise Dinge zu sagen, die von einem angehenden Footballprofi erwartet werden, und so lassen sich große Teile meiner Antritts-Pressekonferenz auf drei Worte reduzieren: Bla, Bla und Bla. Wohlwollendes Nicken reichte mir als Reaktion. Was allerdings richtig gut ankam, war meine Story, dass ich als Kind bei Madden besonders gerne mit Robert Mathis und Dwight Freeney gezockt hatte. Die Meute war bedient, sie hatte ihr großes Stück Fleisch, und auch die PR-Leute der Colts schienen zufrieden.

Als ich nach nur drei Stunden wieder im Privatjet von Irsay saß und Indianapolis beim Blick aus dem Fenster immer kleiner wurde, hatte ich zwar immer noch nicht vollständig begriffen, dass die immer kleiner werdende Stadt mein neuer Lebensmittelpunkt und der Bestimmungsort meines American Football Dream war, aber es fühlte sich verdammt gut an.

Das Erste, was ich nach der Rückkehr in unser WG-Haus in Tallahassee machte: Ich ging ins Bad. Nicht, weil ich so dringend musste. Wobei das nicht ganz stimmt. Ich musste durchaus. Nämlich etwas erledigen. Ich stellte mich vor den Spiegel. Dann nahm ich den Stift zur Hand und zog die Kappe ab. Ich atmete tief durch und setzte das allerletzte Häkchen. Ich las noch einmal, was an beiden Seiten geschrieben stand. Alles erledigt. Check. Ich war hier fertig und bereit für etwas Neues. Ich schaute direkt ins Zentrum der reflektierenden Fläche. Ein paar Sekunden hielt ich dem Blick meines Spiegelbildes stand. Ich blinzelte. Das Bild wurde unscharf. Dann begann es vor meinen Augen zu verschwimmen.

Good Luck

Der Start in ein neues Leben

Das Telefon klingelte. Auf dem Display meines Handys leuchtete die 317 auf. Indianapolis. Mein Puls beschleunigte sich. Déjà-vu. Diesmal saß ich jedoch nicht im Green Room der Radio City Music Hall von New York City und auf Kohlen, sondern auf dem alten, verwanzten Sofa in meiner WG in Tallahassee. Gerade einmal zwei Tage waren seit dem Draft vergangen und nur ein Tag, seit ich von meinem Kurztrip aus Indianapolis zurückgekehrt war. Mir schwirrte der Kopf. Mein Mobiltelefon klingelte oder vibrierte pausenlos, und ich hatte kaum Zeit, das, was in den letzten Stunden passiert war, in Ruhe sacken und Revue passieren zu lassen. Es war immer noch total unwirklich, und der Eindruck, dass das alles nicht wahr sein konnte, wurde dadurch verstärkt, dass ich jetzt wieder auf dieser alten schäbigen Couch hockte. Die meisten der Anrufe und Kurznachrichten kamen aus Deutschland und viele aus meiner alten Heimatstadt Berlin. Dieser Anruf kam aus der Zukunft.

„Hallo, Björn, hier ist Andrew", sagte eine tiefe Männerstimme auf Deutsch mit deutlichem amerikanischem Akzent. „Herzlich willkommen bei den Indianapolis Colts!" Ich brauchte ein paar Sekunden, bis ich es schnallte, und noch drei weitere, um mir sicher zu sein, dass mich nicht schon wieder jemand am Telefon verarsche. Andrew war dran. Andrew Luck. Quarterback der Colts. Wir plauderten ein paar Minuten. Sein Deutsch war ziemlich gut, denn Luck hat bekanntlich einige Jahre seiner Kindheit in Deutschland verbracht, wo sein Vater Oliver Luck als General Manager von Frankfurt Galaxy und Rhein Fire tätig war und später Präsident der gesamten NFL Europe. Andrew war locker drauf und total nett. Er klang wie ein Typ von nebenan. Wir tauschten kurz ein paar Draft-Erfahrungen aus, denn er hatte den Rummel ein Jahr zuvor mitgemacht – in seinem Fall war es ein denkbar kurzes Vergnügen. Luck war der Number One Pick der Colts gewesen. Zum Abschied sagte er, dass er sich freue, mich persönlich kennenzulernen und jetzt jemanden im Team zu haben, mit dem er Deutsch sprechen könne. Die Freude war ganz meinerseits. Für meinen Start wünschte er mir „Viel Glück" und sagte altmodisch „Auf Wiedersehen".

Nachdem wir aufgelegt hatten, hielt ich ein paar Sekunden inne. Andrew Luck hatte mich angerufen, um einen Draht aufzubauen. Das war ein verdammt cooler Move und eine feine Geste von ihm.

Bis ich Andrew zum ersten Mal zu Gesicht bekam und mit ihm auf dem Rasen stand, sollten allerdings ein paar Wochen vergehen. Unterdessen erreichten mich die ersten Storys und Schlagzeilen aus Deutschland. Ich freute mich einerseits sehr, dass meine Geschichte für Aufsehen sorgte und den Fokus auf American Football lenkte, der zur damaligen Zeit in unserem Fußballland noch immer ein Nischensport war, für den sich abgesehen vom Super Bowl nur Insider und NFL-Nerds interessierten.

Andererseits ärgerte ich mich, dass in fast jeder Story das Geld im Vordergrund stand: „Über Nacht zum Millionär" oder „Berliner wird Football-Millionär" – so lauteten nur einige der Headlines über meinen Erfolg beim Draft. Natürlich war das spektakulär, aber für mein Gefühl kam einfach die sportliche Leistung zu kurz, die ich erbracht hatte, gegen jede Wahrscheinlichkeit. Auf die war ich stolz, nicht auf das Geld. Ich gehörte zu den 0,02 Prozent Auserwählten, die es von den mehr als eine Million Footballspielern an einer High School zum NFL Draft Pick gebracht hatten – obendrein in Runde eins und noch dazu als Nicht-Amerikaner.

Über Nacht zum Millionär. Aus dem Wedding zum Millionär. Aus dem Nichts zum Millionär. Plötzlich Millionär. Irgendwo stand zu lesen, dass mir Millionen sicher waren, obwohl ich noch kein einziges Spiel in der NFL bestritten hatte. Das alles war ja nicht falsch. Es traf zu. Aber meiner Meinung nach kam es so rüber, als sei mir der Reichtum einfach so zugefallen. Eine glückliche Fügung. Ein Geschenk. Noch nicht verdient. Dabei war das Geld ja das Ergebnis jahrelanger knallharter Arbeit und ziemlicher Opfer. Längst nicht nur ein Vorschuss, sondern auch ein rückwirkender Lohn für drei Jahre Spitzensport auf Profi-Niveau am College – ohne Gewinnbeteiligung. Deshalb reagierte ich empfindlich.

Ich sah mich nicht als Björn Werner, der Millionär. Ich war Björn Werner, der NFL-Spieler und First-Round Pick. Das zählte für mich. Ich hatte mir meinen Lebenstraum erfüllt, der sportlich motiviert war. Mein Ziel war es nie, Millionär zu werden, sondern es in die beste Liga der Welt zu schaffen. Ich hätte damals auch für einen Dollar in der NFL gespielt.

Es war dann doch ein bisschen mehr. Um genau zu sein 7,4 Millionen Dollar für vier Jahre. Eine schwindelerregende Summe für mich, damals wie heute. 4,2 Millionen davon waren der sogenannte Signing Bonus, eine garantierte Summe, die es für die Vertragsunterschrift gibt. Der Rest wird als Gehalt über die vier Jahre verteilt. Das ist die übliche Praxis. Am Draft Day steht bereits mehr oder weniger fest, welcher Pick wie viel Geld bekommt. Für den in meinem Jahr an Nummer eins gedrafteten Eric Fisher waren es 22 Millionen Dollar und davon knapp 15 Millionen Signing Bonus. Die Summen gehen abgestuft herunter, Pick für Pick, Runde um Runde. Je später ein Spieler gedraftet wird, desto niedriger sind die Beträge und geringer die Sicherheiten, wirklich an das gesamte Geld zu kommen.

Bei allem Hype rund um den Draft und Wirbel um meine Person vergaß ich meine Weggefährten nicht. Ich freute mich für Menelik Watson, der nach der vergeblichen Warterei im Green Room am zweiten Tag des Draft von den Oakland Raiders erlöst worden war, und auch für Tank Carradine, den die San Francisco 49ers in derselben Runde gedraftet hatten. Anscheinend war sein Kreuzbandriss gut verheilt. Weniger Glück hatte mein alter Freund Brandon Jenkins, dessen komplizierte Fußverletzung die Teams ganz offensichtlich mächtig abschreckte. Es versetzte mir einen Stich, als ich hörte, dass Brandon erst in der fünften von sieben Runden von den Washington Redskins, die mittlerweile anders heißen, gedraftet worden war. Er, der ein Jahr früher wohl ein Erstrunden-Pick gewesen wäre, ganz sicher aber ein Mann für die zweite Runde. Das hätte ihm und seiner Mutter ein gutes Leben sichern können.

Der Draft Day ist immer auch ein tragischer Tag, an dem Träume platzen und Hoffnungen auf ein besseres Leben sterben. Bei all dem Hype um die begehrtesten Talente und Top Picks sollte man daher auch an all die Verschmähten und Vergessenen denken – und an jene, die alles auf eine Karte gesetzt haben, aber niemals auch nur in Reichweite der NFL gekommen sind. Ich erinnere mich an einen Mitspieler bei Florida State, einen riesigen Jungen, der in einer wirklich schlimmen Gegend groß geworden war. Er machte sich Hoffnungen, von einem NFL-Team gedraftet zu werden, aber seine Chancen standen ehrlich gesagt nicht sonderlich gut. Ich fragte ihn, was er machen wolle, wenn es nicht klappt mit der NFL.

„Dann mache ich einfach wieder das, was ich gemacht habe, bevor ich zu Florida State gekommen bin."

„Was denn?", fragte ich nach.

„In meiner Hood Drogen verticken", antwortete er ungerührt.

Damals realisierte ich zum ersten Mal, was es wirklich bedeuten konnte, als einer von ganz wenigen den Sprung in ein NFL-Team zu schaffen – oder aber als einer von ganz vielen nicht. Ich war privilegiert und wusste es zu schätzen, ein Spieler der Indianapolis Colts zu sein. Das Hufeisen als Symbol meines neuen Teams, ein Quarterback mit Namen Luck. Mehr Glück geht doch gar nicht.

Die Vorbereitung auf meine erste NFL-Saison begann wie für alle anderen Frischlinge mit einem Rookie Mini-Camp Anfang Mai, einem langen Wochenende rund drei Wochen nach dem Draft, an dem von früh bis spät trainiert und Theorie gepaukt wird. Für die Neulinge gilt es, so schnell wie möglich das System ihres neuen Teams zu verstehen und zu verinnerlichen. Das Play Book zu lernen, fiel mir leicht. Ich hatte nie Probleme, das Spiel und seine

Feinheiten zu verstehen und mir Spielzüge einzuprägen. In meinem Fall bestand die Herausforderung vor allem darin, dass ich ganz nebenbei ja auch eine neue Position erlernen musste – so schnell und so gut wie möglich.

Ich war jetzt nicht mehr Defensive End, sondern Outside Linebacker, kurz OLB, in einer 3-4-Defense. Das bedeutet, dass beide Outside Linebacker mit den drei Defensive Linern an der Line of Scrimmage stehen, aber nicht mit der Hand im Dreck, sondern in aufrechter Position. Es war zwar weiterhin mein Job, Quarterbacks zu jagen, aber es kamen noch andere Aufgaben hinzu, denn ich musste jetzt auch in die Zone droppen und ab und zu den gegnerischen Tight End Mann zu Mann decken. Meine neue Position war deutlich komplexer, da ich nun viel mehr Aufgaben hatte und etliche Spielzüge kennen musste.

Alles, was ich über die Jahre automatisiert hatte, musste ich jetzt umstellen. Vieles von dem, was mich stark gemacht hatte, war nicht mehr primär gefragt. Ich musste meinen Jagdinstinkt unterdrücken, mein Spiel neu denken und jede Handlung bewusst ausführen, was mit dem optimalen Winkel, in dem die Füße vor dem Snap auf dem Boden stehen, beginnt. Repetition ist das Zauberwort beim Football, einem Sport, der wie kaum ein anderer von der perfekten Ausführung vorher festgelegter Abläufe lebt. Wiederholung. Einmal, nochmal, zehnmal, hundertmal, tausendmal. Es ist nicht leicht, sich innerhalb von ein paar Tagen oder auch Wochen so umzustellen, dass man auf einer neuen Position gleich auf dem Level eines Starters in der NFL spielt. Mein Ehrgeiz, alles richtig zu machen und abzuliefern, war wie immer groß, und es freute mich zu hören, dass mein Positionscoach Gary Emanuel und Defensive Coordinator Greg Manusky zufrieden mit meinen Fortschritten waren. Mein Motto: Fresse halten, das Ding durchziehen, keinen Stress machen und nur durch Leistung auffallen.

Ich war wieder ein Schüler. From Unanimous All-American back to school. Ich war jetzt keine große Nummer mehr, was ich auch daran merkte, dass ich nicht gefragt wurde, welche Nummer ich gerne hätte. Sie wurde mir einfach zugeteilt. Es war die 92. Bei Florida State hatte ich die 95 getragen, die keine besondere Bedeutung für mich gehabt hatte, und bei den Berlin Adlern die 49. Ehrlich gesagt waren mir Trikotnummern immer scheißegal. Es spielte für mich keine Rolle, was auf der Brust eines Trikots prangt. Das sind nur Zahlen. Es zählt, was drinsteckt. Nicht die Nummer macht den Spieler, sondern der Spieler die Nummer. So sehe ich das.

Für viele Spieler ist die Nummer auf dem Jersey jedoch sehr wichtig, und manche Rookies oder auch Free Agents, die den Club wechseln, versuchen alles, um bei ihrem neuen Team ihre Lieblingsnummer zu bekommen. Wenn diese schon vergeben ist, dann wird hart verhandelt. Manchmal reicht ein teures Abendessen für einen Tausch, es können aber auch schon mal Summen im fünfstelligen Bereich fließen. Man kann das egozentrisch oder albern finden, aber für viele Spieler hat die Nummer eine spezielle Bedeutung. Es kann die Nummer sein, die der Football spielende Vater früher getragen hat, der verstorbene Bruder, der erschossene beste Freund, es kann ein Geburtsdatum sein oder ein Todestag. Als man mir bei Florida State ungefragt die 95 gegeben hat, da habe ich mir geschworen, dass nach spätestens drei Jahren jeder, der sich für College Football interessiert, wissen soll, wer die 95 bei den Seminoles ist. Und jetzt wollte ich mir im Trikot der Colts mit der 92 einen Namen in der NFL machen.

Dem Rookie Mini-Camp folgen die OTAs, die Organized Team Activities der von den Clubs ausgerichteten ersten Trainingsphase in der langen Offseason. Die OTAs dauern zumeist drei Wochen, und die insgesamt zehn Trainingstage sind in drei Blöcke unterteilt, die unter der Woche stattfinden. Es wird mit Helm trainiert, aber ohne Pads und Vollkontakt. In dieser Phase stehen Grundlagentraining und Teambuilding im Vordergrund. Die OTAs sind freiwillig, und nicht selten fehlen einige der großen Stars und trainieren individuell.

Ich hatte das Glück, dass Robert Mathis von Anfang an dabei war, und so nahm ich schon an einem der ersten Tage im Locker Room meinen ganzen Mut zusammen, ging zu seinem Platz, der nur ein paar Schritte von meinem entfernt war, und stellte mich vor. Es war wie beim ersten Date, und ich war nervös wie ein Teenage Boy. Ich fühlte mich fast in diese Zeit zurückversetzt, denn damals hatte ich ja mit Robert Mathis auf der Playstation Madden gezockt, und jetzt stand der Typ leibhaftig vor mir – nicht aus Millionen Pixeln zusammengesetzt, sondern aus Fleisch und Blut, als mein Mitspieler. Es war total surreal, und es hätte nicht ausgereicht, mich zu kneifen, um zu realisieren, was gerade passierte.

Der Footballspieler Robert Mathis ist eine lebende Legende und seine Karriere, die er direkt nach der Saison 2016 beendet hat, außergewöhnlich. Er spielte zunächst an einem kleinen College, wurde erst in der fünften Runde gedraftet, weil ihn die Scouts für zu klein und zu leicht befunden hatten, und wurde gegen alle Gesetze der NFL zu einem der besten Pass-Rusher aller Zeiten, dessen Spezialität neben den Sacks die hohe Kunst des Ballklauens war. Seine 54 Forced Fumbles sind NFL-Rekord. Was ihn nach eigener Aussage seine gesamte Karriere zu Höchstleistungen trieb, war sein Hass auf Quarterbacks. Der gegnerische Spielmacher war sein Feind, den er zerstören wollte. Als Mensch ist Robert Mathis ein spezieller Typ, dessen Persönlichkeit einschüchternd wirken kann. Er war immer sehr ernst und verschlossen, schaute oft finster drein, lachte nur selten, und mit seiner Herzlichkeit, seiner Wärme und seinem Humor, die zweifellos in ihm stecken, ging er sehr sparsam um. Seinen Respekt, seine Anerkennung, Aufmerksamkeit oder gar Zuneigung musste man sich erarbeiten und verdienen. Zum damaligen Zeitpunkt war er 32, also zehn Jahre älter als ich, hatte zehn NFL-Saisons auf dem Buckel und fast 100 Sacks auf dem Konto.

Ich hatte großen Respekt vor ihm und seinen Erfolgen, was ich ihm auch zeigen wollte, ohne dabei unterwürfig zu sein oder mich bei ihm einschleimen zu wollen, und vielleicht war es auch das, was Mathis an mir schätzte. In der NFL geht es viel um Respekt. Echten Respekt. Die Veterans, Spieler, die schon einige Jahre in der NFL auf dem Buckel haben, erwarten diesen Respekt und verdienen ihn auch. Sie wissen es zu schätzen, wenn man ihnen Respekt entgegenbringt. Was Veterans dagegen nicht ausstehen können, sind Rookies, die meinen, schon alles zu können und – noch schlimmer – alles zu wissen, und das auch noch besser. Wer als junger Spieler in der NFL respektlos auftritt, der muss schon verdammt gut sein, um damit auf Dauer durchzukommen. Arroganz muss man sich erarbeiten.

Ich suchte Nähe zu Mathis und auch seinen Rat, denn was kann einem jungen Spieler Besseres passieren, als von einem der Besten zu lernen? Mathis wurde mit der Zeit zu einem wichtigen Mentor für mich, und ich verfolgte im Training nicht nur jede seiner Bewegungen, wie ich es als Freshman der Seminoles bei Brandon Jenkins gemacht hatte, sondern hing auch an seinen Lippen, wenn er etwas sagte. Er war das Gegenteil von einem Laberlauch. Mathis redete nicht viel, aber was er sagte, hatte Hand und Fuß. Nie werde ich den ersten Rat vergessen, den er mir schon in den ersten Wochen meiner Zeit bei den Colts unter vier Augen gab.

„Drei Dinge möchte ich dir mit auf den Weg geben", sagte Mathis. „Erstens: Versuche nicht, jemand anderes zu sein. Sei du selbst. Zweitens: Je schneller du realisierst, dass die NFL ein Business ist, desto besser. Drittens: Schließe keine Freundschaften."

Bämm! Ich musste echt schlucken. Die Härte seiner Worte und sein emotionsloser Blick schockierten mich. Das war nicht gerade eine mitreißende Motivations-Botschaft der Marke Du-musst-nur-wollen-dann-kannst-du-alles-schaffen-schau-mich-an, die einen jungen Spieler in Euphorie versetzt, aber es war absolut auf den Punkt, und mir ist bis heute kein treffenderer und ehrlicherer Ratschlag für einen NFL-Neuling zu Ohren gekommen, um sich für das, was einen erwartet, zu wappnen.

Mit offenem Visier konnte ich glücklicherweise auch die Sache mit meinen Knien angehen. Die Colts wussten Bescheid, was mich sehr erleichterte, denn ein andauerndes Versteckspiel um meinen Gesundheitszustand wäre sehr belastend gewesen. Ich musste nichts vertuschen. Die Botschaft meiner Bosse: Mach dir keine Sorgen, wir kriegen das hin. Sie versprachen, meine Knieprobleme mit einer individuellen Belastungssteuerung in den Griff zu bekommen, so wie bei Anthony Castonzo, einem Offensive Tackle, der die gleichen

Kniebeschwerden wie ich habe und bei dem besagte Maßnahmen erfolgreich seien. Krass, dachte ich, sie wussten die ganze Zeit über meine Werner-Knie Bescheid und haben mich trotz dieser Red Flags in der ersten Runde gedraftet. Das zeigte mir, wie viel die Colts mir zutrauten, aber zugleich auch erwarteten.

Ich war der First-Round Pick, die erste Wahl. Ich musste alle wegballern, ich musste besser sein als die anderen Rookies. Von mir wurde mehr erwartet. Ich stand vom ersten Tag an unter besonderer Beobachtung, was mich zusätzlich unter Druck setzte, aber Druck gehört im Spitzensport dazu, und die NFL ist in dieser Hinsicht ein wahres Hochdruckgebiet – für jeden Spieler, egal ob du jetzt der Superstar des Teams bist, von dem jede Woche Wunderdinge erwartet werden, oder ein Spieler, der um seinen Platz und seine Rolle im Team kämpfen muss, wie ich. Gerade einem First-Round Pick wird nichts geschenkt. Er muss sich als fähig, willig und würdig erweisen. An jedem einzelnen Tag.

Nicht nur auf dem Footballfeld war Lernen angesagt, auch für das neue Leben als NFL-Spieler waren in den ersten Wochen und Monaten zahlreiche Lektionen angesetzt, denn sowohl die Clubs als auch die Liga sind daran interessiert, dass sich die Neulinge in ihrem neuen Leben auf dem Planeten NFL so schnell wie möglich zurechtfinden und gut verhalten, nicht nur auf dem Spielfeld, sondern auch im Privaten. Wer neu in die Liga kommt, soll nicht nur ein möglichst guter Footballspieler werden, sondern auch ein psychisch stabiler, glücklicher und guter Mensch, selbständig, verantwortungsbewusst, sozial integriert und am besten auch engagiert und ein echtes Vorbild. Das mag für unsereins merkwürdig klingen, aber viele Spieler haben diese Art von Life-Coaching nötig.

Die NFL unterhält ein eigenes Programm, das sich Player Engagement nennt, und jeder Club hat einen eigenen Beauftragten, den sogenannten Director of Player Engagement oder auch Development. Oft handelt es sich um ehemalige NFL-Spieler, die die Liga aus dem Effeff kennen und genau wissen, welche Bedürfnisse, Fragen, Sorgen und Nöte Spieler haben, und die ihnen mit Rat und

Tat zur Seite stehen. Zu meiner Zeit in Indianapolis füllte David Thornton diese wichtige Rolle aus, ein ehemaliger Linebacker, der für die Colts und Tennessee Titans gespielt hatte. Er ist ein absolut großartiger Mensch und war für uns Rookies wie ein Papa. Daddy cool. Für die Veteranen wiederum war er ein Buddy, der half, wenn es ein Problem gab, und bei dem man Beschwerden loswerden oder sich auch mal über den eigenen Coach auskotzen konnte. Innerhalb eines NFL-Teams sind Leute wie David Thornton nicht nur wichtige Helfer für die Spieler, sondern auch unverzichtbare Verbindungsglieder zwischen dem Locker Room und den Coaches sowie dem Front Office, denn sie sind nah dran, bekommen Stimmungen und Strömungen oft als Erste mit und sind in der Lage, Konflikte frühzeitig zu erkennen, manchmal sogar selbst zu lösen oder aber rechtzeitig auf Probleme hinzuweisen, was allen Seiten hilft. Diese Jungs sind die Helden im Hintergrund, die Kümmerer.

Manchmal wird es allerdings übertrieben mit der Hilfestellung, werden die Spieler nicht zur Selbständigkeit erzogen, sondern zur Unselbständigkeit. Ein Director of Player Engagement sollte meiner Meinung nach nicht zuständig sein, wenn bei einem Spieler der neue Fernseher nicht funktioniert oder die Playstation defekt ist oder ein Autoreifen platt oder das Klo verstopft oder das Gefrierfach vom begehbaren Kühlschrank vereist – aber wenn ein Star des Teams spätabends in einer dieser nicht auszudenkenden Katastrophenlagen anruft, dann wird er in der Regel nicht zu hören bekommen, dass er A) mal auf die Uhr schauen, B) endlich ein Mann werden und C) sich gefälligst selbst darum kümmern solle.

Bei den Colts hielt sich das Babysitting für große Männer in Grenzen, soweit ich das mitbekam, wobei ich es immer übertrieben fand, wenn von David Thornton im Locker Room einmal in der Woche der große Autowaschtag ausgerufen wurde, an dem extra ein Typ zu unserem Trainingsgelände bestellt wurde, um auf dem Parkplatz die Gefährte der Spieler vom Dreck Indianas zu befreien, weil es für die Spieler angeblich eine zu große logistische Herausforderung gewesen wäre, mit dem Auto in die Waschanlage zu fahren.

Das ganze erste Jahr über gab es regelmäßig Rookie-Seminare, bei denen uns Gast-Dozenten etwas über Finanzmanagement, Versicherungen, Immobilienkauf, Ernährung, den Umgang mit Suchtmitteln oder Sportwetten erzählten. Ein Seminar ist mir besonders in Erinnerung geblieben – in sehr, sehr schlimmer. An einem dieser Montagnachmittage spazierte eine Frau in den Vierzigern in einen der Meeting Rooms und stellte sich als Professorin für Sexualkunde vor. Diejenigen von uns, die sich eine Erweiterung ihres sexuellen Horizonts durch die anschauliche Präsentation neuer Liebespraktiken erhofft hatten, wurden schnell enttäuscht. Gleich zu Beginn machte uns die ziemlich toughe Dame deutlich, dass wir ja nicht denken sollten, wir seien jetzt einfach nur NFL-Spieler.

„You are a target now!", brachte sie es auf eine kurze Formel. Wir seien mit unserem Status und Geld jetzt ein Ziel. Besondere Objekte der Begierde für Frauen, die sich an uns ranschmeißen wollten, was auch passieren würde. Sie ermahnte uns aufzupassen, mit wem wir uns einlassen und ins Bett steigen. Vor allem aber ermahnte sie uns, immer zu verhüten. Sie berichtete von Fällen, in denen ein nicht unbeträchtlicher Teil des Spielergehalts für Unterhaltszahlungen draufging – für Kinder von Müttern, mit denen ein Spieler nur eine Viertelstunde seines Lebens verbracht hatte. Im Liegen. Und sie warnte uns davor, dass aus scheinbar einvernehmlichem Sex am Abend am nächsten Tag ein Vergewaltigungsvorwurf werden könnte. Bevor jetzt jemand denkt, dass die Spieler nur als potenzielle Opfer gesehen werden und die Frauen als Täterinnen: Die Professorin schärfte uns ebenso ein, dass wir nicht denken dürften, dass wir uns als NFL-Spieler alles erlauben und Frauen wie etwas behandeln könnten, das Mann sich einfach nimmt, wenn er Lust hat. „No means no!", lautete ihre unmissverständliche Botschaft.

Das alles war natürlich wichtig, denn es ist in der NFL und auch in den anderen großen Profiligen ein ernsthaftes Problem, und ich hatte bereits am College einiges gesehen, das eindeutig in diese Richtung ging. Andererseits fühlte mich bei alledem nicht angesprochen, denn ich war ja in festen Händen und sehr glücklich dabei. Ich gebe zu, dass ich im Laufe des Vortrages ein wenig wegdämmerte, denn die Trainingstage waren kräftezehrend. Doch mit einem Mal war ich wieder hellwach und saß kerzengerade auf meinem Stuhl, zunächst mit weit aufgerissenen Augen, die ich dann aber schnell hinter meinen Händen verbarg.

Ein kollektives Aufstöhnen erfüllte den Meeting Room. Die Powerpoint-Präsentation war bei STD angekommen, was als Abkürzung recht harmlos klingt, wenn man nicht weiß, was es bedeutet: Sexually Transmitted Diseases. Durch Geschlechtsverkehr übertragene Krankheiten. Frau Professor hielt es offenbar für eine gute Idee, diesen Themenbereich nicht mit einer theoretischen Einführung zu beginnen, sondern mit Bildern. Auf einer kinogroßen Leinwand. Die Fotos waren, wie soll ich sagen, ausdrucksstark. Wenn es ihr Ziel gewesen sein sollte, uns alle durch diesen dramaturgischen Kniff wachzurütteln, dann geriet die Aktion zu einem wahren Triumph. Sie hatte es echt drauf.

Es. War. Der. Horror.

Ich kann jedem empfehlen, sich mal Fotos von Geschlechtskrankheiten in Nahaufnahme anzuschauen – jedem, der sich Sex abgewöhnen möchte. Es waren die schrecklichsten Bilder, die ich jemals in meiner Footballkarriere gesehen habe, und sie hatten rein gar nichts mit Football zu tun. Der damalige Ratschlag der Professorin, die wirklich kein Blatt vor den Mund nahm:

„Wenn ihr nicht wollt, dass es bei euch da unten so aussieht, dann lasst beim Sex das Licht an und schaut genau hin, wo ihr euer Ding reinsteckt."

Das nenne ich mal Real Talk! Das Schlimme ist nur, dass die Bilder von damals bis heute in meinem Kopf sind und es mich jedes Mal regelrecht schüttelt vor Ekel, wenn sie ungebeten vor meinem geistigen Auge aufflimmern. Auf diese Art von bleibenden Eindrücken meiner NFL-Karriere hätte ich gerne verzichtet. Schönen Dank auch, Frau Professor!

Wirklich nötig hatte ich Hilfe bei der Suche nach einer neuen Bleibe für mich und Denise. In den ersten Wochen wohnte ich wie die anderen Rookies auch in einem Apartment-Hotel in der Nähe des Clubgeländes. Ich rief David Thornton an, und er vermittelte uns an einen vertrauenswürdigen Immobilienmakler, der für viele Spieler der Colts tätig gewesen war. Wir hatten beschlossen, zunächst etwas zu mieten, denn um ein Haus zu kaufen und uns damit festzulegen, kannten wir die Gegend noch zu wenig. Wir entschieden uns für ein Townhome in Carmel, einer schönen Kleinstadt, die im Norden an Indianapolis grenzt. Das Haus war weder pompös noch luxuriös, aber sehr groß, mit vielen Zimmern und mehreren Bädern, was uns beiden sehr wichtig war, denn wir wollten unseren Familien und Freunden ausreichend Platz bieten können, wenn sie uns besuchten. Wir, die so oft Gäste gewesen waren und große Gastfreundschaft genossen hatten, wollten endlich selbst gute Gastgeber sein.

Ich werde oft gefragt, was das Erste war, das ich mir von meinem NFL-Gehalt gekauft habe. Es war ein Auto. Ein BMW X5. Der Deutsche kauft in Amerika ein deutsches Auto – das fanden meine Teamkollegen natürlich lustig. Es war ein schönes Gefährt, aber ohne jeden Schnickschnack. Wichtig ist mir, dass ich ausreichend Platz habe und bequem sitze, denn ich will mich in meinem Auto nicht wie in einer MRT-Röhre fühlen, allein schon deshalb sind Sportwagen nichts für mich. Ich hätte viel zu viel Angst, einzusteigen und nie wieder herauszukommen. Ein Ferrari als letzte Ruhestätte – zugegeben, eine amüsante Vorstellung. Im Fuhrpark der Colts-Spieler rangierte mein Auto jedenfalls im unteren Mittelfeld, und das war mir ganz recht. Ich wollte meine neuen Teamkollegen auf dem Footballfeld beeindrucken, nicht auf dem Parkplatz.

Meine erste große Investition als NFL-Spieler war übrigens nicht der BMW, sondern ein Scheck über 15 000 Dollar, den ich an Lisa und Rob Keller verschickte. Als Dankeschön. Für alles. Ich hatte es nicht angekündigt, sonst hätten sie versucht, mich davon abzubringen, und ich wollte die Sache unbedingt durchziehen, denn es war mir wichtig, zuerst zurückzugeben, bevor ich für mich selbst Geld ausgab. Es fühlte sich richtig an. Und richtig gut.

Bis die erste Kohle auf meinem Konto war, hatte es allerdings ein Weilchen gedauert und sowohl mich selbst als auch die Colts ganz schön in Atem gehalten. Am Ende war es ein regelrechter Wettlauf gegen die Zeit, ein Psychokrimi mit einem filmreifen Finale. Nach dem Ende der OTAs steht Mitte Juni immer das Mandatory Mini-Camp an, das für alle Spieler verpflichtend ist, wie die Bezeichnung sagt. Bedingung für die Teilnahme ist allerdings, dass der Spieler einen gültigen Vertrag hat, und das war bei mir wenige Tage vor Beginn des Mandatory Mini-Camps nicht der Fall. Ohne Vertrag kein Camp und ohne Unterschrift kein Signing Bonus. So simpel, und doch so kompliziert.

Seit Wochen verhandelte mein Agent Jimmy Sexton mit den Colts über Vertragsdetails, und es hakte an zwei zentralen Punkten. Der eine war die bei den Colts gängige Praxis, den Signing Bonus nicht nach Unterschrift in voller Höhe auszuzahlen, sondern zunächst nur die Hälfte und die andere zu einem späteren Zeitpunkt, was meine Agentur nicht wollte. Der andere Knackpunkt war die sogenannte Offset Language. Das sind Klauseln für den Fall, dass ein Spieler seinen Vierjahresvertrag nicht erfüllt. Wenn beispielsweise das Gehalt für vier Jahre garantiert ist, muss der Club für jede Saison die vereinbarte Summe zahlen, selbst wenn der Spieler schon nach zwei oder drei Jahren gecuttet wird, zu einem anderen Club wechselt und dann dort Gehalt kassiert. Mit Offset Language wollen die Clubs diese Art von garantierter Lohnfortzahlung verhindern oder aber festlegen, dass sie nur eine mögliche Differenz ausgleichen müssen, für den Fall, dass der Spieler bei seinem neuen Team weniger verdient als vorher. Das Thema ist sehr komplex und kompliziert.

Für viele Football-Fans sieht es immer so aus, als wenn die Spieler zu gierig sind und den Hals nicht vollkriegen, weil sie im Fall der Fälle doppelte Kohle kassieren wollen, und diese Sichtweise ist den Clubs natürlich nur recht, wenn im Poker um Millionen der Player unter moralischem Druck steht. Als ehemaliger NFL-Profi kann ich sagen, dass ein Spieler und sein Agent in den Verhandlungen so viel an finanziellen Garantien herausschlagen wollen wie nur möglich, denn die Vertragsgestaltung in der NFL ist anders als in der NBA zugunsten der Teams ausgelegt und geht in der Regel auf Kosten der Aktiven, die am kürzeren Hebel sitzen und beispielsweise jederzeit zu einem anderen Team getradet oder auch gecuttet werden können.

Kurz gesagt: Der Club will immer so wenig wie möglich sofort zahlen und Hintertüren haben, um zugesichertes Geld später einbehalten zu können. Der Spieler wiederum will so schnell wie möglich so viel wie möglich von dem Geld, das ihm vertraglich zusteht, ohne dass es einen Haken gibt.

Ich hatte totales Vertrauen in Jimmy, denn er war ein erfahrener, respektierter, abgezockter Agent, aber je näher das Mandatory Mini-Camp rückte, desto nervöser wurde ich. Am Mittwoch, zwei Tage vor dem Start des Camps, wurde aus der Nervosität Panik, denn im Fernsehen sah ich meine Birne und irgendein Sprecher berichtete, dass es ein Problem mit dem First-Round Pick der Indianapolis Colts, Björn Werner, gebe, der immer noch nicht seinen Vertrag unterschrieben habe. Es war unwirklich. Dieser Typ da, über den gesagt wurde, dass er mit dem Vertrag seines neuen Clubs nicht einverstanden sei, was ein Problem sei, sollte ich sein?! Ich rief Jimmy an und wurde laut. Er versuchte mich zu beruhigen und sagte, ich solle die Nerven behalten. „Wir kämpfen gerade für dich, vertrau uns, bleib ruhig." Das war leichter gesagt als getan.

Nächster Morgen, noch immer kein Vertrag, noch mehr Berichte über mich, nächster Anruf bei Jimmy. Er teilte mir mit, dass wir die Aufteilung des Signing Bonus würden schlucken müssen, aber dass sich die Colts bei der Offset Language bewegen würden, und er versicherte mir, dass der Vertrag am Abend ausgehandelt sein würde. Ich wartete. Und wartete. Die Zeit dazwischen verbrachte ich mit warten. Es wurde Mitternacht. Nichts geschah. Bis auf das Feuerwerk an Textnachrichten zwischen Jimmy und mir.

Freitagmorgen. Erster Tag des Mandatory Mini-Camp. Ich saß zu Hause und starrte auf den Fernseher. Ich sah einen Mann mit einem Mikrofon in der Hand vor dem Gelände der Colts. Er hatte sein bestes Die-Lage-ist-ernst-Gesicht aufgesetzt und sagte: „Bjorn Werner didn't report this morning." Alle anderen Spieler seien bereits eingetroffen. Ich schaltete den Ton aus, und sofort ging das Kopfkino an. Ich stellte mir vor, wie die Fans schon über mich schimpften, bevor ich überhaupt meinen ersten Snap für die Colts gespielt hatte, und wie meine neuen Teamkollegen die Nase rümpften, meine Einstellung und meinen Charakter in Frage stellten. Am liebsten wäre ich in den Fernseher gesprungen, hätte dem Reporter das Mikrofon aus der Hand gerissen und gerufen: „Leute, es ist nicht so, wie ihr denkt! So bin ich nicht, ich bin ganz anders!"

Ich war verzweifelt und fühlte mich dementsprechend mies. Beim Blick auf die Uhr realisierte ich, dass das erste große Team Meeting bereits lief. Alle Spieler waren vor Ort, wie es sich gehörte, 90 Mann – minus eins. Der Erstrunden-Pick fehlte. Ich saß wie auf Kohlen. Dann kam endlich der erlösende Anruf von Jimmy. Einigung. Durchbruch. Aufbruch. Ich hatte meine Tasche längst gepackt und hetzte los. Im Büro der Colts angekommen, setzte ich hastig meine Unterschrift unter die Papiere. Es war alles andere als der feierliche Moment, der es hätte sein sollen. Da hatte ich gerade meinen Namen unter einen millionenschweren Vertrag gekritzelt und damit die Erfüllung meines American Football Dream endgültig besiegelt, und die einzigen Emotionen, die ich in diesem Moment in mir spürte, waren Erleichterung, Scham und ein verdammt schlechtes Gewissen. Ich eilte in den Locker Room und sah gerade noch, wie der letzte Spieler den Raum verließ und in Richtung Trainingsplatz trottete. Wieder zu spät. Ich schlüpfte schneller in meine Klamotten als jemals zuvor und jemals danach und rannte hinaus ins gleißende Sonnenlicht, wo 89 Spieler gerade mit dem Warm-up begonnen hatten.

Ich machte mich auf das Schlimmste gefasst, nur nicht auf das, was dann passierte: Applaus brandete auf, es gab Gejohle und ein paar Sprüche und Sticheleien, die aber nicht böse gemeint waren. Meine Teamkollegen zeigten mir nicht etwa die kalte Schulter, sondern klopften mir auf meine. Es gab High Fives und Fist Bumps. Auch der befürchtete Einlauf von Chuck Pagano blieb aus. Stattdessen gratulierten er und die anderen Coaches mir herzlich zu meiner Vertragsunterschrift. Dann wurde trainiert. Ich war so unglaublich erleichtert, dass ich wie Tinkerbell über den Kunstrasen schwebte. So fühlte es sich jedenfalls an, auch wenn es ganz sicher nicht so aussah. Einigen wir uns auf Tinkerbell mit Werner-Knien.

Niemand war sauer auf mich. Niemand war enttäuscht von mir. Alle freuten sich, dass ich da war, und keiner mehr als ich selbst. Ich dachte an die Worte von Robert Mathis. Die NFL ist ein Business. Ich hatte mich einfach nur um mein Business gekümmert – so sahen es alle um mich herum, und so musste ich es auch sehen. Der Verhandlungs-Krimi war abgeschlossen. Jetzt war Football angesagt.

Lightboy

Training Camp und Hierarchien

Meinen ersten Sommer in Indiana, wo es in der warmen Jahreszeit sehr heiß werden kann und im Winter bitterkalt, verbrachte ich auf dem Trainingsplatz oder im Meeting Room, und immer wenn mich jemand aus der alten Heimat in dieser Zeit fragte, wie mir meine neue Heimat denn so gefalle, dann antwortete ich: „Keine Ahnung, ich habe noch nichts von ihr gesehen." Der Bundesstaat Indiana liegt im Mittleren Westen der USA, ist halb so groß wie Florida, aber fast siebenmal größer als Connecticut. Die gut 800 000 Einwohner zählende Hauptstadt Indianapolis, kurz Indy genannt, liegt genau in der Mitte. In der Mitte von Indianapolis wiederum liegt der Monument Circle, eine kreisrunde Straße mit einem riesigen Denkmal in der Mitte, dem Indianapolis den Beinamen Circle City verdankt. In Fußweite und damit ebenfalls im Herzen der Stadt liegt das Lucas Oil Stadium der Colts, der Ort, um den sich mein Leben künftig drehen sollte.

Viel mehr wusste ich nach den ersten Wochen auch nicht über meine neue Heimatstadt – außer natürlich, dass dort jedes Jahr der Combine stattfand und auch das weltberühmte Autorennen Indy 500, das wir Rookies der Colts Ende Mai gemeinsam besucht hatten – und das musste vorerst reichen. Dafür kannte ich schon sehr bald jeden Winkel des Trainingsgeländes der Colts und jeden Quadratzentimeter auf dem Practice Field, auf dem wir Rookies in der Sommerhitze ackerten, während die meisten Veterans nach dem Ende des Mandatory Mini-Camps in ihren gut vierwöchigen Sommerurlaub ausgeflogen waren, der eigentlich kein richtiger Urlaub ist. Auf der einen Seite gilt es, in dieser Zeit den Körper ein letztes Mal zu regenerieren und den Kopf freizubekommen, um neue Kraft und Motivation für die anstehende Saison zu tanken. Auf der anderen Seite darf sich ein NFL-Profi in dieser Zeit auch nicht gehenlassen, sondern muss sich fit halten und zum Urlaubsende hin in Form bringen, um bereit zu sein für das, was die Rookies mit ängstlicher Neugierde erwarten, viele Spieler fürchten, die meisten Veteranen verfluchen und alle doch auch irgendwie lieben: Training Camp.

Zwei Worte, die keinen aktiven oder ehemaligen NFL-Spieler kaltlassen, denn Training Camp ist eine verdammt heiße Angelegenheit. Es ist die finale Phase der Saisonvorbereitung, in der es ans Eingemachte geht, in allen Bereichen das Fundament für die Saison gelegt wird und Weichen gestellt werden. Körperlich, mental, taktisch. Zugleich ist es der wohl brutalste Kampf um Arbeitsplätze, den es in der Welt des Profisports gibt.

90 Spieler pro Team reisen mit etwa 20 Coaches und einem riesigen Betreuerstab ins Training Camp, und am Ende bleiben 53 Spieler übrig, die es in den Roster schaffen, den Kader für die Saison. Zehn weitere Spieler bekommen einen Platz im Practice Squad, dem Trainingskader. Für 27 Spieler ist dagegen Endstation. Das ist fast ein Drittel. In den drei bis vier Wochen dazwischen geht es voll zur Sache, sind die Körper an der Belastungsgrenze, und nicht selten liegen die Nerven blank. Jeder muss sich täglich beweisen. Auch die Superstars. Spieler kämpfen um eine Position als Starter oder müssen ihren Status aus der Vorsaison verteidigen. Für andere geht es darum, überhaupt einen Platz im 53-Mann-Kader zu bekommen, und gemeinsam kämpfen alle dafür, ein besseres Team zu werden. Das ist die sportliche Seite. Die existenzielle: Väter kämpfen darum, ihre Familie in den kommenden Monaten ernähren zu können. Jeder einzelne Tag im Camp, jede einzelne Trainingseinheit, ist immer auch Existenzkampf. Der Coaching Staff und das Management betreiben eine rigorose und gnadenlose Auslese. Survival of the Fittest.

Die TV-Doku-Serie *Hard Knocks*, die in Amerika Kultstatus hat und sich auch in Deutschland zunehmend großer Beliebtheit erfreut, widmet sich der sogenannten Preaseason von alljährlich wechselnden NFL-Teams, und das Training Camp steht dabei im Zentrum. Aus meiner Erfahrung als Spieler kann ich sagen, dass *Hard Knocks* das Thema nicht nur sehr unterhaltsam und gut umsetzt, sondern sich im Vergleich zur TV-Berichterstattung über den Combine auch recht nah an der Realität bewegt, auch wenn natürlich vieles reißerisch aufbereitet und manches gescripted ist, aber hey, wir reden von Fernsehen, das immer unterhalten will, und letztlich ist die NFL zwar die beste Footballliga der Welt, aber eben auch ein riesiges Showbusiness.

Meinem ersten Training Camp in der NFL fieberte ich einerseits entgegen, denn es war die nächste wichtige Etappe auf meinem Weg, andererseits hatte ich auch ein bisschen Bammel, denn ich hatte einiges darüber gehört von den älteren Spielern, und selten waren es Lobeshymnen. Ende Juli war es dann so weit. Die Colts schlugen ihr Lager für die entscheidende Phase der Saisonvorbereitung zur damaligen Zeit immer an der Anderson University auf, einem kleinen College in Indiana, nur rund 60 Kilometer nordöstlich von Indianapolis gelegen, also vor der Haustür. Es war auch für NFL-Verhältnisse immer ein Riesen-Event, zu den Trainingseinheiten kamen jeweils mehrere Tausend Menschen, nicht nur eingefleischte Fans der Colts, sondern auch Leute aus Anderson und dem Umland, darunter viele Familien mit Kids. Natürlich schauten auch die Frauen und Familien der Spieler regelmäßig vorbei, und es war schön, Denise zu sehen und sich nach einer anstrengenden Einheit ein Küsschen als Belohnung abzuholen. Es war jedenfalls einiges los. Die Colts wollten ein Club zum Anfassen sein, nahbar, bodenständig.

Das Besondere am Camp in Anderson war, dass das komplette Team, die Coaches und der Staff nicht nur die Sportanlagen des Uni-Teams nutzten, sondern auch auf dem Campus wohnten und für die gut drei Wochen das College-Leben lebten. Anstatt in schicken Hotelzimmern oder Apartments zu residieren, mussten wir Spieler in den über den Sommer verwaisten winzigen College-Dorms der Studenten pennen. Wer keinen Bock darauf hatte, als Aushilfswirt für vereinsamte Flöhe zu dienen, der hatte die Möglichkeit, sich eine eigene Matratze nebst tragfähigem Lattenrost zu kaufen und liefern zu lassen. Die sanitären Anlagen versprühten den Charme einer in die Jahre gekommenen Jugendherberge. Alles in allem hatte es nichts von dem hohen Standard, geschweige denn Luxus, den man als junger Spieler erwartet, der neu in die NFL kommt. Ich war zunächst jedenfalls enttäuscht und auch ziemlich irritiert.

Echt jetzt?! Am College wohnen? Hatten die Colts etwa keine Kohle? Ich wusste, dass manche Teams ihren Spielern während des Training Camps als Ausgleich zur brutal harten körperlichen Schufterei eine regelrecht luxuriöse Wohlfühlatmosphäre boten. Die Dallas Cowboys etwa absolvieren ihr Camp immer in Oxnard, einer Stadt in Kalifornien, direkt am Pazifischen Ozean gelegen und von Weinbergen umgeben. Trainingsbedingungen und Unterkunft vom Feinsten. Es sind halt die Cowboys – für deren Besitzer Jerry Jones ist bekanntlich das Beste gerade gut genug. Andere Teams wiederum absolvieren das Training Camp auf der clubeigenen Anlage, lassen die Spieler für die Dauer des Camps jedoch nicht zu Hause wohnen, sondern ziehen die Mannschaft in einem schönen Resort außerhalb der Stadt zusammen, um Camp-Atmosphäre herzustellen und einen besonderen Spirit im Team zu kreieren.

Old School. Das war der Spirit, den die Colts wollten für den berüchtigten „Grind", das große Schleifen der Spieler. So hart wie möglich arbeiten, so einfach wie möglich leben. Komfortverzicht als Prinzip, das erklärte mir Cory Redding, einer der Veterans in der Defense, als ich ihn vorsichtig fragte, was dieser spartanische Standard unseres Camps zu bedeuten hatte. Er erzählte, dass das von der Teamleitung absolut so gewollt war und auch andere NFL-Teams ihr Training Camp auf diese Weise abhielten. Die Green Bay Packers schwören auf die gleiche Philosophie. Seit mehr als 60 Jahren absolvieren sie ihr Training Camp am St. Norbert College, im Süden von Green Bay, und wohnen ebenfalls in den Dorms. Obwohl ich dennoch glaube, dass das Ambiente dort besser gewesen sein dürfte als damals bei uns in Anderson, denn viel weniger geht nicht. Das betraf nicht nur die Unterkünfte, sondern auch die Sportanlagen und die Kabinen, die so klein waren, dass sie kaum Platz für uns alle boten. Der Standard war vielleicht etwas besser als bei den Berlin Adlern, aber tausendmal schlechter als bei Florida State.

An die schäbigen Waschräume in den Dorms habe ich dennoch lustige Erinnerungen, denn sie wurden schnell Schauplatz eines

Rituals. Fast jeden Abend traf ich mich dort mehr oder weniger zufällig mit Andrew Luck zum gemeinsamen Zähneputzen, um anschließend noch eine Weile zu quatschten – natürlich auf Deutsch. Es war total witzig, und wir machten uns einen Spaß daraus, dass die anderen Spieler kein Wort von dem verstanden, was wir da redeten. Wir dagegen verstanden uns nicht nur sprachlich sehr gut und hätten sicher auch tagsüber mal zusammen abgehangen, wenn Zeit gewesen wäre, aber Zeit ist knapp im Training Camp.

14 Stunden dauerten die Tage mit einem fast immer minutiös durchgeplanten Programm, das sich aus Praxis, Theorie und kollektiver Nahrungsaufnahme zusammensetzte. Darin drüften sich die 32 Teams eigentlich nicht groß unterscheiden. Es ist ein wahnsinniges Pensum für Körper und Kopf – insbesondere für einen Rookie, wie ich einer war.

Jeden Morgen um 6 Uhr klingelte mein Wecker, um 6.30 Uhr gab es Frühstück. Bei den Colts war es zu meiner Zeit so, dass um 7.30 Uhr zunächst ein einstündiges Meeting für die Special Teams, bei denen ich wie alle Rookies in der NFL eingeteilt war, auf dem Programm stand, was bedeutete, dass die Quarterbacks und alle Starter ein bisschen länger schlafen konnten und erst zum großen Team Meeting um 8 Uhr auf der Matte stehen mussten, bei dem Head Coach Pagano eine allgemeine Ansprache zur Lage der Camp-Nation hielt und einen Ausblick auf den Trainingstag gab. Es folgten weitere Meetings, bevor es zur ersten zweistündigen Trainingseinheit auf dem Rasen ging. Dreimal die Woche stand innerhalb dieses Zeitfensters ein einstündiges Krafttraining mit wechselnden Gruppen auf dem Programm. Nach dem gemeinsamen Mittagessen und einer Ruhepause stand die zweite Einheit auf dem Platz an, gefolgt von einem frühen Abendessen und weiteren Meetings, die oftmals bis um 21.30 Uhr dauerten. Wenn nötig, standen abends noch Behandlungen an. Diejenigen, die zeitig schlafen wollten, schafften es frühestens um 22 Uhr ins Bett. Wer noch nach dem Zähneputzen mit Andrew Luck eine Deutschstunde absolvierte, der brauchte ein wenig länger. Und am nächsten Morgen ging es von vorne los. Jeder fünfte Tag war frei, und wer wollte, konnte nach Hause fahren. Alle wollten.

In Sachen Quantität, Qualität und Intensität war es das härteste Camp, das ich in meiner Footballkarriere bis dato erlebt – ich könnte auch sagen: überlebt – hatte. Wenn ich in der ersten Woche abends wie ein Sack Zement ins Bett fiel, dann fühlte ich mich wie tot, und wenn ich morgens aufwachte und aufstehen wollte, dann gehorchte mein Körper oft nicht, und es kam mir vor, als seien sämtliche Knochen gebrochen und wichtige Lebensadern gekappt. Das war kein Muskelkater, das war ein verdammter Muskellöwe.

Nach etwa einer Woche gewöhnte sich mein Körper langsam an die Strapazen, und das Aufstehen fiel leichter. Ich sagte leichter, von leicht kann nicht die Rede sein. Auch nach all den Jahren grenzt es für mich an ein biologisches Wunder, wie man wenige Stunden nachdem man kaum in der Lage war, aus eigener Kraft aus dem Bett zu steigen und sich der morgendliche Gang zum Klo wie die Besteigung des Mount Everest anfühlte, schon wieder im Kraftraum Hanteln stemmen und im Tagesverlauf mit Vollgas über das Footballfeld rennen kann und dabei hochkonzentriert, fokussiert und für Anweisungen aufnahmebereit ist.

Es ist wirklich erstaunlich, was der Körper so alles kann, wenn er muss und der Kopf will. Und genau das wollen die Coaches im Training Camp erreichen: Die Spieler konditionieren, im Grenzbereich und trotz totaler Erschöpfung Höchstleistung abzurufen, damit sie dazu auch im vierten Viertel eines jeden Spiels in der Lage sind, wenn es sein muss, bis zur letzten Minute – und das auch noch in den letzten Spielen der regulären Saison und bestenfalls in den Playoffs.

Nicht nur mein Körper teilte mir unmissverständlich mit, dass ich ein Neuling war, auch die Kollegen und Coaches ließen es mich und die anderen Rookies spüren und wissen, dass wir ziemlich weit unten in der Hierarchie standen, und teilten uns besondere Aufgaben zu. So waren die Rookies dafür verantwortlich, dass bei den Meetings immer ausreichend Snacks für die Teamkollegen bereitstanden, und wenn dies nicht der Fall war, dann machten die Veteranen und auch die Coaches einen völlig überzogenen Aufstand – das gehörte einfach dazu. Mehrfach während meines ersten Camps in Anderson musste ich mit Montori Hughes, einem Rookie wie ich, in die Stadt gehen, um Unmengen von Snacks zu kaufen, es waren Berge. Ich habe niemals danach wieder Einkaufswagen vor mir hergeschoben, die auch nur annähernd so viele schlechte Kalorien enthielten. Mit Montori war ich echt dicke, was nichts damit zu tun hatte, dass er 160 Kilo wog und eine lebende Schrankwand war, sondern daran lag, dass er Defensive Tackle war und wir viel gemeinsame Zeit auf dem Practice Field und in den Meeting Rooms verbrachten.

Meetings nahmen im Camp einen großen Teil des Tages ein. Es gab ein bestimmtes System, bei dem die Mannschaft nach und nach in ihre Bausteine zerlegt wurde. Nach dem großen Meeting mit allen Spielern und der Ansprache von Coach Pagano wurde das Team zunächst für die folgenden beiden Meetings in Offense und Defense aufgeteilt. Nach einer Dreiviertelstunde wurden die beiden Mannschaftsteile dann noch einmal in die einzelnen Positionsgruppen unterteilt, die dann jeweils ein weiteres Meeting abhielten. Auf diese Weise wird das theoretische Coaching schrittweise individualisiert und spezialisiert und auf die Positionen zugeschnitten. In allen Meetings im Camp geht es um das Playbook des eigenen Teams, um Systeme, Formationen, Spielzüge oder auch bestimmte Spielsituationen, die am Whiteboard erklärt werden oder anhand von Video-Mitschnitten, Game Film genannt.

Mir kam dabei eine wichtige Aufgabe zu: Ich war für die Beleuchtung zuständig. Das mag jetzt ungeheuer bedeutend klingen, in Wahrheit hieß es nichts anderes, als dass ich das Licht ein- oder ausschalten musste – und zwar auf Kommando des jeweiligen Coaches im Raum. Ein typischer Rookie-Job, der mir gleich zu Beginn des Camps zugewiesen worden war. Das Kommando war kurz und prägnant: „Lightboy!" Es war zugleich mein neuer Name innerhalb der vier Wände eines Meeting Rooms. Man musste wirklich hellwach sein, vor allem bei den abendlichen Meetings, wenn die größte Herausforderung für alle darin bestand, nach den körperlichen Strapazen des Tages nicht einzupennen. Wenn also unser Defensive Coordinator Greg Manusky, Defensive Line Coach Gary Emanuel oder Linebackers Coach Jeff FitzGerald eine Film-Sequenz oder eine Powerpoint-Präsentation zeigen wollten, dann sagten sie einfach nur „Lightboy!", und ich musste schalten, und war die Vorführung beendet, kam das Kommando erneut. Es ertönte oft.

Ich war meistens auf Zack, ein echter Knipser. Manchmal herrschten allerdings erschwerte Bedingungen, dann etwa, wenn ich leichtsinnigerweise nicht als einer der Ersten zum Meeting in den Raum gekommen war und ganz zufällig ausgerechnet alle Plätze in der Nähe des Lichtschalters schon besetzt waren, meistens von den Veteranen, die kaum eine Gelegenheit ausließen, für Lacher zu sorgen, was die Stimmung im Raum auflockerte. Ich habe einige Male erlebt, dass einer meiner lieben Mitspieler auf dem Platz direkt neben dem Lichtschalter saß und ich einige Meter entfernt, und er nicht im Entferntesten daran dachte, den Job für mich zu übernehmen, wenn der Coach „Lightboy!" rief, sondern sich genüsslich zurücklehnte, demonstrativ die muskulösen Arme vor der mächtigen Brust verschränkte und mich angrinste, während ich aufstand und zum Schalter eilte und der nette Herr Coach schon übertrieben ungeduldig motzte: „Faster, Lightboy, what's wrong with you?!" Manchmal war es nervig, meistens lustig, nie bösartig.

Rookie Hazing, das Schikanieren der Neulinge, gehört einfach dazu. In die harmlose Kategorie fällt, wenn Mitspieler den Neulingen im Camp völlig verbotene Frisuren verpassen, wie den Mönchs-Haarschnitt, den Tim Tebow bei den Denver Broncos öffentlich zur Schau tragen musste. Mit meiner Frisur war ich immer auf der sicheren Seite. Heftiger ist die Nummer, bei der der Rookie mit Tonnen von Tape an die Goal-Stange in der Endzone gefesselt wird, gerne auch mal nackt, und wahlweise Eiswasser oder klebrige Energy Drinks über den Kopf gekippt bekommt. Alles kann, irgendetwas muss. Sei es, dass im Locker Room kurz vor Trainingsbeginn plötzlich der Helm eines Rookies verschwindet und es von den Coaches ein Donnerwetter gibt, oder er am Morgen des ersehnten freien Tages feststellen muss, dass sein Auto, mit dem er nach Hause zu seiner Liebsten fahren will – Surprise! –, keine Reifen mehr hat. Was macht man in einem solchen Fall? Man ruft natürlich den Director of Player Engagement an.

Auch auf dem Trainingsplatz bekam ich ein ums andere Mal zu hören und auch zu spüren, dass ich noch ganz am Anfang stand. Während in der ersten Einheit des Tages, dem Walkthrough, ohne Helm und Pads trainiert wurde und neben positionsbezogenen Drills auch Spielzüge ohne Kontakt auf dem Programm standen, um in einer Art Trockenübung einfach Abläufe einzustudieren, ging es bei der zweistündigen Nachmittagsschicht immer zur Sache. Die Drills wurden mit Full Speed durchgezogen, und um die Spielsimulationen so realistisch wie möglich und nötig auf den Rasen zu bringen, war Kontakt und Kampf erlaubt, allerdings nur bis zu einem gewissen Grat.

Viele Football-Fans wissen nicht, dass richtiges Tackling in Wettkampfintensität im Training tabu ist. Das hat den einfachen Grund, das Verletzungsrisiko so gering wie möglich zu halten. Anders als etwa ein Fußballprofi kannst du im Training nie mit annähernd voller Intensität ein Spiel simulieren. Strengstens verboten ist es, den Quarterback zu sacken oder auch nur anzurempeln. Das entsprechende Gesetz lautet: Don't touch the Quarterback! An der Line of Scrimmage wird dagegen immer kräftig gerangelt, wenn Offensive Liner auf Defensive Liner treffen, und auch die Receiver und die Defensive Backs gehen sich beim Kampf um den Ball an die Wäsche. Aber die Regel, die die Coaches immer wieder über den Platz brüllen, heißt: Stay on your feet! Wer auf den Beinen bleibt, der bleibt gesund. Meistens.

Der Grat, von dem ich sprach, ist schmal. Es gilt, so hart wie möglich, aber auch so smart wie möglich zu spielen. Das ist nicht einfach, gerade für einen Neuling. Ich habe diese Camp Battles, in denen Mann gegen Mann kämpft, geliebt. Ich hatte richtig Bock, mich mit den etablierten Spielern zu messen. Für einen Rookie ist das schließlich die erste Chance, sich auf dem nächsthöheren Niveau zu beweisen. Dieser Biss bei den Grünschnäbeln schmeckte nicht jedem. Während unser Offensive Tackle Anthony Castonzo im Training Camp stets forderte, dass seine Gegenspieler gefälligst 100 Prozent geben sollen, waren andere Arrivierte genervt oder sogar richtig sauer, wenn ein in ihren Augen übereifriger Rookie unnötig hart spielte, ihnen das Leben schwermachte und sie in der ein oder anderen Szene sogar alt aussehen ließ.

Ein Spieler hatte es anfangs auf mich abgesehen: unser Starting Center, Samson Satele, ein Hawaiianer, der mit seinen langen Haaren und seinem Bart wie ein Südsee-Krieger aussah. Anstatt mich bei meinem Namen oder wenigstens meiner Nummer zu nennen, wie es in der NFL Gang und Gäbe ist, nannte er mich „First-Round Pick", um mich zu provozieren. „Hey, First-Round Pick, mach mal halblang" oder „Was ist los, First-Round Pick, ist das schon alles?" Es gab reichlich Beef zwischen uns, wie so oft zwischen Offense und Defense, aber weil ich meistens mit Sprüchen konterte, die zwar frech, aber nicht unter der Gürtellinie waren, wurde schnell Spaß daraus. Irgendwann ging er dazu über, mich nicht mehr First-Round Pick zu nennen, sondern verballhornte meinen Vornamen zu „BiGiorno", italienisch ausgesprochen, in Anlehnung an die in den USA beliebte Tiefkühlpizza der Marke DiGiorno. Wenn ich mal wieder Aufstellung nahm, bevor er den Ball snappte, tönte Samson wie in der TV-Werbung: „It's not Delivery, it's BiGiorno!" oder: „It's BiGiorno! Now with more cheeeeeeese!"

Manch einer hätte sich vielleicht angegriffen und in seiner Ehre verletzt gefühlt. Für mich bestand die größte Schwierigkeit jedoch nicht darin, meine Wut im Zaum zu halten, sondern mich vor Lachen auf den nächsten Spielzug zu konzentrieren. Bei aller Schinderei im Camp kam der Spaß nicht zu kurz – man musste halt selbst für ihn sorgen.

War das Training vorbei, trug ich die verschwitzten, stinkenden Pads von Robert Mathis und Cory Redding in die Kabine. Ein Camp Ritual, mit dem ich überhaupt kein Problem hatte, im Gegenteil. Sie waren für mich da und kümmerten sich um mich, ich kümmerte mich um ihre Ausrüstung. Aus meiner Sicht war es ein mehr als guter Deal.

Eines frühen Abends, nach einer dieser harten und schweißtreibenden Einheiten, bei denen BiGiorno mal wieder alles gegeben hatte, um wie gewünscht zu liefern, platzte David Thornton in die vollbesetzte Kabine, der Vertrauensmann der Spieler und Rookie-Papa, von dem ich schon erzählt hatte. Er grinste bis über beide Ohren, ging schnurstracks auf mich zu und wedelte mit einem Umschlag vor meiner Nase herum und rief triumphierend:

„Weißt du, was das ist, Björn? Weißt du, was das ist?"

Oh ja, ich wusste es. Ich sah es ihm an. Und alle anderen ahnten es. In dem Umschlag steckte etwas, auf das ich seit Wochen voller Vorfreude wartete. Ich öffnete ihn erst auf meinem Zimmer. Es war mein Signing Bonus. Die offizielle Bestätigung und der erste Scheck.

Die Freude war groß, aber noch größer war die Angst in mir, denn dieser Tag war auch aus einem anderen Grund ein besonderer, mit einem speziellen Höhepunkt, an dem nicht nur der Inhalt dieses Umschlages eine Rolle spielte, sondern auch ich selbst, nämlich eine Hauptrolle, und ich war mir sicher, dass ich mich bis auf die Knochen blamieren würde.

Der Höhepunkt eines jeden Training Camps ist der Teamabend, auf den sich alle – fast alle – freuten, und Herzstück dieser Veranstaltung ist die berühmt-berüchtigte Rookie-Taufe. Bei den Colts war es üblich, dass die Neulinge ein Lied singen mussten. Das mag harmlos und nach jeder Menge Spaß klingen, aber für jemanden wie mich, der überhaupt nicht singen kann – und dann auch noch auf Englisch! – und den es zur damaligen Zeit totale Überwindung kostete, allein vor anderen Leuten zu stehen und etwas vorzuführen, war es eine Horrorvorstellung, die mich wochenlang quälte und Angstzustände auslöste. Das ist keine Übertreibung. Ich machte mich total verrückt damit, es war lächerlich, aber so war ich halt. Schon in der Schule habe ich es gehasst, Gedichte vorzutragen oder Referate zu halten, und auch am College waren mir Präsentationen ein Gräuel. Unter den Augen von 80 000 Leuten Football spielen – kein Problem, sondern ein Vergnügen. Vor 20 Leuten etwas vortragen – die Hölle. Was diese Art von Auftritten anging, war ich immer extrem unsicher, hatte null Selbstvertrauen. Das hat sich erst in den letzten Jahren entwickelt, durch meine TV-Tätigkeit. Vor Publikum singen zu müssen, bedeutete für mich also eine doppelte Bürde. Ich hatte mit Musik nicht viel am Hut und war einer der wenigen im Locker Room, der vor Spielen nie einen Kopfhörer aufhatte. Wahrscheinlich bin ich der unmusikalischste NFL-Spieler aller Zeiten.

Natürlich hatte man uns Rookies rechtzeitig vorgewarnt, damit wir uns etwas Schönes überlegen und einstudieren konnten, um es unserem neuen Team darzubieten. Eine gefühlte Ewigkeit zermarterte ich mir das Hirn, wie ich mich wohl am besten aus der Affäre ziehen könnte, ohne mein Gesicht zu verlieren. Irgendwann hatte ich einen Geistesblitz und begann, es auswendig zu lernen, wie ein kleines Schulkind. Es dauerte, bis ich es endlich draufhatte. Die Sache war gewagt, aber auch irgendwie genial.

An diesem Abend verfluchte ich es kurz, ein First-Round Pick zu sein, denn der Erstgewählte unter den Rookies hatte auch die zweifelhafte Ehre, der Erste auf der Bühne des riesigen Meeting Rooms zu sein, in dem sich alle Spieler und Coaches und Teambetreuer drängelten, und damit mehr als 100 Leute. Als mich Head Coach Pagano nach vorne rief, rutschte mir das Herz in die Hose, wo eigentlich schon besetzt war, denn ich hatte sie voll – im übertragenen Sinne nur, aber es war durchaus knapp.

Gemäß dem Regelwerk der Colts für diesen Anlass hatte sich ein Rookie zunächst mit vollem Namen, seinem College und seiner Position vorzustellen. Und mit seinem Signing Bonus. Das ist kein Scherz, sondern der Clou. Die Amis gehen offen und locker mit dem Thema Kohle um, aber mich als Deutschen kostete auch dieser Teil meiner Performance Überwindung. Einige meiner Mitspieler wussten zu diesem Zeitpunkt noch nicht über die Summe Bescheid. Ich räusperte mich.

„Björn Werner, Florida State, Outside Linebacker …" Atempause … „4,2 Millionen."

Der Meeting Room explodierte. Von einer zur anderen Sekunde verwandelte er sich in ein Tollhaus. Es gab einen kollektiven Jubelschrei, tosenden Applaus, Gejohle und typische Zwischenrufe wie „Whaaaaat?!" oder „Oh shit!". Spieler sprangen von ihren Sitzen auf, manche standen auf den Tischen oder spritzten mit Wasser umher oder riefen mir etwas zu, was ich nicht verstand, andere rannten nach vorne und gaben mir High Fives, und einige enterten die Bühne und tanzten wild herum. Alle drehten komplett durch. Ich wusste nicht, wie mir geschah. Bestimmt zwei Minuten ging das so. Ich übertreibe nicht. Das war Teil der Show. Man feiert den Neuankömmling und seinen Dollar-Segen, aber gleichzeitig auch das Team, sich selbst und nicht zuletzt den Moment.

Mein Moment war noch nicht vorbei. Nachdem sich alle wieder eingekriegt und auf ihre Plätze begeben hatten, war es mucksmäuschenstill im Raum. Mein Herz raste. Mein Gesicht brannte und war wahrscheinlich längst eine Red Zone. „Let's go, First-Round Pick!", rief jemand. Lass es schnell vorbei sein, dachte ich nur, und begann zu singen:

Hast du etwas Zeit für mich
Dann singe ich ein Lied für dich
Von 99 Luftballons
Auf ihrem Weg zum Horizont
Denkst du vielleicht g'rad an mich
Dann singe ich ein Lied für dich
Von 99 Luftballons
Und dass sowas von sowas kommt

Totenstille im Raum. Verständnislose Gesichter, irritierte Blicke, wohin ich blickte. Ich sang auf Deutsch. Der Überraschungseffekt sorgte für Ruhe im Karton. Ich machte weiter.

99 Luftballons
Auf ihrem Weg zum Horizont
Hielt man für Ufos aus dem All
Darum schickte ein General ...

Gemurmel erhob sich. Das Publikum hatte den ersten Schock überwunden. Es gab Gemurre, vereinzelte Pfiffe und Buhrufe, doch ich machte unverdrossen weiter. Meine Textsicherheit – ein Traum. Nena wäre stolz auf mich gewesen.

... 'ne Fliegerstaffel hinterher
Alarm zu geben, wenn's so wär
Dabei war'n dort am Horizont
Nur 99 Luftballons

Papierkugeln wurden in Richtung Bühne geworfen. Der Protest schwoll an und übertönte jetzt meinen Gesang, und ich hörte, wie einige riefen, ich solle gefälligst lauter singen, und andere, ich solle gefälligst aufhören. Einer grölte besonders laut und immerzu das Gleiche. „Itsmerica!", brüllte er. „Itsmerica!" Immer wieder „Itsmerica!" Es war ein Typ mit rotblonden Haaren, und als ich ihn endlich in der Menge ausgemacht hatte und sich unsere Blicke trafen, grinste er mich schelmisch an. Ich hätte es mir denken können. Der Schreihals war unser Punter. Pat McAfee. Sein Ausruf im Slang hieß nichts anderes als „It's America" und bedeutete, dass Neue Deutsche Welle seiner Meinung nach fehl am Platz war (ich sollte einige Zeit später übrigens fürchterliche Rache an der Tischtennisplatte nehmen). Mein tapferer Versuch, die dritte Strophe zu Ende zu singen, wurde erstickt, denn mittlerweile skandierten alle lauthals: „U-S-A! U-S-A!"

Das hieß dann wohl, dass ich fertig war, also ging ich wieder zu meinem Platz, ließ mich auf den Stuhl plumpsen und lehnte mich mit einem Lächeln zurück. Da hatte der Lightboy doch tatsächlich aus Versehen auf den Patriotismus-Schalter gedrückt. Scheiß drauf! Es war vorüber – und deutlich besser gelaufen als gedacht.

Wild Card

Meine erste Saison in der NFL

Die Rookie-Taufe hatte ich bestanden, besser gesagt, ich hatte sie überstanden. Zugegeben, mit Ach und Krach, und davon sehr viel, aber hey, Itsmerica! Andrew Luck hatte meine Songauswahl durchaus zu schätzen gewusst – und auch als Einziger den Text verstanden. Ich hatte das Training Camp mit all seinen Herausforderungen bewältigt und mit den Preseason Games auch die Generalprobe über die Bühne gebracht. Meine Feuertaufe als NFL-Spieler stand mir erst noch bevor, und das unmittelbar. Es war Sonntag, der 8. September 2013, ein Tag, auf den ich mich eine Million Mal mehr gefreut hatte als auf meinen 23. Geburtstag acht Tage zuvor. Season Opening, Week 1.

Mit zwei Dutzend anderen Spielern in Blau drängelte ich mich in den Katakomben des Lucas Oil Stadium, ungeduldig und übermütig wie männliche Fohlen – nichts anderes bedeutet der Name Colts – und bereit, durch den künstlichen Nebel im engen Spielertunnel hinaus auf das Feld zu galoppieren, hinein in den Innenraum dieses wunderbaren und einzigartigen Stadions, für dessen Schönheit ich während des Combine blind gewesen war. Ein Gigant, der mit seiner Backsteinfassade wie eine überdimensionale historische Fabrikhalle oder ein riesiger alter Bahnhof anmutete, aber dennoch neu und hochmodern war, mit einem verschließbaren Dach. 66 000 Zuschauer fieberten mit uns Spielern dem Kickoff entgegen. Die Vorfreude auf die neue Saison war groß, und noch größer waren die Erwartungen an uns.

Es war eine sehr spezielle Situation bei den Colts damals, um die man wissen muss, wenn man wirklich verstehen will, welche Gemengelage in Indianapolis damals herrschte, in die ich hineingeraten war, und welche Rolle ich darin spielte. Der Club hatte einen radikalen und schmerzhaften Umbruch hinter sich, der die ganze Stadt und halb Amerika in Atem gehalten hatte, und befand sich im Neuaufbau, der schneller vonstattenging, als man es sich erhofft hatte. Zwei Jahre vor meiner Ankunft waren die Colts das schlechteste Team der NFL gewesen. Nach einer Spielzeit mit nur zwei Siegen hatten sie ihren legendären und eigentlich unantastbaren Quarterback Peyton Manning vor die Tür gesetzt, der die Saison aufgrund einer ominösen Nackenverletzung verpasst hatte, und beim folgenden Draft an Nummer eins seinen Nachfolger ausgewählt, Andrew Luck. Owner Jim Irsay hatte zudem den Trainer und das eine Dekade erfolgreich arbeitende Management gefeuert, Chuck Pagano zum neuen Head Coach gemacht und den noch jungen und unerfahrenen Ryan Grigson zum General Manager und damit neuen starken Mann.

König Peyton war also nach 14 sehr erfolgreichen Jahren – darunter der Gewinn des Super Bowls 2007, eine Finalteilnahme 2010 sowie vier MVP-Trophäen für den Quarterback – mit viel Drama vom Hof gejagt worden. Das Zepter lag nun in den Pranken des Kronprinzen. In seiner Rookie-Saison hatte Luck die Colts mit 11:5 Siegen in der Regular Season in die Playoffs geführt – und das unter extrem tragischen und schwierigen Umständen, denn Pagano verpasste mehr als die Hälfte seiner ersten Spielzeit als Cheftrainer, weil er schwer an Leukämie erkrankt war und zwischenzeitlich von Offensive Coordinator Bruce Arians hatte vertreten werden müssen, bevor Pagano in Woche 17 an die Seitenlinie zurückgekehrt war. In der Wild Card Round hatten sich die Colts schließlich den Baltimore Ravens beugen müssen, dem späteren Champion.

Es war ein gewaltiger Turnaround für das Team, und jetzt erwarteten alle den nächsten Schritt auf dem Weg zu alten Glanzzeiten. Ein tiefer Playoff Run war das erklärte Ziel und der Aufbau eines neuen Super Bowl Contenders, bei dem ich ein wichtiger Baustein sein sollte. Ich war der zweite First-Round Pick in der Ära von Grigson und Pagano nach der Wahl von Luck an Position eins im Jahr zuvor, die ein No-Brainer gewesen war. Die Indianapolis Colts hatten einiges mit mir vor – und ich mit den Colts.

Unser Gegner im ersten Spiel der Saison waren die Oakland Raiders, die mittlerweile Las Vegas Raiders hießen. Unsere Defense spielte Fangen mit Quarterback Terelle Pryor, einem dieser mobilen

Spielermacher der Marke Lamar Jackson, der im Backfield mächtig herumwirbelte und nur schwer zu fassen war, aber wir ließen auch nur wenige Big Plays zu. Ich war dabei, auch mittendrin, aber nicht von Anfang an, denn ich war kein Starter. Das ist auch für einen First-Round Pick nicht unüblich, schon gar nicht für einen Rookie, der wie ich auf einer für ihn neuen Position spielt, sondern die Regel. Die wenigsten Rookies sind in ihrer ersten Saison Starter. Dwight Freeney war im Frühjahr zu den San Diego Chargers abgewandert, und die Colts hatten für viele Millionen Dollar Erik Walden, einen Outside Linebacker von den Green Bay Packers, verpflichtet. Mir war voll bewusst, dass man in meinem ersten Jahr keine Wunderdinge von mir erwartete, dennoch machte ich mir selbst Druck.

„Du wirst in deine neue Rolle hineinwachsen", hatte mir Pagano vor Saisonbeginn in einem Vier-Augen-Gespräch gesagt. „Wir geben dir Zeit."

Gegen die Raiders kam ich in den Special Teams zum Einsatz und in der Defense immer dann, wenn Robert Mathis eine Verschnaufpause brauchte oder die Spielsituation eine spezielle Formation erforderte, ein sogenanntes Sub Package, um den Druck auf den gegnerischen Quarterback zu erhöhen, wenn klar war, dass die gegnerische Offense einen Passspielzug wählen musste. Ich genoss jede Sekunde auf dem Feld. Nach vier umkämpften Vierteln stand ein 21:17-Sieg für die Colts zu Buche und für mich mein erster Tackle in der NFL. Es war ein Anfang.

Eine Woche später gegen die Miami Dolphins gelang mir erneut vor eigenem Publikum und den Augen von Denise mein erster Sack – das dachte ich jedenfalls, nachdem ich Quarterback Ryan Tannehill auf den Kunstrasen befördert hatte. Gerade als ich mich aufrappelte und meine Premiere zelebrieren wollte, sah ich, dass mein Mitspieler Pat Angerer neben mir bereits triumphierend jubelte. Ich realisierte, dass wir Tannehill im Doppelpack umgehauen hatten und uns den Sack teilen mussten. Ich mochte keine halben Sachen – und bei Sacks schon gar nicht. Das ging mir auf den Keks, und es passte zu meinem persönlichen Ärger, dass wir das Spiel in den letzten Minuten verloren.

In Woche drei zeigten wir dann aber, dass mit den Colts zu rechnen war in dieser Saison. Wir traten bei den San Francisco 49ers an, die noch sieben Monate zuvor im Super Bowl gestanden hatten. Ich erinnere mich noch genau, dass das Spiel unter einem besonderen Stern stand, denn es war nicht nur die große Rückkehr von Andrew Luck in die Bay Area, wo er für die Elite-Universität Stanford gespielt hatte, sondern auch ein persönliches Duell mit seinem ehemaligen College-Coach und Förderer Jim Harbaugh, der jetzt Head Coach der 49ers war. Wir alle waren bis in die Haarspitzen motiviert – bei meiner Frisur eine ziemlich kurze letzte Etappe –, um unserem Quarterback einen perfekten Tag zu bescheren, und nicht nur Andrew lieferte richtig ab, sondern auch unsere Defense, die Colin Kaepernick nur 20 Yards Rushing erlaubte. Wir feierten einen deutlichen 27:7-Sieg im alten Candlestick Park und setzten ein echtes Ausrufezeichen.

Es war nicht einfach für mich als Teilzeitarbeiter, nachdem ich bei Florida State ein unumstrittener Starter, eine Sacks Machine und ein gefeierter Star gewesen war, aber in den Phasen, in denen ich auf dem Feld stand, gab ich immer alles, jeden einzelnen Snap, um zu lernen, mich zu beweisen und für mehr zu empfehlen. Step by Step, Snap by Snap, so lautete meine Devise. Mit jedem Spiel machte ich Fortschritte und war auch nach Meinung der Coaches auf einem richtig guten Weg – und dann kam der Trip nach Jacksonville, der alles änderte.

Auf das Auswärtsspiel bei den Jaguars hatte ich mich ganz besonders gefreut, denn es markierte nicht nur meine Rückkehr nach Florida, als NFL-Spieler. Auch Denise reiste in den Sunshine State und traf sich in Jacksonville mit unseren ehemaligen WG-Mitbewohnern und Freunden aus Tallahassee, die sich ebenfalls Tickets besorgt hatten, um mich spielen zu sehen und anzufeuern. Der Party-Crusher beim großen Wiedersehen war niemand anderes als ich selbst. Wir hatten die Jags total im Griff und steuerten auf einen haushohen Sieg zu, als ich bei einem meiner Einsätze im Punt-Team das Feld herunterrannte.

Peng!

Ich hörte dieses Geräusch wirklich, es klang wie ein gedämpfter Peitschenknall, und spürte einen stechenden Schmerz in meinem rechten Fuß, der daraufhin heiß wurde. Mir war sofort klar, dass es etwas Ernstes ist. Ich humpelte zur Sideline. Das Spiel war für mich vorzeitig beendet, schlimmer noch: Die Verletzung stellte sich als Riss der Plantarfaszie, einer Sehne in der Fußsohle, die von der Ferse bis zum Vorderfuß verläuft, heraus. Eine fiese Sache, die wehtat, aber noch viel mehr schmerzte es, dass die Verletzung eine mehrwöchige Pause bedeutete.

Shit, als First-Round Pick gleich außer Gefecht. Das fängt ja gut an, dachte ich frustriert. Na, das fängt ja gut an mit dem First-Round Pick, schrieben die Reporter, die über die Colts berichteten. Es war zum Kotzen. Ich war weg vom Schaufenster und in den kommenden fünf Wochen zum Zuschauen verdammt, was mich regelrecht quälte. Es tut viel mehr weh, seinen Mitspielern von der Tribüne aus tatenlos zuschauen zu müssen, wie sie unten auf dem Feld um Yards und Inches kämpfen, als unter Schmerzen selbst zu spielen.

Ich verpasste durch die Verletzung nicht nur vier Spiele, ich verpasste auch das Spiel der Spiele schlechthin, den emotionalen Höhepunkt der regulären Saison, das Homecoming der Legende, die Rückkehr von Peyton Manning nach Indianapolis. Manning in der Stadt, die er groß gemacht hatte, Manning gegen seine Colts, Luck gegen den Übervater. Natürlich war es das Sunday Night Game, die große Bühne. Millionen Amerikaner saßen vor den TV-Geräten und ich nur auf der Tribüne. Im Trikot der Denver Broncos spielte Manning wieder wie zu seinen besten Zeiten, führte Regie in der produktivsten Offense der Liga und sollte erst im Super Bowl gestoppt werden, von der „Legion of Boom" der Seattle Seahawks. Ausgerechnet bei seinem ersten Spiel in seiner alten Arena, vor der sie ihm 2017 eine Statue errichtet haben, erwischte Manning einen schlechten Tag. Nur drei Niederlagen haben die Broncos auf ihrem Weg ins Endspiel kassiert und eine davon, ihre bis dato erste, im Lucas Oil Stadium, in einem emotionalen und denkwürdigen Duell. Wir gewannen mit 39:33, und die Colts-Fans waren in Ekstase. Das Stadiondach war offen – es wäre sonst weggeflogen. Jeder, der dabei war, wird dieses Spiel nicht vergessen.

Ich war dabei. Leider nur dabei.

In Week 10 war ich endlich wieder mittendrin. Ich hatte Glück, dass unsere Bye Week, die spielfreie Woche, in meine Verletzungspause gefallen war, sonst hätte ich sogar fünf Spiele verpasst. Andererseits hätte ich mit meinem Comeback besser bis Woche elf gewartet, denn wir lieferten vor eigenem Publikum beim 8:38 gegen die St. Louis Rams eine unterirdische Leistung ab, und die Fans waren zu Recht sauer und buhten uns aus. Es war eine dieser Niederlagen, nach denen Jim Irsay richtig auf die Kacke zu hauen pflegte, und zwar öffentlich, auf Twitter. Der Besitzer der Colts, dessen Privatvermögen auf drei Milliarden US-Dollar geschätzt wird, ist ein exzentrischer Typ und notorischer Twitterer, seine Tweet-Salven waren berüchtigt, und einige davon sind legendär. Die Medien liebten sein Mitteilungsbedürfnis und seine nervösen Daumen.

Wenn ein Spiel von uns Mist oder Schrott war und der Big Boss richtig angepisst, dann twitterte er das auch, und zwar genau so, wortwörtlich, nicht selten mitten in der Nacht. Als wir zwei Wochen nach der Klatsche gegen die Rams bei den Arizona Cardinals mit 11:44 gleich noch mal richtig aufs Maul bekommen hatten, zückte Irsay sein Smartphone und feuerte die nächste Tweet-Tirade ab. Dass ich in diesem Spiel mein erstes Big Play gemacht hatte, indem ich einen Pass von Cardinals-Quarterback Carson Palmer in der Endzone weggeschlagen und einen Touchdown verhindert hatte, ging natürlich unter, und das auch völlig zu Recht. Es spielte wirklich keine Rolle. Alles redete über Irsays Einlauf. Er hatte uns jedoch nicht nur richtig einen gezwitschert, sondern uns am Ende seiner Twitter-Salve heißgemacht für den Saison-Endspurt und bei der Ehre gepackt.

Ich war zur damaligen Zeit auch im Bereich Social Media noch ein Rookie und erst im Vorfeld des Draft in den sozialen Netzwerken aktiv geworden, aber selbst mir war klar, dass das nicht nur eine ungewöhnliche Form von Öffentlichkeitsarbeit, sondern auch eine sehr eigene Interpretation von Vereinsführung war. Wie heißt es so schön: Wer die Musik bezahlt, bestimmt, was gespielt wird – oder getwittert.

In dieser Phase der Saison machte ich unliebsame Bekanntschaft mit der gefürchteten Rookie Wall – ich prallte mit voller Wucht dagegen. Diese unsichtbare Wand erwartet die Neulinge, wenn die Zahl der Saisonspiele zweistellig wird und die jungen Spieler an ihre Grenzen stoßen und Körper und Kopf signalisieren, dass es nicht mehr weitergeht. Man darf nicht vergessen, dass es für einen Rookie die erste Spielzeit auf dem nächsten Level ist, mit der Maximalbelastung des NFL-Football. Zum anderen hat ein Neuling einen kräfte- und nervenzehrenden Marathon wie kaum ein anderer Spieler im 53-Mann-Kader hinter sich – mit Ausnahme der Rookie-Kollegen, denen es ganz genauso geht.

Der Anlauf zum Aufprall gegen die Wand ist verdammt lang, und um einmal zu verdeutlichen, was ein junger Spieler hinter sich hat, rekapituliere ich noch einmal die Strecke, die ich ohne nennenswerte Pause zurückgelegt hatte, bis ich an der Rookie Wall klebte. Mein Marathon hatte im Juli 2012 mit der Saisonvorbereitung begonnen, es folgten: meine letzte Regular Season mit den Seminoles, das ACC-Championship Game, der Orange Bowl, die Vorbereitung auf den Combine, der Combine selbst, der Pro Day, die Visits und Private Workouts bei den interessierten NFL-Teams, der Draft, das Rookie Mini-Camp, die OTAs, das Mandatory Mini-Camp, die Summer Workouts und Seminare der Rookies, das Training Camp, die Preseason Games und dann die erste NFL-Saison. Von der psychischen Belastung in diesen Monaten ganz zu schweigen. Deshalb lasse ich auch meine Fußverletzung nicht als Pause gelten. Alles in allem ist es ein Wahnsinn und eigentlich ein Wunder, dass ich nicht durchgedreht bin oder ein Burn-out bekommen habe, wobei die Rookie Wall durchaus mit einem Burn-out zu vergleichen ist.

Das Gemeine ist, dass man der Rookie Wall nicht ausweichen kann, und es ist auch nicht möglich, sie nach dem ersten Aufprall zu umgehen. Du musst sie überwinden. Es ist ein Kampf gegen dich selbst, eine Sache des Willens, wie mir meine Coaches und auch die Veterans wie Robert Mathis und insbesondere Cory Redding, mein zweiter großer Mentor im Team, einschärften. Redding war ein ganz anderer Typ als Mathis, viel lockerer, zugänglicher, kommunikativer und fröhlicher. Cory war wie ein Papa für mich, sehr empathisch, und auch abseits des Footballs hatte er jede Menge guter Ratschläge für mich. Robert war eher der Lehrmeister, der mir, ohne mit der Wimper zu zucken, seine Erfolgsrezepte verriet, um mich als Spieler besser zu machen, obwohl er wusste, dass die Colts mich als seinen mittelfristigen Nachfolger gedraftet hatten. Das zeigt, was für ein starker Charakter er ist. Beide bauten mich nach meinem Crash mit der Rookie Wall wieder auf, jeder auf seine Art.

In Week 15 war ich wieder bei Kräften und wurde belohnt für meinen Kampf gegen die Wand – auf die schönste Art und Weise, die ich mir vorstellen konnte. Wir hatten ein Heimspiel gegen die Houston Texans, und ich kam als zusätzlicher Pass Rusher ins Spiel. Bei einem Blitz unserer Defense stürmte ich ungeblockt von der linken Seite auf Quarterback Case Keenum zu, der die Flucht ergriff. Ich verfolgte ihn und flehte innerlich: Schmeiß jetzt bloß nicht den Ball weg, halt den verdammten Ball fest! Eine Sekunde später hatte ich Keenum eingeholt, packte von hinten zu, warf mich einfach auf seinen Rücken und brachte ihn mit meinem ganzen Gewicht zu Boden.

Ein Sack. Mein Sack! Der erste in der NFL. Endlich.

Das Gefühl war unbeschreiblich. Ein Kribbeln von Kopf bis Fuß, ausgelöst durch einen gigantischen Adrenalinstoß. Ich brüllte, und ehe ich mich versah, sprang auch schon Erik Walden in meine Arme und feierte mich euphorisch ab. Für Momente wie diese spielte, lebte und liebte ich Football, mit jeder Faser meines Körpers.

Ich wurde schon oft gefragt, wie es sich anfühlt, einen Quarterback zu sacken. Verdammt gut! Ich weiß nicht, was es für ein Gefühl ist, einen perfekten Touchdown-Pass zu werfen, ihn artistisch aus der Luft zu pflücken oder mit dem Leder-Ei im Arm in die Endzone zu rennen und die Gegner dabei wie Slalomstangen auszutanzen, keine Ahnung. Für mich gab es nie etwas Geileres, als einen Quarterback mit voller Wucht umzuhauen. Nichts anderes wollte ich tun. Ich liebte es.

Sind Sacks besser als Sex? Das Gefühl direkt nach einem Sack kann man tatsächlich mit einem Orgasmus vergleichen, denn der gesamte Körper steht unter Strom, und in diesem Moment entlädt sich eine unfassbare Körperspannung und ein enormer Druck, wie bei einer Explosion. Der Adrenalinstoß ist krass. Das Gefühl danach ist die totale Befriedigung. Es gibt sicherlich schlechten Sex, aber es gibt definitiv keine schlechten Sacks. Natürlich klingt das lustig, aber ich liebe Wortspiele, und auch im Locker Room haben wir oft herumgeblödelt, wer mal wieder dringend Sacks nötig hatte oder was nun besser sei: Sacks von vorne oder von hinten. Mir war es immer egal, Hauptsache Sacks.

Den Quarterback mit voller Wucht wegzuballern, in den Dreck zu werfen, zu Boden zu reißen und die Fans in deinem Stadion von ihren Sitzen – das ist das ultimative Gefühl. Und ich gebe zu, dass ich es genossen habe, den Quarterback am Boden zu sehen. Wenn er ächzte, stöhnte, fluchte oder sich beim Referee beklagte, dann war das Musik in meinen Ohren. Das mag ein bisschen pervers klingen, aber so war es einfach. Ich habe die gegnerischen Quarterbacks nie gehasst, wie Robert Mathis es tat, aber ich wollte ihnen wehtun. Als Pass Rusher bist du ein menschlicher Bulldozer. Du willst zerstören. Ein Sack ist jedoch nicht nur rohe Gewalt, sondern auch eine Kunst. Schön brutal und brutal schön.

Als ich nach meinem Premieren-Sack an die Sideline kam, wurde ich schon von meinen Jungs aus der D-Line und den Linebackers erwartet, und alle gratulierten mir. Es kam von Herzen. Jeder von ihnen wusste, was ich durchgemacht hatte, jeder kannte diese Durststrecken aus eigener Erfahrung. Ich hätte heulen können vor Freude – und vor Erleichterung.

Es hatte lange gedauert bis zu diesem Moment, zu lange. Einige Male war ich nah dran gewesen an meinem ersten Sack, manchmal hatten nur Zentimeter und Sekundenbruchteile gefehlt, und ich hatte geflucht, wie verdammt schwer es doch war, auf diesem nächsten Level, dem höchsten Level, den Quarterback in die Pranken zu bekommen. Ich hatte mir den Kopf zermartert, was ich nur besser oder anders machen könnte, und mich mehr als nur einmal gefragt, ob ich in den entscheidenden Momenten einfach nur Pech gehabt und sich die ganze Welt gegen mich verschworen hatte, oder ob nicht genau diese Winzigkeiten, die zum Sack gefehlt hatten, mir zeigten, dass es nicht ganz reichte, um auf NFL-Niveau zu performen.

„Deine Zeit wird kommen", hatte Robert Mathis mir immer wieder eingeschärft. „Deine Zeit wird kommen", hatte auch Cory Redding mich beruhigt. „Deine Zeit wird kommen", hatten mir die Coaches gut zugeredet. „Wird Zeit, dass von Werner was kommt", war in den Medien zu lesen.

Jetzt hatte ich geliefert. Leider verspätet. Wie ein Pizzabote, der mit einem lauwarmen Karton vor der Tür steht, sorry, viel Verkehr. Ich hatte durch den Sack zwar Selbstvertrauen getankt, aber es meldete sich in den Tagen danach auch eine Stimme in meinem Kopf, die fragte, ob es vielleicht nur eine Eintagsfliege gewesen sei.

Die Antwort erhielt ich im nächsten Spiel. Week 16, Showdown im Arrowhead Stadium der Kansas City Chiefs. Wir standen zu diesem Zeitpunkt bei 10:5 Siegen und hatten unsere Division, die AFC South, schon gewonnen, die Chiefs hatten sogar 11:4 Siege. Die Ausgangslage war hochbrisant. Der Sieger des Spiels würde sich das Heimrecht in der Wild-Card-Runde der Playoffs sichern – und zwar für ein erneutes Aufeinandertreffen beider Teams, so viel stand schon fest.

Arrowhead war das lauteste und auch das kälteste Stadion, in dem ich in meiner NFL-Karriere gespielt habe. Minus sechs Grad waren es, aber dennoch wurde mir als Florida Boy ganz warm ums Herz, als aus 75 000 Kehlen der War Chant ertönte und sich 75 000 Arme auf und ab bewegten, beim Tomahawk Chop. Es war ein irrer Flashback, und ich fühlte mich zurückversetzt ins Doak Campbell Stadium von Tallahassee, meinem alten Wohnzimmer. Der Seminole in mir war geweckt.

Gleich im ersten Drive erzielten die Chiefs einen Touchdown. In ihrem zweiten Drive, beim zweiten Versuch und sieben Yards zu gehen, kam ich aufs Feld, um Druck zu machen. Der Center snappte den Ball, ich schoss los, tankte mich durch die Offense Line, sah Quarterback Alex Smith vor mir, sprang nach vorne, packte seine Beine, während noch ein Offensive Liner an mir dranhing, und Smith stürzte rückwärts zu Boden. Sack Nummer zwei war noch geiler als mein erster, denn ich hatte ihn mir richtig hart erarbeitet. Er hatte natürlich auch einen Raumverlust für die Chiefs zur Folge, die den Drive schließlich mit einem Punt beenden mussten und im weiteren Spielverlauf keine Punkte mehr aufs Board brachten. Wir gewannen mit 23:7, sicherten uns das Heimrecht, und ich hatte meinen zweiten Sack in Serie auf mein Konto gepackt. Eine schöne Bescherung – zwei Tage vor Heiligabend.

Über Weihnachten bekamen Denise und ich Besuch und hatten Full House bei uns in Carmel. Mein jüngerer Bruder Pascal war mit seiner Freundin gekommen, und auch meine Schwiegereltern waren für die Feiertage eingeflogen. Meine Eltern konnten leider nicht dabei sein, weil sie gesundheitliche Probleme hatten, aber ich freute mich über den kleinen, aber feinen Björn-Werner-Fanclub auf der Tribüne des Lucas Oil Stadium im letzten Spiel der regulären Saison gegen die Jacksonville Jaguars am 29. Januar. Wie schon im Hinspiel bei den Jags brachte mir der zusätzliche Support kein Glück, im Gegenteil. Wir feierten zwar einen souveränen Sieg, aber ich war in der zweiten Halbzeit nur noch Zuschauer, nachdem ich mir bei einem Cut Block von Jaguars-Tight-End Marcedes Lewis unten in die Beine den rechten Knöchel verletzt hatte. Wieder war ich kaputt, wieder gegen die Jaguars – und diesmal war ein tiefergelegter Marcedes schuld.

Ein denkbar schlechtes Timing für eine Verletzung, aber ich hatte gerade keine Zeit dafür, verletzt zu sein. Es passte einfach nicht, denn die Postseason rief, also war ich nicht verletzt, ganz einfach. Punkt.

Die Vorfreude auf meine ersten Playoffs und der unbedingte Wunsch, mit von der Partie zu sein, waren größer als die Schmerzen. Ich spürte dieses besondere Kribbeln, die Mischung aus Anspannung und Euphorie im Team und in der ganzen Stadt, und auch das Medieninteresse war noch einmal auf einem ganz anderen Level. Playoffs sind wie eine fünfte Jahreszeit, der Karneval im Football. Wenn du als NFL-Spieler die Chance bekommst, in der Postseason zu spielen, dann überlegst du nicht lange und spielst, denn in dieser Liga weißt du nie, was morgen ist und ob du jemals wieder die Gelegenheit bekommst. Es könnten ja deine letzten Playoffs sein. Es gibt so viele Spieler, die acht oder zehn Jahre in der NFL waren und kein einziges Playoff-Spiel gemacht haben, weil sie immer zur falschen Zeit am falschen Ort waren – oder nur am falschen Ort, in Cleveland zum Beispiel. Dass ich schon als Rookie meine ersten Playoffs erleben durfte, war ein echtes Privileg, totaler Luxus. Wäre es Woche drei, sieben oder elf gewesen, dann hätten mir die Ärzte und Coaches sicher eine Pause verordnet, um meine Verletzung auszukurieren, aber wer im Januar noch im Wettbewerb ist, der schont seine Kräfte nicht, er mobilisiert sie, und zwar alle. In meinem Fall bedeutete das: Knöchel mit meterweise Tape umwickeln, Zähne zusammenbeißen. Ich war mehr als nur einverstanden mit diesem Plan, und wenn ich es nicht durchgezogen hätte, würde ich mich noch heute und bis zu meinem Lebensende verfluchen.

Das Wild Card Game gegen die Chiefs machte seinem Namen alle Ehre. Es war ein wildes Spiel, absolut wild und derart denkwürdig, dass man es nacherzählen muss, denn es ist ein Stück NFL-Geschichte. Die Chiefs hatten Rache geschworen, und sie hielten Wort. Sie versohlten uns so richtig den Hintern, und zur Halbzeit lagen wir mit 10:31 hinten. Die Stimmung im Lucas Oil Stadium war wie auf einer Beerdigung – nur schlechter. Im Locker Room herrschte eine andere Atmosphäre. Es war ruhig und konzentriert, niemand verlor die Nerven, was mich wirklich überraschte. Die Coaches und einige Veterans ergriffen das Wort und schärften allen ein, dass dieses Spiel noch lange nicht vorbei sei und in den Playoffs andere Regeln gelten. Wir machten uns gegenseitig Mut und uns richtig heiß, und irgendwann realisierte ich, woher diese Zuversicht kam. Wir hatten eine Defense, die in den letzten Wochen ein brutales Bollwerk gewesen war, und mit Robert Mathis den erfolgreichsten Quarterback-Jäger der gesamten NFL-Saison. Gigantische 19,5 Sacks hatte er gesammelt. Die Defense musste jetzt verdammt noch mal den Arsch hochkriegen. Und wir hatten einen Quarterback, der in seinen zwei Spielzeiten bei den Colts schon einige verloren geglaubte Spiele umgebogen hatte. Er hatte bislang keinen guten Tag gehabt, andererseits spielte er regelmäßig seinen besten Football, wenn es eng war und wir mit dem Rücken zur Wand standen. Das kollektive Gefühl im

Team, als wir die Kabine verließen, lässt sich in einem Satz zusammenfassen: Die Chiefs mögen 21 Punkte Vorsprung haben – aber wir haben Eier und Andrew Luck.

Mit seinem ersten Pass gleich zu Beginn der zweiten Halbzeit warf Andrew Luck eine Interception. Die Chiefs benötigten nur drei Plays für ihren nächsten Touchdown. Schlimmer geht es nicht. Es war der klassische Genickbrecher. Jetzt lagen wir mit 28 Punkten zurück. Spätestens in diesem Moment hätten neun von zehn Teams endgültig kapituliert und wären auseinandergefallen. Wer in einer solchen Lage etwas finden will, das Mut macht, sucht die Nadel im Heuhaufen. Unsere Nadel war die Uhr. Es war noch verdammt viel Zeit zu spielen. Zeit, sich weiter abschlachten zu lassen – oder aber das Unmögliche zu versuchen. Zwei Minuten später kam unsere Antwort. Die Nachricht wurde von unserem Running Back Donald Brown überbracht. Touchdown! Im folgenden Drive gelang Robert Mathis gegen Alex Smith ein Strip Sack, bei dem er den Ball freischlug, den wir sichern konnten. Es war ein Game-Changing Play von Mathis wie aus dem Lehrbuch, und diesmal dauerte es nicht einmal zwei Minuten, bis wir unseren nächsten Touchdown erzielten. Klassischer Fall von Momentum Shift. Das Spiel kippte zu unseren Gunsten.

Wir waren on fire, das Publikum erwachte zum Leben, und im gleichen Maße, in dem bei uns das Selbstvertrauen stieg, wuchs bei den Chiefs die Angst. Man konnte es spüren. Kansas City ging der Kackstift. Andrew Luck unterlief die dritte Interception des Tages, aber unsere Defense erlaubte nur ein Field Goal, verhinderte damit einen erneuten Momentum Shift, und zwei Minuten später warf er ungerührt den nächsten Touchdown-Pass, als ob gar nichts gewesen wäre. Nur noch zehn Punkte Rückstand. Und dann folgte die verrückte Szene, die Andrew Luck endgültig zur Legende gemacht hat: Unsere Offense steht kurz vor der gegnerischen Endzone, Luck übergibt das Ei an unseren Running Back, der wird hart getackelt, verliert den Ball an der 2-Yard-Linie. Fumble! Andrew Luck stürzt sich geistesgegenwärtig auf den Ball, was für einen Quarterback aufgrund der Verletzungsgefahr eigentlich ein No-Go ist und jedem

Coach das Herz in die Hose rutschen lässt. Luck schnappt sich den Ball und hechtet durch das Getümmel an der Goal Line in die Endzone. Touchdown. 38:41.

Das Lucas Oil Stadium stand kopf und ich fassungslos an der Seitenlinie. What the Luck?!

Es war noch nicht vorbei. Kansas City konnte den Vorsprung mit einem Field Gold noch einmal ausbauen, aber Andrew Luck warf eine 64-Yard-Bombe auf T.Y. Hilton – Touchdown. Er spielte Lights Out. Wir gewannen 45:44 und waren eine Runde weiter. Es war das zweitgrößte Playoff-Comeback der NFL-Geschichte, ein Wunder. Und Andrew Luck war Jesus. Mit diesem Spiel ist er endgültig aus Mannings Schatten getreten. Aber an diesem denkwürdigen Abend wurde auch offenbar, dass Andrew bereit war, für einen Sieg Kopf und Kragen zu riskieren, wortwörtlich. Die Fans und auch wir Mitspieler liebten ihn dafür. Andrew war ein Draufgänger. Seine totale Gewinnermentalität und riskante Spielweise stellte aber auch eine Gefahr dar. Für seine Gesundheit – und damit auch für die Franchise.

So überirdisch sich unser Comeback in der Wild Card Round angefühlt hatte, so unterirdisch war unser Auftritt in der Divisional Round bei den New England Patriots, dem großen Rivalen der Colts. Wir wurden in Foxborough so gnadenlos aufs Kreuz gelegt, wie ich viele Jahre zuvor bei den Ringer-Meisterschaften von New England von dem zum Monster mutierten Riesenbaby mit der Harry-Potter-Brille. Nicht etwa Tom Brady nahm uns auseinander. Dem GOAT gelang kein Touchdown. Seine außergewöhnlichsten Szenen hatte Brady als Holder für Kicker Stephen Gostkowski, weil sich der eigentliche Mann für den Job verletzt hatte. Wir wurden von LaGarrette Blount in Grund und Boden gerannt. Vier Touchdowns erlief der Running Back der Patriots, und sein längster Run über 73 Yards in die Endzone war die Höchststrafe für unsere Defense. Die Patriots hatten uns im Gillette Stadium gnadenlos wegrasiert. Es war ein Tag zum Vergessen. Immerhin das hat ganz gut geklappt.

In beiden Playoff-Spielen hatte ich nur wenige Snaps spielen können und war mit meinem bis zur Unbeweglichkeit umwickelten

Knöchel eindeutig gehandicapt. Anders als beim Homecoming von Peyton Manning hatte ich dem Comeback gegen die Chiefs jedoch nicht nur beigewohnt, sondern mitgespielt. Mein Team hatte es in den Playoffs weiter gebracht als im Jahr zuvor, und ich hatte mich in einer für mich schwierigen Rookie-Saison durchgebissen. Das Ziel der Colts für die kommende Spielzeit war klar: Der nächste Schritt musste her. Das galt auch für mich.

Offseason

Genuss und Gefahr der langen Pause

Der Tag nach dem letzten Saisonspiel ist ein sehr spezieller und längst ein Ritual bei allen Teams der NFL. Ich hatte ein mulmiges Gefühl im Bauch, weil ich nicht genau wusste, was mich erwartet. Der Tag begann damit, dass die Müllabfuhr auf dem Vereinsgelände anrückte – und die Müllmänner waren niemand anderes als wir Spieler. Unser Einsatzort war der Locker Room. Wir hatten zwar keine Overalls an, aber blaue oder schwarze Mülltüten in der Hand, in die wir nicht etwa Dinge stopfen, die wir wegwerfen wollten, sondern unbedingt behalten. Ausrüstung etwa, Andenken oder persönliche Gegenstände. Alles andere wurde in große Mülltonnen geworfen, die überall im Raum herumstanden und in denen nicht nur gesammelt wurde, was tatsächlich entsorgt werden musste, sondern auch Shirts, Schuhe oder Handschuhe, die gespendet werden sollten oder signiert und dann für einen guten Zweck versteigert. Alles in allem ein bizarres Szenario, irgendwo zwischen Aufräumen und Spurenbeseitigung.

Es war der Tag des sogenannten Locker Room Clean Out, bei dem die Teams, deren Football-Jahr mit dem Abschluss der regulären Spielzeit oder wie in unserem Fall nach einer Niederlage in den Playoffs beendet ist, die Kabine ausmisten und jeder Spieler seinen Spind leerräumt. Die Stimmungslage im Raum hängt immer davon ab, wie die gesamte Saison und natürlich das letzte Spiel gelaufen ist, weshalb in der Colts-Kabine am Tag nach der Abreibung in Foxborough gemischte Gefühle herrschten. Enttäuschung über den letzten Akt, Stolz auf eine gute Saison und ein historisches Playoff-Comeback, Vorfreude auf den Urlaub. Unabhängig davon schwangen an diesem Tag Ungewissheit und Wehmut mit, denn jeder Spieler wusste, dass er mit vielen seiner Teamkollegen zum letzten Mal die Kabine teilte. Zu diesem Zeitpunkt war noch überhaupt nicht klar, welche Spieler nicht zurückkehren würden. Auch deshalb werden beim

Locker Room Clean Out vorsichtshalber fast alle Spinde entleert. Nur die der wichtigsten Stars – wie bei den Colts Andrew Luck – oder die Spinde der Spieler, die die meiste Zeit der Offseason vor Ort blieben, um zu trainieren, wie ich es tat, bleiben unangetastet.

Was am Ende von einer Saison voller Schweiß und Herzblut von dem Großteil der Spieler blieb, war ein leerer Schrank. Es folgten ein obligatorischer Medizincheck jedes Spielers, das sogenannte Team Exit Meeting unter der Regie von Headcoach Pagano sowie ein individuelles Exit Meeting mit dem jeweiligen Positions-Coach, und dann war er auch schon vorbei, mein erster letzter Tag. Der finale Akt einer kräftezehrenden und nervenaufreibenden NFL-Saison bietet filmreife Szenen: Männer, die eilig ein Gebäude verlassen, mit einem prallgefüllten Müllbeutel mit wertvollem Inhalt in der Hand, den sie nicht etwa in einen Abfallcontainer werfen, sondern in den Kofferraum eines PS-starken Schlittens, als hätten sie gerade einen Juwelier überfallen, und dann davonbrausen – in die Offseason. Den Football-Fans besser bekannt als schlimmste Zeit des Jahres.

Beim Start in meine erste Offseason in der NFL wurde ich direkt ausgebremst. Bei mir war Spurenbeseitigung der etwas anderen Art angesagt. Sie waren bei den abschließenden Medicals entdeckt worden. Bei einer erneuten MRT-Untersuchung meines lädierten Knöchels, der mir Probleme und Schmerzen bereitete, hatten die Ärzte herausgefunden, dass ein kleines Stück Knochen abgesplittert war, was dringend herausgesägt und entfernt werden musste. Auf den Aufnahmen vom ersten MRT war dieser Knochensplitter nicht zu sehen gewesen. Er hatte sich versteckt – sonst wäre mir möglicherweise die aktive Teilnahme an meinen ersten Playoffs verboten worden. Während meine Mitspieler jetzt Freizeit und damit Freiheit hatten, stand für mich der nächste Termin an: OP statt Urlaub, Flügelhemd statt Flugzeug, Bein hochlagern statt Füße hochlegen. Sechs Wochen lang musste ich einen klobigen Spezialstiefel tragen und täglich Reha machen, während viele meiner Mitspieler Bilder von sich in Badehose an irgendeinem Strand twitterten.

In meinem Kopf hallte immer noch die Botschaft der Coaches beim persönlichen Exit Meeting nach. Sie war unmissverständlich gewesen. „Du musst gesund werden und bleiben", hatten mir Gary Emanuel und Jeff FitzGerald mit auf den Weg gegeben. Dieser Satz galt sowohl für die kommenden Monate als auch für meine zweite Saison.

Es war vor allem mein Kopf, der nach diesem schmerzhaften und auch nervigen Start ins neue Jahr und den turbulenten Monaten zuvor dringend eine Pause nötig hatte. Ich brauchte Abstand, in jeder Hinsicht, und war heilfroh, als mir die Docs der Colts nach einem Kontroll-MRT, das kurioserweise im Rahmen des Combine durchgeführt worden war und so einige Erinnerungen bei mir geweckt hatte, grünes Licht für meinen Urlaub gaben. Nicht irgendeinen.

Mit Verzögerung konnten Denise und ich schließlich im März eine Reise antreten, auf die wir uns nicht nur Wochen und Monate, sondern sogar Jahre gefreut hatten und für die in meinem von Football dominierten Leben nie Zeit gewesen war – und einfach auch das Geld gefehlt hatte. Unsere Hochzeitsreise. Mit vierjähriger Verspätung. Wir flogen in die Karibik, auf die Turks-and-Caicos-Inseln, die britisches Überseegebiet sind. Sie liegen östlich von den Bahamas und Kuba, nördlich von der Dominikanischen Republik und nordwestlich von Puerto Rico, kurz: mitten im Paradies, und die Hauptstadt der 40 Koralleninseln klingt nach Sonnenbrand im Nudistencamp: Cockburn Town.

Die Strände waren so weiß, dass ich in den ersten Tagen nahezu unsichtbar wurde, wenn ich mich in den Sand legte, und das Wasser war badewannenwarm und fast schon kitschig türkis. Das Ambiente war ein klein wenig anders als bei meinem letzten Urlaub auf irgendeinem Ferienhof an der Ostsee oder Nordsee, und diesmal ging nichts zu Bruch. Es war das Paradies. Mal ehrlich: Welcher andere Staat hat denn bitte schön Flamingos im Wappen? Flamingos!

Denise und ich genossen die Zweisamkeit, und ich ließ die Seele baumeln, was in einer Hängematte ziemlich gut funktioniert. Endlich einmal war Zeit, die letzten Jahre Revue passieren zu lassen, die wie ein Film vor meinem inneren Auge abliefen. Unzählige Entscheidungen hatte ich getroffen, die mich weit gebracht hatten – und auch weit weg von zu Hause, aber die beste aller Entscheidungen hatte mich hierher geführt, zu unserem Honeymoon. Es war eine unbeschwerte Zeit, und es gab sogar Tage, an denen ich kein einziges Mal an Football dachte. Beinahe. Als Denise und ich das Paradies verließen, hatten wir eine Entscheidung getroffen: Wir wollten in Indianapolis ein Haus kaufen und eine Familie gründen.

Gleich nach unserer Rückkehr rief ich David Thornton an, unseren Mann für alles bei den Colts, und bat ihn um Hilfe – natürlich nur bei dem erstgenannten Projekt! Familienzuwachs hatten wir schon bei der Rückkehr von unserem Honeymoon dabei. Er hatte vier Beine und ein hellbraunes Fell. Wir hatten ihn beim Besuch einer Hunde-Rettungsstation gesehen und sofort ins Herz geschlossen. Nala hatte endlich einen Spielkameraden auf Augenhöhe. Wir tauften ihn Caicos.

Mitten hinein in diese harmonische Grundstimmung platzte die Bombe.

An einem ganz normalen Trainingstag Anfang Mai, noch vor Beginn der OTAs, rief Robert Mathis alle Jungs aus der Defense zusammen, mit denen er eng war, und ich merkte ihm sofort an, dass etwas ganz und gar nicht in Ordnung war. Mit leiser Stimme teilte er uns mit, dass etwas in seinem Körper gefunden worden war, was dort nicht hingehörte. Robert, der sonst immer Herr der Lage schien, war wirklich angefasst. Er berichtete uns, dass er im Herbst des Vorjahres ein Medikament eingenommen hatte, um seine Zeugungsfähigkeit zu erhöhen, weil er und seine Frau sich noch ein weiteres Kind gewünscht hatten. Monatelang hatten sie es vergeblich versucht, was daran lag, dass sein Testosteron-Level zu niedrig und die Spermienzahl bei ihm zu gering gewesen war, wie er uns ziemlich offen erklärte. Wir hörten schweigend zu. Nach der Einnahme des Medikamentes, das ihm ein Arzt verschrieben hatte, sei seine Frau dann im Spätherbst schwanger geworden. Ein im gleichen Zeitraum vorgenommener Dopingtest sei positiv ausgefallen, denn das Medikament stand auf der Liste der verbotenen Substanzen der NFL. Es gibt eine gängige Abkürzung dafür: PED. Die meisten NFL-Fans wissen, was das heißt – nichts Gutes. PED bedeutet Performance-Enhancing Drugs, leistungssteigernde Medikamente, also Doping. Robert versicherte uns eindringlich, dass er niemals irgendetwas eingenommen habe, um ein besserer Footballspieler zu sein. Er sagte, es sei ihm wichtig, dass wir diese ganze Sache von ihm persönlich erfahren und die Hintergründe und seine Motive kennen. Mit einem Lächeln erzählte er, dass er und seine Frau ein Mädchen erwarteten. Auch seine Mutter sei sehr glücklich. Er schluckte. Sie sei schwer krebskrank und habe sich gewünscht, noch einmal Oma zu werden.

Ich war wie vor den Kopf gestoßen. Das war verdammt viel auf einmal und nur schwer zu verdauen. Ich war geschockt, voller Mitgefühl für meinen Mitspieler, aber auch verwirrt und aufgewühlt. Robert war in der abgelaufenen Saison mit 19,5 Sacks regelrecht explodiert und der Quarterback-Jäger Nummer eins in der NFL. Ich konnte mich gar nicht gegen den Gedanken wehren, einen Zusammenhang herzustellen, und fühlte mich schlecht deswegen. Irgendwo las ich, dass das von ihm benutzte Medikament die Einnahme von Steroiden verschleiern kann. Ich hatte immer zu Robert Mathis aufgeschaut, ihm nachgeeifert, und er hatte mir durch meine Krisen geholfen, mich beruhigt, bestärkt und gegen jede Kritik verteidigt. Immer. Wir waren wirklich eng. Ich beschloss, ihm zu glauben. Auch, weil ich ihm glauben wollte.

Ein paar Tage danach wurde der Fall Robert Mathis von der NFL öffentlich gemacht, und die Liga sprach eine Sperre von vier Spielen aus, das übliche Strafmaß. Die Sache schlug natürlich Wellen und sorgte tagelang für Schlagzeilen, aber bei den Colts ging man hinter den Kulissen ziemlich schnell zur Tagesordnung über, denn es galt, sich auf die neue Situation einzustellen.

Der Ausfall von Robert Mathis war ein Problem für das Team – und ich war die naheliegende Lösung. Die Coaches teilten mir mit, dass sie mich für die Spiele, in denen Robert gesperrt war, als Starter auf seiner Position einplanten, vorausgesetzt, ich mache weiter Fortschritte. Mit dieser Perspektive drehte ich in den OTAs richtig auf. Mein Knöchel war nach der OP gut verheilt und hielt den Belastungen stand. Ich fühlte mich fresh wie schon lange nicht mehr.

Anstrengender war die Suche nach einem geeigneten Haus. Sie war sogar noch nervtötender, als es die Jagd nach meinem ersten

NFL-Sack gewesen war. Nach gefühlt 50 Besichtigungen in Carmel, bei denen ich in geschätzt 100 Scheißhäusern gestanden und ein interessiertes Gesicht gemacht hatte, wollte ich die Suche schon aufgeben, als mich der Makler mit einem letzten Objekt köderte, das angeblich genau das sei, was wir suchten. Jaja, dachte ich, den Text hatte ich zwar schon 49 Mal gehört, aber auf einen Versuch mehr oder weniger kam es nun auch nicht mehr an, auch wenn ich mir keine großen Hoffnungen machte.

Es war genau das, was wir suchten. Ein freistehendes Haus in der Carmichael Lane, 560 Quadratmeter Wohnfläche, lichtdurchflutet, eine offene Küche, ein riesiges Wohnzimmer, drei Gästezimmer, vier Bäder und ein Keller, der perfekt für einen geplanten Spaß-Bereich mit Heimkino, Billardtisch und Tischtennisplatte war. Der große Garten hatte einen Pool, bot ausreichend Platz für unsere Hunde und verfügte sogar über eine Feuerstelle, was mein Pyromanen-Herz höherschlagen ließ. Es war eine richtig geile Hütte, die natürlich ihren Preis hatte, aber in Deutschland hätte solch ein Haus das Vierfache gekostet, und ich hätte es mir nie leisten können und wollen. Dennoch war es eine verdammte Stange Geld, und ich hatte einen riesengroßen Respekt vor einer solchen Investition. Dagegen war der Autokauf ein Gang in den Supermarkt gewesen. Andererseits, so rechneten wir es uns vor, würde ich noch drei Saisons für die Colts spielen, mindestens. So lange weiterhin eine hohe Miete zu bezahlen, machte finanziell keinen Sinn. Außerdem gefiel es uns in Carmel, und wir konnten uns vorstellen, dieses Haus in dieser Straße in dieser Stadt zu unserem Zuhause zu machen. Denise und ich hatten genug von möglichst praktischen Lösungen, die immer nur vorübergehend waren. Wir wollten es schön haben, wollten endlich mal irgendwo ankommen. Und bleiben. Wir kauften die Immobilie und machten sie zu unserem Traumhaus, einem Headquarter für uns, unsere Familien und Freunde. Es war das, wovon wir immer geträumt hatten.

In der Offseason werden längst nicht nur Träume realisiert, vernünftige Entscheidungen getroffen und schöne Dinge gemacht. Nach fünf Monaten, in denen das Leben eines NFL-Spielers durchgeplant ist und selbst ein freier Tag nicht wirklich frei, ist es die Zeit für eigene Entscheidungen – dazu gehören auch dumme. Für die NFL-Teams ist die Offseason die kritischste Zeit des Jahres, denn die Spieler sind außerhalb der verbindlichen Trainingsaktivitäten abwesend und somit auch außer Kontrolle, manchmal wortwörtlich. Jedes Jahr zwischen Super Bowl und Training Camp bauen einige NFL-Spieler jede Menge Scheiße. Drogendelikte, Autofahren ohne Führerschein, ein Unfall unter Alkoholeinfluss, eine nicht registrierte Knarre im Handschuhfach oder im Handgepäck am Flughafen, eine Schlägerei in einer Bar, ein Diebstahl, ein bewaffneter Raubüberfall. Es gibt Statistiken darüber, dass die meisten polizeilichen Festnahmen von NFL-Spielern während der Offseason passieren. Damit kein schiefes Bild entsteht: Die überwältigende Mehrheit der mehr als 1600 jedes Jahr aktiven NFL-Spieler hält sich fit oder optimiert den Körper für die kommende Saison, und es ist auch nicht so, dass nur die Aktiven Mist verzapfen. Während ich mir an den Stränden von Turks and Caicos die Sonne auf meinen Bauch hatte scheinen lassen, war in Carmel ein Mann verhaftet worden, der alkoholisiert und unter Einfluss starker Schmerzmittel Auto gefahren war. In seinem Wagen hatten die Polizisten jede Menge Tabletten und 30 000 Dollar in Cash gefunden. Die NFL sperrte den Mann für sechs Spiele und verdonnerte ihn zu einer Geldstrafe in Höhe von einer halben Million Dollar. Sein Name: Jim Irsay, mein oberster Oberboss. Die Liga erteilte ihm übrigens auch das Verbot – und das ist kein Joke –, weiter über die NFL oder die Colts zu twittern.

Bevor es ins Training Camp ging, flog ich nach Deutschland, denn ich hatte meine Eltern seit dem Draft nicht mehr gesehen. Besonders freute ich mich darauf, mit meinem Papa, meinen Brüdern und alten Freunden ein paar Spiele der Fußball-Weltmeisterschaft in Brasilien im Fernsehen zu gucken. So etwas hatten wir ewig nicht mehr gemacht. Während meines Aufenthaltes in Berlin wurde ich schwach. PED. Nicht nur einmal, aber dafür auch nicht illegal. Performance-Enhancing Döner. Ein Berlin-Besuch ohne Döner war für mich wie ein Footballspiel ohne Sack. Zu Hause war definitiv der zweitbeste Ort, um die WM zu schauen. Den besten wählte Andrew Luck, und ich war verdammt neidisch. Er hatte Tickets und flog nach Brasilien, um einige Spiele live im Stadion mitzuerleben. Luck ist ein riesengroßer Fußballfan und kann echt kicken. Das hat er während seiner Kindheit in Deutschland gelernt. Bei den Colts gab es eine kleine, aber feine Gruppe von Fußball-Fans, deren harter Kern aus Andrew, mir und unserem Linebacker Justin Hickman bestand. Wir liebten es, über Soccer, wie ihn die Amis nennen, zu fachsimpeln, und trafen uns häufiger zum gemeinsamen Fußballgucken oder FIFA-Zocken. Manchmal konnte ich es kaum glauben: Als Berliner City Boy hatte ich bei Madden mit dem virtuellen Robert Mathis American Football gespielt, jetzt war der echte Mathis mein Mitspieler und Buddy, und ich zockte mit dem Star-Quarterback unseres Teams auf der Konsole mit deutschen Clubs Fußball. Es war crazy.

Als ich Ende Juli zum Start des Training Camps an der Anderson Academy aufdribbelte, war ich nicht nur stolzer Hausbesitzer und Fußball-Weltmeister, indirekt jedenfalls, sondern auch designierter Starting Outside Linebacker der Indianapolis Colts, Ersatzmann für den Unersetzbaren. Vom ersten Tag an stand ich unter besonderer Beobachtung von Fans und Medienvertretern. Der Druck war weitaus größer als im Vorjahr als First-Round Pick, aber diesmal konnte ich besser damit umgehen, steckte die körperlichen Strapazen besser weg und kam auch mit meiner neuen Position klar, auch wenn es keine Liebe war. Das Camp lief wirklich gut für mich. Auf dem Feld lieferte ich ab, und in den Meetings konnte ich mich entspannt zurücklehnen und mir ein Grinsen nicht verkneifen, wenn der Coach „Lightboy!" rief und ein anderer zum Lichtschalter eilte. Ich feierte jeden einzelnen Signing Bonus unserer Rookies total ab, und wenn ihre anschließende Performance auf der Bühne shitty war, dann warf ich Papierkugeln und buhte. Ich war jetzt einer von den anderen. Neue Rolle in einem alten Ritual.

Nur einmal war ich aus dem Gleichgewicht in diesen Tagen, und das hatte mit einer überraschenden Begegnung zu tun. Die Colts hatten meinen alten Freund Brandon Jenkins zum Probetraining eingeladen, den Top Dog, meinen Seminole Brother. Er war wenige Tage zuvor von Washington gecuttet worden, nach nur einer Saison mit wenig Spielzeit, was nichts anderes bedeutet als einen Rausschmiss mit Arschtritt. Ich freute mich total, ihn wiederzusehen, und begrüßte ihn überschwänglich, aber er war abweisend und tat so, als würden wir uns nur flüchtig kennen. Es war wie eine Ohrfeige. Ich wusste bereits, dass es ihm nicht gutging, denn ein paar Monate zuvor hatte ich eine Facebook-Nachricht von seiner Mutter erhalten, die total aufgelöst war, weil sie sich große Sorgen um ihren Sohn machte. Sie hatte mir von einer Wesensveränderung bei Brandon berichtet, der abdriftete, wie sie es nannte, und dass sie keinen Zugang mehr zu ihm finde. Und an allem sei diese verdammte Verletzung schuld, ein falscher Schritt, mit dem alles den Bach runtergegangen war, sein Leben und auch ihr Leben.

„Du musst mit ihm reden, ihr wart doch Freunde", hatte sie mir geschrieben, es war fast schon ein Flehen, und ich hatte ihr versprochen, es zu tun.

Alle meine Versuche der Kontaktaufnahme waren fehlgeschlagen. Anrufe, SMS, Nachrichten bei Facebook. Keine Antwort. Brandon hatte mich einfach ignoriert.

Jetzt stand er vor mir. Er sah aus wie Brandon, aber das war auch schon alles. Er war nicht mehr derselbe, wie ich feststellen musste – und das galt nicht nur für den Footballspieler, der nach seinem privaten Workout wieder aus unserem Camp verschwand, sondern auch für den Menschen Brandon Jenkins.

Trotz dieser traurigen Episode, die mich aufwühlte und einige Tage beschäftigte, verließ ich Anderson mit einem guten Gefühl und dem Wissen, die ersten vier Saisonspiele als Starter vor der Brust zu haben. Vier unbezahlbare Gelegenheiten. 16 Viertel mit dem klaren Auftrag und Ziel, Quarterbacks zu jagen und dafür zu sorgen, dass bis Week 5 niemand nach Robert Mathis fragte. Dieser Plan ging zunächst auch voll auf – um genau zu sein, bis Week 1.

Game Ball

Die zweite Saison und der Weg nach oben

Ich schnappte nach Luft. Sie war dünn. Wenig Sauerstoff. Viel zu wenig. Ich spürte es bei jedem Atemzug. Ich brauchte mehr. Nach jedem Sprint brannte meine Lunge. Ich pumpte wie ein Maikäfer, und meinen Nebenleuten in der Defense ging es ganz genauso. Uns wurde keine Atempause gegönnt. 76 000 Menschen gefiel das. Es war nicht zu überhören. Fast alle trugen Orange, genau wie die Männer, die uns auf dem Rasen überrollten. Sie sahen aus wie eine Kolonne Müllmänner – und der Müll waren in diesem Moment wir.

Alles, was wir uns vorgenommen hatten, wurde in die Tonne gehauen. Die Halbzeitpause war noch knappe zwei Minuten entfernt und gerade hatten wir den nächsten Touchdown kassiert. Das bedeutete immerhin, dass unsere Defense eine Pause bekam. Jetzt stand es aus unserer Sicht 0:24 auf der riesigen Anzeigetafel im Stadion der Denver Broncos, das einfach nur Mile High genannt wird, weil das Spielfeld eine Meile über dem Meeresspiegel liegt, exakt 1609 Meter. Höhenluft. Bislang hatte ich nur davon gehört, was es bedeutete, als Auswärtsteam im höchstgelegenen Stadion der NFL anzutreten, und es mir nicht vorstellen können, wie es sich anfühlt, an diesem besonderen Ort, an dem das Leder-Ei bei Field Goals weiter fliegt als in jeder anderen NFL-Arena, aber jetzt spürte ich es am eigenen Leib. Wir hatten zwei Gegner. Einer trug Orange, der andere war unsichtbar. An unserer Sideline wurden Sauerstoffmasken gereicht.

Am Tag danach gab es nur ein Thema in Indianapolis und der gesamten Colts-Nation, das auch in NFL-Kreisen für Aufregung sorgte – und es hatte nichts mit unserem Saisonauftakt oder der dünnen Luft zu tun, unseren Turnovers und der späten Aufholjagd, mit der wir die 24:31-Niederlage auf dem Papier wie ein knappes Spiel hatten aussehen lassen. Es ging auch nicht darum, dass sich unser Pass

Rush an der monströsen Offensive Line der Broncos die Zähne ausgebissen und ich mein großes Ziel, Peyton Manning zu sacken, verpasst hatte. Ich war mehrfach Auge in Auge mit dem Sheriff gewesen, aber nach dem Snap einfach nicht an ihn herangekommen. Es war frustrierend. An der Line of Scrimmage hatte die alte Strip-Club-Regel gegrüßt: Nur gucken, nicht anfassen. Wir hatten verkackt, aber nichts von dem war groß Thema. Nicht einmal bei mir selbst.

Alles sprach von einem, der gar nicht dabei gewesen war, sondern 2000 Kilometer von Denver und 700 Kilometer von Indianapolis entfernt, und dieser Jemand war Robert Mathis.

Er würde auch nicht so schnell wiederkommen. Robert hielt sich zu dieser Zeit in Atlanta auf. Nach seiner Suspendierung, die neben der Vier-Spiele-Sperre auch bedeutete, dass er sich von seinem Team und dem Vereinsgelände fernhalten musste, war er in seine Heimatstadt gereist, wo seine schwerkranke Mutter lebte. Am Tag nach unserem Spiel in Denver wurde öffentlich, dass er bei einem seiner privaten Workouts, mit denen er sich für sein Comeback in Week 5 in Form bringen wollte, einen Riss der Achillessehne erlitten hatte. Eine Diagnose, die keinerlei Raum für Hoffnungen ließ. Für Robert Mathis war die NFL-Saison 2014 vorbei, bevor sie überhaupt angefangen hatte.

Das war natürlich ein Schock für uns alle. Roberts Ausfall war sportlich und auch menschlich ein Verlust, der nicht zu kompensieren war. Robert war längst nicht nur der herausragende Spieler unserer Defense und mit seinem unvergleichlichen Händchen für Forced Fumbles einer der größten Game Changer der NFL, sondern auch ein absoluter Leader und eine starke Stimme im Locker Room. Mich hat die Nachricht tief getroffen. Nicht nur, weil wir meinen wichtigsten Mentor und Ratgeber für die Saison verloren hatten, sondern weil ich mit ihm mitfühlte und ich mir vorstellte, was er jetzt durchmachte – und das nach allem, was passiert war. Mehr Dramatik geht eigentlich nicht.

Was das für mich bedeutete, war klar. In den folgenden Tagen gab es einige Gespräche mit meinen Coaches, und so schlimm die ganze Angelegenheit für Robert war, so groß war die Chance für mich.

Es gibt einen gängigen Spruch in der NFL, der Situationen wie diese in nur drei Worten perfekt auf den Punkt bringt: Next man up! Chuck Pagano formulierte es etwas persönlicher: „Du bist jetzt unser Mann." Er sagte, dass er an mich glaube und wisse, dass ich es draufhabe. „Du musst es jetzt zeigen und auf dem nächsten Level spielen. Wir brauchen dich."

Ich spürte das Vertrauen der Coaches, aber auch die Erwartungen, Verpflichtungen und die Verantwortung. Meine Ausgangslage hatte sich radikal verändert. Aus vier Spielen als Starter waren wortwörtlich von einem Tag auf den anderen 17 Spiele geworden, mindestens, denn wir wollten ja nicht nur wieder die Playoffs erreichen, sondern diesmal das Spiel der Spiele. Auch wenn Roberts Verletzung ein heftiger Dämpfer für unsere Ambitionen war, blieb unser erklärtes Ziel der Super Bowl. Das neue Motto lautete: Jetzt erst recht!

Wir blieben im Rampenlicht. Auf das Sunday Night Game in Denver folgte ein Monday Night Game vor eigenem Publikum gegen die Philadelphia Eagles, das wir trotz einer 20:6-Führung noch mit 27:30 verloren. Mit auslaufender Uhr verwandelte Cody Parkey das siegbringende Field Goal, und ich kann berichten, dass es ein absolutes Scheißgefühl ist, tatenlos zuschauen zu müssen, wie der Ball durch die Luft und die Stangen segelt und man absolut keine Chance mehr hat, noch einmal zu kontern. Es passte perfekt zu diesem bitteren Ende, dass Parkey drei Wochen zuvor noch einer von uns gewesen war. Die Colts hatten ihn nach dem Draft unter Vertrag genommen, bei dem sich kein Team für ihn entschieden hatte. Dabei brauchten wir gar keinen Kicker, denn wir hatten ja den Kicker schlechthin, Adam Vinatieri, „Automatic Adam" genannt, weil er wie eine Maschine Field Goals und Extrapunkte verwandelte, und das seit gefühlt 150 Jahren. Parkey war einfach nur Trade-Material und schließlich kurz vor Saisonbeginn im Tausch gegen einen Running Back zu den Eagles abgegeben worden, und nun hatte er uns gezeigt, was er den Sommer über von Vinatieri gelernt hatte. Es war allerdings nicht dieser Kick, den ich mit dem Namen Cody Parkey verbinde – und das geht wahrscheinlich den meisten NFL-Fans so. Ich sage nur: „Double Doink" …

Der Saisonstart war vergurkt, die Stimmung nach zwei Niederlagen in Serie und dem Mathis-Schock im Keller. Und ich hatte noch keinen Sack, was mir total auf meinen eigenen ging. Im Spiel gegen die Eagles war ich ein paarmal nah dran gewesen, hatte Nick Foles ein paar schöne harte Hits verpasst und auf dem Weg zu ihm mehrfach Tackle Jason Peters vernascht, immerhin ein neunmaliger Pro Bowler und mit 150 Kilo ein Doppelkühlschrank auf zwei Beinen, aber Foles war halt ein Fuchs und hatte die Pille immer rechtzeitig weggeworfen. Eine Woche später schlugen wir mit einem 44:17 bei den Jaguars zurück. Andrew machte ein Monsterspiel, und unsere Defense glänzte mit vier Sacks und zeigte einem gewissen Blake Bortles, der in der zweiten Halbzeit sein NFL-Debüt gab, wie es sich auf dem Boden seines Heimstadions so liegt. Auf der Rückreise waren alle bester Laune – mit Ausnahme von mir. Meine Laune war im Keller. Ich war mal wieder leer ausgegangen und war verdammt sauer auf einen meiner Teamkollegen. Ich kochte innerlich.

Ende des dritten Quarters standen die Jaguars an der eigenen 4-Yard-Line – also mit dem Rücken zur Wand. Nach dem Snap war Bortles direkt in der Endzone und suchte eine Anspielstation. Ich schoss von der linken Seite heran und schob meinen Gegenspieler einfach zur Seite. Er sah mich nicht kommen. Ich haute Bortles nicht einfach um, sondern schlug ihm den Ball aus der Hand. Er versuchte noch, die durch die Endzone hoppelnde Pille zu sichern, wurde aber zu Boden gebracht, und das Ei rollte über die Seitenlinie. Out of bounds. Es war nicht nur ein Sack und Forced Fumble, sondern auch noch ein Safety, der zwei Punkte bringt. Ich explodierte vor Freude. Yes! Endlich! Geht doch! Das war nicht nur ein Sack, das war ein verdammt geiles Big Play! Dachte ich. Aus den Augenwinkeln sehe ich, dass der Referee an der Sideline nicht etwa seine Handflächen über dem Kopf aneinanderlegt, was das Zeichen für einen Safety ist, sondern mit den Armen wedelt. Im gleichen Moment höre ich eine Trillerpfeife und realisiere, dass ich mich zu früh gefreut hatte. Gelbe Flagge auf dem Boden. Unser Star-Cornerback Vontae Davis hatte auf der anderen Seite des Feldes ein völlig unnötiges, ein dummes Foul begangen. Illegal Contact. Er hatte seinen Receiver zu früh berührt. Aufgrund der Strafe gegen uns wurde das Play eliminiert. Mein Big Play war ein sogenanntes No Play. Ausradiert. Es taucht in keiner Statistik auf, aber wenigstens ist es im Internet. Besser als gar nichts. Ich war total sauer, und auch meine Teammates aus der D-Line schnauzten Davis an, dass er mir mit seiner unnötigen Aktion den verdienten Sack geklaut, den Safety vermasselt und damit auch dem Team geschadet habe. Anstatt sich zu entschuldigen oder überhaupt irgendetwas dazu zu sagen, zuckte er nur mit den Schultern, als ob ihn das alles gar nichts anginge.

Was folgte, war ein Lehrstück über die Schnelllebigkeit der NFL. Fünf Plays später holte sich Davis die nächste Flagge ab. Illegal Contact. Bei uns waren alle auf 180. Und was macht er? Zwei Plays später pflückt Davis einen tiefen Pass von Bortles aus der Luft. Interception, ganz legal. Alle feierten ihn ab. Ich übrigens auch. Das gehört sich so als guter Teammate. Nicht einmal beim nächsten Team Meeting zu Wochenbeginn, bei dem die Spiele traditionell aufgearbeitet werden und die Coaches uns allen die Szene mit meinem Sack noch einmal vorspielten, ihn rügten und uns einschärften, dass unnötige Strafen dem Team schaden, räumte Davis ein, einen Fehler gemacht zu haben. Er war völlig ungerührt. Ich fand das respektlos und war bei weitem nicht der Einzige. Davis war ein verdammt guter Cornerback, aber er hatte halt eine andere Auffassung von Teamplaying. Auch deshalb war ich nicht ganz so verwundert wie der Rest der Footballwelt und seine Mitspieler bei den Buffalo Bills, als er 2018 seine Karriere für beendet erklärte. Während eines laufenden Spiels.

Numbers don't lie. So lautet einer der vielen Leitsätze in der NFL. Zahlen lügen nicht. Meine Zahlen besagten, dass ich nach drei Spielen exakt null Sacks auf dem Konto hatte, und Spiel Nummer vier machte es noch schlimmer. Kein Sack, nur ein Tackle. Und das gegen die Tennessee Titans, bei denen an diesem Sonntag Charlie Whitehurst Quarterback spielte, ein Mann, dem man den legendären Spitznamen „Clipboard Jesus" verpasst hatte – weil er mit seinen langen Haaren tatsächlich wie ein Bilderbuch-Jesus aussah und als langjähriger Back-up-Quarterback meistens mit einem Klemmbrett in der Hand an der Sideline stand und zuschaute. Ich kann nichts

Schlechtes über ihn sagen, denn er sollte im folgenden Jahr sogar mein Teamkollege werden, ein lässiger Typ, der wie ein Rockstar aussah und dem die Frauen zu Füßen lagen, aber an diesem Nachmittag machte es mich fertig, dass ich es nicht fertigbrachte, dass er mir zu Füßen lag.

„Was ist los mit dir? Du schaffst es nicht einmal, fucking Charlie Whitehurst zu sacken?!", schrie ich mich noch während des laufenden Spiels innerlich an.

„Was ist los mit dir?", fragte mich nach dem Spiel unser Defense Coordinator Greg Manusky mit ruhiger Stimme. Er klang nicht wütend oder vorwurfsvoll, sondern eher besorgt. Ein wenig besorgt um mich und sehr besorgt um den Pass Rush der Colts, zu dem ich, der Vertreter von Robert Mathis, der First-Round Pick, immer noch nicht die gewünschten Zahlen geliefert hatte, sondern viermal die Null. Und dann stand da diese andere Zahl im Raum. 19,5. Die Anzahl der Sacks, die Robert in der Vorsaison produziert hatte und die immer ein unsichtbarer Maßstab sein würde. Die Hälfte wäre schon ein herausragender Wert in der NFL und verdammt schwer zu erreichen, aber es bliebe die Hälfte, halb so gut, und jetzt waren schon vier Spiele verstrichen. Ich sagte Manusky, wie sehr ich es versuchte und dass ich immer alles gab, in jedem Spiel, bei jedem einzelnen Snap und auch in jedem Training. Warum wurde ich nicht belohnt? Er hatte ein gutes Gespür und schien zu merken, dass es auch eine Kopfsache war. Ich wollte es zu sehr. Die Erwartungen von außen und der Druck, den ich mir selber machte, ließen mich verkrampfen.

Ich hatte es besonders gut machen wollen gegen die Titans, denn auf der Tribüne des Lucas Oil Stadium, dessen Dach an diesem sonnigen letzten Sonntag des Septembers geöffnet war, hatte nicht nur Denise unseren 41:17-Sieg verfolgt, sondern auch meine Eltern. Sie waren erstmals in meiner neuen Heimat zu Besuch, und ich hatte ihnen extra diesen Zeitraum für die Reise ans Herz gelegt, weil wir zwei Heimspiele nacheinander hatten. Es war das erste Spiel von mir auf amerikanischem Boden, das sie live im Stadion miterlebten – und leider eines meiner schlechtesten. Ich hatte glänzen und meine

Eltern stolz machen wollen, stattdessen war ich blass geblieben. Einer unter vielen. Die Nummer 92. Unauffällig. Ich nahm mir das zu Herzen und ging damit um, wie ich es immer tat: Ich machte es mit mir selbst aus. Immerhin hatten Mama und Papa – und das können ja nur die wenigsten Deutschen nach einer USA-Reise behaupten – Jesus live gesehen. Mit einem Football in der Hand.

Week 5 war wegweisend. Wir standen jetzt bei zwei Siegen und zwei Niederlagen und hatten unsere beiden Division Rivals gnadenlos weggenatzt. Das Heimspiel gegen die Baltimore Ravens war die Chance zum echten Turnaround – und meine zweite Chance, es Mamotschka und Daddy-Jo zu zeigen, dass ich es auch in der NFL draufhatte. Es war das Spiel, in dem Robert Mathis sein Comeback nach der Sperre hätte geben sollen, wenn nicht seine Achillessehne gerissen wäre. Auf gewisse Weise war es ein neuer Start, bei dem ich das, was war, hinter mir lassen konnte – das redete ich mir zumindest ein. In den Tagen vor dem Spiel sprach mir Cory Redding immer wieder Mut zu und pushte mich: „You can do it!" Greg Manusky impfte mir Lockerheit ein: „Relax." Und dann war da noch Robert. Er hatte die erste OP hinter sich und war wieder beim Team, um uns zu unterstützen, vor allem mich. Es war einfach unglaublich. Er selbst machte gerade die härteste Zeit seiner Karriere durch, war am absoluten Tiefpunkt, und trotzdem nahm er sich viel Zeit, um mich aufzubauen und mir wieder und wieder zu sagen, dass er an mich glaube und ich an mich glauben solle. Jedes Gespräch endete mit den gleichen Worten, die er immer sagte, wenn es mal nicht lief. „Keep going, just keep going." Das war sein Spruch. Die amerikanische Variante von Oliver Kahns Weiter-immer-weiter. Diese Parolen mögen banal klingen, aber aus eigener Erfahrung kann ich sagen, dass oftmals nicht die Worte selbst oder ihre Anzahl entscheidend sind, sondern die tiefe Überzeugung, mit der diese Worte ausgesprochen werden und dann eine viel größere Wirkung haben als stundenlanges Gelaber. You can do it! Relax! Just keep going! Kurz und knackig. Leicht zu merken. Ich habe es befolgt.

Wer die Qualität eines Footballspiels an der Anzahl der Touchdowns misst, der macht einen großen Fehler. Das Duell mit den

Ravens, das für Chuck Pagano besondere Bedeutung hatte, weil es gegen sein ehemaliges Team ging, war kein Leckerbissen, aber eine Defense Battle, wie ich sie mochte. Schönheit liegt eben im Auge des Betrachters. Wir hatten uns vorgenommen, hart zu spielen und die Offense der Ravens um Quarterback Joe Flacco permanent unter Druck zu setzen und vor neue Aufgaben zu stellen, um sie nicht in einen Rhythmus kommen zu lassen. Gleich im ersten Quarter gelang es mir, den linken Tackle der Ravens auf der Außenbahn zu überwinden, rannte einen Bogen und rammte Flacco von hinten um. Er hatte mich nicht kommen sehen. Sack. S.A.C.K!

Da war es wieder, dieses unbeschreibliche Gefühl, dieser Adrenalinstoß. Belohnung und Erlösung. Bis zu diesem Tag hatte ich nie eine spezielle Sack Celebration, auch nicht am College. An diesem Tag aber hatte ich eine auf Lager. Es war nicht meine eigene, sondern die von Robert, der das Spiel an unserer Sideline verfolgte. Sein Move war eine Schussbewegung mit dem Bein, wie bei einem Punt oder einem Torwart-Abstoß, gefolgt von einem Klatschen in die Hände. Klingt komisch, sah bei ihm aber immer verdammt cool aus. Ich zog die Nummer durch, und meine Jungs auf dem Feld feierten mich richtig ab. Dann lief ich freudestrahlend zu Robert, der keine Miene verzog.

„Warum hast du es mit dem linken Bein gemacht?", war das Erste, was er sagte. „Bist du etwa Linksfuß? Ich mache es mit dem rechten Bein. Immer. Du hast es falsch gemacht."

Ich dachte, ich höre nicht richtig. Das konnte doch wohl nicht sein Ernst sein.

„Bitte was?!", fuhr ich ihn an. „Ich will dir eine Freude machen, und du kritisierst mich hier!"

Er schaute kurz verdutzt, dann brachen wir beide in schallendes Gelächter aus und fielen uns in die Arme.

„Ich wusste, dass du es draufhast", sagte Robert, und dann, was sonst: „Keep going, just keep going!"

Das Spiel hatte schließlich gerade erst angefangen. Zur Halbzeit führten wir mit 6:3, was wie ein Tennisergebnis anmutet. Erster Satz, Colts.

Der Sack hatte mich beflügelt. Es ist alles andere als egal, zu welchem Zeitpunkt im Spiel ein Pass Rusher den ersten Sack hat. Je früher, desto besser. Das ist ein unglaublicher Boost für das Selbstvertrauen und ein heftiger Dämpfer für den Gegenspieler. Es geht darum, so früh wie möglich ein Zeichen zu setzen. So komplex American Football auch ist: Das Spiel setzt sich aus vielen Duellen Mann gegen Mann zusammen. An der Line of Scrimmage bist du Auge in Auge mit dem Offensive Liner. Du willst an ihm vorbei zu dem Millionen-Mann mit dem Ball in der Hand, und er will das verhindern, jeder mit aller Gewalt. Beide wissen, dass es knallen wird. Die entscheidende Frage ist: Bist du der Hammer oder der Nagel?

An diesem Nachmittag war ich der Hammer. Ich landete einige schöne Quarterback-Hits, machte wichtige Tackles und verteidigte einen Pass. Zwei Minuten vor Ende des Spiels wurde es dramatisch. Wir führten mit 20:13 und standen an der 10-Yard-Line der Ravens. Mit einem Field Goal wäre der Drops gelutscht, doch dann fumbelte unser Running Back beim Second Down den Ball. Ein kollektives Aufstöhnen ging durch das Stadion. Baltimore hatte den Ball und witterte die Chance. Jetzt musste unsere Defense halten. Gleich beim ersten Snap der Ravens gelang mir mein zweiter Sack. Ich hatte Flacco schon wieder am Boden, den Super-Bowl-MVP von 2013 mit dem Rekord-Vertrag. Boom! Du hast gerade zum zweiten Mal den 120-Millionen-Mann umgehauen, schoss es mir durch den Kopf. Das war ein ziemlich cooles Gefühl. Und Mama und Papa haben zugeschaut.

In der Kabine herrschte ausgelassene Stimmung wie immer nach Siegen, aber dieser war besonders, weil er anders als die beiden vorangegangenen hart erkämpft und das Spiel spannend bis zum Schluss war. Diesmal war es nicht unsere Offense um Andrew Luck gewesen, die das Ding gewonnen hatte, sondern unsere Defense, die nach meinem Sack auch die letzten verzweifelten Versuche der Ravens erstickt hatte. Es freute mich und machte mich stolz, dass Chuck Pagano in seiner Locker Room Speech meine Leistung hervorhob, meine harte Arbeit, meine Willensstärke, insbesondere nach der aufkommenden Kritik, die in diesem Spiel belohnt worden sei – und dann, es war ein ganz besonderer Moment, meine Mitspieler applaudierten, drückte er mir den Game Ball in die Hand.

Am liebsten wäre ich noch in meiner verschwitzten Spielkleidung zu meiner Familie gerannt, aber nach dem Duschen warteten schon die Reporter, und diesmal war es ein riesiges Rudel, das mich umlagerte, und die Interviews dauerten deutlich länger als üblich. Es war eine schöne Overtime. Als ich gegen fünf Uhr nachmittags endlich meinen kleinen Fanclub erreichte, der in einer speziellen Meeting Area für die Familien der Spieler auf mich wartete, gab es ein großes Hallo, denn auch Lisa und Rob Keller waren mit ihrem Sohn Baxter, meinem früheren Mitspieler und Freund aus Salisbury, extra für das Spiel aus Middle of Nowhere angereist, und darüber hinaus war auch noch mein Freund Lars aus Berlin mit seiner Freundin da. Wir waren alle total aufgekratzt.

Es dauerte einen Moment, bis ich es merkte.

„Wo ist Papa?"

Niemand antwortete. Alle schauten betreten zu Boden. Hier stimmte etwas nicht.

„Was ist mit Papa?", hakte ich nach, nun ziemlich irritiert.

„Lass uns nach Hause fahren", druckste meine Mutter herum. „Es ist besser, wenn er es dir selbst erzählt."

Im Gästezimmer unseres neuen Hauses erwartete mein Vater mich im Liegen. Er ächzte und stöhnte. Es war ein Bild des Jammers. Ein paar Infos hatte ich während der Heimfahrt schon aus Denise und meiner Mutter herauskitzeln können, aber jetzt erfuhr ich endlich die ganze Geschichte.

Am Abend zuvor hatte ich wie vor Heimspielen üblich mit allen Spielern das Team-Hotel bezogen, und Denise und unser Besuch hatten es sich im Haus gemütlich gemacht. Mein Vater hatte mit Baxter draußen auf der Terrasse ein Bier getrunken und dabei mitgekriegt, dass bei unseren Nachbarn, einem unfassbar netten Pärchen im Alter meiner Eltern, eine Party stieg. Der Mann, Tommy, hatte Geburtstag, und die Bude war voll, was selbst bei einer Familienfeier im kleinen Kreis der Fall gewesen wäre, denn Tommy hatte sieben oder acht Geschwister. Irgendwann bemerkte Tommy meinen Vater und Baxter und lud sie spontan auf ein Bier ein. Baxter war zu müde, aber mein Vater ließ sich überzeugen, wenigstens auf ein Bier rüberzukommen. Eine Stunde verging. Zwei Stunden vergingen. Drei Stunden vergingen. Denise und meine Mutter wunderten sich, denn Papa konnte kaum ein Wort Englisch, außer Yes, No, Thank you, Hello und Goodbye, und dann halt diesen einen kurzen Satz, den er an diesem Abend lernte und davon, das vermute ich jedenfalls, so begeistert war, dass er ihn andauernd wiederholte: „One more beer." Dazu muss man wissen, dass Tommy und seine Familie irisches Blut haben und dementsprechend trinkfest sind. Es ist mir bis heute ein Rätsel, wie sich mein Vater über mehrere Stunden mit ihnen verständigt hat, aber möglicherweise bestand die Kommunikation überwiegend aus Zeichensprache und Bestellungen.

Nach schätzungsweise zehn letzten Bieren ist mein Vater dann zurück zu uns nach Hause und hielt es für eine gute Idee – eine seiner berüchtigten guten Ideen –, mit Baxter, der noch wach war, an der Haus-Bar im Keller ein paar Drinks zu mixen. Irgendwann, eine genaue Zeitangabe war von beiden nicht zu ermitteln, rief dann endlich das Bett, und auf dem Weg die Treppe hoch blieb Daddy-Jo nach eigener Aussage auf der vorletzten Stufe mit einer seiner Adiletten hängen, geriet ins Wanken, wollte nach dem Geländer greifen, verfehlte es und stürzte rückwärts die ganze Treppe herunter, wobei er sich überschlug, ein Mann von mehr als 1,90 Metern und 115 Kilo. Meine Theorie: Er hat zwei Treppengeländer gesehen und nach dem falschen gegriffen, aber er beteuert bis heute, dass er nur leicht angetrunken war. Jedenfalls rappelte er sich auf, schleppte sich die Kellertreppe und noch eine weitere hoch und legte sich ins Bett. Am nächsten Morgen konnte er sich nicht mehr bewegen vor lauter Schmerzen. Denise und meine Mutter hatten mich nicht benachrichtigt, wie sie mir später sagten, um meine mentale Vorbereitung auf das Spiel nicht zu beeinträchtigen, wofür ich ihnen dankbar war.

Auf meinen Vater war ich dagegen stinksauer. Ich sah ihm die Schmerzen an. Er quälte sich. Mitleid hatte ich in diesem Moment trotzdem nicht. Das war mal wieder so eine typische Werner-Aktion gewesen. Ich konnte es einfach nicht fassen. Da war er extra

Tausende Kilometer nach Amerika geflogen, um mich spielen zu sehen, und dann lag er jammernd im Bett meines Hauses und verpasste, wie ich zeitgleich nicht weit entfernt im Lucas Oil Stadium Joe Flacco in die gleiche Position beförderte. Er hatte das beste Spiel meiner NFL-Karriere verpasst. Das machte mich zu gleichen Teilen wütend und traurig. Auch er litt sichtlich darunter. Meine Anteilnahme fiel recht knapp aus: „Selber schuld!"

Nixon hatte Watergate, das hier war Adiletten-Gate.

Und es war noch nicht vorbei. Ich hatte mich auf einen schönen gemütlichen Abend im Kreise meiner Lieben gefreut, um den Moment zu genießen und das Spiel noch einmal Revue passieren zu lassen. Stattdessen lag mir meine Mutter in den Ohren, die sich wirklich große Sorgen machte, und mich bat, etwas zu unternehmen, und so ging mein größter Tag als NFL-Spieler an der Seite meines Vaters in der Notaufnahme eines Krankenhauses zu Ende.

Die Untersuchungen dauerten bis in die Nacht. Ich war der private Zivi und als Übersetzer gefordert. Mit „One more beer" kam man an einem Ort wie diesem schließlich nicht sonderlich weit. Es stellte sich heraus, dass Daddy-Jo mit diversen schweren Prellungen, Beulen und Schrammen, aber ohne die befürchteten Brüche und ernstere Verletzungen im Bereich von Kopf, Nacken und Wirbelsäule davongekommen war. Er hatte verdammtes Glück gehabt, und meine Eltern konnten einige Tage später planmäßig den Rückflug antreten, während ich mit den Colts in Richtung Houston abhob.

Thursday Night Game. Der unbeliebteste Termin überhaupt, denn er bedeutet eine verdammt kurze Woche und keine Zeit, seinem Körper wenigstens eine kurze Pause zu geben oder behandeln zu lassen. Meiner hätte es nötig gehabt. Im Spiel gegen die Ravens hatte ich mir bei einem Cut Block in meine Beine erneut das Knie verletzt, aber weil es in diesem Spiel so gut gelaufen war, hatte ich die Zähne zusammengebissen, und das Adrenalin hatte seinen Job gemacht. In den Tagen danach hatte ich schön meine Klappe gehalten, denn ich wollte meinen Einsatz gegen die Texans keinesfalls durch ein negatives Untersuchungsergebnis gefährden, wo es doch gerade so gut für mich lief – und auch für uns. Nach dem ersten

Quarter führten wir mit 24:0, und unsere Defense hatte nur zwei Yards zugelassen. What?!

Und dann kam Watt. Nummer 99 hatte unmittelbar vor Saisonbeginn einen Vertrag über 100 Millionen Dollar für sechs Jahre unterschrieben, der ihn zu diesem Zeitpunkt zum bestbezahlten NFL-Defender aller Zeiten machte, und leider zeigte J.J. Watt gegen uns, warum er jeden Cent wert war. Ich konnte es live miterleben, wie brutal dominant er in den besten Jahren seiner Karriere war. Ich war echt beeindruckt und ertappte mich dabei, wie ich einmal sogar im Takt mit dem Kopf nickte, als „Turn Down For What" aus den Boxen dröhnte. Seine zwei Sacks waren nur ein Vorspiel. Zu Beginn des vierten Viertels schnappte sich Watt nach einem Fumble von uns den Ball und trug ihn über 45 Yards zum Touchdown, mit dem die Texans auf 28:33 verkürzten. Das NRG Stadium explodierte. Es war der Höhepunkt der großen Watt-Show, aber nicht das Finale.

Das letzte große Play des Spiels gehörte allerdings nicht Nummer 99, sondern Nummer 92 und war ein echter Stimmungskiller. Unmittelbar nach der Two-Minute Warning hatten die Texans an ihrer eigenen 21-Yard Line den Ball und genügend Zeit für einen siegbringenden letzten Drive auf der Uhr. Diese Two-Minute Drills, bei denen die Offense in schneller Folge die Plays raushaut, um keine Zeit zu verlieren und die gegnerische Defense nicht zum Durchatmen kommen zu lassen, werden im Training immer und immer wieder geübt. Der damalige Quarterback der Texans war Ryan Fitzpatrick, berühmt für seinen rauschenden Vollbart, den undurchdringlichen Dschungel auf seiner Brust und seine manchmal schrägen Outfits. Ein Paradiesvogel und eines der größten Stehaufmännchen der NFL, tausendmal abgeschrieben, immer wieder zurückgekommen. Geiler Typ.

Den ganzen Abend über hatte ich mir mit Houstons Duane Brown, der als einer der besten Offensive Tackles der Liga gilt, harte Battles geliefert. Als das Spiel auf Messers Schneide stand, konnte ich mich im Getümmel durchkämpfen und „Fitzmagic" den Ball aus der Hand hauen, ein Sack mit Forced Fumble, und wir konnten das Ei sichern. Andrew Luck kniete dreimal ab, und wir ließen die Uhr herunterlaufen. Game Over. Ich hatte das Game-Winning Play gemacht – von so etwas träumst du als Spieler, vor allem als Defensive Player, und weil es ein Thursday Night Game war, hatte ganz Amerika zugeschaut, zumindest der Teil, der sich für Football interessierte. Es war ein gigantisches Gefühl, und als ich in Week 7 gegen die Cincinnati Bengals Andy Dalton umnietete, da fühlte ich mich unbesiegbar. Unstoppable. Insgesamt drei heftige Hits verpasste ich ihm, eine echte Hausnummer, denn bis zu diesem Zeitpunkt war Dalton der bestbeschützte Quarterback der NFL gewesen und überhaupt erst zweimal gesackt worden. Die Bengals waren zu dieser Zeit ein starkes Team. Unsere Defense war on fire, und wir ließen keinen einzigen Punkt zu. 27:0. Ein seltener Shutout.

Es lief bombastisch für mich. Ich hatte im dritten Spiel nacheinander einen Sack verbucht, insgesamt vier, und führte das teaminterne Ranking in dieser Kategorie an. Dass meine Knie bei Belastung immer anschwollen, war längst Normalität, und die zunehmenden Schmerzen im rechten Knie versuchte ich zu ignorieren und auf eine gängige Art und Weise zu unterdrücken, aber meine Brust war so breit wie noch nie. Ich war überzeugt, endgültig angekommen zu sein in der NFL, und malte mir aus, wo das alles enden würde, wenn das jetzt so weiterginge mit den Sacks, und sah mich schon im Pro Bowl, dem All-Star-Spiel der Besten einer jeden Saison. In diesen Tagen dachte ich wirklich, dass ich der nächste Superstar der Indianapolis Colts werden würde.

Der Medienrummel um meine Person nahm in diesen Wochen enorm zu, und ich war einer der begehrtesten Interviewpartner, genoss das große Interesse, die Anerkennung und freute mich über die wachsende Popularität, die ich auch im Alltag spürte. Ich wurde häufiger erkannt, auch mal um ein Selfie oder ein Autogramm gebeten, aber es war nie übertrieben. Ich wurde weder bedrängt noch umlagert. Ich konnte mich immer frei und ungestört bewegen, was sicher auch daran lag, dass Indianapolis eine entspannte Stadt war und das Klima für uns Spieler ganz anders als etwa im chronisch aufgeregten und manchmal hysterischen New York. Indy war easy.

Bei Florida State war es ein ganz anderer Hype gewesen. Es war krass, vor allem in meiner dritten Saison. Ich bekam dauernd neue

Spitznamen verpasst. Von ESPN den unvermeidlichen „Germanator", dann natürlich „The Berlin Wall" oder „Bane", wie der Bösewicht aus einem Batman-Film. Ein lokaler Radiosender nannte mich immer „Von Striker". Ich weiß bis heute nicht, wie sie darauf kamen, aber es klang cool. Auf dem Campus wurde ich regelmäßig mit einem meiner Spitznamen gerufen, im Stadion wurden Schilder und Transparente mit diesen Wortspielereien hochgehalten und im Internet lustige Fotomontagen gebastelt, wie die, die mich als Eddard Stark aus Game of Thrones zeigt, mit dem Schriftzug „Werner is coming" statt „Winter is coming". Es war echt abgefahren.

In Indianapolis war es deutlich ruhiger um mich, aber für meinen Geschmack genau das richtige Maß. Es ging mir eh nie um den Fame. Ich freute mich über die Aufmerksamkeit, weil sie das Resultat meiner Performance auf dem Spielfeld war und nicht auf einem spektakulären Lifestyle basierte. Ich habe nie Football gespielt, um berühmt zu sein, sondern um der Beste zu werden oder zu den Besten zu gehören.

Als Starter in der NFL bist du automatisch ein Star, zumindest in deiner Stadt. Das liegt auch daran, dass die Starter bei Heimspielen immer einzeln vorgestellt werden und ins Stadion einlaufen, von Spiel zu Spiel wechseln sich dabei Offense und Defense ab. Dennoch ist es vor allem der Name und die Nummer, die den Leuten geläufig sind, denn das Gesicht ist unter dem Helm ja die meiste Zeit verborgen. Als Starter, der sich mit Big Plays ins Rampenlicht spielt und nach dem Spiel ein TV-Interview gibt, ragst du manchmal noch ein Stückchen weiter heraus. Und dann gibt es noch die höchste Kategorie der Superstars. Das waren bei den Colts Leute wie unser Veteran Receiver Reggie Wayne, Adam Vinatieri, Robert Mathis und natürlich Andrew Luck, der über allen stand und auch in ganz Amerika eine große Nummer war. Es war krass, mit ihm unterwegs zu sein und zu erleben, wie die Menschen auf ihn reagierten. Wir gingen häufiger zusammen essen, und manchmal waren auch Denise und Andrews Freundin Nicole dabei. Wenn Andrew ein Restaurant betrat, dann war es manchmal so, als wenn ein Heiliger erscheint oder der Regent, dem der rote Teppich ausgerollt wird. Andrew war der neue König von Indianapolis, Thronfolger von Peyton Manning. Ich hätte es für übertrieben gehalten, wenn ich es nicht selbst miterlebt hätte, aber Andrew übte eine magische Anziehungskraft auf die Leute aus. Es ist verrückt, wenn man bedenkt, dass er eigentlich ein Anti-Star war und das Gegenteil von Glamour. Der Rummel um seine Person war ihm immer unangenehm. Ich habe nie verstanden, warum er in Downtown Indy gelebt hat und nicht etwas außerhalb, aber er wollte einfach mittendrin sein, auf seinem Fahrrad durch die Gegend fahren, in einen Buchladen gehen oder in ein Café. Er wollte ein ganz normales Leben leben, unter Leuten. Aber das geht nicht, wenn du Andrew Luck bist.

Einmal bekam ich selbst eine leise Ahnung, was es bedeuten musste, Andrew zu sein, wenn auch nur kurz. Es war die Vorweihnachtszeit in meiner ersten Saison, und Cory Redding hatte mich und noch ein paar andere Spieler gebeten, ihn im Rahmen seiner eigenen Charity-Aktion zu begleiten, um Kids aus sozial schwachen Familien mit unserer Anwesenheit und Weihnachtsgeschenken eine Freude zu machen. 150 Kinder waren da. Gleich zu Beginn machte er einen entscheidenden Fehler. Er stellte uns nicht namentlich vor. Man muss dazu wissen, dass ich zu dieser Zeit einen etwas längeren Bart hatte. Einen Bart wie unser Quarterback. Von der Stirn abwärts sahen Andrew Luck und ich uns ziemlich ähnlich. Die Kids waren total aus dem Häuschen, sie starrten mich mit Augen wie Untertassen an und tuschelten aufgeregt. Ich merkte schon: Hier stimmt was nicht. Als dann die Ansage kam, dass jetzt die Gelegenheit für Selfies und Autogramme sei, stürmten alle Kids mit leuchtenden Augen auf mich zu, alle. Ein Pass Rush vom Feinsten. Sie umringten mich, riefen aufgeregt durcheinander – „Andrew! Andrew! Andrew!" – und redeten auf mich ein. Shit, dachte ich, das wird jetzt echt wehtun, aber diese Kinder verdienen die Wahrheit.

„Äh, ich bin nicht Andrew Luck", rief ich und etwas leiser: „Ich bin Björn Werner."

Schlagartig verstummten sie. Das Leuchten in ihren Augen erlosch, und das Lächeln verschwand aus ihren Gesichtern. Wie auf Knopfdruck. Dann drehten sie sich um und gingen einfach weg – ohne mich noch eines Blickes zu würdigen. Das war der Diss meines Lebens. Am liebsten hätte ich gerufen: „War nur ein Scherz! Natürlich bin ich Andrew Luck. Kommt zurück, ihr kriegt so viele Autogramme und Selfies, wie ihr wollt!"

Zurück zum Oktober 2014. Es war die bislang beste Phase meiner NFL-Karriere, und es passte ins Bild, dass ich genau in dieser Zeit eine der schönsten Nachrichten meines Lebens erhielt. Ich kam von einem Training nach Hause, und Denise erwartete mich schon. Sie war anders als sonst, ziemlich aufgeregt, und hatte einen besonderen Glanz in den Augen. Sie hatte mir etwas zu sagen.

„Ich bin schwanger."

Es waren wenige Worte, aber sie bedeuteten mir alles. Ich platzte fast vor Glück. Auf dem Footballfeld lief es endlich richtig rund, und zu Hause war alles rosarot. Ich hatte eine echte Glückssträhne. Mein Leben war absolut perfekt. Es hätte ewig so weitergehen können. Spoiler-Alarm: Konjunktiv.

Painkillers
Die zweite Saison und der Weg der Schmerzen

In der NFL zu spielen ist so, als hättest du jede Woche einen Autounfall. Während der Saison steuerst du permanent auf Crashkurs. Bei all ihrem Glanz ist die NFL auch eine Liga der Leiden. Niemand, der dort unten in Helm und Pads auf dem Spielfeld steht, wenn es an jedem verdammten Sonntag zur Sache geht, kommt ungeschoren davon. Es ist alles eine Frage der Schadenshöhe. Ein kleiner Kratzer im Lack, eine Delle, ein heftiger Blechschaden, eine zersplitterte Frontscheibe bis hin zum Totalschaden. Ich vergleiche eine NFL-Saison immer gerne mit einem Autorennen, und die Spieler sind die hochgetunten Boliden, die sich immer am Limit bewegen. Wer bremst, verliert. Solange der Motor läuft und wenigstens die Antriebsachse intakt ist, gibst du Vollgas, sonst verlierst du den Anschluss oder bleibst auf der Strecke. Wenn es nicht unbedingt sein muss und zwingend nötig ist, dann sparst du dir den Weg in die Werkstatt, sondern trittst das Pedal ins Bodenblech. Augen zu und durch. Wird schon. Muss ja. Für alles andere gibt es Wege. Und Mittel.

Mit unserem dominanten Shutout gegen die Bengals hatten wir Woche sieben erfolgreich hinter uns gebracht, ein Ausrufezeichen gesetzt, den fünften Sieg in Serie eingesackt und kontrollierten nun die AFC South. Wir saßen im sogenannten Driver's Seat – und ich hätte eigentlich mal wieder in die Werkstatt gemusst. Außerplanmäßige Inspektion der Werner-Knie. Ich hatte zwar gerade einen echten Lauf, aber die Gelenke liefen zunehmend unrund. Wer nicht riskieren will, von der medizinischen Abteilung gebremst oder gar gestoppt zu werden, der hält besser die Klappe. Wir hatten drei Spiele vor der Brust, von denen ich kein einziges verpassen wollte, schon gar nicht das letzte.

Week 11 versprach nämlich ein ganz besonderes Duell, auf das ich mich schon länger riesig freute. Die Patriots kamen zu Besuch und mit ihnen Sebastian Vollmer. Bei unserer Playoff-Niederlage im Januar war er nicht dabei gewesen, weil er Mitte der Saison einen Beinbruch erlitten hatte, aber diesmal war er fit. Es waren besondere Vorzeichen, denn aufgrund unserer Positionen würde es ein direktes Duell werden, Vollmer gegen Werner. Ich freute mich nicht nur auf das Kräftemessen, sondern auch für den Football in unserem Heimatland, denn dass sich zwei Deutsche als Starter in der NFL in einem Spiel zweier hochgehandelter Teams eine echte Battle liefern, war einfach geil und rückte American Football in Deutschland noch weiter in den Fokus, und im Vorfeld des Spiels häuften sich die Medienanfragen aus Übersee.

Bis zu diesem Zeitpunkt waren Sebastian und ich uns noch nie persönlich begegnet. Wir hatten uns die eine oder andere SMS geschrieben, aber das waren meist Glückwünsche zu einem guten Spiel gewesen. Ich fragte mich, wie unsere erste Begegnung sein würde, auf die ich mich wirklich freute. Ich hatte einen riesengroßen Respekt vor dem, was er zum damaligen Zeitpunkt schon erreicht hatte. Ich überlegte, ob ich ihm vor dem Spiel einfach Hallo sagen sollte, oder passte das nicht in seine Routine vor einem Game? Ich hatte ja keinen blassen Schimmer, wie er so drauf war. Die Frage erledigte sich von selbst. Wir beide waren so fokussiert und mit unserem Warm-up-Programm beschäftigt, dass sich ein Treffen zum Smalltalk gar nicht ergab. Erst kurz vor Spielbeginn liefen wir uns über den Weg, schauten uns in die Augen, nickten uns zu und verzogen keine Miene. Jeder von uns guckte so ernst und wichtig, wie er konnte. Bloß nicht lächeln! Es war so ein typisches Männerding, echt lustig.

Ich hatte mir fest vorgenommen, Tom Brady zu sacken, und der Weg führte über Sebastian Vollmer. Mir war klar, dass er mit aller Macht verhindern wollte, dies ausgerechnet bei einem Landsmann zuzulassen. Es wurde ein geiles Gefecht und hat Spaß gemacht. Einmal gelang es mir, Brady richtig schön umzuhauen, aber da hatte er den Ball schon weggeworfen. Zu einem Sack hatte es leider nicht gereicht, was auch daran lag, dass Sebastian einen richtig guten Job als Beschützer machte. Es war schwer, an ihm vorbeizukommen, und in Kombination mit einem abgezockten Quarterback wie Brady, der genau weiß, was man tun muss, um einen Sack und damit den Raumverlust zu verhindern, ist es eine doppelte Herausforderung. Wenn er gesund war, dann war Sebastian Vollmer einer der besten Right Tackles in der NFL, und man kann ihm nicht genug Credit dafür geben, was er geleistet hat, auch wenn Offensive Liner eine unspektakuläre Position ohne auffällige Aktionen ist. Die besten O-Liner fallen dadurch auf, dass sie nicht auffallen und alle nur über den Quarterback reden, der hinter seinen Bodyguards in der Pocket mit ausreichend Zeit seine Pässe werfen und glänzen kann. Wie wertvoll die Allerbesten ihres Fachs sind, kann man anhand der Kohle sehen, die sie kassieren, und das sind mittlerweile zwischen 15 und 22 Millionen Dollar – pro Saison! Nicht schlecht für einen Leibwächter.

Es war nicht Brady, der uns an diesem Abend dominierte. Das Spiel war fast eine Kopie des Playoff-Duells, nur dass der Typ, der uns in Grund und Boden rannte, nicht LaGarrette Blount hieß, sondern Jonas Gray, der aber ebenfalls vier Touchdowns erlief. Hatten wir im Januar noch 22:43 verloren, gingen wir diesmal mit 20:42 unter. Wir hatten wieder auf die Fresse bekommen, auf die gleiche Weise. Same shit, different day.

Nach dem Spiel trafen Sebastian und ich uns auf dem Rasen. Diesmal begrüßten wir uns mit einem Lächeln und quatschten ein wenig. Trotz der Enttäuschung über unsere deutliche Niederlage war es ein cooler Moment für mich. Wir vereinbarten, in Kontakt zu bleiben, und machten zum Abschied unser nächstes Date aus.

„Wir sehen uns im Januar!"

Es war weniger die Tatsache, dass es mir nicht gelungen war, Tom Brady zu sacken, die mich wurmte, als vielmehr der Fakt, dass es nun schon mein drittes Spiel in Folge ohne Quarterback Sack gewesen war. Ich hatte Entzugserscheinungen. Meine sieben Tackles gegen die Patriots waren ein sehr guter Wert, aber ich wurde ja an einem anderen gemessen.

Ich brauchte Sacks, dringend, denn ich hatte einen neuen Rivalen, der mir meinen Platz streitig machte. Sein Name war Jonathan Newsome, ein Rookie vom kleinen College Ball State, den die Colts in Runde fünf gedraftet hatten. Ein kleines Ausrufezeichen hatte Newsome schon in Week 9 gesetzt, mit einem mächtigen Hit gegen Ben Roethlisberger, den Quarterback der Pittsburgh Steelers. Das hatte „Big Ben" allerdings nicht davon abgehalten, uns so richtig fertigzumachen, im Heinz Field, dem berühmten Stadion direkt am Ohio River, in dem die Fans das „Terrible Towel" über ihren Köpfen schwingen. Roethlisberger hatte das Spiel seines Lebens gemacht und die Steelers mit sechs Touchdown-Pässen zu einem 51:34-Sieg geführt. Mehr als 50 Punkte des Gegners sind die Höchststrafe. „Big Ben" hatten uns einen sogenannten 50-Burger serviert. Schwer verdaulich. Eine Woche später bei den New York Giants war Newsome durch den Ausfall von Erik Walden ins Starting Line-up gerutscht und bei unserem Sieg regelrecht explodiert. Zwei Sacks und ein Forced Fumble – und das im Rampenlicht eines Monday Night Games. Nach dem Spiel war Jonathan der gefeierte und gefragte Mann unserer Defense gewesen. Ich hatte mich ehrlich mit ihm gefreut, mir war allerdings auch sofort klar gewesen, was das für mich bedeutete. Konkurrenz.

Es war nicht so, dass ich in dieser Phase nicht gut spielte. Gegen den Lauf machte ich meine Plays und war wirklich kein schlechter 3-4 Outside Linebacker. Ich war vielseitig und verlässlich, das hat unser Defensive Coordinator Greg Manusky immer an mir geschätzt. Mir reichte das aber nicht, und ich wusste, dass es den Colts, den Medien und den Fans auch nicht reichte, denn meine Währung waren nun einmal Sacks. In diesen Wochen fehlte mir jedoch die letzte Spritzigkeit und Explosivität, die ich benötigte, um im Pass Rush den gegnerischen Quarterback entscheidend zu erwischen. Der Zustand meiner Knie verschlechterte sich spürbar, und nach jedem verdammten Training musste ich behandelt werden, um die Schwellungen aus den Gelenken zu bekommen, was zeitintensiv und nervtötend war. Auch unsere Bye Week, die spielfreie Woche vor dem Spiel gegen die Patriots, hatte nicht die erhoffte nachhaltige Verbesserung gebracht, aber nun konnte ich einen Werkstattbesuch riskieren, und er war auch überfällig.

Knie-TÜV war angesagt. Die Docs der Colts ordneten ein MRT an. Was auch sonst? Die Röhre war längst so etwas wie ein zweiter

Wohnsitz und das Ergebnis keine Überraschung. Meine Knie sahen von innen schon wieder so aus wie ein Alpenpanorama. Das Übliche, meinten unsere Ärzte. Eine Glättung wäre mal wieder nötig, aber ein Eingriff zu diesem Zeitpunkt würde einen wochenlangen Ausfall bedeuten. Den konnte und wollte ich mir nicht leisten, nicht jetzt, mitten in der Saison, meiner zweiten, die in der NFL für jeden jungen Spieler als Jahr der Wahrheit gilt. Die Colts konnten es sich wiederum nicht leisten, auf mich zu verzichten. Es war keine Frage, dass ich die OP in die Offseason verschiebe, ein übliches Vorgehen, das ich aus meiner Zeit am College schon kannte und zu dem mir auch die Teamärzte rieten, die nicht in erster Linie dem Patienten und seiner Gesundheit, sondern dem Club verpflichtet sind. Darüber machte ich mir in diesem Moment keine Gedanken, vielmehr freute ich mich, dass die Docs und ich in dieser Frage auf einer Linie waren.

„No Problem", berichtete ich den Coaches. „Ich kann damit umgehen." Es sind genau die Worte, die die sportlich Verantwortlichen hören wollen, und ich war mir wirklich sicher, dass ich die Sache im Griff hatte.

Alles eine Sache der Schmerzen. Und der Dosis.

Ich nahm einfach eine Tablette mehr als sonst. Ibuprofen. Das war Standard bei mir und auch in meinem Team, vor und nach jedem Spiel und jedem Training. Ibus wurden in der Kabine eingeworfen wie M&M's. Ich steigerte also meine übliche Ibu-Dosis, um mit möglichst geringen Schmerzen zu spielen, und vertraute wie vor jedem Spiel auf „Vitamin T", das in großem Stil verabreicht wurde.

Vitamin T. In Spielerkreisen eine der Bezeichnungen für Toradol. Für die meisten meiner Teamkollegen und unzählige Spieler in der ganzen NFL war das ein unverzichtbarer Stoff. Und schnell wurde er das auch für mich.

Meine erste Begegnung mit Toradol hatte ich gleich zu Beginn meiner Rookie-Saison, als ich vor einem Heimspiel auf dem Weg zur Toilette an einem Raum gleich neben unserem Locker Room vorbeikam. Die Tür stand offen, und ich sah einige Mitspieler in Football-Montur, aber noch ohne Pads und Helm, in einer Reihe stehen – und alle mit heruntergezogener Hose, den Arsch entblößt. Ich dachte, ich guck nicht richtig! Und dann hat einer der Teamärzte einem nach dem anderen eine Spritze in die Backe gedonnert. Wer fertig war, verließ den Raum, und laufend kamen neue Spieler, stellten sich hinten an und zogen die Hose runter.

Zack, Spritze in den Arsch, Nächster! Zack, Spritze in den Arsch, Nächster! Zack, Spritze in den Arsch, Nächster!

Es war ein absurdes Schauspiel, und mich irritierte neben der Tatsache, dass sich haufenweise Mitspieler vor dem Warm-up zum Spiel irgendein Zeugs spritzen ließen, vor allem die Unaufgeregtheit und Selbstverständlichkeit, mit der das alles geschah. Die lassen sich dopen, schoss es mir durch den Kopf. Ich war echt geschockt.

Ein paar Tage danach fragte ich vorsichtig bei Cory Redding nach, was das zu bedeuten hatte, und er erklärte mir dann völlig entspannt, dass sich die Spieler ihren „Pregame Shot" abgeholt hatten, was so harmlos klang wie ein Espresso vor dem Spiel. Cory erklärte mir, dass Toradol ein Schmerzmittel und Entzündungshemmer sei und als Injektion in den Hintern verabreicht auch sehr schnell wirkte. Deshalb wurde das Zeug auch in der Halbzeit oder ab und zu sogar während eines Spiels eingesetzt. Alles total legal, weil Toradol, wie so viele andere Schmerzmittel auch, nicht auf der Liste der NFL für verbotene Substanzen stand.

Schmerzmittel waren und sind weit verbreitet in der NFL, denn American Football ist nicht nur ein phantastischer und unfassbar spektakulärer Sport, sondern auch eine verdammt harte und manchmal brutale Angelegenheit. Jeder NFL-Spieler nimmt an irgendeinem Punkt seiner Karriere sogenannte Painkillers, und zu meiner Zeit war Toradol die Wahl gegen die Qual und meines Wissens bei vielen Teams in Gebrauch. Ich habe keine Informationen darüber, ob es überall eine Massenabfertigung wie bei den Colts gab oder die Spritzen individueller, dosierter und gezielter verabreicht wurden. Sicher bin ich mir nur, dass dort, wo Toradol nicht angesagt war, einfach ein anderes wirksames Medikament zum Einsatz kam. Die NFL war und ist eine ziemliche Macho-Welt, in der harte Typen idealisiert und glorifiziert werden. Schwächen werden nicht gezeigt, und über Schmerzen wird nicht gejammert. Sie werden ausgehalten oder betäubt.

Es ist ein schmaler Grat zwischen Gebrauch und Missbrauch. Obwohl die Hemmschwelle mit der Zeit abnimmt und der Übergang zur Gewohnheit fließend ist, hatte ich immer Respekt davor, über längere Zeit und in höheren Dosen Schmerzmittel zu nehmen, weil ich mir der Gefahren wie Abhängigkeit, Nebenwirkungen oder Langzeitschädigungen der inneren Organe immer bewusst war und auch Schiss davor hatte. Das war nicht bei jedem meiner Mitspieler der Fall.

Anfang November, wenn die Anzahl der Saisonspiele zweistellig wird, glich unser Locker Room manchmal einer Apotheke mit Selbstbedienung. Wem normale Schmerzmittel wie Ibu und auch Toradol nicht mehr reichten, der griff zu härterem Stoff. Ich habe Teamkollegen erlebt, die sich Opioide wie Vicodin reinpfiffen, die eigentlich für Menschen gedacht sind, die eine schwere Operation hinter sich haben. Manche dieser Mittel sind sogar stärker als Morphium und machen sehr schnell abhängig, ein echtes Teufelszeug, das ich eigentlich nur nach meinen OPs geschluckt habe, wenn die Schmerzen nicht auszuhalten waren und ich nicht hätte schlafen können, weil sie mich quälten.

Bei uns gab es die Regel, dass die Ärzte einem Spieler, der mit einer Verletzung und – wie es in der NFL heißt – durch den Schmerz hindurch spielte, maximal zwei dieser sehr starken verschreibungspflichtigen Opioid-Tabletten pro Tag aushändigen durften. Einer unserer Veterans, ein riesiger Schrank, brauchte jedoch täglich vier Stück, um überhaupt trainieren zu können. Wahrscheinlich war er längst süchtig. Seine Masche war es, jedes Jahr die armen Rookies anzustiften, abwechselnd und in schöner Regelmäßigkeit zu den Docs zu gehen und sich wegen angeblich großer Schmerzen diese Tabletten geben zu lassen, nur um die Dinger direkt danach bei ihm abzuliefern. Das war krass.

Dieser Typ war die Ausnahme, nicht die Regel. So viel wusste ich. Wie viele meiner Mitspieler die Grenze zwischen Gebrauch von Schmerzmitteln und Missbrauch überschritten, war für mich schwer zu beurteilen, aber es waren sicherlich zu viele. Gefühlt ließ sich bei den Colts jeder Spieler vor jedem Spiel Toradol in den Hintern ballern, aber selbst wenn es nur die Hälfte des Teams war, wäre das noch eine enorm hohe Anzahl. Das Krasse war, dass sich sogar einige der Coaches für den „Pregame Shot" anstellten, die selbst früher Football gespielt hatten und denen es Schmerzen bereitete, einfach nur dreieinhalb Stunden im Stehen an der Sideline zu verbringen. Jeder in der Schlange hatte seine Gründe. Die einen suchten Linderung für die Schmerzen, die sie schon hatten, die anderen eine höhere Toleranzschwelle für die Schmerzen, die sie auf dem Feld erwarteten, und für manche, das war zumindest mein Eindruck, war die Arschbacken-Parade irgendwann ein Game-Day-Ritual geworden.

„Wenn du einmal mit Toradol anfängst, dann hörst du nicht mehr damit auf", hatte Cory mir gesagt.

Er hatte recht. Ich habe nie mehr Schmerzmittel genommen als nötig. Zur ganzen Wahrheit gehört aber auch, dass ich es meistens nötig hatte. Ibuprofen war die Regel – und die Spritze in meinen Hintern war es auch. Es ließ den Schmerz nicht komplett verschwinden, und das wäre auf dem Footballfeld auch verdammt gefährlich gewesen, denn wer seinen Körper oder Teile davon nicht mehr richtig spürt, spielt mit seiner Gesundheit, aber es dämpfte den Schmerz ab und machte ihn erträglicher. Das letzte Drittel der Saison kann man getrost als Pik-Season bezeichnen, denn die Nachfrage nach der Spritze stieg, und von Woche zu Woche gab es am Game Day immer mehr nackte Hintern bei uns zu sehen.

Das Rennen um die Playoff-Plätze ging jetzt in die heiße Phase, und wir mussten nach den deutlichen Niederlagen gegen Pittsburgh und New England nachlegen. Die Steelers hatten uns in der Luft plattgemacht, die Patriots auf dem Boden. Es gab reichlich Gesprächsbedarf in den Meeting Rooms unserer Defense, und wer jedes Jahr „Hard Knocks" schaut, der weiß, dass es da richtig laut werden kann. Greg Manusky war ein Typ, der kein Blatt vor den Mund nahm. Er hatte selbst zwölf Jahre als Linebacker in der NFL gespielt und wusste nicht nur, wovon er redete, sondern auch, wie er mit Spielern reden musste. Ich mochte seine direkte Art. Wir kamen sehr gut miteinander klar. Manusky wohnte auch in Carmel und gleich um die Ecke. Manchmal kam er mit dem Fahrrad vorbeigefahren, und wir plauderten ein wenig, aber wenn ich es war, der auf dem Spielfeld Mist gebaut hatte, dann gab es keinen Nachbarschaftsbonus, und er machte mich genauso zur Schnecke wie die anderen Jungs. Das war mir recht. Offenes Visier. Damit konnte man arbeiten.

Rein körperlich waren es schwierige Wochen für mich, aber auch sehr erfüllte und glückliche. Ich genoss es, ein werdender Vater zu sein und ein Starter in der NFL, in einem starken Team mit Ambitionen und guten Aussichten. Ich lebte meinen Traum und konnte das tun, was ich mir immer gewünscht und worauf ich all die Jahre hingearbeitet hatte: Ich spielte American Football in der besten Liga der Welt, ich war mittendrin. Ich liebte es, mich jedes Wochenende mit den Besten zu messen, alle zwei Wochen durch Amerika zu fliegen und in einem anderen Stadion zu spielen. Schmerzen sind einfach ein Teil davon, Normalität. Sie gehören dazu und sind einfach eine Folge dessen, was Football zu großen Teilen ausmacht und warum wir alle ihn lieben: Geschwindigkeit, Dynamik, Härte, Spektakel. Das hinterlässt Spuren. Ein NFL-Spieler, dem während oder nach seiner Karriere nicht in irgendeiner Region seines Körpers etwas wehtut, der ist tot. Klingt martialisch, ist aber so.

Der Schmerz ist eine Sache, die Liebe zum Football die andere. Solange die Liebe zum Spiel größer ist als die Schmerzen, ziehst du deine Pads an, setzt du deinen Helm auf und gehst raus aufs Feld.

Und so machte ich es. Wir legten einen Zwischenspurt mit vier Siegen in Serie gegen Jacksonville, Washington, Cleveland und Houston hin, was zugegebenermaßen nicht gerade die Crème de la Crème der Liga war, mir allerdings Duelle gegen zwei der allerbesten Offensive Tackles bescherte: Der eine war Trent Williams von den Redskins, die heute nicht mehr so heißen. Der andere war Joe Thomas von den Browns, einer der besten O-Liner aller Zeiten und garantierter Hall-of-Famer, der das Pech hatte, elf Saisons, in denen er mehr als 10 000 Snaps in Serie spielte und nur 30 Sacks zugelassen hat, bei einem chronisch erfolglosen Team zu spielen. Eigentlich ist es eine Schande, dass dieser „Iron Man" nicht ein einziges

Playoff-Spiel bestritten hat. Das gibt es wohl nur in der NFL, dass der beste Spieler auf seiner Position zehn Jahre lang beim schlechtesten Team spielt. It's all about the money, baby! Joe Thomas hat mir an diesem arschkalten Dezembertag in Cleveland, der Gift für meine Werner-Knie war, zwar keinen Sack erlaubt, aber ich konnte damit leben, denn dafür hatte ich nach unserem Sieg bereits das Ticket für meinen zweiten Playoff-Trip im Sack.

Joe Thomas war die Nummer drei auf meiner persönlichen Rangliste der besten und härtesten direkten Gegenspieler, mit denen ich in meiner NFL-Karriere die Klingen gekreuzt habe. Die Nummer zwei war Trent Williams, und mit der Nummer eins bekam ich es im nächsten Spiel zu tun: Tyron Smith von den Dallas Cowboys.

Monatelang hatte ich mich auf dieses Spiel gefreut, das drei Tage vor Heiligabend angesetzt war, denn die Cowboys spielten nicht einfach in einem Footballstadion. Ihre Heimat ist das AT&T Stadium, in Arlington, Texas, wo sowieso alles größer ist als im Rest der USA, angefangen mit der Fläche des Bundesstaates bis hin zu den Steaks. Von weitem sieht das Stadion, das mehr als eine Milliarde Dollar gekostet hat, wie ein gigantisches Ufo aus. Es ist die größte Arena der NFL und ein echter Entertainment-Tempel, oder wie es Chuck Pagano im ersten großen Team Meeting in der Woche vor dem Spiel ausdrückte:

„It's a fucking nightclub!"

Er warnte uns. Vor den Dimensionen, die einen erschlagen könne, vor dem Geräuschpegel bei geschlossenem Dach, vor den vielen Lichtern, vor dem Luxus und dem ganzen Ambiente, das nicht an einen Ort erinnere, an dem man Sport macht. Pagano sprach von „Distraction". Das ist im Sprachgebrauch der NFL das Schlüsselwort für alles Negative, und es bedeutet Ablenkung. Mir kam Paganos Warnung ziemlich übertrieben vor. So krass konnte es ja nicht sein. Ich lag falsch. Es war sogar übertrieben krass. Angefangen mit der schieren Größe des Innenraumes und dem zur damaligen Zeit größten Videowürfel der Welt, der allein schon 40 Millionen Dollar teuer war und über dem Spielfeld hing, bis hin zu den unzähligen LED-Banden, die den Innenraum der Arena zu einer Mischung aus

Footballstadion, New Yorker Times Square und Las Vegas machten. Das mit Abstand Abgefahrenste war aber der letzte Abschnitt des Weges vom Locker Room aufs Spielfeld. Er führte mitten durch einen VIP-Club! Das habe ich nirgendwo sonst erlebt. Es war ein riesiger abgedunkelter Raum voller Menschen, mit einer großen Bar und vielen runden Tischen, an denen Leute saßen, viel aßen, viel tranken, viel redeten und uns mit einer Mischung aus Respekt und Faszination angafften, als seien wir gefährliche Tiere im Zoo. Es war so, als platze ein Football-Team in kompletter Montur an einem Samstagabend in einen vollbesetzten Club. Es gab Gejohle und auch ein paar Buhrufe, und natürlich wurden die Smartphones gezückt, um Fotos und Videos zu machen. Ein kranker Scheiß, aber irgendwie auch cool. Wahrscheinlich war ich in diesem Moment genauso fasziniert wie die Leute, die mich anstarrten. Ich verzichtete darauf, zu rufen, dass ich nicht Andrew Luck bin.

Im Stadioninneren warteten 92 000 Zuschauer und eine Tracht Prügel auf uns. Ich hatte mir fest vorgenommen, Tony Romo, den Quarterback von „America's Team", in seinem schönen Wohnzimmer zu sacken, aber zwischen Romo und mir stand Tyron Smith. Ein unfassbarer Athlet, sehr groß, aber für einen Offensive Liner enorm durchtrainiert und beweglich und dazu mit Armen ausgestattet, für die man eigentlich einen Waffenschein bräuchte: unglaublich lang und muskulös und zu allem Überfluss an den Enden mit riesigen Pranken ausgestattet. Wenn man versuchen würde, am Computer den perfekten Offensive Liner zu kreieren, dann käme Tyron Smith dabei heraus. Er ist keiner von den Typen, die sich damit begnügen, ihre Gegenspieler einfach nur in Schach zu halten. Smith dominiert. Ich habe es am eigenen Leib erfahren. Sein Spezial-Move war es, mit einer Hand ins Brustkorb-Pad zu greifen und den Gegenspieler dann in Richtung Boden zu ziehen. An einem guten Tag lässt er große Männer wie halbstarke Jungs aussehen, und in den besten Momenten – oder schlimmsten, je nach Perspektive – spielt er mit ihnen wie mit einer Puppe. Aus meinem Sack gegen Romo wurde leider nichts, aber ich wurde immerhin auch nicht zur behelmten Barbie.

Schmerzhaft war es dennoch, und das lag längst nicht nur daran, dass wir in Grund und Boden gespielt wurden. Gleich im ersten Quarter rammte mir der Guard der Cowboys, Zack Martin, bei einem Block seinen Helm mit voller Wucht gegen die rechte Schulter. Ich spürte einen stechenden Schmerz, und die Schulter fühlte sich merkwürdig an. Bei der nächsten Gelegenheit suchte ich unsere medizinische Abteilung an der Sideline auf und bat sie, sich die Sache mal anzuschauen. Sie stellten per Schnelldiagnose eine Schultereckgelenksprengung fest. Wer dieses Wort für lang und kompliziert hält, kennt noch nicht den Fachbegriff: Akromioklavikulargelenkluxation. Diese Buchstabenfolge sieht so aus, als wäre ein verwirrter Hamster über die Tastatur gelaufen ...

Für mich stellte sich im Eifer des Gefechts nur eine Frage:

„Kann ich weiterspielen?"

Alles eine Frage der Schmerztoleranz, meinten die Physios. Die erste Behandlung erfolgte umgehend mit ein paar Ibuprofen. Auf die Hand, in den Mund, Sportgetränk hinterher, fertig. Zack, wieder rein.

Im zweiten Viertel passierte es wieder. Diesmal bekam ich einen Helm auf die linke Schulter. Es war erneut Zack Martin, und ich fragte mich, ob es einfach nur ein Versehen oder Absicht war, um mich außer Gefecht zu setzen. So oder so hätte ich eine bessere Technik anwenden müssen, um meine Schulter zu schützen. Es war jedenfalls fast eine Kopie des ersten Zusammenstoßes, nur auf der anderen Seite. Diesmal waren die Schmerzen noch stärker, obwohl ich ja Ibus und Toradol im Körper hatte. Was mich richtig alarmierte, war das Taubheitsgefühl in Armen und Händen.

In der Halbzeit wurde ich untersucht. Beim Ausziehen des Shoulder Pads brauchte ich Hilfe. Zwei Betreuer hantierten an mir herum. Mit der Diagnose ging es schneller. Schultereckgelenksprengung. Links wie rechts. Double Trouble. Ich konnte mein Pech kaum fassen, musste aber eine schnelle Entscheidung treffen.

„Kann ich weiterspielen?"

Eigentlich war es eine unnötige Frage. Wir lagen zur Halbzeit schon mit 0:28 zurück, und niemand hätte es mir in diesem Moment übelgenommen, wenn ich in der Kabine geblieben wäre. Der wahre Grund, warum ich die Frage stellte, hockte ein paar Meter entfernt und trug die Nummer 91. Jonathan Newsome. Er saß mir im Nacken. Ich wollte ihm nicht das Feld überlassen und damit eine Chance bieten, sondern meinen Platz im Starting Line-up verteidigen. Mit aller Kraft, die mir zur Verfügung stand.

„Deine Entscheidung", sagten unsere Docs.

Kein bisschen drängten sie mich, nicht einmal unterschwellig, aber sie machten eben auch nicht den Versuch, mich zu stoppen, als ich ihnen sagte, dass ich weiterspielen wolle. Ich machte es kurz:

„Okay, fuck it, let's go!"

Ich bekam links und rechts eine schmerzstillende Spritze in die Schulter, stülpte mir mit freundlicher Unterstützung mein Shoulder Pad über und stürzte mich wieder in die Schlacht, die eigentlich ein Gemetzel war und wir das Opfer.

Es war die krasseste Abreibung in meiner NFL-Karriere, so schlimm, dass Chuck Pagano im dritten Viertel sogar Andrew Luck aus dem Spiel nahm, weil wir mittlerweile 0:35 hinten lagen und kurz vor den Playoffs jedes unnötige Verletzungsrisiko vermieden wird, und nichts anderes ist jeder einzelne Snap in der NFL: ein Verletzungsrisiko.

Das Verrückte ist, dass Zack Martin sogar noch ein drittes Mal versuchte, meine Schulter mit dem Helm zu erwischen, aber diesmal wusste ich, was er vorhatte, drehte mich im letzten Moment blitzschnell um ihn herum, ließ ihn ins Leere laufen und stürmte ins Backfield der Cowboys, wo ich Running Back DeMarco Murray einfach umrammte, da ich meine Arme kaum noch hochbekam. Fünf Yards Raumverlust. Nach der Aktion lag ich hilflos auf dem Boden, weil es mir nicht gelang, mich hochzustemmen, und ich musste einen Mitspieler bitten, mir zu helfen. Es tat saumäßig weh, aber ich spürte auch Genugtuung, dass ich es Martin gezeigt hatte.

Unser Backup-Quarterback Matt Hasselbeck ersparte uns mit einem Touchdown kurz vor dem Ende wenigstens die Höchststrafe eines Shutout. Der Demütigung auf dem Spielfeld folgte der Gang durch den Club mit feiernden Cowboys-Fans in die Kabine. Es war ein schmerzhafter Abgang und für mich nicht nur in doppelter, sondern in dreifacher Hinsicht. Ich war total im Arsch. Ein Wrack. Das einzig Positive: Es war das erste Spiel seit langer, langer Zeit, nach dem ich mich mal nicht um den Zustand meiner Knie sorgte. Auf dem Rückflug nach Indianapolis saß ich alleine in einer Reihe, auf jeder Schulter einen Eisbeutel, und starrte schweigend den Vordersitz an. Niemand durfte mich ansprechen.

Am nächsten Tag stand mal wieder ein Besuch meines etwas beengten Zweitwohnsitzes an: MRT. Zur Abwechslung bekam ich diesmal keine Bilder meiner Knie präsentiert, aber das Ergebnis sah wie gewöhnlich übel aus. Auf der linken Seite hatte ich eine Schultereckgelenksprengung dritten und damit schwersten Grades, bei der alles gerissen und das Schlüsselbein verschoben ist, und auf der rechten Seite eine Verletzung zweiten Grades, bei der Bänder und Kapsel nur angerissen sind. Hey, nur angerissen! Ich verkaufte es mir selbst als eine gute Nachricht. Jeder normale Mensch wäre erst einmal wochenlang außer Gefecht gewesen. Ich hatte jedoch dringende Wochenendtermine im Januar, die nicht zu verschieben waren. Medizinische Maßnahmen dagegen schon.

In Week 17 pausierte ich, um meine Schultern wenigstens ein bisschen für die anstehenden Playoffs zu schonen, und musste im letzten Spiel der regulären Saison zähneknirschend mit ansehen, wie Jonathan Newsome beim Sieg gegen die Tennessee Titans prompt zwei Sacks gelangen. Dass ich nicht applaudierte, konnte ich immerhin auf meine Schulterverletzung schieben. Es nervte mich, dass er Pluspunkte sammelte, gegen ein Team, das nicht mehr Vollgas gab, während ich tatenlos zuschauen musste. Dieses Spiel zeigte einmal mehr eindrucksvoll, dass in der NFL permanent etwas passiert, das die Karriere eines Spielers beeinflusst, selbst wenn er gar nicht spielt. Die große Story der sportlich unbedeutenden Partie, in der auf beiden Seiten überwiegend die zweite Garde zum Einsatz kam, war allerdings, dass Adam Vinatieri ein Field Goal verballerte. Es war sein erster Fehlschuss in dieser Saison nach zuvor 28 verwandelten Kicks und einer hundertprozentigen Quote bei den Extrapunkten. Hätte er das Field Goal verwandelt, wäre er erst der dritte Kicker in der NFL-Geschichte gewesen, dem eine perfekte Saison gelingt, dementsprechend angefressen war Adam. Er hatte sich seinen 42. Geburtstag anders vorgestellt.

Kurz vor dem Jahreswechsel rief mich Chuck Pagano in sein Büro im Colts Building. Ich kam mir vor wie ein Schüler, der zum Schuldirektor zitiert wird. Unser Head Coach redete gar nicht lange um den heißen Brei herum. Er sagte, dass er in den Playoffs jeden gesunden Mann brauche, dass Jonathan gerade einen Lauf habe, meine Performance nur noch durchschnittlich sei, er sich Sorgen wegen meiner Schulterverletzung mache, und fragte mich geradeheraus:

„Bist du bereit zu spielen oder nicht?"

In diesem Moment war mir alles scheißegal. Newsome saß mir nicht mehr nur im Nacken, er war mitten im Überholmanöver. Wenn ich jetzt bremste, wäre er an mir vorbei. Es ging um die Playoffs. Niemand nimmt sich in der Postseason freiwillig aus dem Spiel, denn das nächste könnte das letzte sein. Was es für eine Bedeutung hatte, in den Playoffs zu spielen, war mir noch einmal deutlich geworden, als unser Inside Linebacker D'Qwell Jackson, ein gestandener Veteran, der vor der Saison zu uns gewechselt war, vor Glück in Tränen ausgebrochen war, nachdem wir unser Ticket für die K.-o.-Runde gelöst hatten. Er hatte zuvor acht Jahre bei den Cleveland Browns gespielt, was als Erklärung reicht. Ich wusste also, was auf dem Spiel stand. Es ging um alles. In Momenten wie diesen kann schon ein zu langes Zögern das Aus bedeuten.

„Ich kann spielen."

„Bist du sicher?"

„Sicher, Coach."

„Okay."

Pagano sagte mir, dass ich als Starter bei First und Second Down spielen würde und Jonathan bei Third Down und in Pass-Rush-Situationen aufs Feld käme. Das schmeckte mir überhaupt nicht, aber ich spürte, dass es schon das Beste war, was es in meiner Lage herauszuholen gab, und immerhin war ich ja nach wie vor der Starter.

„Okay", sagte ich.

Was ich dachte, behielt ich für mich. Pagano nickte ernst, wir gaben uns die Hand, und ich verließ sein Büro. Ich verspürte keine Freude, allenfalls Erleichterung. Eigentlich fühlte ich gar nichts. Außer meine Schultern.

Der Jahreswechsel fiel im Hause Werner ziemlich ruhig aus. Ich trank ja ohnehin keinen Alkohol, meine Frau war schwanger, und außerdem stand schon am vierten Tag des neuen Jahres unser erstes Playoff-Spiel auf dem Programm. So wild unser Wild Card Game im Vorjahr gewesen war, so vergleichsweise unspektakulär verlief unser souveräner 26:10-Sieg über die Cincinnati Bengals, die zum zweiten Mal in dieser Saison im Lucas Oil Stadium zu Gast waren. Unsere Defense war auf Zack, und ich biss mich irgendwie durch mit meinen knirschenden Knien und lädierten Schultern. Da half nur die Kombination Wille, Pille, Spritze. Es war die volle Dröhnung. Für die Portion Magie im Spiel sorgte Andrew, der im dritten Quarter den vorentscheidenden Touchdown-Pass warf – im Fallen, weil ein Gegenspieler schon an seinem Bein hing.

Je tiefer ein Team in die Playoffs vordringt, desto dünner wird die Luft. In unserem Fall im wahrsten Sinne des Wortes. Mile High reloaded. In der Divisional Round kam es zur großen Revanche gegen Peyton Manning und die Broncos. Wir gingen als Außenseiter in die Partie, denn Denver war das einzige Team der NFL, das in der Regular Season im eigenen Stadion unbesiegt geblieben war, und auch das einzige Team, das statistisch gesehen sowohl eine Top-5-Offense als auch eine Top-5-Defense hatte. Nach der Klatsche gegen Seattle im Super Bowl der Vorsaison wollten die Broncos in diesem Jahr endlich das Ding gewinnen. Peyton Manning wurde nicht jünger, und Denver lief langsam die Zeit davon. An diesem Abend sah er noch deutlich älter aus als seine 38 Jahre, was zum einen an unserer Defense lag, die einen echt guten Job machte, und zum anderen an Andrew Luck, der Manning bei unserem 24:13-Win klar in den Schatten stellte. Manning wurde sogar zweimal gesackt, und einmal verlor er dabei den Ball, den wir recoverten und im folgenden Drive direkt einen Touchdown erzielten. Der Sack war ein großartiges Play. Es war ein verdammt wichtiges Play. Es war verdammt noch mal Jonathan Newsome. Gut für uns, schön für ihn, schlecht für mich. Einzelschicksal.

Im Locker Room war nach dem Spiel Partystimmung angesagt, aber es knallten keine Korken, was einen einfachen Grund hatte: Alkohol in der Kabine ist durch die NFL strengstens verboten. Nicht einmal der Super Bowl Champion darf im Locker Room mit Champagner spritzen. Für mich als Abstinenzler bedeutete das natürlich keinerlei Einschränkung, aber ich fand es immer fragwürdig, dass die Liga den Spielern einerseits strengstens untersagte, nach einem großen Sieg in der Kabine mit Bier anzustoßen, aber gleichzeitig gar kein Problem damit hatte, dass sich Spieler an gleicher Stelle ungesund hohe Dosen an Schmerzpillen reinpfiffen, was schwere Nierenschäden verursachen konnte. Eine Doppelmoral, die typisch für die NFL und auch Amerika ist.

Für den Hype im Locker Room sorgte an diesem Abend unser Safety Sergio Brown mit einer Imitation des Wrestling-Stars Ric Flair, während ich noch tapfer mit meinem Shoulder Pad kämpfte und aus den Augenwinkeln sah, wie die Veterans der Defense Jonathan abfeierten. Einerseits zu Recht, andererseits fand ich es ungerecht. Was Einsatz und Disziplin anging, war Jonathan das Gegenteil von mir. Er hängte sich nicht in jedem Training rein, kam oft zu spät zum Meeting, war nicht immer bei der Sache, und auch sein Lebenswandel war nicht immer professionell. Aber er hatte jetzt mehr Sacks als ich. Am Ende des Tages ist es nur das, was zählt.

War ich mies drauf? Natürlich nicht. Wir hatten das AFC Championship Game erreicht, den vorletzten Schritt auf dem Weg in den Super Bowl!

Richtig gefeiert wurde erst auf dem Rückflug – und über den Wolken kam dann Alkohol ins Spiel. Die Rückflüge nach Auswärtsspielen sind ein echtes Phänomen, denn sie sind im Grunde die einzige Gelegenheit, bei der ein Team gemeinsam Siege feiert. Nach Heimspielen war bei uns eigentlich jeder Spieler bemüht, so schnell wie möglich abzuhauen und den Abend mit seiner Familie oder Freunden zu verbringen, zu Hause, in einem Restaurant, einer Bar oder einem Club. Das war die Regel. Auf einem mehrstündigen

Rückflug dagegen hockten wir alle aufeinander. Es wurde Karten gespielt, es wurde gewürfelt – natürlich um Dollars –, und nach Siegen ging es oft feuchtfröhlich zu. Der Alkohol musste selbst mitgebracht werden, und es waren immer genügend Bierdosen und Flaschen mit Stärkerem am Start. An Bord galten andere Regeln als jene, die man als normaler Fluggast kennt, genauer gesagt: so gut wie keine. Anschnallen war nicht zwingend notwendig, jeder lief oder stand im Flugzeug herum, wie er lustig war, und das galt auch für Start und Landung. Zu keiner Zeit mussten die Handys ausgeschaltet werden, was mir bei meinem ersten Flug mit den Colts Todesangst beschert hatte, weil ich absolut sicher war, dass wir abstürzen und alle sterben würden, und ich war dann doch verwundert, dass rein gar nichts passierte, obwohl sogar jemand im Stehen telefonierte, während die Maschine auf der Landebahn aufsetzte. Die Stewardessen waren auf diesen Charterflügen immer total entspannt und nach Siegen genauso gut drauf wie wir, denn sie kamen aus Indianapolis oder dem Umland und waren Colts-Fans.

Auf unserem Rückflug aus Denver war die Stimmung besonders gut, und wenn Robert Mathis nicht verletzt gewesen wäre, dann hätte er mir sicher vor dem Abflug eine Havanna zugesteckt, und wir hätten gemeinsam auf dem Rollfeld eine Zigarre geraucht, wie wir es in meiner Rookie-Saison nach besonderen Siegen gemacht hatten, aber diesmal wäre ich vermutlich mit meinen kaputten Schultern gar nicht in der Lage gewesen, die Tabaksalami zum Mund zu führen.

Auf dem Weg in den Super Bowl stand jetzt nur noch eine letzte Hürde. Das Hindernis, über das wir verlässlich stolperten und uns dabei auch noch übel auf die Fresse legten. Die New England Patriots. Diesmal wollten wir sie endlich besiegen. Wir hatten Peyton Manning und die Broncos in Mile High ausgeschaltet, und nun wollten wir die Festung von Tom Brady und den Patriots in Foxborough stürmen.

Nicht nur ich konnte das AFC Championship Game kaum erwarten, ganz Football-Deutschland freute sich darauf: Vollmer gegen Werner. Der Sieger steht im Endspiel und damit auf jeden Fall ein Deutscher im Super Bowl. Eine überragende Konstellation. Mein

Telefon stand nicht still in den Tagen vor dem großen Spiel, und ich gab bereitwillig Interviews und freute mich, dass in meiner Heimat die Football-Begeisterung die nächste Stufe erreichte. Sebastian und ich hatten uns gegenseitig per SMS zu unseren Siegen gratuliert. Es hatte geklappt mit unserem ein paar Wochen zuvor verabredeten Date zur Revanche-Battle.

Am Game Day war ich wie immer mit dem früheren von zwei Bussen vom Hotel zum Stadion gefahren und hatte gerade mein übliches individuelles Aufwärmprogramm in den Katakomben des Gillette Stadium begonnen, als Chuck Pagano den Gang entlangkam, direkt auf mich zu. Er bat mich mitzukommen, und wir gingen in einen schmucklosen kleinen Raum. Er machte es kurz.

„Du wirst heute nicht spielen. Ich muss dich auf die Inactive-Liste setzen. Es tut mir leid."

Es war wie eine Bombe, die explodierte. Die Wucht seiner Worte traf mich unvorbereitet und brutal. Ich war wie betäubt. Ich sah, wie Pagano weiter die Lippen bewegte, hörte seine Worte aber nur noch bruchstückhaft durch das Rauschen in meinem Kopf. Es drang zu mir durch, dass Jonathan der Starter sein würde und ich angesichts meiner Verletzung auch in den Special Teams keine Hilfe sein würde. Eine unbändige Wut stieg in mir auf, und ich musste all meine Selbstdisziplin und Selbstachtung zusammenkratzen, um ihn nicht anzubrüllen. Am liebsten hätte ich Pagano meine Faust in die Fresse gerammt, mit aller Kraft, die meine Schulter noch hergab. In diesen Sekunden war meine Lunte so kurz wie ein Dödel beim Neujahrsschwimmen in der Nordsee. Niemals zuvor und niemals danach war ich so nah dran, einem Menschen Gewalt anzutun, der keinen Footballhelm trug.

Zweieinhalb Stunden vor dem bedeutendsten Spiel meiner NFL-Karriere war für mich Game Over.

Noch mehr als die Entscheidung an sich nahm ich Pagano den Zeitpunkt übel. Sein Move mag nachvollziehbar und auch im Sinne der Colts gewesen sein, geschenkt. Damit jedoch bis zum letzten Moment zu warten, war einfach rücksichtslos und mies. Eine Woche lang hatte ich unter Schmerzen und Schmerzmitteln auf diesen

Tag hintrainiert, immer im Starting Line-up, hatte diverse Interviews zu diesem Anlass gegeben, mich in den letzten Tagen und Stunden mental auf die Partie vorbereitet, mich total gehypt und sogar schon meine Warm-up-Routine begonnen.

Ich fühlte mich verraten.

Als Pagano wie üblich etwa zwei Stunden vor dem Kickoff in der Kabine die Namen unserer Inactives verlas und mein Name fiel, merkte ich, dass alle überrascht waren und viele meiner Jungs aus der Defense sogar geschockt. Dazu muss man wissen, dass in einem NFL-Spiel pro Team immer nur 46 Spieler des 53-Mann-Kaders eingesetzt werden dürfen und die inaktiven Spieler rechtzeitig vor Spielbeginn offiziell gemeldet werden müssen. Ich saß in der Kabine, war mittendrin und doch nicht dabei. Die Versuche meiner Mitspieler, mich aufzumuntern, wimmelte ich ab, weil ich Mitleid nicht ausstehen konnte und außerdem wusste, dass alles nur noch schlimmer werden würde, wenn unser PR-Team die Liste der Inactives wie vor jedem Spiel über Social Media bekanntgab, was wenige Minuten später geschah.

Die Colts stellten mich öffentlich bloß. Sie konnten gar nicht mehr anders. Da sie im Vorfeld des Spiels meine Schulterverletzung nicht gemeldet hatten und demzufolge mein Name nicht auf dem sogenannten Injury Report gestanden hatte, konnten sie mich jetzt auch nicht als verletzungsbedingten Ausfall melden, weil dies einen Verstoß gegen NFL-Regularien bedeutet hätte. Demzufolge war ich jetzt das, was nie ein Spieler sein möchte, egal in welcher Liga: ein sogenannter Healthy Scratch. Ich mag dieses Wort kaum aussprechen. Es bedeutet nichts anderes, als dass ein Spieler aus dem Kader für ein Spiel gestrichen wird, obwohl er gesund und einsatzfähig ist. In den seltenen Fällen, in denen ein Starter zum Healthy Scratch wird, geschieht dies meistens aus disziplinarischen Gründen, weil der Spieler gegen teaminterne Regeln verstoßen oder richtig Scheiße gebaut hat.

Björn Werner. Healthy Scratch.

Das stand jetzt im Raum und gab natürlich Anlass zu wilden Spekulationen. Der First-Round Pick – einfach so gestrichen. Die Nachricht verbreitete sich rasend schnell, und mein Handy wurde geflutet von Nachrichten aus Amerika, aber auch aus Deutschland. Der Tenor in drei Buchstaben zusammengefasst: WTF?! Keiner konnte sich einen Reim darauf machen. Die Colts dachten natürlich nicht daran, die Sache aufzuklären, und ich war gezwungen, meine Klappe zu halten und neutrale Miene zum bösen Spiel zu machen. Ich konnte mich nicht einmal verteidigen.

Das andere böse Spiel fand ohne mich statt. Ich stand in Trainingsklamotten an der Sideline und verfolgte wie versteinert das Geschehen auf dem Rasen. Mir ist einiges zugemutet worden an diesem 18. Januar 2015, aber auch einiges erspart geblieben, und im Nachhinein musste ich Chuck Pagano fast schon dankbar sein. Das 7:45 bedeutete die zweithöchste Niederlage in einem AFC Title Game aller Zeiten. Dieses Spiel ist jedoch aus einem ganz anderen Grund im kollektiven Gedächtnis geblieben, besser gesagt das Nachspiel. Deflate Gate. Aber das ist eine andere Geschichte, nicht meine. Für mich war es Healthy Scratch – der bitterste Moment meiner Footballkarriere.

Gegen die Art von Schmerz, der mich an diesem Abend quälte, gab es keine Pillen und Spritzen.

Three and Out
Die zwei Welten in meiner dritten Saison

Der bedeutendste Touchdown des Jahres 2015, der mich an meine Grenzen brachte, mein Leben auf den Kopf stellte und mir eine völlig neue Rolle zuwies, ereignete sich am 28. Juni. Ich hatte mich gedanklich sehr lange und intensiv auf diesen Tag vorbereitet, aber als es dann endlich so weit war, kam alles ganz anders als gedacht, und ich war komplett überfordert. Die Endzone war in diesem Fall der Kreißsaal des Krankenhauses von Carmel. Das letzte Viertel war ein harter Kampf, in dem ich ein einigermaßen hilfloser Nebendarsteller war, und geriet zu einer wahren Nervenschlacht, in der wiederum ich die Hauptrolle innehatte. Mein Game Plan für diesen Tag war lange Zeit einigermaßen gut aufgegangen. Ich hatte das Geschehen aus halbwegs sicherer Entfernung verfolgen und meine Unterstützung auf Händchenhalten, Wange tätscheln und Durchhalteparolen beschränken können, die ich in den kurzen Pausen zwischen den Schreien anbrachte. Es lief wirklich ganz okay, bis die Frau im weißen Kittel mich mit einer knappen Anweisung, die keinen Widerspruch duldete, aufforderte: „Kommen Sie her und halten Sie mal das Bein hier hoch!" Von einer Sekunde auf die andere war ich mittendrin im Geschehen. Ich war Schwester Björn. Auf wackligen Beinen zwar und am Rande der Ohnmacht, aber ich funktionierte. Die letzten Minuten waren dramatisch, und dann war sie endlich da: Aurora.

Es war ein perfektes Timing für die Geburt unserer Tochter, mitten in der Urlaubszeit der Offseason, sodass ich Denise in den Tagen der Geburt hatte unterstützen können und wir die besonders intensiven ersten vier Wochen als kleine Familie genießen und unser Leben neu ordnen konnten. Ich hatte Zeit, mich um alles zu kümmern und Denise den Rücken freizuhalten, damit sie sich von den Strapazen erholen und sich voll und ganz auf die Bedürfnisse unseres wunderbaren Neuzugangs konzentrieren konnte. Wir waren überglücklich, und ich platzte fast vor Stolz, Papa einer kleinen Prinzessin zu sein. Wenn ich Aurora in den Armen hielt oder auch nur anschaute, dann spürte ich ein Glücksgefühl, das mit Worten nicht zu beschreiben ist, und Football war dann ganz weit weg, wie auf einem entfernten Planeten. In unseren vier Wänden war mein Leben perfekt. Immerhin dort.

Am ersten Tag des Training Camps in Anderson verkündete Chuck Pagano bei seiner morgendlichen Ansprache im Meeting Room dem versammelten Team, dass ich jetzt Vater einer Tochter sei. Meine Mitspieler applaudierten und gratulierten mir, allen voran Adam Vinatieri, in meiner Zeit bei den Colts mein fester Sitznachbar im Meeting Room und als dreifacher Vater ein echter Experte in Sachen Nachwuchsarbeit. Adam lobte unser perfektes Timing. Es war ein schöner Moment im Kreis meiner Mitspieler, aber ich wusste zu dieser Zeit längst, dass es eine sehr schwierige Saison für mich werden würde. Robert Mathis war nach insgesamt zehn Operationen an seiner Achillessehne – ich übertreibe nicht, es waren aufgrund diverser Komplikationen zehn – zwar noch nicht wieder bei hundert Prozent, plante aber sein Comeback für die Frühphase der Saison. Bereits im März, während der Free Agency, hatten die Colts mit Trent Cole einen neuen Pass Rusher unter Vertrag genommen, und die Tatsache, dass sie ihm für zwei Jahre 16 Millionen Dollar zahlten, zeigte unmissverständlich, dass Cole nicht als Ergänzungsspieler eingeplant war. Meinen Job als Starter war ich los, ohne dass auch nur irgendjemand von den Verantwortlichen mit mir darüber gesprochen hatte. Die Zeichen waren eindeutig. Die Colts planten mich nicht mehr als Ersatz für Robert Mathis oder seine Ausfall-Versicherung ein – und schon gar nicht, das war längst klar, als seinen Nachfolger. Mir schwante, dass ich sogar um meinen Platz im Team kämpfen musste.

Mein Kopf war bereit dafür, mein Körper nicht, was mich frustrierte. Dabei hatte ich in der Offseason alles dafür getan und auch eine Stange Geld investiert, um meinen Körper wieder in Schuss zu bringen und dabei so wenig Zeit wie möglich zu verlieren. Noch im Januar, wenige Tage nach dem in jeder Hinsicht schmerzhaften Ende der Saison, hatte ich die Entscheidung getroffen, mich nicht der eigentlich notwendigen Operation meiner linken Schulter zu unterziehen, denn ein solcher Eingriff wäre mit einer sechsmonatigen Football-Pause verbunden, die ich mir in meiner ohnehin schwierigen sportlichen Ausgangslage nicht leisten konnte. Ich vereinbarte mit den Ärzten der Colts, beide Schultern auf die konservative Weise durch Ruhigstellung ausheilen und die gerissenen oder angerissenen Bänder vernarben zu lassen. Eine Operation wäre erfolgversprechender gewesen, aber ohne Eingriff würde ich nur zwei bis drei Monate ausfallen.

Eine Knie-OP war dagegen unumgänglich, und ich entschied mich, sie bei einem international renommierten Spezialisten durchführen zu lassen, Dr. James Andrews, der in Pensacola, an der Golfküste Floridas, ein großes Sportmedizinisches Institut und Trainingszentrum betrieb, das auf Leistungssportler, speziell NFL-Profis, ausgerichtet war. Zu dieser Zeit waren auch Dont'a Hightower von den Patriots sowie Mark Ingram und Marques Colston von den New Orleans Saints dort, und wir bildeten eine lustige NFL-Community. Dr. Andrews und ich waren übereingekommen, dass nur das linke Knie zwingend operiert werden musste. An beiden Knien nacheinander herumzuwerkeln, hätte eine zu lange Pause bedeutet. Das schlimmere Knie wurde also operiert, und das normal schlimme musste bis zur nächsten Offseason warten. Ich mietete mich und Denise für acht Wochen in einem zum Institut gehörenden Apartmentkomplex am Strand ein, um nach der OP auch mein Reha-Programm in Pensacola zu absolvieren.

Ich konnte ein bisschen Sonne vertragen, vor allem aber brauchte ich Abstand. Ich musste einfach mal raus aus Indianapolis, weg. Die Sache mit dem Healthy Scratch hatte ein bitteres Nachspiel, denn es war das Startsignal für die Medien, mich abzuschreiben. Für viele der Colts-Reporter war Paganos Entscheidung in Foxborough ein untrügliches Zeichen, dass man nicht mehr auf mich setzte und auch nicht mehr daran glaubte, dass der First-Round Pick noch einmal die Kurve kriegt. Die ersten schrieben schon ihre Abgesänge und verwendeten den wohl schlimmsten Begriff, den der Wortschatz der

NFL zu bieten hat: „Bust". Es gibt keine wirklich treffende deutsche Übersetzung dafür, denn Reinfall oder Flop beschreibt die Bedeutung nur unzureichend. „Bust" steht im NFL-Kontext für den kapitalen Fehlgriff eines Teams beim Draft. Jeder First-Round Pick, der es in seiner Karriere nicht wenigstens einmal in den Pro Bowl schafft, gilt eigentlich schon als „Bust". Es ist ein Stempel. Ein gnadenloses, vor allem aber ein ultimatives Urteil. Ich hasse diesen Begriff, denn er ist absolut respektlos. Kein Spieler, der es in die NFL geschafft hat, verdient es, auf diese Weise, mit nur einem einzigen Wort, abgestempelt zu werden. Fakt ist, dass mich Pagano mit seiner Entscheidung, mich zum Healthy Scratch zu machen, auf gewisse Weise zum Abschuss freigegeben hatte, und wenn schon nicht absichtlich, dann auf jeden Fall fahrlässig. Er hat nie den Versuch gemacht, mir danach öffentlich den Rücken zu stärken oder mich gegen die immer stärker aufkommende Kritik zu verteidigen. Ich hatte ihn bis dato immer sehr respektiert, als Coach und auch als Mensch, und einfach mehr von ihm erwartet. Mir war klar, dass auch Pagano mehr von mir erwartet hatte, auf dem Footballfeld. Ich wollte es ihm beweisen – und mir auch.

Hochmotiviert startete ich in die OTAs im Mai. Das operierte Knie reagierte gut auf die stufenweise Belastungssteuerung. Ausgerechnet an dem Tag, an dem ich wieder mit höchster Intensität meine Drills absolvierte, knackte es im rechten Knie, richtig laut. Ich wunderte mich, dass es nicht wehtat, und machte weiter. Nach dem Training befühlte ich mein Knie und stellte dabei fest, dass sich auf der Außenseite unter der Haut ein kleiner Hubbel abzeichnete, der sich erdnussgroß anfühlte. Er ließ sich unter der Haut hin- und herschieben und war dann plötzlich verschwunden. Ich fand das nicht nur ziemlich widerlich, sondern auch sehr rätselhaft und suchte unsere Ärzte auf, die – na klar – ein MRT anordneten. Auf den Bildern sei nichts zu sehen, sagten sie. Das kann doch nicht sein, sagte ich mir. Ich schickte die Bilder zu Dr. Andrews, denn in der NFL ist es extrem wichtig, eine zweite Meinung eines unabhängigen Mediziners einzuholen, da die Team-Ärzte ja auf der Payroll des Clubs stehen. Auch Dr. Andrews konnte auf den MRT-Bildern nichts

Ungewöhnliches erkennen. Ich war verwirrt. Wie konnte etwas nicht da sein, obwohl ich es eindeutig spürte? Sah ich schon Gespenster? Ich trainierte weiter.

Meine Schultern waren okay. Ich konnte sie zwar wieder belasten, aber die linke Schulter funktionierte nicht zu 100 Prozent, denn das Band, welches Schlüsselbein und Schultergelenk verbindet, war nicht wieder zusammengewachsen, was dazu führte, dass das äußere Ende des Schlüsselbeins manchmal durch Gewebe und Haut nach oben drückte und für eine beachtliche Beule sorgte. Ich konnte den Knochen herunterdrücken, wie einen Hebel, aber er kam sofort wieder hoch, wie eine Klaviertaste, weshalb man in der Medizin vom Klaviertastenphänomen spricht. Es war keine gefährliche Sache, und meine Muskulatur drumherum hat die Schulter zusammengehalten, aber ich konnte beispielsweise keine Klimmzüge mehr machen. Irgendwie schaffte ich es dennoch, weiter damit Football zu spielen, aber es fühlte sich eklig an und sah gruselig aus.

Komische Beule und ein beweglicher Knochen an der Schulter, ein rätselhafter Hubbel am Knie – ich kam mir vor wie ein Nachfahre von Quasimodo.

Immerhin lief es im rechten Schultergelenk wieder wie geschmiert, und so konnten unser Punter Pat McAfee und ich unseren nicht enden wollenden Ländervergleich USA vs. Germany an der Tischtennisplatte fortsetzen, die im Aufenthaltsraum unseres Trainingskomplexes stand. Es war der einzige Ort, an dem ich mich auf Trash Talk eingelassen habe, und im verbalen Duell zog ich gegen Pat immer den Kürzeren, denn niemand im Team hatte eine größere Klappe als dieser charismatische und lustige Typ. Auf dem Footballfeld gehörte er zu den Allerbesten seines Fachs, und eine seiner Spezialitäten waren Fake Punts, aber dass Pat immer behauptete, er sei im Tischtennis der Bessere, waren Fake News.

Auf dem harten Boden der Realität landeten wir nach den ersten beiden Spielen der neuen Saison, in der wir endlich den Super Bowl erreichen wollten. Unser Start ging mit zwei Niederlagen gleich mal so richtig in die Hose, aber Week 3 war ein echtes Highlight, auch für mich. Wir spielten bei den Tennessee Titans und hatten einen zwischenzeitlichen 14:27-Rückstand in eine 35:27-Führung umgedreht. Mit weniger als einer Minute auf der Uhr warf der Rookie-Quarterback der Titans, Marcus Mariota, einen Touchdownpass, und wir führten nur noch mit 35:33. Der erste Versuch einer Two-Point Conversion schlug fehl, aber aufgrund einer Strafe gegen uns lag der Ball nun an unserer 1-Yard-Linie. Es war klar, dass Tennessee nun versuchen würde, den Ball in die Endzone zu laufen, um das Spiel auszugleichen und eine Verlängerung zu erzwingen, also schickten die Titans die Goalline-Offense auf das Feld. Mit acht Mann standen wir an der Line of Scrimmage, um unsere Endzone abzuriegeln. Beim ersten Versuch von Full Back Jalston Fowler, durch unsere Line zu brechen, gelang es mir, die geplante Gasse für seinen Touchdown Run zu zerstören. Dann stürzten sich mehrere meiner Mitspieler auf ihn und erledigten den Rest. Der Sieg war gesichert, er war unheimlich wichtig und der Jubel dementsprechend groß. Pagano hatte ein paar lobende Worte für mich übrig, was mir guttat und neue Hoffnung gab. Ich konnte nicht ahnen, dass es mein letztes Big Play für die Indianapolis Colts gewesen war.

Die folgenden Wochen waren hart und frustrierend für mich. Ich spielte eine Nebenrolle und manchmal sogar gar keine. Robert Mathis war im Spiel gegen die Titans sein erster Sack nach seinem Comeback gelungen, und in Woche sechs war er wieder Starter und Trent Cole nun sein Back-up. Als Outside Linebacker auf der anderen Seite war Erik Walden gesetzt, denn er war ein Spezialist darin, den Lauf zu stoppen, lieferte konstant ab und war so gut wie nie verletzt. Den Job als Waldens Back-up und Special Teamer machten entweder ich oder Jonathan Newsome, was dazu führte, dass immer mal wieder einer von uns „inactive" war. Jonathan und ich waren immer noch Rivalen, aber jetzt auch Leidensgenossen und beide schön am Abkotzen. Derjenige, der nicht spielte, war ein „Healthy Scratch", was in meinem Fall ein schlechter Witz war. Sosehr ich es hasste, ein „Scratch" zu sein, so gerne wäre ich „Healthy" gewesen. Mein rechtes Knie machte mir richtig Probleme, vor allem immer dann, wenn ich diesen merkwürdigen Hubbel nicht spürte, was ich nicht kapierte.

Unsere Ärzte zuckten nur mit den Schultern und verwiesen auf das MRT. Da sei nichts. Ich kam mir vor wie ein Idiot.

Game Day wurde eine On-off-Beziehung. Mal spielte ich, mal nicht. Warum das so war, wusste ich nicht, und niemand erklärte es mir. Ich war tatenloser Zuschauer, als wir auch das vierte Duell in Serie gegen New England verloren, diesmal nur knapp, und uns dabei mit einem völlig verrückten Trick-Play, das grandios in die Hose ging und als einer der beknacktesten Spielzüge in die NFL-Geschichte einging, vor unseren eigenen Fans zum Gespött der gesamten Liga machten. Ich mischte mit, als wir zu Hause gegen New Orleans verloren und ich erstmals in einem NFL-Spiel auf meinen alten Freund Kasim Edebali traf, wovon wir als Jugendliche immer geträumt hatten, und wir diesen ganz besonderen Moment nach dem Spiel abfeierten. Ich gab alles und setzte wichtige Tackles for Loss, als wir in Week 9 die bis dato unbesiegten Broncos bezwangen, den späteren Super Bowl Champion. Ich war Augenzeuge an der Sideline, wie Andrew Luck zu Beginn des vierten Quarters, beim Versuch, mit vollem Risiko ein neues First Down zu erlaufen, brutal umgehauen wurde, sich schüttelte und einfach weitermachte. Und ich konnte es nicht fassen, als ich hörte, dass Andrew am nächsten Morgen Blut gepinkelt hatte, weil bei dem heftigen Zusammenstoß eine seiner Nieren gerissen war und er auch noch einen Teilabriss eines Bauchmuskels erlitten hatte.

Es war ein Schock und der ganze Club wie gelähmt. Für Andrew war die Saison gelaufen und damit auch für die Colts. Niemand sprach es offen aus, aber trotz der Durchhalteparolen und Jetzt-erst-recht-Sprüche in den Tagen danach wussten alle, dass wir unser großes Ziel, in den verdammten Super Bowl einzuziehen und die Vince Lombardi Trophy zu gewinnen, in die Tonne treten konnten. Die Colts hatten vor dieser Saison alles auf eine Karte gesetzt, neben Trent Cole mit Star-Receiver Andre Johnson und Running Back Frank Gore zwei weitere Veteranen für viele Millionen an Bord geholt. Aber ohne Andrew Luck? Keine Chance.

Dieses Gefühl, keine echte Chance mehr zu haben, spürte auch ich ganz unmittelbar. Vor meinen Augen sah ich, wie meine Karriere bergab ging. In der NFL geht das rasend schnell. Es ist egal, was du gestern geleistet hast. Es zählt nur, was du heute und morgen leistest – und zu welchem Preis. Ein schlechter Tag kann dich den Job kosten, sogar ein einziges schlechtes Play, wenn der Mann, der für dich reinkommt, gleich ein Big Play macht, weiter abliefert, jünger und billiger ist. NFL ist Day-by-Day-Business. In den Augen der Colts hatte ich zu lange nicht mehr abgeliefert.

Tag für Tag und Woche für Woche trainierte ich hart, gab weiter mein Bestes, biss die Zähne zusammen und kämpfte mich durch die Schmerzen in meinem Knie, kam pünktlich zu jedem Meeting, war aufmerksam und beteiligte mich, wie es sich gehörte, und war ein guter Teammate. Niemand sollte mir einen Vorwurf machen können, dass ich mich unprofessionell verhielt, hängen ließ oder schlechte Laune verbreitete. Die NFL war ein Business, die Colts mein Arbeitgeber, sie bezahlten mir viel Geld und trafen die Entscheidungen, ob sie mir nun passten oder nicht – so rechtfertigte ich vor mir selbst, das alles zu schlucken und einfach weiterzumachen, immer weiter, wie ein Roboter.

Die Verletzung von Andrew riss mich aus diesem Trott. Sie rüttelte mich wach. Die Saison der Colts war im Arsch und mein Knie ebenfalls. Ich war seit Wochen dabei, meine Gesundheit zu riskieren, und lief Gefahr, sie vollständig zu ruinieren und damit nicht nur meine Footballkarriere. Warum ballerte ich mich für jedes Training mit Schmerzmitteln zu, nur um dann am Spieltag ohne jede Erklärung zu erfahren, dass ich inactive war? Wozu machte ich, wenn ich mal active war, einen ordentlichen Job auf dem Spielfeld, obwohl ich quasi auf einem Bein unterwegs war? Wofür die ganze Quälerei und das Risiko? Für was kämpfte ich eigentlich noch? Für wen?

Diese schreienden Fragen in meinem Kopf brauchten Antworten, dringend, und als ich mal wieder zwei Spiele am Stück zum Zuschauen verdammt war, ohne zu wissen, warum, hielt ich es einfach nicht mehr aus und suchte das Gespräch mit dem Head Coach. Chuck Pagano hatte stets betont, dass seine Tür immer offenstehe, falls jemand Sorgen oder ein Problem habe, und man mit ihm reden könne, von Mann zu Mann. In den Wochen zuvor hatte er mich ein paarmal abgewiesen, weil er angeblich keine Zeit hatte, aber diesmal ließ ich mich nicht abwimmeln. Wir gingen in einen der kleineren Meeting Rooms, und ich kam direkt zur Sache. Ich fragte, was los sei. Warum ich mal spielte und mal nicht. Warum es mir niemand erklärte. Weshalb es überhaupt kein Feedback gab. Was meine Aufgabe und welches meine Rolle sei. Wie er mit mir plante und ob er überhaupt noch mit mir plante. Ich wollte Real Talk.

Pagano fühlte sich sichtlich unwohl, und mir wurde klar, dass ich ihn in eine unangenehme Lage gebracht hatte, was im Umkehrschluss bedeutete, dass mein ungutes Bauchgefühl absolut berechtigt gewesen war. Er eierte ziemlich herum und blieb in seinen Antworten sehr allgemein, sprach von einer schwierigen Saison und harten Entscheidungen, die nicht nur die Coaches, sondern auch das Management getroffen hatten und treffen mussten, im Interesse des Teams und so weiter und so fort. Ich hatte den Eindruck, dass er den schwarzen Peter dem General Manager Ryan Grigson zuschieben wollte, der mir ja Trent Cole vor die Nase gesetzt hatte. Dann erzählte er irgendetwas davon, dass er für die Special Teams einen anderen Spielertyp bräuchte als mich, was aber auch nicht erklärte, warum ich mal spielte und dann wieder nicht. Es war gar nicht so sehr das, was Pagano sagte, was mich alarmierte, sondern das, was er nicht sagte: dass er von mir überzeugt sei, dass er mir vertraue, dass er auf mich setze und das auch in Zukunft tun würde. Nichts davon sagte er. Am Ende des Gesprächs entschuldigte er sich, dass er mir nichts Besseres hatte sagen können, womit die Sache für mich klar war: Die Colts hatten mich aufgegeben. Meine Zeit in Indianapolis neigte sich dem Ende zu, und der Countdown lief längst.

Ab dem Moment, in dem ich Chuck Pagano die Hand gab, mich umdrehte und den Raum verließ, war Football für mich nur noch ein Job und die Colts eine Firma. Ein Scheißjob in einem Betrieb, der mich loswerden wollte. So fühlte es sich an. Ein echtes Scheißgefühl. Das Arbeitsklima war ruiniert.

Auf einmal sah ich klar, was ich in den Wochen zuvor nicht hatte sehen und wahrhaben wollen und was mir längst hätte auffallen müssen. Dass ich für Pagano und damit auch für die anderen

Coaches kein wichtiger Spieler und regelmäßiger Ansprechpartner mehr war. Dass Grigson seit Ewigkeiten kein Wort mehr mit mir gewechselt hatte und er mir, wenn ich ihm über den Weg lief, immer nur kurz zunickte oder ein „Hi" murmelte und immer sehr beschäftigt tat. Dass die Physios und Ärzte deutlich weniger Zeit für mich aufwendeten, wenn ich mit Beschwerden zu ihnen kam, oftmals nur flüchtig auf mein schmerzendes Knie schauten und irgendwelche Nullachtfünfzehn-Behandlungen anordneten, Eis, Ultraschall, Salbe, fertig. Es wirkte auf mich wie eine Pflichtübung. Ich hatte nicht mehr die Priorität, die ein First-Round Pick genießt. Ich fühlte mich wie eine defekte Maschine, bei der die Firmenleitung beschlossen hatte, dass sich eine Reparatur nicht mehr lohnt. Es war Business.

Auch mein Agent ging nicht mehr ans Telefon, wenn ich ihn anrief, was ich in dieser Phase meiner Karriere immer häufiger tat. Stattdessen rief mich einer seiner Assistenten zurück, der mir anfangs immer sagte, dass Jimmy total viel um die Ohren habe, und beim dritten oder vierten Mal dann erklärte, dass er selbst jetzt für mich zuständig sei. Es war ein junger Typ, noch nicht so lange im Geschäft, der sehr viel laberte, ohne wirklich etwas zu sagen, typisch amerikanisch. Ich mochte ihn, denn er war immer gutgelaunt und notorisch optimistisch. Er nannte mich nie bei meinem Namen, sondern „B", was auf fast schon zynische Weise meinen Status beschrieb. Ich war nicht mehr Chefsache, sondern nur noch Kategorie B.

Was Football betraf, war in dieser Zeit alles für den A. Es war nicht mehr Liebe. Die Leidenschaft war weg. Ich hätte nie gedacht, dass das einmal passieren könnte. Bis dahin war es immer das Allergrößte für mich gewesen, die Pads anzuziehen und den Helm aufzusetzen, raus aufs Footballfeld zu gehen und dort alles zu lassen, was in mir steckte, nicht nur in jedem Spiel, sondern in jedem einzelnen Training, um Tag für Tag für Tag ein bisschen besser zu werden. Jetzt war es das Allerschlimmste, denn es hatte seinen Sinn verloren und ich den Spaß am Spiel und meine Fröhlichkeit, die ich mir lange Zeit bewahrt und ins Team eingebracht hatte, in dem ich nach wie vor ein mehr als gutes Standing hatte. Die Liebe kippte ins Gegenteil, und ich habe jeden Tag gehasst, den ich auf dem Gelände der Colts verbrachte, wo man mich nicht mehr wollte. Nur aus Selbstachtung machte ich weiter wie bisher und zog die Sache durch, aber ich war nicht mehr Björn Werner.

Der war ich nur noch zu Hause, wenn die Tür hinter mir ins Schloss fiel und ich den ganzen Shit außen vor ließ. Dass mir das gelang, hatte ich Aurora zu verdanken, denn wenn ich unseren kleinen Engel auch nur ansah, ihn auf den Arm nahm oder mir auf den Bauch legte, dann waren all die Wut, der Frust und die dunklen Gedanken wie weggeblasen, so kitschig das auch klingen mag. Mir hat es extrem geholfen in dieser Zeit. All die Jahre hatte sich mein ganzes Leben um Football gedreht, und jetzt spürte ich, dass es noch Wichtigeres gab, andere Aufgaben und Ziele. Es war nicht so, dass der Football keine Priorität mehr hatte, aber es gab jetzt zwei Welten für mich. Die Welt da draußen, in der ich als Footballspieler um meine Karriere kämpfte und kein bisschen nachließ. Und die Welt in unseren vier Wänden, in der ich gebraucht wurde und der bestmögliche Ehemann und Vater für mein Kind sein wollte, und nichts und niemand konnte mich auf diesem Weg aufhalten, keine bösen Knie und kein Coach oder General Manager, der den Glauben an mich verloren hatte. Meine Tochter war in jeder Hinsicht ein Geschenk und ein Segen. Sie sorgte mit ihrer Anwesenheit für eine emotionale Balance zwischen den beiden Welten. Es gibt Situationen, in denen das Bild täuscht und es in Wahrheit der Zwerg ist, der dem Riesen Halt gibt.

Als ich in Week 17 zu unserem letzten Saisonspiel gegen die Tennessee Titans auf den Rasen des Lucas Oil Stadium einlief, da war ich mir sicher, dass es das letzte Mal sein würde, auch wenn mein Vertrag noch ein Jahr lief. Ein bisschen wehmütig war ich schon, als ich vor dem Kickoff meinen Blick durch die Arena schweifen ließ, die mein Football-Zuhause geworden war. Aber als nach vier Vierteln, in denen ich immerhin mal wieder einige Snaps hatte spielen können, die Spieluhr auslief und wir mit einem hart erkämpften Sieg, den der erst sechs Tage zuvor verpflichtete Ersatz-Quarterback unseres verletzten Ersatz-Quarterbacks unseres verletzten Star-Quarterbacks klargemacht hatte, da war ich einfach nur froh und erleichtert, dass diese längst nicht nur für mich beschissene Spielzeit vorbei war.

Beim Exit Meeting am Morgen danach herrschte eine Stimmung wie auf einem Friedhof. Niemand wusste, wie es weitergehen würde. Chuck Pagano saß auf dem sogenannten Hot Seat. Einige Medien hatten sich auf Pagano eingeschossen, und am Nachmittag hatten er und Grigson ein Gespräch beim Oberboss Jim Irsay. Pagano war angeknockt und stand kurz davor, gefeuert zu werden, und wenn der Head Coach fliegt, dann fliegt in der Regel der ganze Trainerstab mit, den der Chef ja zusammengestellt hat. Dementsprechend emotional war Paganos Ansprache, bei der er daran erinnerte, wie die Mannschaft nach seiner Krebserkrankung zu einem der Topteams der Liga geworden war, wie sehr er die Spieler, diesen Club, diese Fans, diese Stadt und die Menschen liebte, und mir wurde klar, dass Pagano in den Wochen zuvor ganz andere Sorgen hatte als einen unzufriedenen First-Round Pick mit kaputten Knien aus Germany, der sich ungerecht behandelt fühlt. Einzelschicksale standen auf seiner Agenda ganz unten. Chuck Pagano wollte vor allem eines: seinen Arsch retten. Letztendlich geht es immer nur um Jobs. Ich räumte meinen Schrank im Locker Room leer, und als ich das Gebäude verließ, blieb nichts von mir zurück.

Am nächsten Tag war Pagano immer noch Head Coach der Colts, dafür musste der Großteil der anderen Coaches gehen. Das ging Schlag auf Schlag. Fired! Fired! Fired! Nicht nur in meinen Augen war es ein schmutziger Deal. Um seinen Job zu retten, hatte Pagano reihenweise Männer geopfert, die er selbst angeheuert hatte, darunter auch Defense Coordinator Greg Manusky. Ich besuchte ihn zu Hause, um mich von ihm zu verabschieden, denn er wohnte ja um die Ecke. Er war nicht gut auf seinen neuerdings ehemaligen Chef zu sprechen, zog mächtig vom Leder und erzählte mir Dinge, die eigentlich nicht für die Ohren eines Spielers bestimmt sind, angereichert mit Kraftausdrücken – ich lernte sogar einige neue kennen in diesem Gespräch. Dass ausgerechnet der Mann, der in der Verantwortung stand, keine Verantwortung übernommen hatte, als es hart auf hart gekommen war und Konsequenzen gezogen werden mussten, war wirklich eine Farce. Die nächste folgte.

Ich flog nach Pensacola und ließ von Dr. Andrews mein rechtes Knie operieren. Als ich aus der Vollnarkose erwachte, präsentierte mir der Doc bei seiner Visite ein weißes Ding von der Größe eines Bonbons. Er erklärte mir, dass er dieses Ding aus meinem Knie entfernt habe und es sich um ein Stück Knochen handele. Laut Dr. Andrews hätten sich aufgrund meiner Arthrose im Knie knöcherne Auswüchse an der Außenseite des Gelenks gebildet, und davon sei ein Stück abgebrochen. Dieses Knochenteil sei dann immer wieder ins Gelenk hineingerutscht und müsse es blockiert haben. Er wunderte sich, wie ich damit hatte spielen können. Ich wunderte mich noch viel mehr, warum dieses Knochenstück, das mich so sehr gequält hatte, dass ich es einmal sogar schon mit einem Küchenmesser herausschneiden wollte, nicht entdeckt worden war. Dr. Andrews vermutete, dass es auf dem ersten MRT-Bild, welches auch er sich eingehend angeschaut hatte, verdeckt gewesen war. Unglückliche Umstände. Dr. Andrews hatte für alles eine plausible Erklärung. Dafür, dass unsere Team-Ärzte nicht ein weiteres MRT veranlasst hatten, nachdem meine Beschwerden immer schlimmer geworden waren, allerdings nicht. Ich dachte mir meinen Teil.

Das Ding aus dem Knie war jedenfalls der Beweis, dass ich mir das alles nicht nur eingebildet hatte. Ich war nicht verrückt. Verrückt war es, dass meine Beschwerden offensichtlich nicht ernst genug genommen worden waren, sie hatten keine Priorität. Ein Wahnsinn. Ich hatte wortwörtlich mit meiner Gesundheit gespielt. Erst als ich im Flugzeug zurück nach Indianapolis saß, kam die Information bei mir an, die Dr. Andrews eher beiläufig erwähnt hatte. Ich hatte Arthrose. Mit 25. Na super, dachte ich, vom Arsch abwärts bist du ein Opa …

Anfang März erhielt ich einen Anruf aus Indianapolis. Ich war gerade mit Denise und Aurora auf Heimatbesuch in Deutschland. Auf dem Display leuchtete ein Name auf: Chuck Pagano. Ich hatte diesen Anruf erwartet, wenn auch nicht unbedingt von ihm persönlich. Auch das, was er mir zu sagen hatte, überraschte mich kein bisschen. Die Colts, sagte Pagano, hatten entschieden, mich zu entlassen, und würden dies am nächsten Tag offiziell machen. Sie machten Schluss, schon nach drei Jahren. Three and Out.

„Okay", sagte ich. „So ist das Business."

Pagano schien Redebedarf zu haben, vielleicht hatte er auch ein schlechtes Gewissen, jedenfalls machte er einen auf einfühlsam und verständnisvoll, aber ich hatte keine Lust darauf, mir irgendwelche Erklärungen anzuhören, die dann in Rechtfertigungen endeten, und ich dachte gar nicht daran, mit ihm weiterzulabern, nur damit er sich besser fühlte. Immerhin hatte er die Eier gehabt, es mir persönlich zu sagen. Ich kürzte die Sache ab, indem ich ihn unterbrach, mich für seinen Anruf bedankte und einfach auflegte. Es war ein Handy Scratch. Meine kleine Rache.

Overtime

Letzter Versuch im Sunshine State

Bad news are good news. So heißt es in der Medienbranche. In meiner Situation traf das zu. Für mich war die Nachricht, die Pagano überbracht hatte, eine gute, obwohl sie bedeutete, dass mir durch die vorzeitige Trennung rund eine Million Dollar durch die Lappen ging. Scheiß drauf, sagte ich mir. Ich hatte endlich Gewissheit. Es war eine Befreiung, und ich war bereit und motiviert, noch einmal neu zu starten. Es konnte ja nur besser werden.

Ich rief meinen Agenten an, denn in zwei Tagen war der Start der Free Agency, bei der die Spieler, deren Verträge ausgelaufen oder aufgelöst worden waren, auf den Markt kommen und mit den interessierten unter den 32 Teams frei über eine künftige Zusammenarbeit verhandeln können.

„What's up, B?", sagte er zur Begrüßung.

„That's up to you!", antwortete ich, denn ich brauchte jetzt einen Plan B, und er war der Mann für diesen Job.

Norden, Süden, Osten, Westen, Inland oder Küste, ganz egal. Ich war total flexibel. Nur einen Wunsch hatte ich: ein Team, das eine 4-3-Defense spielt.

In den ersten Tagen der Free Agency werden die fetten Deals gemacht, bei denen die großen Namen für große Kohle bei einem neuen Verein unterschreiben und manchmal auch bei ihrem alten. Anschließend werden die mittelgroßen Deals gemacht. Diese beiden Wellen würde ich einfach abwarten und setzte darauf, dass sich dann etwas ergibt.

Der März ging vorüber. Nichts passierte. Ich war mittlerweile wieder zu Hause, in Carmel, und trainierte in einem Gym, um mich fit zu halten. Ich hatte Kontakt zu vielen meiner ehemaligen Mitspieler, die wissen wollten, wie es mir geht, und mir gute Tipps gaben für die Situation, in der ich mich befand. Und weniger gute.

Ich bekam von mehr als nur einem Spieler den Ratschlag, es mal mit dem Wachstumshormon HGH zu versuchen, um meinen Körper für den Kampf um einen neuen Vertrag und die vielleicht letzte Chance in Schuss zu bringen. Ohne dass ich nachfragte, wurden mir sogar die Namen von Ärzten genannt, bei denen ich ein solches Programm, wie sie es formulierten, absolvieren könnte. Ich hatte zuvor schon von HGH gehört, weil es ein heikles Thema in der NFL war, und ich wusste, dass das Zeug die Regenerationszeit nach Verletzungen verkürzt und leistungssteigernd wirkt. Ich wusste auch, dass es verboten war. Bis zu diesem Zeitpunkt meiner Footballkarriere war ich glücklicherweise noch nicht mit Doping konfrontiert worden, zumindest nicht direkt.

Ich erinnerte mich an einen Spieler bei den Colts, der viele Jahre in der NFL gespielt hat und dafür gerühmt wurde, wie ein Duracell-Häschen abzuliefern, Jahr für Jahr für Jahr. Er hatte die merkwürdige Angewohnheit, an Spieltagen vor dem Anlegen der Pads noch mal ausgiebig auf die Toilette zu gehen. Man könnte vermuten, dass er einen nervösen Darm hatte. Dagegen spricht, dass er jedes Mal, wenn er aufs Scheißhaus ging, seinen Rucksack mitnahm und sich für zwanzig Minuten einschloss. Ich dachte mir meinen Teil.

Verbotene Substanzen, PEDs, Doping – das kam für mich nicht in Frage. Schon als Jugendlicher hatte ich mir geschworen, niemals unerlaubte Mittel zu nehmen, und auch in dieser schwierigen Situation dachte ich nicht eine Sekunde daran, von meinem Grundsatz abzurücken. Sauber bleiben!

Der April ging vorüber. Nichts passierte. Ich setzte auf die nächste Welle, direkt nach dem Draft, der an den letzten Tagen des Monats stattfand. Und tatsächlich. Gleich in den ersten Tagen im Mai rief mein Agent mich an und erzählte mir, dass sich die Saints gemeldet hatten. Ich freute mich und fragte, welchen Deal sie anboten. Er antwortete, dass es mir möglicherweise nicht gefallen werde. Ich rechnete damit, dass die Saints mir aufgrund meiner Verletzungshistorie einen Einjahresvertrag zu den Mindestbezügen anboten, mit Bonuszahlungen, falls es gut liefe. Ein typischer Deal, der für einen Club ein geringes Risiko darstellt und für den Spieler eine Chance ist, sich zu beweisen und wieder ins Rampenlicht zu spielen. Solch ein Deal war es jedoch nicht. Die Saints, sagte mein Agent, wollten mich zum Rookie Mini-Camp einladen, wo ich mich beweisen könne. Ich dachte, er will mich verarschen, und das sagte ich ihm auch genau so, aber er meinte es ernst, denn die Saints meinten es ernst. Ich lehnte ab. Mir war absolut klar, dass ich nicht in der Position war, um wählerisch zu sein, aber ich hatte immer noch meinen Stolz. Ich brauchte einen Plan B, und er präsentierte mir eine D-Lösung? Sparringspartner für die Rookies? Das würde meinen Marktwert komplett in den Keller fallen lassen.

„Ganz ruhig, B", versuchte er mich zu besänftigen, aber ich war wirklich aufgebracht.

Ich fragte mich, ob meine Agentur sich überhaupt noch ernsthaft bemühte und aktiv war oder auch einfach nur noch Dienst nach Vorschrift machte. Gleichzeitig realisierte ich aber auch, dass meine Verletzungshistorie potenzielle Interessenten abschreckte, die sich natürlich bei den Colts erkundigten, warum ich entlassen worden war, und auf Nummer sicher gehen wollten, bevor sie mir einen Vertrag anboten. Auf der einen Seite konnte ich es verstehen, auf der anderen Seite machte es mich wütend. Mein Agent sagte, ich solle es mir überlegen, und wir legten auf. Ich überlegte es mir, und machte – nichts.

Wenige Tage später rief mein Agent wieder an und berichtete, dass die Jacksonville Jaguars ernsthaftes Interesse hatten und mich zu einem richtigen Workout einfliegen wollten, und das Beste war, dass sie mich als Defensive End sahen und eine 4-3-Defense spielten. Am nächsten Tag saß ich im Flieger. Mein Agent hatte mir gesagt, dass die Jaguars noch einen zweiten Kandidaten für die Position eingeladen hatten, mit dem ich um einen Vertrag kämpfen sollte, und als ich in den Locker Room kam, zog sich dort niemand anderes um als Jonathan Newsome. Die Colts hatten ihn ein paar Monate zuvor rausgeschmissen, nachdem er von der Polizei mit Marihuana im Auto erwischt worden war. Ich freute mich wirklich, ihn zu sehen. Zum einen, weil uns unser gemeinsames Scheißjahr in Indy nähergebracht hatte, zum anderen, weil ich wusste, dass Jonathan jemand war, der es in der Offseason eher ruhiger angehen ließ. Ich war in Shape, er nicht. Es war sehr heiß, um die 30 Grad. Ich lieferte ab und kriegte den Job.

Zwei Stunden später saß ich im Büro von David Caldwell, dem General Manager, und hatte einen Einjahresvertrag auf dem Tisch liegen, leistungsbezogen, keine garantierte Kohle. Im Raum hing ein Fernseher, und es lief ESPN. Wir plauderten ein wenig. Caldwell war ganz anders als Grigson, kommunikativ und zugänglich, richtig nett. Wir mochten uns auf Anhieb. Noch bevor ich meine Unterschrift auf das Papier setzte, sah ich plötzlich meine Birne in der Glotze, und ESPN vermeldete als Breaking News, dass der ehemalige First-Round Pick Björn Werner bei den Jacksonville Jaguars unterschrieben hatte, dem Divisions-Rivalen der Colts. Ich dachte, ich gucke nicht richtig, und sah Caldwell fragend an. „People talk", meinte er und grinste. Ich griff zum Stift und machte die Breaking News zur Realität.

Ich war glücklich und total motiviert. Ich wollte es noch mal allen beweisen, dass ich es draufhatte, und nicht zuletzt mir selbst. Vom ersten Tag an fühlte ich mich wohl. Ich wurde sehr gut aufgenommen von meinem neuen Team und respektiert. Ich freute mich, dass Luke Joeckel und ich jetzt Teamkollegen waren, nachdem wir uns drei Jahre zuvor gemeinsam an der IMG Academy auf den Draft vorbereitet und angefreundet hatten, und ich traf meinen Seminole Brother Telvin Smith wieder, mit dem ich bei Florida State in der Defense gespielt hatte. Auch mit Head Coach Gus Bradley, Defensive Coordinator Todd Wash und den anderen Coaches verstand ich mich prächtig, und ich hatte Gelegenheit, den Owner Shahid Khan kennenzulernen, der sich regelmäßig bei uns sehen ließ. Die Atmosphäre war wirklich großartig, und die Sonne Floridas tat ihr Übriges.

Meine Liebe zum Football war im Sunshine State neu entflammt, und ich hatte richtig Spaß, denn ich konnte wieder das sein, was ich immer war: Defensive End. An der Line of Scrimmage zu stehen und eine Hand am Boden zu haben, war ein himmlisches Gefühl. Ich war wieder Björn Werner. Die OTAs liefen großartig für mich, und ich genoss jeden Tag, den ich auf dem Footballfeld stand. Unter der Woche gab ich auf dem Rasen Vollgas und verbrachte die Nächte im Hotel, an den Wochenenden flog ich nach Hause zu Denise und Aurora, um mich um meine Familie zu kümmern, aufzutanken und meinen Knien eine Pause zu gönnen.

Mit dem Start des Training Camps Ende Juli, das die Jaguars auf ihrem eigenen Clubgelände abhielten und bei dem die Spieler in einem nahegelegenen Fünf-Sterne-Hotel wohnten, ging es dann richtig zur Sache. Es war hart. Härter, als ich es aus meiner Zeit bei den Colts an der Anderson Academy kannte, denn jetzt kam noch die extreme Hitze hinzu. Mein Kopf wollte, aber mein Körper stieß an seine Grenzen. Meine Willensstärke und die Bereitschaft, immer alles zu geben und oftmals mehr als andere, waren nach wie vor groß, aber ich merkte, wie ich von Tag zu Tag immer mehr Aufwand betreiben musste, um das Level zu halten. Die einzige Konstante waren meine geschwollenen Knie, und ab irgendeinem Punkt neigte sich die Leistungskurve nach unten, langsam, aber sicher. Nicht so deutlich, dass man es sehen konnte, aber ich spürte es. Mein Körper sendete mir Signale. Er erholte sich nicht mehr über Nacht. Ich realisierte, dass dies keine vorübergehende Sache war und es mir nicht möglich sein würde, jahrelang so weiterzumachen. Es war hart, mir das einzugestehen. Ich war gerade einmal 25 Jahre alt, hatte mein halbes Leben Football gespielt und bis zu diesem Zeitpunkt, trotz aller Verletzungen, nie darüber nachgedacht, dass das mal zu Ende sein könnte.

„Schatz, ich glaube, das wird meine letzte Saison", sagte ich Denise bei einem unserer abendlichen Telefonate, und diesen Gedanken auszusprechen, der mir tagelang im Kopf herumgegeistert war, kostete mich Überwindung. Meine Frau versuchte ihn mir auszureden. Sie sagte, dass dieses Gefühl sicher vorübergehen würde, sobald das Camp beendet wäre, dann sähe die Welt wieder ganz anders aus. Denise meinte es gut, aber im Grunde meines Herzens hatte ich mich bereits entschieden. Noch ein Jahr. Einmal noch diese 17 Wochen. Ein letztes Mal.

Die Preseason Games liefen gut, und gleich im ersten, bei den New York Jets, im MetLife Stadium, wo ich mein erstes Preseason Game als NFL-Rookie bestritten hatte, gelang mir ein Sack. Ein verdammt gutes Gefühl nach einer langen Durststrecke. Der Kader musste jetzt schrittweise verkleinert werden. Nach dem dritten von vier Vorbereitungsspielen gegen die Cincinnati Bengals erfolgte der Cut von 90 auf 75 Spieler, für den zwei Tage Zeit war. Die Jaguars trafen den Großteil ihrer Entscheidungen bereits am freien Tag nach dem Spiel und gaben diese, wie es üblich ist, nach und nach offiziell bekannt. Unter den gecutteten Spielern waren zwei meiner Konkurrenten, nicht aber ich. Das war eine gute Nachricht, allerdings waren immer noch 78 Mann im Kader. Drei zu viel. Und noch ein Tag Zeit.

Am nächsten Morgen war wieder Training, und ich war wie immer der Erste, als ich um 6.30 Uhr den Locker Room betrat. Das erste Team Meeting war für 7.30 Uhr angesetzt, aber ich mochte es, sehr rechtzeitig vor Ort zu sein, wenn es noch ganz ruhig war. Kurz nach mir traf Paul Posluszny ein, Linebacker und Publikumsliebling der Jaguars, dessen muskulöser Hals dicker war als sein Kopf. Eine brutale Maschine. Ich hatte gute Laune, denn am Vortag war Denise mit Aurora eingeflogen, um mich zu besuchen. Da das Training Camp offiziell beendet war und fast alle Spieler jetzt wieder in ihren privaten Domizilen wohnten, durften meine beiden Mädels in mein Hotelzimmer einziehen. Als ich am Morgen aufgebrochen war, hatten sie friedlich geschlummert. Nach meiner Rückkehr zur Mittagszeit wollten wir uns einen richtig schönen Tag machen.

Um kurz nach 7.00 Uhr kam einer unserer Scouts in den Locker Room, bat mich, mein iPad mitzunehmen, das jeder Spieler hatte und auf dem das Playbook der Jaguars gespeichert war, und ihm zu folgen. Ich wusste sofort, was das bedeutete, und er wusste, dass ich es wusste, weshalb sich weitere Erklärungen erübrigten. Schweigend legten wir den Weg zum Büro des General Managers zurück. David Caldwell erwartete mich schon.

„Es fällt mir echt schwer, dir das zu sagen", waren seine ersten Worte, und ich hatte wirklich das Gefühl, dass dies mehr als eine Floskel war, denn wir hatten in den knapp vier Monaten ein wirklich gutes Verhältnis zwischen Spieler und GM aufgebaut, wie ich es mir gleich zum Start meiner NFL-Karriere gewünscht hätte. Offen, herzlich, aber auch ehrlich. Bis zum letzten Tag sei es ein

Kopf-an-Kopf-Rennen zwischen mir und Chris Smith gewesen, erklärte Caldwell, und die Jaguars hätten sich am Ende für den Spieler entschieden, der schon zwei Jahre im Team war und eine schlankere Krankenakte aufzuweisen hatte. Ich war enttäuscht, denn ich war überzeugt, dass ich den Platz ebenso verdient gehabt hätte, konnte die Entscheidung aber nachvollziehen.

Ich bedankte mich für die Chance, die die Jaguars mir gegeben hatten, und wollte schon gehen, aber Caldwell sagte, dass die Coaches mich auch unbedingt noch einmal sehen wollten, und so schaute ich auch noch bei Gus Bradley und den anderen Coaches vorbei. Sie meinten, dass sie die Entscheidung bedauerten, und hatten nur Gutes über unsere gemeinsame Zeit zu sagen, was mich ehrlich freute. Der Abschied war herzlich, und ich konnte nicht sagen, ob es die Sache leichter oder schwerer machte. Es war bitter sweet.

Ich hatte alles gegeben. Mehr war nicht drin gewesen. Es hatte nicht gereicht. Als ich Bradleys Büro verließ und den Flur entlang in Richtung Locker Room ging, um meine Sachen zu holen, da spürte ich es, tief in mir drinnen. Das Feuer war erloschen. In dem Moment wusste ich es: Dies ist mein letzter Tag als Footballspieler in der NFL. Ich ließ die Erkenntnis sacken, horchte in mich hinein. Es fühlte sich nicht gut an, aber auch nicht schlecht. Es war okay. Ich zögerte noch einen Moment, dann ließ ich innerlich los.

Auf dem kurzen Weg zurück ins Hotel musste ich ein paar dringende organisatorische Dinge regeln, denn in der NFL bedeutet ein Cut tatsächlich ein abruptes Aus. Die Jaguars hatten mir längst einen Flug gebucht, und ich brauchte schnell noch ein weiteres Ticket. Da ich mit diesem zeitigen Ende meines Trainingstages nicht gerechnet hatte, hatte ich die Schlüsselkarte für mein Hotelzimmer nicht dabei und musste klopfen. Nichts passierte. Ich klopfte lauter. Denise öffnete die Tür. Sie war schlaftrunken und bekam die Augen kaum auf. Ich hatte sie geweckt.

„Planänderung", sagte ich. „Ich bin gecuttet worden."

Denise blinzelte mich einige Sekunden verständnislos an. Dann murmelte sie irgendetwas, machte einfach kehrt, legte sich wieder ins Bett zu Aurora, die noch friedlich schlummerte, und schlief sofort wieder ein. Ich gab ihr und auch mir selbst fünf Minuten, dann ruckelte ich an ihrer Schulter.

„Du musst aufwachen", flüsterte ich. „Wir müssen unsere Sachen packen. In drei Stunden geht der Flieger."

Denise war natürlich verwirrt, und ich erklärte ihr so knapp wie nötig und schonend wie möglich die Lage. Meine Frau war den Tränen nahe. Sie erzählte mir, dass sie mich mit einem Kuchen hatte überraschen wollen, wenn ich vom Training komme. Die Zutaten hatte sie heimlich aus Indianapolis mitgebracht und den Kuchen am Vormittag mit der Freundin von Luke Joeckel in deren Haus backen wollen.

„Nächstes Jahr, Schatz", tröstete ich sie.

Gegen 11 Uhr hob die Maschine in Richtung Indianapolis ab. Ich schaute zu Denise, die Aurora auf dem Schoß hatte. Dann schaute ich aus dem Fenster. Die Sonne schien, es war leicht bewölkt. Ein ganz normaler Spätsommertag in Florida.

Es war der 30. August 2016.

Mein Geburtstag.

Homecoming

Mein Football-Leben im Hier und Jetzt

Eine gefühlte Ewigkeit ist vergangen seit meinem letzten Tag in der NFL. Es ist unendlich viel passiert – in der Liga der Besten, in Football-Deutschland und auch in meinem Leben. Ich habe einige Zeit gebraucht, um endgültig Frieden mit meinem Karriereende zu machen, was verschiedene Gründe hatte. Heute kann ich darüber lachen, dass mein letzter Tag in der NFL auf meinen Geburtstag gefallen ist. Im Grunde genommen ist es die passende Pointe meines Footballerlebens, das mir im Rückblick mit all seinen Höhen, Tiefen und den wahnwitzigen Wendungen und kuriosen Erlebnissen wie ein total verrückter Film vorkommt. Crappy Birthday! Wirklich ein filmreifes Ende dieses Kapitels meines Lebens.

Es geht auch anders, zum Glück. Am 30. August 2020 bin ich 30 Jahre alt geworden. Meine Knie wurden an diesem Tag übrigens 70. Also haben wir alle gemeinsam unsere runden Geburtstage gefeiert. Denise hat mir meinen Lieblingskuchen gebacken. Der Cut war der Moment, in dem ich ihn angeschnitten habe. Alles lief wie geplant. Die Sonne schien. Es war ein ganz normaler Spätsommertag in Germany. Ein wunderschöner Tag.

Ich habe auch nach meinem Karriereende nicht das Trinken angefangen, beschränke die Ibu-Dosis auf ein Minimum, Vitamin T geht mir komplett am Arsch vorbei, und ich bin – das macht mich besonders froh – seit über einem Jahr MRT-frei. Konfetti!

Läuft bei mir.

Die NFL ist mich los, aber der Football hat mich nie losgelassen. Er war meine erste große Liebe und bleibt eine große Liebe. Sie war zwischenzeitlich mal abgekühlt, aber wir sind längst wieder zusammen, und ich bin Feuer und Flamme.

Eine echte Herzensangelegenheit ist das Projekt „Gridiron Imports", das ich mit meinem früheren High School Coach in Salisbury und engen Freund Chris Adamson gegründet habe. Das geschah übrigens wenige Wochen nach meinem Aus bei den Jaguars, was kein Zufall ist, denn ich brauchte dringend eine neue Aufgabe. Ich bin damals erst einmal in ein ziemlich tiefes, dunkles Loch gefallen. Mein Körper war kaputt, und mein Kopf war leer. Mir fehlte plötzlich die Struktur einer Trainingswoche. Am schlimmsten waren die Sonntage, wenn ich auf dem Sofa saß und im Fernsehen NFL lief. Ich konnte es kaum aushalten, liebte den Football aber zu sehr, um die Glotze auszulassen. Dann saß ich stundenlag reglos herum und starrte apathisch auf den Bildschirm. Ich war wie ein Zombie, sagt meine Frau. Es war echt krass. Denise hat sich damals wirklich Sorgen um mich gemacht. Es ist bekannt, dass ich noch zwei Probe-Workouts bei den Detroit Lions und den New Orleans Saints absolviert habe. Offiziell gelten sie als letzter Versuch, aber ich muss gestehen, dass ich nicht mal mehr mit halbem Herzen bei der Sache war und es nur gemacht habe, weil ich nichts mit mir anzufangen wusste.

Die Idee und die ersten Pläne für „Gridiron Imports" hatten wir schon länger im Kopf, aber jetzt hatte ich Zeit, das Ding mit Chris umzusetzen. Es ist eine Stiftung, mit der wir hoffnungsvolle Footballtalente aus ganz Europa fördern und den Besten eine Karriere in Amerika ermöglichen – auf dem Weg, den auch ich gegangen bin. Es muss nicht zwingend Hogwarts sein – auch wenn es schon einige Jungs nach Middle of Nowhere und auf „The Hilltop" verschlagen hat. Bislang hat noch keiner gemeckert. Kann auch daran liegen, dass noch keiner zum Ringen musste … Mittlerweile haben wir mehr als 150 Jungs an Privatschulen und Colleges in den USA vermittelt, darunter auch die ganz großen Football-Unis. „Gridiron Imports" ist ein Non-Profit-Projekt, dem ich mich mit Leidenschaft widme. Ich habe dem Football viel zu verdanken und möchte es diesen Jungs, die in einem Alter sind, wie ich es damals war, ermöglichen, ihren eigenen American Football Dream zu jagen.

Es ist nur eine Frage der Zeit, bis es neue Björn Werners gibt, davon bin ich fest überzeugt. So stolz ich darauf bin, der erste deutsche First-Round Pick der NFL-Geschichte zu sein, so sehr wünsche ich mir und dem Football hierzulande – also uns allen! –, dass ich nicht mehr lange der einzige bin. Es gibt ihn schon, den nächsten, er ist irgendwo da draußen, da bin ich mir sicher. Wir kennen nur noch nicht seinen Namen. Vielleicht liest er gerade diese Zeilen. Es ist jedenfalls noch reichlich Platz für neue Rekorde, um genau zu sein 23 Spots auf dem Draft Board. Let's go!

Ich könnte mir nichts Besseres vorstellen, als in einer Aprilnacht in einem TV-Studio zu sitzen und live zu kommentieren, wie ein junger Footballspieler aus Deutschland in der ersten Runde des NFL Draft von einem der 32 Teams ausgewählt wird. Und es wäre schön, wenn es passiert, bevor ich an jedem verdammten Sonntag mit einem Rollator in die Sendung komme.

Womit wir auch schon bei meiner Football-Karriere nach der Football-Karriere wären, die sich nicht mehr auf dem Rasen mit dem weißen Gittermuster abspielt, aber immer noch größtenteils vor der Kamera. Den Grundstein habe ich übrigens schon während meiner aktiven Zeit als NFL-Spieler bei den Colts gelegt, ohne es damals ahnen zu können.

Ich habe etwas verschwiegen bis zu dieser Stelle des Buchs. Meine erste Super-Bowl-Teilnahme. Am 12. Februar 2015 war das, in Glendale, Arizona. Direkt nach unserer Niederlage bei den Patriots und dem Healthy Scratch meldete sich ein gewisser Christoph Dommisch bei mir und fragte, ob ich spontan Lust hätte, beim Super Bowl XLIX zwischen New England und Seattle als TV-Experte am Start zu sein, um Frank Buschmann und Jan Stecker zu unterstützen, die das Spiel live für *ran NFL* auf Sat.1 kommentieren würden. Bis zu diesem Zeitpunkt hatte ich weder den Namen Buschmann noch den Namen Stecker gehört. Obwohl der Schmerz über den Healthy Scratch verdammt tief saß, sagte ich zu, denn eine Einladung zum Super Bowl schlägt man nicht einfach aus. Außerdem hatte ich Bock, was Neues auszuprobieren, und sagte mir: Hey, wer weiß, wofür das noch mal gut ist? Da habe ich sie dann alle kennengelernt, Buschi, Stecko und Icke, den ich von hinten zunächst für Andrea Kaiser gehalten hatte, die als Field-Reporterin vor Ort war.

Der Super Bowl war ein Mega-Erlebnis, auch wenn es wehtat, nicht selbst auf dem Rasen stehen zu können. Den Patriots habe ich den Sieg als Spieler der Colts nicht gegönnt, wohl aber Sebastian Vollmer, und das von Herzen. Ich gebe zu, dass ich auch ein wenig eifersüchtig war. Gleichzeitig wusste ich, dass sein Erfolg den Football in Deutschland weiter pushen würde. Das Spiel als Experte zu begleiten, hat riesigen Spaß gemacht, auch wenn ich meganervös war und mir mein Denglisch nicht gerade flüssig über die Lippen kam.

So hat das angefangen mit meinem Fernseh-Job. Mein zweites Mal als TV-Experte hatte sogar eine noch stärkere masochistische Komponente. 2016 war ich bei einem NFL-Spiel in London im Einsatz, aber nicht irgendeinem, sondern dem Duell zwischen den Colts, die mich zu Beginn des Jahres abserviert hatten, und den Jaguars, bei denen ich gerade erst gecuttet worden war. Es war wirklich ein komisches Gefühl, diese beiden Mannschaften gegeneinander spielen zu sehen, aber die entscheidende Begegnung an diesem ersten Oktoberwochenende 2016 in London war für mich die mit Patrick Esume, der das Spiel mit Buschi kommentierte. Ich habe gemerkt, dass das echt mein Ding ist, und ich hatte richtig Bock, mehr daraus zu machen. Der Rest ist Geschichte.

Mittlerweile nimmt Football wieder einen großen Teil meines Lebens ein. Es macht mir riesigen Spaß, am Wochenende Spiele der NFL und im College Football zu kommentieren, und ich liebe es einfach, dass neben Fachkompetenz und Insiderwissen auch der Humor nicht zu kurz kommt und die deutsche Football-Community involviert ist. Das gilt auch für den Podcast *Football Bromance*, den Patrick und ich seit August 2019 betreiben und der uns die Gelegenheit bietet, vor den Ohren unserer treuen Bromantiker ausgiebig über die aktuellen Themen rund um den Sport, den wir alle so lieben, quatschen zu können.

Es ist Wahnsinn, wie die Football-Begeisterung in Deutschland in den vergangenen Jahren gewachsen ist – und es wird noch größer werden.

Ein NFL-Spiel auf deutschem Boden ist meiner Meinung nach nicht nur eine Frage der Zeit, sondern längst überfällig. In keinem anderen Land Europas leben mehr Football-Fans. Tausende von ihnen reisen jedes Jahr zu einem der Spiele der NFL International Series nach London, und ich habe miterlebt, wie euphorisch sie dieses spezielle Event abfeiern. Ein Regular Season Game der NFL in Deutschland wäre innerhalb von Minuten ausverkauft und würde eine rauschende Football-Party werden, da bin ich ganz sicher. Im Rahmen einer Halftime Show könnte ich mir übrigens sehr gut ein Tischtennis-Duell gegen Pat McAfee vorstellen, wenn er sich überhaupt traut, außerhalb von Itsmerica anzutreten. Könnte allerdings sein, dass ich dann noch ein allerletztes Mal auf Vitamin T zurückgreifen muss …

Wenn ich mir einen Austragungsort für ein NFL-Spiel in Deutschland aussuchen könnte, dann Berlin. Nicht nur, weil ich dort geboren, aufgewachsen und zum Footballspieler geworden bin, sondern weil ich mittlerweile wieder am Rande dieser Stadt wohne, in Brandenburg. Vom City Boy zum Speckgürtel Man. Von langer Hand geplant war das Ganze nicht, im Gegenteil. Auch nach meinem Karriereende hatte für Denise und mich außer Frage gestanden, dass wir weiter in Amerika leben werden. Nach der Geburt unserer zweiten Tochter Adaline, die am 25. August 2017 in Carmel zur Welt gekommen ist und unser Glück vervielfacht hat, haben wir ein Haus in Orlando gekauft, denn es war immer unser Plan gewesen, nach Florida zurückzukehren, wenn ich mal nicht mehr Football spiele. Im März 2018 sind wir dort eingezogen, aber schon im September desselben Jahres bin ich mit meinen drei Mädels für mehrere Monate nach Deutschland geflogen, weil ich erstmals eine ganze Saison lang NFL-Spiele fürs Fernsehen kommentiert und realisiert habe, dass sich mein berufliches Leben nach Deutschland verlagerte. Gleichzeitig haben Denise und ich gemerkt, dass wir in der alten Heimat, in der Nähe unserer Familien, glücklicher waren, also haben wir das Haus in Orlando kurzerhand wieder verkauft und unsere alte Heimat zu unserer neuen gemacht.

Es war mein Homecoming, und es soll von Dauer sein. Seit meinem 16. Lebensjahr war ich immer auf der Reise. Zu Hause war dort, wo ich gerade Football spielte. Ich möchte endlich mal richtig ankommen.

Wenn ich heute auf meine Karriere zurückblicke, dann bin ich zufrieden. Natürlich hätte ich gerne zwei, drei Jahre länger in der NFL gespielt, aber dafür hätte ich meinen Körper richtig ruinieren müssen, und dieser Preis war mir deutlich zu hoch. Ich wollte ein Papa sein, der mit seinen Kids durch den Garten toben kann. Ich gebe zu, einige Zeit damit gehadert zu haben, dass ich in meinen drei Jahren in der NFL nie auch nur annähernd gesund war. Ich bin tausendprozentig davon überzeugt, dass ich mit einem halbwegs fitten Körper auch über einen längeren Zeitraum ein produktiver NFL-Spieler gewesen wäre. Meine drei Saisons in der NFL entsprechen übrigens der durchschnittlichen Verweildauer eines Spielers in dieser Liga. Es gibt da diesen Witz, in dem viel Wahrheit steckt: Wofür steht die Abkürzung NFL? Not For Long.

Das, was ich erreichen wollte und konnte, habe ich erreicht. Ich habe mir meinen American Football Dream erfüllt. Mit allem, was dazugehört. Der Weg, den ich gegangen bin, hat mir einiges abverlangt, aber noch mehr gegeben. Nicht zuletzt das Leben, das ich jetzt mit meiner Familie leben kann. Alles hat sich gelohnt. Ich bereue nichts, und ich würde es immer wieder genauso machen.

Es gibt Tausende ehemaliger NFL-Spieler. Ich bin nur einer von vielen. Aber jeder hat seine eigene Story, und aus meiner ist ein Buch geworden. Das, was zwischen den beiden Buchklappen steckt, ist der Beweis, dass eine Footballkarriere viel mehr ist als die Zahlen, die am Ende bleiben. Die Statistik erzählt keine Geschichte und schon gar nicht die eines Lebens.

Meine Zeit als Spieler ist längst vorbei, aber ich lebe meinen American Football Dream weiter, auf andere Weise. Sacks habe ich schon seit Jahren nicht mehr. Ich schaue anderen dabei zu. Und rede darüber.

HALL OF FAME

Danksagungen und persönliche Worte

Björn und Nils danken:
Dem Verlag *Edel Books* für die Gelegenheit, aus diesem miserablen Corona-Jahr das Beste zu machen, die Begeisterung für dieses Projekt und für das Vertrauen in unseren Game Plan.

Dem Lektoren-Duo Ronit Jariv und Marten Brandt für die Akribie und Ausdauer sowie insbesondere Marten für den Rückhalt und die Nervenstärke im letzten Drive der Overtime.

Dem Team um Nadja Schreiber für den Einsatz in der Red Zone der PR.

Dem Besitzer von *Giorgio's Eiscafé*, unserem Interview-Headquarter in Middle of Nowhere zwischen Berlin und Hamburg, für die grandiose Gastfreundschaft bei jedem unserer mehrstündigen Treffen. Der Rocher-Becher ist ein echter Super Bowl!

Björn dankt:
Meiner Frau Denise. Du warst auf dieser unglaublichen Reise immer an meiner Seite, immer für mich da und hast mir stets den Rücken gestärkt. Ohne Dich hätte ich mir meinen American Football Dream nicht erfüllen können. Du bist die beste Ehefrau und Mutter, die ich mir vorstellen kann, und mein wahrer MVP. Ich liebe Dich.

Meiner Tochter Aurora. In der dunkelsten Phase meiner Karriere warst Du wie ein neuer Stern am Himmel und hast mir gezeigt, was wirklich wichtig ist im Leben.

Meiner Tochter Adaline. Dir verdanke ich, dass ich dem Football nie nachgetrauert habe, weil Du mir unendlich viel mehr geschenkt hast als das, was ich aufgeben musste.

Euch beiden widme ich dieses Buch, damit Ihr später einmal erfahrt, was ich gemacht habe, bevor ich ein glücklicher und stolzer

Papa war. Es gibt keinen schöneren Moment, als nach Hause zu kommen und Euch in die Arme zu schließen.

Meinen Eltern und meinen Brüdern. Die Zeit ohne Euch in Amerika hat mir gezeigt, wie wichtig die Familie für mich ist. Euch in meiner Nähe zu haben, macht mein Glück komplett.

Meinen wichtigsten Mentoren Jörg Hofmann und Chris Adamson. Ohne Euren selbstlosen Einsatz und Euren Glauben an mich gäbe es dieses Buch nicht.

Meinem Management, Sascha und Lenny. Ihr habt mich auch bei diesem Projekt großartig unterstützt.

Allen Menschen, die mich auf meinem Weg supportet und ihren Teil dazu beigetragen haben, dass ich werden konnte, was ich mir erträumt habe.

Nils. Du hast unglaublich abgeliefert und dieses Buch zu etwas Besonderem gemacht. Es war die perfekte Connection.

Nils dankt:
Meiner wunderbaren Frau, ohne deren bedingungslose Unterstützung und unerschütterliche Zuversicht ein solches Projekt niemals möglich gewesen wäre. Never Fading Love.

Meinen drei fabelhaften Kindern für ihr Verständnis und ihre Geduld in einer entbehrungsreichen Zeit und für ihre Liebe, die mir immer wieder neue Energie gegeben hat.

Meiner Familie und meinen Freuden für ihr Interesse, die aufmunternden Worte und das Verständnis für meine vorübergehende Abwesenheit.

Meinem Freund, der weiß, was es heißt, ein Buch zu schreiben. Für ein Verständnis, das keine Worte braucht.

Der *Hamburger Morgenpost* und insbesondere den leidenschaftlichen Leitern des Sport-Ressorts für die Erlaubnis, im Nebenjob erneut ein Buchprojekt zu verwirklichen.

Last but not least danke ich Björn für dieses verrückte halbe Jahr, die totale Offenheit, das große Vertrauen und die unzähligen gemeinsamen Stunden, von denen mehr bleibt als dieses Buch. We talked the talk and we walked the walk.

Edel Books
Ein Verlag der Edel Germany GmbH

Copyright © 2020 Edel Germany GmbH, Neumühlen 17, 22763 Hamburg
www.edelbooks.com
4. Auflage 2020

Projektkoordination: Dr. Marten Brandt
Lektorat: Ronit Jariv, Dr. Marten Brandt
Umschlagfotografie: Wolf Lux Photographie
Gestaltung von Umschlag und Bildstrecke: Groothuis. Gesellschaft der Ideen und Passionen mbH | www.groothuis.de
Layout und Satz: Datagrafix GSP GmbH, Berlin | www.datagrafix.com

Druck und Bindung: GGP Media GmbH, Pößneck

Alle Rechte vorbehalten. All rights reserved. Das Werk darf – auch teilweise – nur mit Genehmigung des Verlages wiedergegeben werden.

Printed in Germany

ISBN 978-3-8419-0735-6